教育部人文社会科学重点研究基地武汉大学社会保障研究中心　资助

中国农村社会保障

童　星　林闽钢　主编

人民出版社

目　录

第一篇　导　论

第二篇　农村社会保障发展的战略研究

第三篇　农村社会保障发展的制度探索

第 一 篇

导　　论

第一章　中国农村社会保障研究
——文献与评析

中共十六大以来，党中央提出了“科学发展”的战略指导思想、构建社会主义和谐社会的执政理念和实现全面小康社会的宏伟目标，将社会主义新农村建设摆到了前所未有的战略高度，并且明确了社会建设与经济建设、政治建设和文化建设具有同等重要的地位。社会建设的重点在于改善民生，改善民生的基本途径之一又在于建立覆盖全体国民的社会保障体系。新农村建设的内涵极为丰富，但其重点仍是改善农民的民生状况，包括构建完整的农村社会保障制度。所有这些都直指长期以来处于停滞状态的农村社会保障建设，继续保持农村社会保障严重滞后的状态，不仅不符合推进新农村建设和加强社会建设的要求，也与科学发展、和谐社会、全面小康等奋斗目标格格不入。这一问题已经引起研究者和决策者的高度关注。近年来，无论是在理论学术界还是在实际工作部门，有关农村社会保障制度建设的理论探讨和实证研究不断深入，成果累累；实践探索和工作试点步伐加快，成绩显著；并且出现了学者的研究和政府的决策二者之间的良性互动，研究影响决策，决策推动研究，惠及着数亿农村居民。在此，有必要对已有的研究文献进行梳理、总结和科学评价，为下一阶段农村社会保障的研究和建设提供借鉴和启示。

一、农村社会保障发展思路

我国虽然在20世纪50年代建立了以五保供养制度和灾害救助制度为基本内容的农村社会保障框架，但真正意义上发展农村社保制度则是近几年的事情。

由于国家在相关政策的出台方面既受制于形势的变化及其要求的移转，又处于各部门、各地区因地制宜、各自行动的状态，没有就如何构建和发展农村社保体系做出明确的规划，因此农村社保体系的建设和发展思路一直是学界研究的重点问题。在研究中主要形成了以下几个主题：

（一）农村社保体系的进入路径

这一主题的形成是由我国现有的二元社会结构所决定的。已有的社会保障体系实质上只包括城镇社会保障制度，这就带来了农村社保体系建设如何进入的问题。对此研究者形成了三类观点：一是"分离说"。他们从当前城乡二元经济结构尚未消除、城乡居民收入水平差距较大、城镇社保体系存在诸多问题出发，提出建立农村社会保障制度必须从农村实际出发，实行与城市不同的制度。农村保障不仅与城市保障有差别，而且发达地区与贫困地区的农村保障也不可能一样，应根据农村的实际情况建立统一性和差别性相结合的农村社会保障制度。① 二是"一体说"。持这一观点的研究者从公民基本权利和统筹城乡发展的角度提出应当实现城乡社会保障体系的一体化，要让农村居民也享有基本社会保障权。② 三是"过渡说"。其核心观点在于由于我国城乡二元结构在短时间内无法真正消除，这就决定了我们无法在短期内实现完全意义的城乡社保体系一体化；现实的做法只能是通过一种过渡性的制度安排，在完全割裂的城乡二元社会保障制度之间构建一种衔接模式，为将来建立城乡一体化的社会保障创造条件。③

（二）农村社保体系的发展模式

如何建立农村社保体系是研究者们关注的又一焦点。在分析路径上，研究者们主要依据城乡社保衔接的不同阶段、农村经济社会发展的阶段差异以及农

① 曹明贵：《构建统一性与差别性相结合的农村社会保障制度》，《农村经济》2005 年第 8 期。

② 刘俊霞：《公民社会保障权与农村社会保障制度》，《中南财经政法大学学报》2005 年第 4 期。

③ 樊小钢：《城乡社会保障制度衔接模式探讨》，《浙江社会科学》2004 年第 4 期。

村经济社会发展的地区差异，来确定农村社会保障的发展模式。鉴于城乡社保衔接具有阶段性，有研究者提出，应该先搞好进城从事第二、三产业的农民和国有企业、城镇集体企业、乡镇企业农民职工的社会保障，特别是养老和失业保险，进而逐步把农村人口涵盖进来，最后视经济发展情况，实现城乡社会保障一体化的飞跃。① 又有研究者认为，应该根据农村经济发展的不同时期分别按照转型模式、市场模式和目标模式来指导农村社会保障制度的构建；同时这三种模式并不是孤立的，可以根据经济发展水平的不断上升，沿着由转型模式向市场模式、再向目标模式的路径不断转换。② 还有研究者提出，建立农村社会保障体系的基本思路应当是依据不同类型农村的经济发展水平进行分类设计和分类实施：在贫困型农村应建立以基本生活保障为内容的救济型社会保障体系，在温饱型农村应建立基本生活需要型的社会保障体系，在富裕型农村应建立保险型的社会保障体系。③

（三）农村社保体系构建的顺序和重点

研究者们在农村社保体系的构成内容上意见基本一致，但在发展顺序和重点上有一定的分歧。有学者提出，农村社保的近期目标是用3—6年的时间在经济发达地区全面实行农村养老保险、合作医疗（或医疗保险）和最低生活保障制度，在中部和西部地区积极开展农村低保，进行农村养老保险和合作医疗试点，完善制度；中期目标是用10年左右的时间，在经济发达地区实现城乡基本社会保障制度的统一，中部地区和有条件的西部地区，农村低保覆盖所有农民，农村养老保险、医疗保障覆盖多数农民；长期目标是用20年左右的时间，在东、中部地区建立城乡统一的基本社会保障制度，西部地区的农村社会保障也有长足进展，使大多数农民老有所养、病有所医，基本生活得到保障。④ 有研究者提出了

① 刘庆印、胡继连：《山东省城乡社会保障统筹发展机制与政策研究》，《山东社会科学》2005年第6期。

② 杨翠迎：《中国农村社会保障制度发展模式探讨》，《农业与农村发展》2002年第10期。

③ 任保平、王艳：《建立健全农村社会保障体系的基本思路》，《陕西师范大学学报（社会科学版）》2003年第3期。

④ 华迎放、孙莹：《农村社会保障制度框架构建研究》，《人口与经济》2005年第4期。

农村社会保障体系建设的“步骤论”，如“三步说”：第一步建立全面的农村最低生活保障制度；第二步建立农村老年人口的医疗保障；第三步建立农村青少年的教育保障；①“七步说”：第一步启动大病医疗保险与筹备养老基金；第二步推行基本生活保障；第三步扩大社会救济；第四步实施全面医疗保险和部分工伤保险；第五步启动养老保险并建立失业保险、工伤保险、生育保险；第六步建立全民社会福利制度；第七步统一城乡社会保障。② 就农村社保体系建设的重点而言，有研究者从农民“生（存）有所靠，病有所医，老有所养”的基本需求出发，提出在农村社会保障的各项制度建设中，最低生活保障制度、医疗保险制度和养老保险制度的建设是其重点。③

二、农村社会养老保障

改革之前，我国农村居民的养老保障主要依赖“家庭供养+集体保障”的模式，即以家庭供养为基础，在家庭供养基础丧失的情况下由农村集体提供基本生活保障。改革开放以来，随着农村集体经济的萎缩，农村居民的养老保障回归到家庭保障为主的模式上。针对这种水平低、风险性高、可持续性差的养老保障模式，学界进行了诸多的批评，并在此基础上进行农村养老保障发展模式的研究。

（一）农村社会养老保障研究的现状

1. 关于农村社会养老保障模式选择的研究

有研究者从城乡二元社会经济结构、户籍制度、土地产权制度、计划生育政策等制度性“瓶颈”约束和不完全城市化、工业化、国际化等外生性因素的冲击两个方面，提出基于土地基础上的传统家庭养老保障模式具有内生的脆弱性和不可持续性，农村家庭养老模式转向社会养老模式是必然趋势。④ 未来的农村

① 于秀丽：《城乡统筹发展与农村社会保障制度建设》，《甘肃社会科学》2004 年第 4 期。

② 陈晓红、郑连元：《农村社会保障体系研究》，《中南工业大学学报（社会科学版）》2002 年第 1 期。

③ 朱忠贵：《论农村社会保障制度的构建》，《农业经济问题》2003 年第 6 期。

④ 周莹、梁鸿：《中国农村传统家庭养老保障模式不可持续性研究》，《经济体制改革》2006 年第 5 期。

养老体系如何建构？穆光宗提出了“3+2”养老工程，也就是以家庭养老、社会养老和自我养老为依托或者作为基本养老方式，积极发展社会化养老事业和社会化救助事业。[①] 阳义南在对我国农村养老保障模式进行总结的基础上，提出了建立家庭养老、自我养老、社区养老和社会养老四种模式相互协调、相互支撑的“四支柱”养老模式。[②] 杨翠迎则认为，农村存在三种主流养老保障方式，在中国农村社会经济转型的特殊阶段，农村养老需要发挥家庭养老、社会养老保险、社区养老等保障方式的合力作用。[③] 从当前研究的总体情况来看，学者们大多认同农村传统的以土地保障为基础的家庭养老保障模式已经不能适应社会变动的需求，在农村养老保障模式由传统向现代的转型过程中，社会养老为导向的多模式相结合是未来农村养老保障发展的基本方向。

2. 关于农村不同人群社会养老保障方式的研究

此类研究的重点是如何实现对农村养老风险较高人群的优先覆盖，其中计划生育家庭养老保障问题备受关注。有研究者从政府责任的角度提出，“从某种意义上讲，生育计划政策是对农民养老私有资源的一种制度性剥夺，因此，政府有责任为农村计划生育夫妇养老的经济保障做出制度性的长期安排，使计划生育夫妇获得更高的生活水准，避免计划生育夫妇由于养老人力资源的短缺而在老年时陷入贫困。”[④]在具体政策层面，郑功成提出在建立农村居民社会养老保障制度时，要坚持计划生育政策与农村社会保障政策有机结合、计划生育夫妇优先优惠的原则。[⑤] 落实到技术操作层面，有研究者从计划生育家庭经济能力增长、计划生育子女成长、养老保险金补助和计划生育家庭奖励扶助四个方面，提出了提高计划生育家庭养老保障能力的具体措施。[⑥] 此外，农村“空巢”老人

---

① 穆光宗：《3+2 养老工程：中国特色的养老模式》，《经济日报》1998 年 9 月 14 日。

② 阳义南：《四支柱模式：农村养老保障体系研究》，《农业经济》2004 年第 4 期。

③ 杨翠迎：《中国农村养老保障何去何从？——农村养老保障现状与问题的思考》，《商业研究》2005 年第 8 期。

④ 李建民：《建立农村计划生育夫妇社会养老保障制度是重大的民生问题》，《人口与计划生育》2008 年第 4 期。

⑤ 郑功成：《中国农村社会养老保障政策研究——将农村居民社会保障与计划生育有机结合的政策选择》，《人口与计划生育》2008 年第 3 期。

⑥ 田遇春、刘玲琪：《农村计划生育家庭养老保障机制研究》，《人口学刊》2007 年第 1 期。

的社会养老问题也引起了关注，研究者提出了建立以农村社会养老保险为载体的物质保障制度和社区照顾为载体的服务保障机制的对策建议。应当承认，优先将计划生育户列为农村社会养老保障覆盖的人群，关注农村“空巢”老人的生计问题，这些主张都是合适的，但以上研究视角仍然停留在“补缺型福利”观的层次上。我们认为，建立覆盖全体农民的社会养老保险制度是农村社会养老保障优先要解决的问题，然后在此基础上针对计划生育户提供额外的养老福利，这应该成为未来农村特殊人群社会养老保障研究的方向。

（二）农村社会养老保险研究的阶段回顾

无论是在国家政策制定层面还是学术界的研究层面，共识性的意见都是要建立覆盖全体农村居民的社会养老保险制度，这一制度是农村社会保障体系建设的基础。对农村社会养老保险研究进行回顾，与我国农村社会养老保险制度的发展历程密不可分。从1986年民政部“全国农村基层社会保障工作座谈会”首次提出在农村经济富裕地区开展以社区为单位的农村养老保险以来，我国农村社会养老保险制度经历了试点、推广、整顿和恢复四个发展阶段。相应地，学术研究领域则形成了下述层次分明的两个阶段：

第一阶段是1992年民政部出台《县级农村社会养老保险基本方案（试行）》、各地逐步推广农村养老保险以后，相关的研究主要围绕该方案及其推广实行过程中遇到的现实问题展开，形成的研究主题包括：(1)有关全国范围内农村社会养老保险可行性的争论。其中“可行论”者主要是从宏观经济指标、农民的养老保险缴费能力以及政府补助农保的财政承受能力等经济指标的角度，来论述现阶段建立农保制度的可行性；①“不可行论”者则认为，城市在中国经济改革中的中心位置以及农村区域经济发展严重不平衡，制约了全国范围内农保制度的建立。② (2)对1992年版国家农保方案制度设计的讨论。有研究者认为该

① 卢元海：《中国农村社会养老保险制度建立条件分析》，《经济学家》2003年第5期。韩汉博：《建立我国农村社会养老保险制度的可行性分析》，《社会科学家》2008年第10期。

② 梁鸿：《试论中国农村社会保障及其特殊性》，《复旦大学学报（社会科学版）》1999年第5期。

农保方案缺乏社会保险应有的社会性，实质上是一种政策引导下的农民个人自愿性储蓄，起不到社会互济的作用，政府在构建农村社会养老保险制度方面的责任缺失是导致其失败的重要原因；[①]尚长风对广东东莞、浙江等地农村养老保险的实际调研以及朱俊生等人对北京大兴区的调研都支持了这一观点，发现政府是否愿意提供经费和提供经费的规模对于农民的参保行为具有十分重要的影响；[②]还有研究者指出，该农保制度的路径受到原有农村非正式养老保障制度安排的影响，带有强烈的路径依赖特征，不能适应新形势下农村社会养老的需求。[③]（3）农保基金筹资的机制。问题的焦点在于公共财政在农保筹资过程中的缺位以及筹资标准过低、保障能力差。[④]针对这两个问题，有研究者提出："实物换保障"式的筹资制度创新，即根据不同的对象以特定方式将其拥有的农产品、土地和股权等实物转换为保险费；[⑤]有研究者运用精算平衡原理对现收现付和基金积累两种模式下的财政补贴水平进行测算，结果表明财政补贴农保在经济上是完全可行的。[⑥]（4）农保基金运行的机制。研究结果普遍认为，农保基金主要面临安全性难以保证、监管不力、风险大，以及投资渠道单一、保值增值能力差等两大挑战；[⑦]并且正是由于投资方向有限、收益率低下，直接导致农保基金运行面临巨大的财务风险而陷入停顿。

关于 1992 年版农保方案的研究涉及到这一制度的方方面面，其中"问题—对策"二元式分析仍然是研究的主流范式，同时辅之以少量的政策设计与论证。这不利于研究的进一步深入，具体表现为：①研究始终局限于对旧农保制度本身

---

① 陈少晖：《农村社会保障：制度缺陷与政府责任》，《福建师范大学学报（哲学社会科学版）》2004 年第 4 期。

② 尚长风：《农村养老保险制度的财政学反思》，《南京大学学报（哲学、人文科学、社会科学版）》2004 年第 5 期；朱俊生：《农村社会养老保险制度分析——以北京大兴区为例》，《市场与人口分析》2005 年第 2 期。

③ 肖金萍：《农村社会养老保险制度变迁路径依赖及创新》，《人口与经济》2004 年第 3 期。

④ 张玲等：《关于农村社会养老保险筹资机制的探讨》，《山东农业大学学报（社会科学版）》2005 年第 2 期。

⑤ 卢元海：《实物换保障：农村社会养老保险制度的创新之路》，《湖湘论坛》2003 年第 1 期。

⑥ 刘万：《农村社会养老保险的财政可行性研究》，《当代财经》2007 年第 12 期。

⑦ 左菁：《中国农村养老保险制度的反思与重构》，《河北法学》2007 年第 4 期。

进行分析，其中政府责任和公共财政是分析的热点话题，忽视了对制度环境的分析，并直接导致提出的对策出现“泛化”和“趋同化”倾向。②过于突出政策实施主体，忽视作为政策实施对象的农民，事实上农村社会养老保险作为政府的一项社会政策，是政府与农民之间双向互动的过程，农民应当进入研究者的视野并成为研究框架的有机组成部分。

第二阶段发源于2002年党的十六大报告提出：“有条件的地方，探索建立农村养老、医疗保险和最低生活保障制度。”此后各地恢复了探索建立农村社会养老保险的努力，并逐渐形成了新的发展模式和做法。这一阶段的研究主要围绕农村社会养老保险的新模式展开，主要研究成果有：(1)试点地区新农保制度的模式总结与比较。虽然相应的模式总结往往冠之以“某某(地区)模式”，但从本质上看它们分属以下三种模式：第一种是个人账户模式，该模式在经济相对落后地区实行的比较多，代表性的有“吕梁模式”等；第二种是仿城保模式，代表性的有“无锡模式”；第三种是个人账户和政府提供的基础养老金相结合模式，代表性的有“北京模式”。后两种模式在经济较发达地区试点较多。在模式比较上，无论何种模式都强调了政府和公共财政的支持与责任以及参保农民的自愿性，比较有争议的焦点主要集中在四个方面：①是否实行“一刀切”的运行模式？②到底哪一种制度模式较为合适？③是否方便与其他养老保险制度相衔接？④是否制定依据个体差别和群体差异性的参保优先性政策？(2)筹资机制研究。由于国家已经在筹资主体上确定了大方向，因此这一阶段有关筹资机制的研究更加关注操作化细节。一是探索农民缴费的自愿性与强制性相结合的可行性与具体方法，比如“宝鸡模式”中提出家庭全员参保后老年人免费享受养老补贴的激励约束机制；二是在农民个人缴费方式上主张灵活性和多样性相结合，比如尝试“粮食换保障”的“霍邱模式”就是筹资机制的重大创新。① (3)公共财政如何作为。国家明确了公共财政在建设新农保制度中的责任，围绕公共财政具体如何作为形成了以下关注点：一是公共财政支持模式与方式，有研究者强调从改革财政体制和加大中央财政对新农保支持力度两个方面形成公共财政支持模式，②

① 尚长风：《破解农村养老保险困境的创新制度及评价》，《财政研究》2007年第9期。

② 史锦华：《我国农村养老保险基金筹集模式探讨》，《乡镇经济》2008年第8期。

目前各地在试点实践中已形成缴费补贴、基金贴息、老人直补、待遇调整等四种财政投入方式；[①]二是三者分担比例以及分税制财政体制下各级公共财政分担比例，有研究者主张新农保基金农民个人缴费占30%—40%，政府出资占50%—60%，集体补助占5%—10%，随着经济的发展国家适当提高支持比例，政府出资部分由省市县三级政府共同解决；[②]三是公共财政框架问题，有研究者提出在公共财政框架下看待新农保建设，公共财政不仅要提供基本的制度支持和物质基础，还要具备适应特殊时期的过渡性职能，要根据农村养老保险项目的公共品属性，明确划分中央、地方、基层各自承担的事权，并配置相应的财权，[③]建议国家各级财政可以根据不同对象给予一定程度的支持，形成多层次农村养老保险的财政制度。[④]

总结针对新农保试点进行的各类研究，可以看到如何为即将出台的国家层面上的新农保试点指导意见建言献策是研究的主线，其中试点模式总结和公共财政是研究的核心问题。但问题在于：首先，任何一种制度经验的创新都适应了该地区的经济与组织资源的特性与需求因素，因此对于试点模式的分析重点并不在于模式总结，而应当更注重于试点地区为什么会发展出这样的新农保制度，其背后的动力机制是什么，否则单一地区的经验创新很难为国家层面上的政策制定提供参考依据。其次，公共财政补贴是整个新农保制度的核心所在，在现行分税制财政管理体制没有发生大变动的前提下，讨论各级财政的分担比重实质上是一个伪命题。公共财政投入的方式、方法、水平如何与不同地区新农保的基本模式相结合？如何与当地农民养老的客观需求相结合？如何与新农保制度发展的阶段性相结合？这些与新农保制度建设密切相关的政策问题应当成为关注的重点。

① 卢海元：《建立全覆盖的新型农村社会养老保险制度》，《农村工作通讯》2008年第2期。

② 李强等：《关于新型农村社会养老保险筹资机制的构建》，《金融经济》2007年第6期。

③ 贾海彦：《公共财政框架下的农村养老保险制度建设研究》，《改革中的养老保险制度》学术研讨会交流论文，2007年。

④ 李红：《构建农村养老保险的财政制度安排》，《现代商业》2008年第3期。

三、农村医疗保障

当前,我国农村医疗保障制度主要包括新型农村合作医疗制度、农村医疗救助制度以及农村公共卫生保障等三部分内容,学术界的研究也主要围绕以上三项主题展开。

(一)新型农村合作医疗

自2003年新型农村合作医疗制度(简称"新农合")在全国范围内推广以后,新农合及其相关制度与实施情况的研究成为社会保障与卫生政策研究领域内的热门话题。由于新农合的统筹范围是以县(市、区)为单位开展的,全国不同地区在具体政策上有很大的差异,因此,各地不同的相关政策和管理运行制度对本研究具有重要的参考意义。将各地的具体政策内容和学术界的研究成果相结合,将会对新农合的发展完善产生积极的推动作用。这方面的研究成果主要集中于以下几个领域:

1. 关于新农合筹资的研究

筹资制度设计是新型农村合作医疗制度有效运行的核心。筹资的研究主要集中在两点:首先是政府在筹资方面的作为,特别是对于财政转移支付的讨论。顾昕等认为,新农合补助金是一种带有配套要求的专项补助,而上级政府大多采用"一刀切"式的固定金额补助法,这样财力较弱、农业人口比重高的地方政府不得不承担相对较大比重的筹资责任。为了发挥上级政府补助金推进地方政府财力横向均等化的作用,促使财力不同的地方政府为民众提供大体相同的新农合服务,有必要在政府间转移支付上探寻更为制度化的方法。① 不少研究者也提出要建立多元化的新农合筹资机制,科学合理地计算各个层次的筹资水平;②认为除了明确中央政府的出资责任之外,还应当根据各出资主体的能力来确立

① 顾昕、方黎明:《公共财政体系与农村新型合作医疗筹资水平研究——促进公共服务横向均等化的制度思考》,《财经研究》2006年第11期。

② 王成艳、薛兴利:《刍议新型农村合作医疗的筹资机制》,《中国卫生资源》2005年第4期。

各出资主体的责任，特别要强化地方政府筹资的制度安排，同时要增加社区的筹资功能，使新型农村合作医疗制度运行更趋理性。① 其次是关于农民在筹资过程中相关行为的讨论，主要围绕农民的参保积极性以及逆向选择问题展开。研究成果表明，传统的家庭分担机制、农民经济收入水平低、农民对政府政策连续性和稳定性的怀疑，是导致农民对新农合参保积极性不高的重要原因；②近年来农村劳动力流动性大大加强，这为新农合覆盖面的扩大、医疗保险费的筹集都带来很大的困难，缴费基数也很难确定；③目前这种"大病统筹风险型"的新农合，使参保农民受益面狭小，对农民的吸引力打了折扣。④ 可以说，新农合筹资矛盾主要集中在两个方面：一是各级政府作为出资主体如何协调出资责任，因地制宜地形成一个各级政府分担出资的制度安排；二是如何调动农民的参合积极性。

2. 关于新农合覆盖面和覆盖范围的研究

新农合的覆盖面（即参加者占农村总人口的比例）研究得到的关注较少，因为宏观层面的覆盖面很大程度上与各级政府推行新农合政策的决心、力度及其财政能力密切相关，学术界的讨论主要关注于新农合的覆盖范围。相关问题主要集中在：①农村大量的外出务工人员如何覆盖？有研究者认为应该做好农民工城镇医疗保险与新型农村合作医疗的衔接，在目前两者保障程度都有限的情况下，应该让两者相结合提高农民工医疗保障的程度。⑤ ②发达地区新农合与城镇医保制度如何接轨？在实践过程中，江苏、浙江、上海等地的一些县（市、区）扩大了新型农村合作医疗的参合对象，将未参加城镇职工基本医疗保险的城镇居民和流动人口也纳入合作医疗参合对象范围，逐步向城乡一体的医疗保险制度过渡。总之，关于覆盖范围问题的焦点主要集中在两类人群上：一是外来务工人员（农民工），他们参保具有多种选择性，既可以参加流出地的新农合，也可以参加流入地的城镇农民工医保，或者参加流入地的新农合，这在政策上如何

① 陈健生：《新型农村合作医疗筹资制度的设计与改进》，《财经科学》2005 年第 1 期。

② 张万民：《新型合作医疗制度的影响因素及政策建议》，《山东社会科学》2006 年第 9 期。

③ 杨海文、於怡：《农村新型合作医疗保险制度中筹资机制研究》，《中南财经政法大学学报》2005 年第 1 期。

④ 董忠波：《我国新型农村合作医疗的筹资问题》，《云南社会科学》2004 年第 3 期。

⑤ 胡务：《农民工城镇医疗保险与新型农村合作医疗的衔接》，《财经科学》2006 年第 5 期。

规定、制度上如何操作，争论较大；二是东部发达地区的近郊没有参加城镇基本医疗保险的人群是否参加新农合，这一点争论不大，关键是如何做好向城乡一体的医疗保险制度的过渡。

3. 关于新农合补偿机制的研究

“广覆盖、低水平”是新农合运行的重要特征，也是从我国现有财力和农民收入水平出发的选择。但是从新农合的实际运行情况来看，大多数试点的起付线、封顶线以及报销比例不合理，农民的受益面偏小，难以有效防止因病致贫、返贫。有研究者针对中西部地区新农合补偿的实际情况，提出要合理兼顾参保农民收益面，科学制定起付线、封顶线与报销比例，并提出从长期来看，新农合医疗模式应该以集体账户为主，逐步取消家庭账户。① 在补偿的梯度选择上，有研究者认为在医疗费用中，以补偿大病或者住院费用为主（应采用多档次的累进补偿方式，但补偿标准平均不应超过50%），适当补偿门诊费用（如20%左右）；为了充分利用医疗资源，应按照医疗机构的级别从低到高，确定从高到低的补偿标准，以鼓励农村居民就近治疗疾病。② 卫生部的调查资料显示，农民对新农合的补偿不满，主要表现在：补偿比例与分段过多过细，不仅农民难以理解，而且补偿结算复杂，管理难度大；只对住院费用进行补偿，受益面较小；一些地区没有制定合作医疗基本用药目录，完全使用城镇医保的药品目录，没有体现适度保障的原则。在补偿机制上，问题的核心集中在如何让农民获得实利，其中应把握两个原则：一是因地制宜地制定补偿政策，努力提高实际补偿比例，提高新农合基金的使用率，适当开展二次补偿；二是简单明了、方便易行的管理办法，让农民及时、方便地获得补偿资金，增加其对新农合的信心。

4. 关于新农合管理和经办能力的研究

新农合从实施之日起就存在管理问题，归根到底就是由谁来管理，如何提高管理效率和水平，同时将行政成本控制在可接受的范围之内。现有的基本做法是由政府机构（一般挂靠在医疗卫生行政管理部门下）负责新农合的筹资、基金的管理、支付等事务，但同时又面临管理水平落后等问题，特别是报销不方便和

---

① 邓波：《农村新型合作医疗的运行、问题与对策》，《江西社会科学》2005年第2期。

② 王文素：《完善农村新型合作医疗制度的措施探讨》，《现代财经》2005年第6期。

工作人员工作态度差成为农民对新农合不满的重要因素。因此，由商业保险参与新型农村合作医疗作为一种新的管理手段被提议和采用，有人主张商业保险可以以基金管理、保险合同、基金管理和保险合同混合等三种方式参与新农合；①针对商业保险参与新农合的不同模式比较，有人提出："基金委托管理"模式有利于提高效率、规避风险，应该成为商业保险参与新农合的主流模式；②对于已有的商业保险参与新农合的试点，存在着商业化运行缺乏政策法规的保障，商业化运行存在着经营隐患，保险公司缺乏参与试点的激励，其与医疗机构的合作处于弱势等问题。③ 如果说以上讨论还停留在理论分析上，那么在实践中江苏省的商业保险参与新农合已走在了全国前列，截至2004年5月底，江苏保险业参与了17个县（市、区）的新型农村合作医疗改革，走出了一条政府组织引导、保险公司专业化高效运行、实行医保专管员制度、低缴费、低保障、广覆盖、保重点的特色道路。④ 事实上，无论是通过商业保险参与还是行政机构自行解决，其最终目的都是为了提高管理效率与方便群众，因此管理效率和方便群众应当成为新农合管理和经办能力研究的两个重要切入点。

（二）农村医疗救助

2003年，民政部、卫生部、财政部联合下发《关于实施农村医疗救助的意见》，全面推开建立农村医疗救助制度的工作。按现行政策，农村医疗救助的对象主要包括农村五保户、贫困户家庭成员和地方政府规定的其他符合条件的农村贫困农民，具体条件由地方政府民政部门会同财政、卫生部门制定，报同级人民政府批准。近些年来，对农村医疗救助的研究主要从制度评价和实践运行两方面进行，形成了两个重要研究议题。

一是关于农村医疗救助制度框架、运行情况的总体性评述。建立农村医疗救助制度所面临的难点在何处？有研究者认为是资金筹集难、救助对象选定难、

① 易丽芳：《商业保险参与新型农村合作医疗初探》，《科技创业月刊》2007年第1期。

② 朱峰、黎红：《商业保险参与新型农村合作医疗的模式研究》，《财经界》2006年第18期。

③ 张艳花：《保险业参与新型农村合作医疗试点的政策走向》，《中国金融》2005年第23期。

④ 刘峰等：《江苏保险业参与新型农村合作医疗改革调查》，《中国保险》2004年第9期。

救助内容确定难、救助标准确定难；①有研究者则在农村医疗救助实践运行的基础上，提出了实际操作过程中面临的难题，包括"筹资水平低、来源不稳定，如何使农村医疗救助与新型农村合作医疗更好地衔接，以及如何进一步理顺农村医疗救助管理体制"；②还有研究者通过对世界银行在华医疗救助项目的分析，指出农村医疗救助项目资金流程复杂，救助实施过程涉及众多政府职能部门、医疗服务机构、村庄自治组织、农户和个人，这些利益相关者之间协调难度大，项目运行成本高。③ 在农村医疗救助制度发展方向方面，有研究者提出需要构筑以政府为主导，以"健康卡"为媒介，医方和社会工作者共同提供医疗救助服务的"发展型农村医疗救助制度"，以提高贫困人口对卫生服务利用的可及性，促进其健康水平的提高，进而达到促进贫困人口摆脱因贫致病、因病致贫的目的。④

二是关于农村医疗救助与新型农村合作医疗的衔接问题。有研究者从卫生筹资、卫生服务利用以及农村居民健康状况等三个领域的公平性出发，分析了农村医疗救助与新农合衔接的必要性。⑤ 有研究者依据两项制度的属性差异、保障目标实现方式的互补、两项基金的有限性和消除农村健康贫困的重要性，论述了两项制度衔接的必要性。⑥ 在具体衔接的方式方法上，还有研究者具体提出了新农合与医疗救助衔接运行的模式，即医疗救助资金主要通过对救助对象进行资助参合，以及直接在医疗服务机构进行医疗费用回补两个途径，与新农合进行衔接。⑦

---

① 杨红燕：《建立农村医疗救助制度的若干难点分析》，《卫生经济研究》2005 年第 5 期。

② 李沛露、冯显威：《我国农村医疗救助制度的现状、问题与对策》，《中国卫生事业管理》2009 年第 8 期。

③ 朱玲：《农村医疗救助项目的管理成本与效率》，《中国人口科学》2006 年第 4 期。

④ 吴佳：《发展型农村医疗救助政策的探讨》，《中国初级卫生保健》2008 年第 2 期。

⑤ 涂饶萍、吴小南：《公平视角下农村医疗救助与新型农村合作医疗衔接的必要性》，《中国卫生事业管理》2008 年第 11 期。

⑥ 陈迎春等：《从消除农村健康贫困的角度看农村医疗救助与新型农村合作医疗有机衔接的必要性》，《中国卫生经济》2006 年第 6 期。

⑦ 陈家应、林振平：《农村医疗救助与新型农村合作医疗制度衔接机制研究》，《中国卫生政策研究》2009 年第 2 期。

（三）农村公共卫生保障

自 2003 年"非典"危机以来，城乡公共卫生建设受到了前所未有的重视和发展，相关的研究主要围绕以下几个热点问题展开：首先是关于政府在农村公共卫生服务中的责任问题。研究者普遍认为政府应当对农村公共卫生事业发展提供公共财政支持，并从不同的学科视角提出政府在其中的职责。根据公共产品的"公共"程度不同，农村公共卫生服务可分为纯农村公共卫生服务和准农村公共卫生服务，财政必须投入的项目通常是纯粹的公共卫生服务。在满足这部分投入后，如果财政状况允许，政府可以对一部分准公共卫生服务结合市场机制进行投入。对开展业务有困难的贫困农村，可通过政府的转移支付，以保障公共卫生服务项目的实施。① 其次是公共财政对农村公共卫生发展的投入问题。有研究者从财政投入总量、财政投入结构、财政投入使用效率等三个方面，分析了农村公共卫生财政投入所面临的总量偏低、投入结构不合理、使用效率低下等问题，并主张投入方向应调整到预防保健和对卫生服务的消费者的支持上来。② 再次是关于如何科学合理地建构农村公共卫生服务体系问题。有研究者从均等化的视角提出，要整合公共卫生机构资源，创新公共卫生管理体制，按照"管办分离"的原则改革农村公共卫生服务，实施"收支两条线"管理，同时推进乡村卫生服务一体化管理。③ 有研究者从治理的视角，构建新农村公共卫生服务供给机制，指出要按照农村公共卫生服务的特征来确定政府和市场的角色，强调国家、市场和非营利组织在新农村公共卫生服务供给上的良好合作，改革农村地区的卫生筹资体制，坚持城乡一体化的政策。④

---

① 章也微：《我国农村公共卫生服务中的政府职责研究》，《浙江师范大学学报（社会科学版）》2008 年第 1 期。

② 姬艳飞、郭金方：《我国农村公共卫生财政投入问题探讨》，《农业考古》2008 年第 3 期。

③ 路冠军：《均等化取向下的农村公共卫生服务体系构建——基于皖北三县的调查与分析》，《农村经济》2007 年第 11 期。

④ 曾栋梁等：《新农村公共卫生服务供给机制的构建——一种治理的视角》，《中国卫生事业管理》2007 年第 12 期。

四、农民工社会保障

农民工是市场化改革以来由于社会转型和制度变迁所形成的一类特殊人群,他们在城乡之间的流动性状态决定着他们面临更为复杂的社会保障问题。近年来,随着国家在政策层面上对于农民工社会保障制度设计的日趋明朗化和细化,学界对农民工社会保障的研究日益深入,主要形成以下三部分内容。

(一)农民工社会保障框架性研究

此类研究主要从宏观背景、政策趋势、制度模式、对策建议等方面展开,对农民工社会保障问题的研究,内容包括:

1. 农民工社会保障的模式研究

对于农民工这一流动人群如何纳入社会保障体系的问题,研究者提出了不同的观点,主要有以下四种模式:

首先是"纳入型"模式,即将农民工纳入城镇职工基本社会保障系统。将农民工纳入城市社会保障系统是建立全国统一劳动力市场,打破城乡二元结构,实现城乡一体化以及促进农村经济发展的需要。有研究者认为,将农民工纳入城镇社会保障体系目前可供选择的两条途径,是通过户籍改革将其变成城镇居民进而纳入城镇社会保障体系或通过城镇社会保障制度的扩大将农民工直接纳入。①

其次是"独立型"模式,即建立专门的农民工社会保障制度。力推这一模式的华迎放认为,为农民工专门建立弹性的个人账户制度,可为农民工提供低费率的保障平台,由于缴费较低,易为用人单位和农民工本人所接受;账户权益可累积计算,农民工看得见、摸得着,有利于调动其参保积极性;便于跨地区转移,适应农民工频繁流动需要不断转移和接续社会保险关系的情况;农民工参保后待遇享受问题易于解决,政府只承担有限责任等。②

---

① 张启春:《谈谈进城务工人员的社会保障问题》,《江汉论坛》2003 年第 4 期。

② 华迎放:《农民工社会保障模式选择》,《中国劳动》2005 年第 5 期。

再次是“渐进型”模式，即主张分阶段、分层、分类逐步建立农民工社会保障制度。这种渐进型的主张主要体现在两个方面，一是保障内容上的渐进性，以健全并实施工伤保险和面向农民工的最低生活保障两项社会保障制度为重点，逐步建立有限制、有选择、自愿性的医疗保险、失业保险和养老保险；①二是实施办法上的渐进性，当前农民工社会保障工作推进难的主要原因在于目前实施的农民工社会保障制度在计算年限、缴费办法和待遇享受等方面均缺乏弹性，所以农民工社会保障应实施过渡性质的“弹性”社会保障制度，在缴费门槛、缴费方式、缴费标准等方面因人而异，因地制宜。②

最后是“回乡型”模式，即将农民工社会保障纳入到农村社会保障体系当中。农民工进城面临的是制度的壁垒与无奈，建立新的专门面向农民工的社保体系又意味着一种新的歧视，要从根本上解决农民工的社会保障问题，“还乡”更具操作性，即把农民工纳入农村社会保障体系，加快改革和完善农村社会保障制度，最终向城乡一体的社会保障体制过渡。③

2. 农民工社会保障的问题与对策研究

在问题分析方面，研究者的关注点集中在三个方面：(1)对农民工社会保障运行过程中现实问题的分析，这类研究结果主要通过实证调查得到，包括农民工参保率低，普遍被排斥在社会保障体系之外；即使参保，由于社会缺乏有效接续和转移的制度安排，其合法利益实际上也难以得到保障和维护。(2)对农民工社会保障制度设计本身存在问题的分析，农民工社会保障面临供给结构与需求结构之间不匹配，农民工流动性强与社会保障制度灵活性弱之间有矛盾，农民工收入水平偏低与社会保险缴费率偏高之间有矛盾，各地保障模式的多样性与实现全国统筹之间有矛盾，保障供给单一化与农民工二次分化导致的保障需求多样化之间也有矛盾。④ (3)从农民工自身就业和生活特征来分析他们所面临的

① 唐新民：《城市农民工社会保障制度过渡性方案的路径选择》，《思想战线》2005 年第 6 期。

② 姜丽美：《“弹性”社保下的农民工社会保障路径选择及改革思路》，《新疆农垦经济》2006 年第 9 期。

③ 杨立雄：《“进城”还是“回乡”？——农民工社会保障政策的路径选择》，《湖南师范大学社会科学学报》2004 年第 2 期。

④ 肖云、杜毅：《农民工社会保障十大矛盾分析》，《南京社会科学》2008 年第 5 期。

社会保障难题，指出农民工群体是一个流动性比较大的群体，这种流动性带来了技术操作和政策的困境；作为保障对象的农民工规模巨大且层次不一、构成复杂，他们对社会保障的需求也存在较大差别，而现有的政策和制度并没有对如此复杂的群体作出细分和采取相应的对策，以至于很难赢得农民工的认同、支持和参与。①

在对策研究方面，主要关注农民工社会保障制度发展的思路，其中有代表性的思路是针对现有农民工群体内部的不同特征，分层次地建立适合农民工群体特点、满足不同类型农民工需求、易于与城市社会保障制度相衔接、带有过渡性质的农民工社会保障制度，待到时机成熟时再构建城乡统筹的一元化社会保障体系。②

综观农民工社会保障制度的框架性研究，可以发现存在以下问题：首先是研究不够深入，低层次、重复性研究比较多，特别是在模式分类、解决思路上，基本上围绕已有的研究结论展开，缺少更进一步的细化；其次是在问题分析和对策思路上比较粗糙，缺少系统性和应用性较强的对策方案，已有的对策方案也仅仅停留在框架层次上，缺少实证分析和技术层面上的引导。

（二）农民工养老保险制度

养老保险属于最基本的社会保障项目，本身制度就很复杂，又面临农民工流动性的就业和生活特征，使其成为农民工社会保障当中最为重要的研究议题。进入21世纪以来，为农民工建立养老保险已经形成高度共识并逐步进入实践层面。因此，关于农民工养老保险问题的研究，主要集中于对各地农民工养老保险模式的分类介绍、利弊比较和对策建议。

目前国内各地实行的农民工养老保险制度大致可分为三种类型：①扩面型，即在现有的城镇职工养老保险体制框架内，将覆盖面扩大至农民工群体，目前采用这种类型的省市最多，深圳、广东、江苏、浙江、河南等属于此类；②仿城型，即

① 贾丽萍：《构建农民工社会保障体系不能忽视该群体的复杂性》，《调研世界》2006年第4期。

② 邓大松、孟颖颖：《建立农民工社会保障制度的新思路》，《经济纵横》2008年第7期。

参照“城保”制度的做法,为农民工设计独立的社会养老保险制度,单独管理,目前北京市采用这种方式;③综合保险型,即将农民工的养老、医疗、工伤等多种社会保险置于同一个框架下统一承办、独立管理,该方式由上海市于2002年首创实施,成都市于2003年开始推行。[①]

这三种类型各有利弊:扩面型和仿城型的突出问题是养老保险关系无法实行跨地区转移接续;综合保险型由于借助商业保险的技术平台和管理网络,很好地解决了农民工养老保险的跨地区转移问题,也有利于基金的保值增值,但将社会保险基金直接交由商业保险机构运作和管理,游离于整体的社会保障体制之外,削弱了社会保险的统筹共济功能。

农民工养老保险无法跨地区转移的政策偏差已经成为近期学界和媒体关注的焦点。由于无法跨地区转移接续,农民工养老保险实际上陷入了“参保容易享受难”的困境;[②]农民工养老保险所面临的主要矛盾,是其就业的流动性与“条块分割”的现行养老保险制度之间的矛盾;[③]由于农民工的养老保险关系无法转移被迫“退保”,实质上造成了城镇职工挤占农民工养老保险基金。[④] 至于农民工养老保险关系无法跨地区转移的产生根源,发达地区社保部门多认为是由于经济发展水平的区域差异所致,而学界则倾向于认为是各级政府、特别是发达地区政府寻求地方利益最大化所致。[⑤] 对于这一矛盾的解决,不少学者提出了种种设想,其中唐钧提出的“工作地缴费,分段记录;退休地发放,全国结算”的思路颇有建设性。

但对于实行全国结算乃至全国统筹必须克服的障碍和难点,学界的探讨很不充分,各方面也缺乏良策。例如,①在分税制的条件下,在各地区经济发展水平差异巨大的情况下,如何协调地方利益、克服地方利益驱动的障碍?②流动频

① 杨翠迎等:《农民工养老保险制度的运作困境与理论诠释》,《浙江大学学报(人文社会科学版)》2006年第3期。

② 同上。

③ 唐钧:《让农民工社保异地转移接续》,《瞭望》2007年第36期。

④ 李世军:《农民工养老保险政策初探》,《安徽农业科学》2006年第22期;唐钧:《让农民工社保异地转移接续》,《瞭望》2007年第36期。

⑤ 于建嵘:《保险制度缺陷导致农民工养老保险遭冷遇》,《新京报》2005年4月18日;唐钧:《让农民工社保异地转移接续》,《瞭望》2007年第36期。

繁的农民工群体,养老金的缴纳地和领取地之间往往在工资水平和养老金缴纳水平方面悬殊较大,那么养老金发放标准怎样设定才是合理的?

(三)农民工医疗保险制度

医疗保险也是基本的社会保障项目之一,事关农民工的基本社会权益。农民工的医疗保险问题作为一项社会政策,其研究具有明显的分类痕迹:一类是"应然"的制度设计,农民工应当获得什么样的医疗保险是其研究的主题;另一类是"实然"的效果评价,对已有的农民工医疗保险制度实施情况进行评价是其研究的重点。总的来说,农民工的医疗保险研究主要围绕以下问题展开:

1. 关于农民工医疗保险模式的讨论

即解决农民工应该获得什么样的医疗保障的问题。在2006年全面推开农民工大病医疗保险之前,已有的农民工医疗保险模式主要有三种。一是专门针对农民工的医疗保险制度,其基本内容就是根据务工地的经济发展状况和农民工的基本收入情况,确定其医疗保障的保险方式、缴费标准及待遇标准;二是将农民工直接纳入城镇职工基本医疗,这种模式是指农民工与城镇职工同等缴费,享受同等待遇;三是把农民工纳入新型农村合作医疗。相当多的研究都是在对现有模式做出评价的基础上提出模式建议,比如,有人提出针对不同类别的农民工实施不同的医疗保障选择;①有人反对为农民工建立独立的医疗保险体系,主张对农民工实行大病统筹的医疗保险形式,并以城市为统筹单位,向商业保险公司投保团体大病医疗保险;②有人则提出以新型农村合作医疗为基础建立农民工"属地专用账户"。③

2. 对各地实施的农民工医疗保险措施的评价

自1998年广东省在县以上地区统筹开展针对农民工的医疗保险以来,各地纷纷出台相关政策建立针对农民工的医疗保险制度:上海在2002年颁布了《外

---

① 崔仕臣:《农民工医疗保障模式探讨》,《理论界》2008年第4期。

② 曲雅萍、米红:《农民工医疗保险制度模式研究》,《卫生经济研究》2006年第9期。

③ 杜雯雯、曹乾:《农民工医疗保障现有模式分析与制度创新》,《西华大学学报(哲学社会科学版)》2008年第3期。

来从业人员综合保险暂行办法》，北京在 2004 年出台了《外地农民工参加基本医疗保险暂行办法》，深圳在 2005 年通过了《外来务工合作医疗试点办法》。对这三个城市的筹资方式、缴费主体、管理模式等方面进行分析，可以发现它们都把农民工当成可长期在同一个城市居住的人群来对待，所实施的保障模式大致和城镇职工的医疗保障模式相似。但农民工的工作很不稳定、流动性强，并不适合这些具有很强地区性的保障政策。从实际运行的效果来看，上海出现低参保率，广东出现“退保潮”，都说明已有的做法具有很大的改进空间。

3. 对 2006 年以来全国范围内实施的农民工大病医疗保险制度展开的研究

有研究者从保障对象不够明确、覆盖范围较窄、农民工的参保选择权缺乏保障、保障水平较低、退休后的医疗保障难以落实、保险关系难以转移和接续等六个方面，分析了各地实施的农民工大病医疗保险制度所面临的问题。① 有研究者以四川省实施农民工大病医疗保险的情况为例，指出地方上的制度设计缺乏深入细致的调研和精心的设计，导致农民工参加何种社会医疗保险的规定不明确、不具可操作性，农民工个体参保问题更是扩面工作的难点；农民工大病医疗保险的免责期普遍过长，缴费周期不灵活，费率与待遇不匹配，待遇水平一般都偏低，且未做长远考虑。② 有研究者认为农民工医疗保险存在统筹层次不适合、制度设计未充分考虑农民工构成与流动规律、未充分利用现行的新型合作医疗制度、农民工就业周期与保险周期存在不一致等问题。③ 还有研究者认为，农民工大病医疗保险方案存在医疗保障项目与农民工实际需求脱节、城镇医疗服务供给与农民工实际需求不匹配、农民工老年医疗保障存在政策缺失等问题。④

通过以上文献回顾，我们看到有关农民工医疗保险的研究呈现两种偏向：一是注重政策分析、忽视实证研究。农民工医疗保险模式的讨论是一种典型的类型学讨论，研究的出发点是已有的各地政策实践，其划分标准具有很大的主观

① 杨辉、刘世宽：《农民工大病医疗保险制度中若干问题的分析与建议》，《华南农业大学学报（社会科学版）》2008 年第 3 期。

② 胡务：《农民工大病医疗保险研究——四川省的个案分析》，《学习与实践》2008 年第 3 期。

③ 游春：《农民工医疗保险的存在问题与解决途径》，《上海保险》2009 年第 1 期。

④ 李朝晖：《我国农民工医疗保险方案存在的问题与完善思路》，《经济纵横》2008 年第 5 期。

性;对于农民工大病医疗保险弊端的分析多限于对政策文本的深入剖析,在研究过程中普遍缺乏有力的实证数据来支撑政策分析。二是注重制度供给视角、忽视制度需求视角。已有的政策分析大多从制度供给上分析存在哪些问题,往往这些问题来自于研究者对政策实施对象——农民工的主观臆断,作为这项制度的重要参与者,农民工的诊疗行为、对医疗保险的需要和预期很少被纳入到研究者的视角当中,导致政策设计往往不能真正贴近真实现状,大多停留在"理想类型"状态。

五、失地农民社会保障

近年来随着城市化进程的加剧,失地农民成为继农民工之后农村居民当中分化出来的一类特殊人群。由于失去赖以生存的生产资料——土地,失地引发的社会问题受到各方关注,其中如何使得他们获得必要的社会保障是保障失地农民合法权益的重中之重。围绕该问题,学界的研究主要集中在以下几方面:

(一)建立失地农民社会保障的路径研究

失地农民社会保障问题最初起源于如何对失地农民进行征地补偿,对此学界和政策制定者基本已形成共识,那就是要通过"土地换保障"的办法来保障其基本权益。在如何换取社会保障以及如何建立社会保障上也形成了一些共识性的看法:首先是如何将失地农民分类纳入到社会保障体系当中,根据年龄和身体条件的不同,将失地农民分为保养人员、剩余劳动力、被抚养人和残疾人四种对象,对这四类人群采取不同的社会保障措施。① 其次是如何发展农民工社会保障项目,失地农民社会保障制度的主要任务应是基本保障,"生有所靠、病有所医、老有所养",即办好最低生活保障、医疗保障和养老保障三种保障项目。② 再

① 赵新龙:《论失地农民社会保障制度的构建》,《财贸研究》2006 年第 2 期。

② 栾量海、张强:《失地农民就业和社会保障的状况、问题与对策——山东省威海市抽样调查研究》,《科学社会主义》2007 年第 6 期。

次是失地农民社会保障基金的筹集，研究者普遍认为征地中土地补偿安置费以及土地转用后的增值收益是失地农民社会保障基金的主要来源。① 在此基础上，一些学者提出了具体的基金筹集方案：从政府土地出让金中提取不少于10% 的资金，在行政划拨土地和有偿出让土地时，按照每平方米 30 元的标准提取资金，从土地储备增值收益中提取 10% 的收益；②或是政府承担部分不低于保障资金总额的 30%，可先从土地出让金收入等政府性资金中列支，村（组）集体经济组织和个人承担 70%，其中集体承担部分不低于保障资金总额的 40%。③

（二）已有失地农民社会保障制度实践的总结

近年来各地为建立失地农民社会保障制度进行了有益的探索，形成了不同的工作方法和模式。研究者对这些工作模式进行总结和比较，归纳出五类有代表性的保障模式：①以土地股份合作制为特征的"南海模式"，即把集体土地和农民承包经营权折价入股到使用农地的企业，农民参加按股分红；②以土地换社会保障为特征的"嘉兴模式"，即由政府统一征地，统一补偿政策，统一办理失地农民"农转非"和养老保险；③以城乡统筹运行机制为特征的"成都模式"；④以农村建设用地入市为特征的"芜湖模式"，即乡镇既是土地流转的组织者，又作为中介人具体参与到流转之中，农村居民按年分红分享土地带来的收益；⑤以加强对失地农民技能培训和办理养老保险为特征的"蓬莱模式"。④ 还有研究者根据各地保障模式的特征进行再分类，提出三种失地农民社会保障建立的路径模式：一是全封闭模式，这一思路主张对失地农民"量体裁衣"，单独设立一套社会保障体系，其主要代表是上海市的小城镇社会保障体系；二是半封闭模式，强调失地农民自身所具备的条件因素，只有那些符合条件的失地农民才可以在失地

---

① 鲍海君、吴次芳：《论失地农民社会保障体系建设》，《管理世界》2002 年第 10 期。

② 张时飞、唐钧：《土地换保障：解决失地农民问题的唯一可行之策》，《北京劳动保障网》2004 年 9 月 7 日。

③ 宋斌文、荆玮：《城市化进程中失地农民社会保障问题研究》，《理论探讨》2004 年第 3 期。

④ 江渝、赵延敏：《失地农民社会保障模式的比较》，《中共四川省委党校学报》2005 年第 4 期。

农民社保体系和城镇居民社保体系之间转移，其主要代表是成都市和重庆市；三是与城镇对接模式，即把失地农民纳入到现有的城镇居民社会保障体系，建立城乡一体化的社会保障体系，其主要代表有广东省、北京市和无锡市。①

（三）失地农民社会保障面临的问题及其应对

尽管“土地换保障”这一做法得到了学界的认同并在实际操作中稳步推进，但无论是实际操作还是制度层面上仍然面临很多问题。研究者们通过实地调查，揭示存在的问题及其产生根源，如通过对成都和重庆两市失地农民社会保障现状的调查，指出失地农民社会保障存在“资金约束”和“制度障碍”，资金约束是指需要雄厚的财政支持做后盾，这只在部分经济较发达地区具有示范意义和推广价值；制度障碍则是对“土地换保障”模式本身提出质疑，土地收益成本不断提升，而现有的征地制度无法体现农民的土地财产权利，仅仅通过给予社会保障权利就必须让农民放弃对土地的权利，这是一种新的二元思维。② 又如通过对湖南失地农民的调查，指出要解决失地农民的社会保障问题，必须建立和改革相关配套制度，其中的重点在于要加强对失地农民的就业培训与扶持，通过就业的扩大与稳定来解决他们的社会保障问题。③

为进一步完善失地农民的社会保障，对策思路研究的基本点集中在以下两个问题上：一是要解决社会保障的资金来源问题，首先改革征地制度，大幅度提高征地补偿标准，为解决失地农民社会保障问题预留必要的政策空间；其次按照体现国家和社会责任，国家、集体、个人同负担的原则，多渠道筹集失地农民社会保障制度建设基金，同时保证政府出资部分优先到位。④ 二是为了更好地建立和完善失地农民的社会保障，在基本路径选择上将失地农民全面纳入城镇社会保障体系之内，这有利于确保失地农民的基本权益，维护社会的公平正义和社会

---

① 郑美雁、秦启文：《城乡统筹背景下失地农民社会保障的路径分析与选择》，《西南大学学报（社会科学版）》2008 年第 4 期。

② 孙永禄、杨一帆：《失地农民社会保障问题研究——基于重庆、成都两市的调查分析》，《农村经济》2008 年第 2 期。

③ 汪金敖：《失地农民社会保障的问题及其对策》，《湖南社会科学》2007 年第 1 期。

④ 王艳成：《失地农民社会保障制度建构研究》，《江西社会科学》2006 年第 9 期。

保障的持续发展;①在具体措施上,把建立适当水平的最低生活保障制度、多元化的医疗保障制度、具有实质内容的社会养老保险制度、完善的就业培训和就业服务制度作为实现社会保障城乡一体化的“突破口”,扎扎实实地推进失地农民社会保障制度的建构工作。②

六、农村社会救助与最低生活保障

长期以来,我国农村地区的社会救助一般是以五保供养制度为载体,对于贫困地区则是以扶贫开发和救灾为工作机制。进入新世纪以来,随着经济发展水平的持续提升和财政能力的不断增强,各地都在积极探索新的农村社会救助方法,并于2007年在全国正式建立农村最低生活保障制度。与此同时,学界也就农村低保制度进行了广泛的探讨,形成了一系列研究成果,主要包括:

(一)最低生活保障标准与对象的确定

最低生活保障线是确定农村低保对象的重要标准,关系到农村低保制度的发展水平和完善程度,也是农村低保制度研究的基本问题。有研究者对各地确定最低生活保障线的实际做法进行了总结,认为存在以下问题:过于关注绝对贫困、忽略贫困对象的其他必要需求、不能准确反映贫困内涵,全国确定保障线的方法不够统一,不能全面、准确反映农民生活的层次和差距,没有剔除家庭规模和结构对家庭消费需求造成的影响;提出要针对不同地区的实际情况、家庭规模的差异以及时间的变化,对农村最低生活保障线进行调整,同时最低生活保障线要反映绝对贫困和相对贫困,体现以人为本和公平正义的理念。③ 还有研究者运用定量方法,对1993—2005年陕西省农村最低生活保障线进行测定,指出随着我国农村经济的发展和生产力水平的提高,各地方政府在制定农村最低生活保障政策时,应当逐步考虑农村居民的发展需求,以及医疗保健和教育文化娱乐

① 郑美雁、秦启文:《城乡统筹背景下失地农民社会保障的路径分析与选择》,《西南大学学报(社会科学版)》2008年第4期。

② 王艳成:《失地农民社会保障制度建构研究》,《江西社会科学》2006年第9期。

③ 韩艳芳:《试析我国农村最低生活保障线的确定》,《地方财政研究》2009年第7期。

等因素的重要影响作用。①

关于农村最低生活保障对象的确定，定量的方法就是按照最低生活保障线来操作；事实上由于农村居民收入构成具有一定的特殊性，在实际操作过程中很难单凭一个数字标准来确定低保对象，因此定量与定性相结合往往是确定低保对象的合理办法。例如民主评议就是界定低保对象的重要过程，这一方法具有地域认可度高、更适合于农村的"熟人社会"等优势，但也有因为人情因素错保漏保以及难以解决相同境况家庭的低保进退问题等缺陷，需要进一步做好入户调查、完善民主评议、重视公示监督等三项工作。② 农村低保对象的确定除了准入机制之外，也应当加强对退出机制的研究，低保标准较低、福利依赖、收入核定困难是当前制约构建农村低保退出机制的主要因素，解决问题的对策建议可包括建立分类救助模式，建立脱贫扶助体系，完善家庭收入核定手段，对低保对象实施动态管理，强化村级监督等。③

（二）农村低保制度建设面临的主要问题

我国农村低保制度历经十几年的探索和近两年的推广，在实际操作中面临的问题主要有：

1. 农村低保标准偏低，覆盖面过窄

目前，许多地方都是参照国家每年公布的贫困标准来制定低保标准，这种救助水平导致只能维持农民的最低生活，未能实现应保尽保，调查发现来自政府提供的低保金只占到困难农村居民救助来源的一小部分。④ 许多地方低保标准的制定基本上是在原先特困户救助标准的基础上，参照当地生活水平和财政负担能力制定的，"以钱定人"的情况比较普遍，导致农村低保标准明显偏低。⑤ 农村低保的覆盖面往往只能覆盖那些"不救不活"的特困群体，还只是处于"零打碎

---

① 封铁英、贾继开：《农村最低生活保障线测定的模型构建及应用》，《西安交通大学学报（社会科学版）》2008 年第 2 期。

② 艾广青、刘晓梅、田伟科：《农村最低生活保障对象界定方法探索》，《财政研究》2009 年第 8 期。

③ 肖云、吴国举、刘慧：《农村最低生活保障退出机制构建研究》，《西北人口》2009 年第 4 期。

④ 杜毅、肖云：《农村最低生活保障实施的问题与对策研究》，《西北人口》2009 年第 1 期。

⑤ 洪大用：《转型时期中国社会救助》，辽宁教育出版社 2004 年版。

敲”的小规模状态。那些处于绝对贫困线边缘的低收入人群还不能被纳入最低生活保障的范围。①

2. 农村低保资金的来源单一,数量严重不足

资金短缺一直是制约农村低保制度顺利实施的最大障碍,总的来说,农村低保资金短缺主要有两个方面的原因:一是来源渠道单一,单靠各级财政的微薄投入很难支撑巨大的低保资金需求,而且由于各地经济发展水平极不平衡,财政收入存在较大差距,低保需求较大的地区往往是经济不发达和贫困人口较多的地区,其财政投入更为有限。② 二是中央与地方之间财权与事权严重不对称,县、乡、村成为担负全国农村居民最低生活保障工作的主体,但中央与地方之间财权与事权严重不对称的财税体制使得基层政府财力不堪重负,基层政府对农村最低生活保障资金列而不支、列而少支和不列支的现象比较普遍。③

3. 农村低保对象的识别确认困难

已有的研究表明,农村低保对象的准确识别存在一定困难,其难点源于农村低保对象收入难以准确界定。这是因为,与城镇居民相比,农村居民收入具有隐蔽性、不稳定性、难以货币化的特点,对其收入目前尚缺乏有效的审核手段。④另外,农村最低生活保障制度与农村社会救助不同,与五保供养、灾民救济等农村社会救助相比,农村低保的对象主要是有一定劳动能力的农村居民,那么在对象的确定上就比农村社会救助复杂得多:一是核算有劳动能力的保障对象的隐形收入难;二是困难农户外出务工人员收入或临时性收入计算难;三是确定农户具有法定赡养、抚养关系并且在一起共同生活的全体人员收入难;四是因建房、婚嫁导致生活困难的人员是否列入保障对象操作难;五是因计划生育被罚款而造成家庭生活困难的人列入保障范围缺少法规依据,无法操作。⑤

---

① 赵慧珠:《农村最低生活保障制度的现状及问题》,《中共浙江省委党校学报》2008 年第 5 期。

② 杜毅、肖云:《农村最低生活保障实施的问题与对策研究》,《西北人口》2009 年第 1 期。

③ 张国华:《我国农村最低生活保障的现状、问题及其成因》,《党政干部学刊》2008 年第 2 期。

④ 王增文:《中国农村实施“低保”制度存在的问题及对策》,《经济纵横》2007 年第 7 期。

⑤ 何菊芳:《构建农村最低生活保障制度的设想》,《当代经济研究》2005 年第 9 期。

（三）建立和完善农村低保制度的建议

针对农村低保制度设计及其在执行过程中出现的问题，研究者从不同视角提出了完善的对策和建议，主要也集中在以下三点：

1. 科学制定农村低保标准

针对现有低保标准普遍偏低、难以起到真正保障作用的现状，有研究者提出：拓宽保障范围，提高保障标准，变生存保障为发展保障。① 事实上，有必要适时提高农村低保支出标准，逐步将低保对象的就业培训、子女基础教育、基本医疗保障和基本住房保障等支出列入农村低保范围。针对农村低保标准制定过程中面临的农村经济发展不平衡的问题，有研究者建议根据各市、县（市、区）、乡（镇）的经济情况和维持农民基本生活所必需的费用确定低保标准，允许在保障标准、保障对象等方面有所差异，可以一市一策、一县一策、一镇一策。②

2. 多渠道筹集农村最低生活保障资金

资金的筹集与保障是建立农村最低生活保障制度的核心与关键。对策建议主要有：(1)通过强化中央财政转移支付，建立可靠顺畅的资金筹措机制。农村低保作为一项制度建设，不是短期行为，要有针对性地加大中央财政转移支付的力度。中西部地区尤其是西部地区，应该成为中央财政支持的重点地区。只有以国家持续稳定的资金投入做后盾，农村最低生活保障制度才能真正充满生命力。③ (2)合理划分各级财政农村低保费用支出责任。要从各地低保支出资金需求和实际财力出发，兼顾财政在城乡居民低保支出之间的平衡，重新设计各级财政间农村低保的财政负担比例。适当提高中央政府负担农村低保支出的比例，取消县乡两级财政的农村低保资金承担义务，逐步形成以省市为主、中央补助、社会各界参与的农村低保支出负担的新格局。④ (3)调动民间力量，广泛开辟筹资渠道。大力发展慈善事业，鼓励个人和企业捐赠；开征社会保障税，实现

---

① 洪凯：《农村最低生活保障制度实施中的难点问题探讨》，《经济纵横》2008年第4期。

② 覃祥菊、董烈波：《农村最低生活保障制度的问题及其对策》，《华中农业大学学报（社会科学版）》2007年第6期。

③ 陆洁华、吕智浩：《完善农村低保机制，促进社会公平正义》，《北京观察》2008年第2期。

④ 洪凯：《农村最低生活保障制度实施中的难点问题探讨》，《经济纵横》2008年第4期。

低保资金在全社会范围内统筹;将一部分福利彩票销售收入纳入农村低保资金;发行国债、附捐邮票、纪念币等向民间筹集资金。①

3. 准确界定农村低保对象

学术界在这方面对策研究的关注点在于如何建立科学的农村低保对象的界定方法,其中民主评议方法备受推崇。可采用参与式贫富排序方法来甄别农村低保对象,即依据熟知社区情况的居民对贫困的定义和看法,决定谁是社区最贫困者,谁在社区中相对富裕,并将社区中所有住户按贫富程度进行分类和排序,以此确定谁应该接受救助。② 当然收入核实制度依然需要进一步完善,应建立简便有效的农民实物收入、劳务性收入、财产性收入和赠与性收入申报评估制度和相关评估标准,提高对农民实际收入评估的准确性,并切实降低调查成本。③

① 杜毅、肖云:《农村最低生活保障实施的问题与对策研究》,《西北人口》2009 年第 1 期。

② 张时飞:《用参与式贫富排序方法识别农村低保对象:一项探索性研究》,“中国社会学网”,http://www.sociology.cass.cn/shxw/shzc/P020040623453915629101.pdf。

③ 洪凯:《农村最低生活保障制度实施中的难点问题探讨》,《经济纵横》2008 年第 4 期。

第二章　国外农村社会保障发展——经验与借鉴

他山之石，可以攻玉。国外农村社会保障发展积累了丰富的经验，对我国农村社会保障的改革和发展具有重要的借鉴意义。

一、国外农村社会养老保障的经验与借鉴

（一）农村社会养老保险发展有其自身的规律

无论是发达国家还是中等收入国家，从农村社会养老保险建立的时间上看，一般都晚于城镇社会保障制度30—50多年，或者更长的时间。例如，德国在1889年就建立了雇佣工人的养老年金保险计划，直到1957年才扩大到全体农民；日本在1941年开办厚生年金保险，1959年建立国民年金保险，1971年才建立专门的农民年金保险；美国在1935年开办职工养老年金保险，直到1981年仍有25%的农民及农业工人没有社会养老保险，直到1990年才全面建立农民年金保险；加拿大建立农民年金保险计划也晚于雇佣工人社会养老保险计划64年。丹麦在1891年就有了工人养老年金计划，直到1977年这一计划才覆盖到农民，后者晚于前者80多年。不仅如此，由于更容易受到社会经济条件的制约，农村养老保险制度的建立一般也晚于农村医疗保险制度和农村社会救助制度。

从各国建立农村社会养老保险制度的影响因素看，往往是经济、社会、政治、历史和文化等多种因素作用的结果，可以归纳为以下几点：一是西方工业化国家100多年来的城市社会保障的实践经验；二是化解各种社会矛盾和危机，缩小社会贫富差距和城乡之间差距的需要；三是各国农业发展需要有农村社会保险制

度作支撑,同时减轻农村人口在老龄化条件下所承受的养老压力;四是社会保障国民待遇要求给予农民和其他社会成员应有的保护。

从各国建立农村社会养老保险制度的时间上看,一般是工业化国家走在前面,而后一些中等发达水平的国家和发展中国家纷纷效仿。农村社会养老保险制度作为国家政策的一部分,其建立和实施还受到国际社会和国际组织的广泛影响。例如,1957 年国际劳工组织颁布的《社会保障最低标准公约》以及各种建议书、1966 年联合国通过的《国际人权公约》、《经济、社会、文化权利国家公约》中的"人人有权享受社会保障,包括社会保险"的思想,对推动社会保障制度在全球范围内开展都产生了深远影响。此外,世贸组织关于"绿箱农业"政策的规定,使得各国在减少对农产品价格直接补贴的同时,转而纷纷利用"绿箱农业"所带来的便利政策,通过建立农村社会保障政策来加大对农民的转移支付力,以维护本国农业的国际市场竞争力,从而保护本国农民的利益。

从各国建立农村社会养老保险的经济条件上看,各个国家或地区在建立农民年金保险计划时大都处在工业化发展依靠自身积累、且其剩余反哺农业的时期。建立农村社会养老保险的其他经济指标为:①

第一,农业在国民生产总值中的份额下降,且在 15% 以下;农业劳动力结构份额在 20% 以下。

第二,农业人口在全国总人口中所占比例已下降到 40% 以下,且总人口增长处在人口增长的第三阶段后期。

第三,经济发展总体水平较高,人均 GDP 在 2000 美元以上(按当年美元汇率计算)。

比照国外的经验,目前我国具备了建立农村社会养老保险的经济社会条件。

(二)农村社会养老保险发展有其自身的特点

世界上现有 170 多个国家建立了社会养老保障制度,其中有 70 多个国家覆盖到农村人口。从具体实施的情况看,主要有两种路径:一是单独建立农村养老

① 米红、杨翠迎:《农村社会养老保障制度基础理论框架研究》,光明日报出版社 2008 年版,第 28 页。

保障制度;二是实施城乡一体化的养老保障制度。这两种路径的发展过程都不同程度地呈现出如下特点:

第一,从保障范围来看,有一个从从事土地作业的农场主到从事渔业、林业、牧业、采矿业等农民的扩展过程;从保障对象本人到包括其家庭成员,最终实现广覆盖的渐进的扩展过程。如在德国,受保障的对象起初只是从事农牧业生产和经营的农场主,只是后来才将淡水养鱼业业主也纳入养老计划。德国开始纳入养老计划的只有农场主本人,到 1965 年后,才将农场主的配偶和其他共同劳作的家属纳入进来。为提高女性养老地位,巴西在 1992 年才将养老保险金领取人范围扩大到了配偶。

第二,从保障水平来看,一般来说,农村居民的保障水平普遍比城市居民保障水平低。

第三,从保障实施来看,主要有三种方式:①将国民养老年金计划直接以"扩面"方式把农村人口涵盖到系统内。例如英国就采用了这种方式,其社会养老保险计划具有城乡一体化的性质。在工业化国家中,采用这种模式的国家最多。②针对农民或农场主实行专门的养老制度。实行这种制度的国家,一般起初也实行了全民保障制度,农民自然被涵盖到该制度里面,只是后来才单独出现针对农民的社会养老保险制度。这种专门的农村养老制度自成立之时就与城市其他行业的养老计划独立开来而单独运行,实行这一方式的典型国家有联邦德国(及现在的德国)、法国、波兰、比利时、奥地利等。③统分结合型,例如在日本、瑞典、加拿大、丹麦、挪威等国家,养老金保险是有统有分的,即从最基本养老金待遇(如普遍养老金、基本养老金)上发展起来,逐渐实行城乡一体与全国统一,但同时对不同产业、部门的从业人员又提供了一份独立的养老金(如附加养老金或职业关联养老金)。值得注意的是,多数国家保障实施的方式在不同的历史条件下其制度形式仍会发生变动。例如,联邦德国早期曾主办过个人自愿保险来扩大覆盖面,但实施效果不太好,主要是只有大农场主才会参加。德国人口年龄结构的巨大变化迫切需要国家对农村养老保险体系进行政策性干预,通过建立非基金制的农村养老金计划来保障农民的养老利益。于是在 1951 年联邦德国颁布了《农民养老保障法》,这样才使得联邦德国的农民养老保障制度一开始就独立于一般社会保险制度。

第四，从模式选择来看，世界各国在建立农村社会保险制度时基本参照了其城市社会养老保障制度改革的经验，无论是在缴费形式、给付水平、财务管理机制，还是多层次的社会保障制度探索上，都不同程度地吸收了城市社会养老保障改革的经验。目前，各国农村社会养老保险的模式可根据不同标准进行分类：一是按保障水平的高低可分为收入替代型和收入补充型；二是按受益人是否需要缴费可分为缴费型和非缴费型；三是按缴费标准可分为均一缴费型和收入关联缴费型；四是按给付标准可分为均一给付型和收入关联给付型；五是按财务机制可分为现收现付型和基金积累型等。

各国农村养老保险不同模式的选择反映出以下几个特征：①

第一，大多数国家的农村养老保险制度的保障功能定位于收入补充型，而非收入替代型。

第二，农村养老金给付机制同缴费与否、缴费率高低具有内在联系，非缴费型和均一缴费型国家的农村养老保险模式基本上都采用均一给付，而收入关联缴费型国家的农村养老保险模式则都采用收入关联给付。

第三，发展中国家和英联邦国家的农村养老保险大多属于非缴费型。

第四，绝大多数国家的农村养老保险制度都属于现收现付制。但在各国农村养老保险制度改革中，基金积累制计划正在被更多国家采用，包括已经实行现收现付的国家如日本，以及经过改革后专门采用基金积累制的国家，如智利等国。

第五，均一缴费制和收入关联缴费制无明显优劣之分，一起并用于欧洲大陆国家。均一缴费制忽略了地区差异以及缴费与土地面积大小和土地价值高低之间的关系；但收入关联缴费制因缺乏严格的农业活动会计核算办法，难以确定合理的缴费基数和收入替代水平。

（三）农村社会养老保险发挥着多样化的功能

从国际经验来看，农村社会养老制度作为社会保障制度的一部分，不仅具有

① 庹国柱、王国军、朱俊生等：《制度建设与政府责任——中国农村社会保障问题研究》，首都经济贸易大学出版社 2009 年版，第 156 页。

保障性功能，还为其他社会政策的实施发挥了支持和辅助作用。①

1. 将农村养老保险作为农业产业政策的一部分，促进土地经营者年轻化

具体实施有两种方法：一是限定交付土地经营权者才有资格领用养老金；二是对土地经营权交付或不交付者实行不同的养老待遇。如在德国，为实现农场经营主的年轻化，以更快推动农业现代化，提高农业生产率，政府规定农场主到达65岁时要将农场移交给继承人（家庭继承人或政府选定的继承人），这样才能领取养老年金，或政府为其提供的"农场移交养老金"。法国在20世纪70年代后，对60—65岁接近退休的农民也发放"非退休者的补助金"，鼓励他们在退休前的几年里交出土地。日本于1971年开始实施《农民养老基金法》，规定离土农民即全部转让土地经营权，包括出租（10年以上）和转让出卖后，可得一次性支付的离农补偿金，其金额随物价上涨而上涨。在离农补偿金基础上，国民年金给付中也增加了权益转让金，对60—64岁的农民规定一个给付标准，对65岁以上者规定更高一级标准。在日本，对农民参保作出了规定，拥有或正在使用50公亩以上耕地的，采取强制性参保，土地占有量在50公亩以下的可自愿参保。20世纪90年代后，日本农业人口急剧下降，当年的农业劳动力逐渐高龄化，而年轻劳动力纷纷进入城市，日本的相关政策也开始转变，从鼓励"离农"转向鼓励"返农"，养老金政策也随之调整；在2002年，开始实行新的劳动者年金制度，权益转让金即被取消。

2. 将农村养老保险制度与其他社会政策相结合

例如，为了奖励生育贡献，法国对于生孩子多的农场主，养老金给付会多一点，具体办法是对于供养3个以上孩子的农场主，从第4个孩子算起，多一个孩子则养老金将增加10%。

3. 农村社会养老保险制度与其他社会经济制度相互制约，相互促进

例如，法国将建立农村社会养老保障制度作为解决长期以来普遍存在的农村老年人口贫困问题的一项重要政策。非缴费型养老金计划使得阿根廷、巴西、哥斯达黎加和智利的绝对贫困率分别降低了67.1%、95.5%、21.4%和69.0%，贫困率分别降低了30.8%、29.2%、24.3%和18.7%。此外，南非、毛里求斯贫

① 庹国柱、王国军、朱俊生等：《制度建设与政府责任——中国农村社会保障问题研究》，首都经济贸易大学出版社2009年版，第162—165页。

困率的降低，在较大程度上也得益于非缴费型养老金计划的实施。非缴费型养老金计划年金给付的货币收入，使得老年人和残疾者能够享受到更好的医疗服务，可以保证农民购买到必需的生产资料，可以作为一种担保获得商业银行的贷款。此外，商业银行代理社会保险的支付业务，也促进了商业银行其他业务的发展。

（四）农村社会养老保险筹资的发展方向是多元化

农村社会养老保险基金筹资是农村养老保险制度发展中最重要的环节，也是最难解决的问题。从国际经验看，政府的财政补贴是农村养老保险基金的主要资金来源。

实行普遍保障的英国、澳大利亚、新西兰、冰岛等国，农村社会养老保险资金全部来源于国家财政补贴。欧洲大陆国家农村养老保险资金绝大部分也源自于财政补贴，财政补贴占农村养老保险资金总额的比例在德国和奥地利为70%，芬兰为75%，希腊和波兰为90%。但也有财政补贴不占显著比例的国家，如日本，作为第一层次养老计划的基础养老保险（即国民年金），其养老金财源的1/3和所有管理费由国库承担，列入政府预算，其余2/3来自于被保险人缴纳的保险费；但目前有关方面正在研究将国家负担比例提高到1/2。印度作为一个非缴费型国家，国内有20%—30%的人口生活在贫困线以下，作为扶贫政策，政府向低收入和没有供养人的65岁以上老人每月提供5美元补贴，勉强维持他们的生存。实行缴费型养老计划的非洲、美洲发展中国家，也根据各自不同的经济实力和具体情况，对农村养老保险提供不同程度的财政补贴。除了国家补贴外，一些国家还发展出几种补贴方式。一是征收特种税。例如，巴西对农产品的购买方征收2.2%的农业产品税，作为农村社会保障的资金来源，通过对工业征收农业产品税以补贴农村社会保障。二是进行行业转移补贴。例如，法国农民（农场主或农业经营者）及其家属的社会保险（称为“农业非工薪人员保险制度”），目前经费来源分别为：国家补贴占8%，全国辅助基金占12%，农产品附加税占22%，其他公共社会保险部门的转移支付占30%，农民自己缴纳的仅占28%。①

① 庹国柱、王国军、朱俊生等：《制度建设与政府责任——中国农村社会保障问题研究》，首都经济贸易大学出版社2009年版，第165—168页。

从国外的情况看，许多国家往往采用缴费加政府补贴的方式，或者政府补贴加特种税及其他行业转移补贴的方式，来解决农村社会养老保险的资金筹集问题。例如，缴费型国家（德国、波兰、奥地利、希腊等）就采用了缴费加财政补贴的方式；非缴费型国家（南非、巴西、阿根廷、纳米比亚、博茨瓦纳、新西兰、毛里求斯等）就采用政府补贴加特种税的方式，或者政府补贴加其他行业转移补贴的方式（如法国）。

为减少因人口老龄化带来的负面影响，减轻日益增大的农村养老金支付规模对财政形成的巨大压力，更多的国家正在向多元化筹资和多元补贴形式方向发展。在这种趋势中，个人缴费份额在提高，政府补贴比例开始下降。

（五）应建立多层次的农村养老保险体系

因为城市大力发展职业年金计划，使职业年金在整个老年收入中所占比例越来越高，由此农村和城市的生活保障差距也进一步拉大。在此背景下，在不大幅度增加财政压力的前提下，各国利用了城镇养老保险制度改革的多层次思路，在现有农村基本养老保险的基础上，发展专业性的农民年金计划和个人储蓄性的年金计划等多层次组成的养老保险体系。

例如，德国为了减轻财政负担通过采取优惠政策，鼓励农场主购买商业保险。目前德国的农村养老保险已发展成由社会保险、终老财产（老年农民将庄园移交给继承人以后，保留下来供自己使用的住房等财产）和自我保障"三根支柱"组成的多层次性的养老保障制度。在日本，除施行全民都适用的"基础养老金制度"外，还为不满足于这种保险形式的农民提供了更高层次的补充性的养老保险，包括1971年实施的"农民养老金基金"制度和1991年实施的"国民养老金基金"制度，这两种制度可以对基础养老金制度进行补充，农民根据自愿原则决定是否加入。2002年，又可以参加缴费确定型养老金（企业型和个人型）计划，并享受国家的优惠待遇。法国农业工薪人员的养老保险目前也分为基础养老保险、补充养老保险和自愿储蓄制度三个层次，前两项是强制性的，后一项是自愿的，享受国家税收优惠政策的支持。

转型国家也在加紧建立多层次养老保险体系的农村养老体制改革。如捷克1994年通过补充养老保险法案，鼓励居民参加补充养老保险，个人自愿参加，国家直接给予补贴。该养老金部分由私营养老基金公司组织管理。

各国在建立多层次养老制度的改革过程中，逐渐将市场的因素引入到保险体系中来，更强调建立保险型养老计划，增加私营养老金计划的成分，减少国家的干预，让养老金给付与缴费更紧密挂钩，满足不同类型的农民具有的不同层次的养老保障需求，并实现全民化的养老保险。

我国在建立农村社会养老保险制度时也应该借鉴这一经验，在实现城乡养老保障一体化目标的指引下，实现养老保障多层次。

（六）建立专门的并由农民参与管理的农保管理机构，使其享有真正的自治权

系统独立的组织结构管理模式是农村社会养老保险成功运营的国际经验。如德国农民养老保险业务由联邦和各州农村社会保险经办机构管理，农村社会保险经办机构是自治的法人组织。德国有 3 个直属联邦的农村社会保险经办机构，16 个州直属的农村社会保险经办机构。农业家庭企业的社会保险由它所在地的农民社会保险经办机构管辖。这些自治组织由代表大会、理事会和业务领导人组成。各级经办机构必须分别接受联邦保险事务所和各州有管辖权的州行政机构的监督，州行政监督机构就是政府社会保障部门。经办机构发挥的作用非常显著，不仅在确定保险费标准、确定待遇条件、待遇标准、发放年金或者其他补贴等方面行使管理职能，而且还对受保险人提供指导、说明和答询。这种自治性很强的管理制度安排，使得德国农村养老保障的管理体制规范、管理效率较高，而且集中了一大批具有很高的文化素质和专业素养的社会保障工作人才。法国的农村社会保险由农村社会互助会（MSA）负责经办，该会是一个承担公共服务使命的民营组织，受政府委托对农业经营者和农业劳动者的社会风险进行管理（包括养老、医疗和各种家庭补助等）。在日本，经办农民年金的机构是农业协作组织（农协）。日本农协的组织结构别具一格，面对农民是供销联合体（县以下），面对政府是行政、贸易和金融的多功能组织（县以上），采用三级组织结构模式，即基层农协、都道府县农业共济协会联合会、全国农业共济协会联合会。这三级部门相互分工、各司其职，形成有效的三级风险分散机制，即基层农协负责对成员共济契约的承保，而后共济契约责任通过分保形式向“都道府县

农业共济协会联合会”全额分出，联合会分保后再将其中一定份额向“全国农业共济协会联合会”进行再保险。这样形成所谓的“共济—再共济—再再共济”这一“三段制”方式来分散参保人风险，以维持共济事业的稳定性。这些专门的组织有利于发展“综合服务通道”理念，即发展综合的信息服务体系，信息共享使用，档案统一管理，能更好地为参保人提供信息服务，并更好地反映他们的保障需求。

从国际经验看，在这些专门的管理机构中有了农民代表进入管理层，使得这些国家的农保管理机构才享受真正的自治权，农保制度更能具体反映和及时维护农民的利益。如在德国，农民每7年一次选出地方代表组成养老保险制度管理的常务大会，而管理所有农村地方团体的委员会主席由所有代表一起选出。在欧盟国家，除波兰和希腊的代表由国家任命外，其他国家的代表都是通过选举产生的，如奥地利，代表由农业部权力机关指定，而农业部权力机关的官员是由各个省的农民选出来的。农民代表在国家管理机构中占有一定地位，并拥有相当大的决策权力，这样他们就可以在国家政治生活中反映农民的呼声。比如，农民代表可以发起关于未来形势的讨论会，可以协调法案的修改和公共事务的处理，同时，农民代表还与公务员配合将农民的实际状况向中央管理机构反映。在芬兰，全国行业公会结构较简单，且成员主要来自中央机构，地方代表在政策制定与传达上起着决定性作用。波兰将加强工人在联合会中参与管理的地位作为社会保障计划可持续发展的先决条件。在法国，农村社会互助会实行自下而上的民主选举办法，逐层选出管理委员会，由委员会任命本层机构的常设负责人，目前有2000名被选举出来的行政人员、农民和农业工人负责农村社会互助会、基金会的管理，76000名地方代表负责基金会与被保险人的联络，18000名雇员从事农村社会保险服务工作。

（七）农村社会养老保险制度的建立和调整都要有法可依

完善的养老保险法律使得西方国家在第二次世界大战后建立的农村社会养老保险制度直到今天仍在平稳发展，未出现重大的反复和波折，即使有些国家进行了一些体制上的改革，但也未出现养老系统的阶段性中止和停滞。

国外经验表明，农村养老制度的每一次调整和改革都先制定法律，然后再组织实施，使之有法可依，有章可循。世界各国在建立农村社会养老保险制度时都制定了相应的法律制度，如德国1957年7月颁布的《农民年金救济法》，日本1961年实施的《国民养老金法》，1971年实施的《农民年金基金法》等。国家可以通过法律的制定明确规定保险范围、保险费的筹集、养老保险的待遇、保险基金的管理和法律责任，有了这些详尽具体的规定，规范了政府、管理机构和参保人的行为，避免了人为的主观随意性，保证农村社会养老保险制度的顺利实施。从国外情况看，尤其值得发展中国家学习和借鉴的是，尽管国外农村社会养老保险制度实践是沿用城镇改革的经验和做法，但一些发达国家还是颁布了独立的农村养老保险法和相关条例，虽然有些国家直接将农村社会养老保险纳入到了国民年金计划内，但仍有相关法律条款可资适用于农村养老保险的制度实施。

虽然我国农村社会养老保险已经有了十几年的实践经验，但一直存在法律依据缺失的问题。我国基本法律中涉及到农村养老保险的论述只在宪法、劳动法中有少数原则性的规定，即《中华人民共和国宪法》第45条："中华人民共和国公民在年老、疾病或丧失劳动能力的情况下，有从国家和社会获得物质帮助的权利。国家发展为公民享受这些权利所需要的社会保险、社会救济和医疗卫生事业。"《中华人民共和国劳动法》第70条："国家发展社会保险事业，建立社会保险制度，设立社会保险基金，使劳动者在年老、患病、工伤、失业、生育等情况下获得帮助和补偿。"但其中并没有关于任何具体问题的规定，更没有违反法律规定的相应处罚措施，操作性很差。我国农村社会养老保险现行的基本法规依据是1992年1月民政部颁布实施的《县级农村社会基本养老保险基本方案(试行)》和1995年10月国务院办公厅转发民政部的《关于进一步做好农村社会养老保险工作意见的通知》。为推进农村社会养老保险事业的发展，全国26个省(自治区、直辖市)政府相继也颁发过开展农村社会养老保险工作的地方性法规和文件，其中黑龙江、湖南、湖北等7省市颁发过省市政府和省市长令。可见，目前我国农村养老保险法律制度主要限于政府规章和地方性法规，法律层次较低，这些文件政策性强，容易变动，缺乏法律规范应有的规范性、严肃性和权威性。健全社会养老保险法律制度是发达国家建立并实施社会养老保险的重要经验，只有完备的社会养老保险立法才能建立完善的社会养老保险体系。因此，我国应该尽快制定一部农村社会养老保险方面的基本法律，并通过制定相应实施条例和地方性法规来完善农村社会养老保险法律体系，以维护养老保险制度的持续性和稳定性,更好地满足农民的养老需求。

(八)农村社会养老保险给付形式应多样化

德国农村社会养老保险的给付形式包括现金给付和实物给付,在出现特定风险时适用实物给付,例如在面临或出现丧失劳动能力的情况时,可以获得康复性措施,这些措施的目的在于避免劳动能力的丧失或改善和恢复劳动能力。在我国,农村老人在需要养老经济支持的同时,也有生活照料、陪护等诸多要求,尤其是生病老人、高龄老人、单独居住的老人和其他生活不能自理的老人,更加需要这种实物给付的形式。因此,我国养老保险的给付形式也应该包括实物给付形式,即为有需求的老人提供护理、陪护服务。这样既可以解决这些老人的实际困难,维护家庭和睦,缓解社会矛盾,还可以扩大农村剩余劳动力的就业途径,同时这种制度设计也体现了政府对于农村老人的人文关怀。

(九)依据条件有差别地分步推进城乡养老保障一体化

借鉴国外农村社会养老保障制度发展的历程与经验,我国农村社会养老保障制度的发展不能一蹴而就,应当以城乡养老保障一体化为目标,分步骤、分区域地进行。具体来说,可分为两个阶段:

第一阶段:即在2020年前,从制度自身建设和发展来看,要将城镇企业职工基本养老保险制度转变为职工基本养老保险制度;城镇居民养老保险制度和新型农村养老保险制度并轨为城乡居民养老保险制度,将各地试行的农民工、失地农民的养老保险制度统一为城镇居民养老保险制度;加快建立新型农村养老保险制度。根据中央政府的部署,要实现新型农村养老保险制度基本全覆盖;在2012年之前,在各地机关事业单位试点改革的基础上,建立公职人员基本养老保险制度;在2010年,建立以财政为基础的非缴费型的城乡居民老年津贴制度,为65岁以上无收入来源的城乡适龄老人建立老年津贴制度;建立补充养老保险体系。从地区发展差异来看,依据我国城乡经济发展水平形成的三个阶梯,西部最低,中部中等,东部最高。东部地区由于制度建设的基础比较好,地方政府财力雄厚,因此本阶段养老保障一体化的重点是加速城乡养老保障制度的并轨和整合,不断缩小不同制度之间的待遇差距。而中西部地区则要在中央财政的支持下，加快制度的建设，形成“三险一贴”的养老保障体系的基本框架。

在这一阶段，将形成我国基本养老保障体系的宏观构架。从制度自身来看，将形成以职工基本养老保险制度为核心，城乡居民老年津贴制度、城乡居民基本养老保险制度、职工基本养老保险制度和公职人员养老金制度，待遇标准由低到高的共同构成的“三险一贴”和基本保障、补充保障二维的养老保障体系。从地区差异来看，将形成“制度统一，标准不一”从西部到中部到东部的三个阶梯，缴费水平和待遇水平由西到东逐步提高。

第二阶段：即 2021—2049 年，从制度自身建设和发展来看，要在“三险一贴”的基础上，进一步推进制度整合，逐步推进国民基本年金制度。公职人员的基本养老保险制度、城乡居民养老保险制度和职工基本养老保险制度实现制度的并轨，不同群体之间的基础养老金差距逐渐消失，形成全国统一的国民基本养老保险制度。从地区发展差异来看，随着全国范围内社会经济的统筹发展，地区差距将显著缩小，基本养老保障的待遇差距已经完全消失。由于地区差异不可能完全消失，应建立地方特色的补充养老保障项目，提高当地老人的经济保障水平。加强地方特色的老年服务保障、精神保障方面的机制建设，全面满足老年人的生活需求，不断提高老年人生活质量。

二、国外农村社会医疗保险的经验与借鉴

（一）农村社会保障建设中医疗保险一般起步最早

从农村社会保险制度发展进程看，国外农村社会保险大多经过先社会医疗保险、后社会养老保险的发展过程，相比其他农村社会保险项目来说，农村医疗保险建立的时间最早。

由于各个国家经济发展水平不同，医疗保险制度建立的时间相差很大。在经济发达国家农村医疗保险建立比较早，都在企业医疗保险制度建立的同时或在此基础上逐步建立与完善起来，它们当时的国民经济状况与社会发展情况属资本主义中期，相当于我国目前的经济水平。① 如德国作为发达的资本主义国

① 赵晓强、张雪梅：《国外农村医疗保险制度概况》，《甘肃农业》2006 年第 5 期。

家,早在1887年就建立了农村医疗保险制度,日本在1938年建立了农村医疗保险,墨西哥直到1954年才将医疗保险扩大到农业工人,而在一些发展中国家近十多年来才先后建立或正在筹建农村医疗保险制度。这些都客观地反映了医疗保险制度的建立与社会经济发展水平之间的相关性和适应性。① 有学者发现,即使采取同样的制度模式,一国独特的社会环境也会影响农村居民获得健康保障和对卫生服务利用的有效性。例如有研究表明,在印度除经济因素外,世袭的等级制度、宗教信仰、教育水平、家庭内成员间的关系、族群间的关系等,都会对农村卫生保障体系造成影响。还有研究表明,在发展中国家的农村地区,由于民众对保险机制不了解、不接受,相应增加了健康保险制度推行的难度。因此,在设计制度之前,一定要对自身国情特点,以及它们对农村健康保障体系的影响有深刻的认识和评估。②

(二)农村医疗保险立法是实施的依据

从国外的经验看,农村医疗保险制度的实施首先都有法律依据。如韩国有《医疗保险法》,日本和泰国分别在1934年和2002年颁布《国民健康保险法》,德国在1883年颁布实施《劳工疾病保险法》,英国在1948年颁布"国家卫生服务法",于1964年又通过《卫生保健法》。在日本,由于在整个管理经营监督过程的每个环节都有法律的保障,所以其国民健康保险制度的运行畅通无阻。

(三)农村医疗保障发展有其自身的特点

1. 农村医疗保险模式

从农村医疗保险模式来看,采用国家医疗保险模式的只有英国、澳大利亚等发达的资本主义国家,采用储蓄医疗保险模式的仅有属城市型国家的新加坡,社会健康保险模式则为各种不同类型的国家广泛采用,已成为一种成功的国际惯

① "农村卫生投资政策及可持续发展研究"课题组:《国外农村医疗保险制度借鉴与启示》,《山西财税》2005年第9期。

② 林义:《农村社会保障的国际比较及启示研究》,中国劳动社会保障出版社2006年版,第146—147页。

例，大多数转型国家在基本构架上都选择了这种模式。这种模式受经济发展水平和政府财力的约束小，而且有助于增强保障对象的自我保障意识。如果城乡医疗保障制度是一体化的，社会健康保险模式还能提高农村居民获得必要卫生服务的可能性。但拉丁美洲和非洲许多国家的经验却表明，在整个国家经济水平较低的情况下，城乡一体化的系统也很难真正覆盖农村地区，还会将卫生资源吸引到城市和高收入群体中，更加剧了城乡差距。此外，它还有管理成本高的缺点。因此，利用社会健康保险模式解决农村健康保障问题时一定要注意克服上述缺点。

同样，运用保险机制的私营健康保险只适用于特定人群，由于购买力缺乏，在发展中国家，即使有政策支持，私营健康保险也很难在农村发挥很大作用。从已有的经验看，由于公平性较差和监管体系建立困难，在解决农村健康保障问题时，一般不推荐私营健康保险模式。近年来，自愿投保、采用人均固定保费的社区健康保险模式被认为是一种解决农村健康保障问题的有效机制。但国外的经验表明，它对缺乏足够购买能力的贫困地区农村或农村贫困群体的作用是有限的，如果降低保费，保障水平则会严重不足。因此，这种模式作为解决农村健康保障问题的主要财务机制是不现实的，往往只能作为以税收为基础或社会保险模式的补充。由于各种财务机制在解决农村健康保障问题时各有其优缺点，因此，很难说依靠一种财务机制就能从根本上解决农村健康保障制度的筹资和补偿问题，一个混合的财务机制可能是比较现实的选择。

当然，实际效果还要看财务机制的设计过程中是否注意了以下几个方面的问题：计划必须取得公众的广泛认同，特别要对农民作好宣传解释工作，这样制度推行时面临的阻力才会较少；对贫困农村或农村贫困人口需要设计专门的费用减免机制，政府是否有足够财力解决这部分人的基本医疗花费是整个农村健康保障体系能否最终建立的关键。①

2. 农村医疗保障项目和覆盖范围

从农村医疗保障的保障项目和覆盖范围看，各国都经历了保障覆盖范围由

① 陈滔：《国外农村健康保障制度建设的经验和启示》，《中国农村卫生事业管理》2006 年第 10 期。

小到大、保障项目由少到多的发展过程。从世界农村医疗保障的经验来看,医疗保障城乡一体化及普遍覆盖是最终目标。如德国农村医疗保障最初的对象仅限于农业工人,保障的项目只有工伤事故,经过多年的扩面、增项,才形成了如今城乡一体化的全覆盖、多项目、高水平。日本最初的农村医疗保障是20世纪30年代初建立的普通国民健康保险互助会,覆盖面小,保障程度低;1941年国民保险法的正式实施,才标志着农村公共医疗保险制度的正式建立;随后根据社会发展的需要又建立了护理保险等项目。覆盖面的扩大有利于提高统筹基金的保障能力,且受益面越广、受益人群越多,越能激发农民参保的积极性,这样,统筹基金就会越来越大,调控能力也会越来越强。墨西哥医疗保险的覆盖人数约占总人口的65%,在城市达90%以上(不包括对穷人的免费医疗救济);韩国的医疗保障在1998年就覆盖了90%的农民,大大增强了其保障能力和水平。①

多层次的农村社会医疗保障制度是发展的趋势。一方面,要推出多种形式的医疗保险,特别是鼓励商业医疗保险在农村地区的发展,满足一些农村居民更高的医疗保障需求。如日本很早就推出政府强制健康保险,即年届20岁的国民都要参加;从20世纪50年代起,随着日本农业现代化进程的加快,农村医疗保险仅靠单一体制很难满足人们的需求,由于农民收入低,自费医疗负担沉重,农民自组团体,互助互济;现在日本医疗保险模式是"两驾马车"并行,即"雇员健康保险"与"国民健康保险"并行。在英国,国民卫生服务(National Health Service,简称NHS)有覆盖广、保健高、费用免等优点,但考虑到医院设施、医资质量、看病效率等因素,许多有条件的居民仍自愿掏钱购买商业医疗保健服务,这样做不仅效率高、质量好,也能促进公私医疗机构的竞争发展。另一方面,要健全医疗救助体系,强化对弱势群体的扶持,加强农村医疗保险和农村医疗救助的衔接,防止强势家庭占用更多的医疗资源。

国外非常重视建立与完善对贫困农民的医疗援助制度,对于贫困农民多是由政府提供免费的医疗卫生服务。如韩国政府为贫困农民提供医疗救助费用;泰国政府对单身月收入200铢以下或家庭月收入2800铢以下者实行免费医疗,并发放免费医疗许可证;在墨西哥,也给城市和偏僻地区贫苦居民提供免费医疗

① 谢庆涛、马福仓:《国外农村医疗保险对我国的启示》,《阴山学刊》2008年第2期。

救济，受益者大多是农民；在发达的资本主义国家，如北欧四国，农民的医疗费用都由政府买单。总之，如果农村贫困人口还占相当比例，政府的财政能力又有限，根本无力包揽全国农民的医疗事务，那么，由政府专门针对有病却无经济能力进行治疗的贫困人群实施医疗援助制度，对农村贫困人口给予专项帮助和支持，不失为一项替代性的措施。此外，英国把医疗保障与预防保健公共卫生合二为一，这也是一项重要的成功经验。①

3. 农村医疗保险的基金筹集和管理

从农村医疗保险的资金来源看，在多数国家，农民的医疗保险费用大部分都由政府补贴，有的国家甚至完全由政府给予。② 以税收为基础的财务机制，在某些发达国家很好地解决了农村居民的健康保障和卫生服务问题，但在许多非洲和南亚国家，政府财政支出中用于卫生事业的预算却很难实现对卫生服务的完全补偿，此时被忽略的往往是农村地区。因此，当采用以税收为基础的筹资机制时，一定要确保从数量上能对农村卫生服务进行有效补偿。③

从农村医疗保险的管理形式来看，各国大都采用由地方政府实施监督管理的办法，并吸收受益者参与管理监督，从而既能体现权威性，又能减少管理层次，节约管理费用。④ 如墨西哥在1944年成立了全国职工社会保险协会，其管理机构由政府、雇主（含农场主）和雇员（含农场工人）代表组成。

从农村医疗保险的基金监管来看，可靠的、稳定的、充足的资金是医疗保险制度正常运行的基础。为了避免资金的流失与滥用，各国都采取了严格监管措施。如泰国成立了国家卫生委员会，建立健康保险办公室，在地方层级成立了卫生委员会并接受垂直管理；巴西的医保资金给付需经社会福利部审查平衡后才下拨至州，再由州进行预算，州长签字后，方可进入给付阶段。从国外经验看，在加强农村医疗保险基金监管的同时，还要从长远考虑，重视降低监督成本。

从农村医疗保险的补偿来看，医疗保险资金的补给要统筹规划，合理测算，

① 谢庆涛、马福仓：《国外农村医疗保险对我国的启示》，《阴山学刊》2008年第2期。

② 赵晓强、张雪梅：《国外农村医疗保险制度概况》，《甘肃农业》2006年第5期。

③ 陈滔：《国外农村健康保障制度建设的经验和启示》，《中国农村卫生事业管理》2006年第10期。

④ 储振华：《国外农村医疗保险制度实施政策》，《国外医学》1994年第3期。

要与经济发展水平、人口结构和社会需求相适应。投入过少,可能会使医疗体系软弱无力;投入过多,也会适得其反,一则造成大量卫生资源的浪费;二则会以勤养懒,挫伤生产者的积极性,不利于国民经济的健康运行。采取个人缴费与财政补贴相结合是较佳的方式。支出额度的不断加大需要建立科学有效的测算机制,在强调卫生资源使用公平性的同时,要优化卫生资源配置,提高资源使用效率,促进公平与效率的有机结合。① 从国外的经验看,医疗保险的补偿模式既要"保大病",也要"保小病"。无论是发达国家还是发展中国家,都非常注重把住院和门诊、治疗和预防结合起来。

(四)强调政府在农村医疗保险中的责任和作用

从国外的经验看,政府在农村医疗保险中的作用主要体现在三个方面:一是政府对农村医疗保险的资金投入;二是政府直接参与农村医疗保险的组织和管理;三是政府做好农村地区卫生资源的合理配置工作。

首先,政府财政支持是建立农村医疗保险制度的前提。农村人口变化及老龄化的发展态势,决定了政府应当对农村医疗服务承担更大的责任。在多数国家,农民的医疗保险费用的大部分都由政府补贴,有的国家则完全由政府给予。如在巴西,开展"家庭健康计划"所需资金几乎全部来自政府;泰国"30 铢计划"的经费来源也是政府的专项预算;作为发达国家的德国和日本,农村医疗保险资金中有相当部分也来自政府补贴。从而保证了这些国家农村医疗保险制度的平稳运行。可见,政府财政的支持更多地偏向农村是国外构建农村医疗保险制度的惯例。②

其次,从国外的情况看,凡是农村医疗保险搞得好的国家,都是政府直接参与农村医疗保险的组织和管理。政府直接参与对医疗保险服务机构的管理和监督,建立了有效的医疗费用控制机制。具体做法包括:第一,政府统一规定或限制药品的使用范围和医疗价格,如果超过此限制条件,医院将受到质询,或对于超过的部分,医疗保险机构不予报销。第二,加强医院之间的竞争。一些医疗保

① 谢庆涛、马福仓:《国外农村医疗保险对我国的启示》,《阴山学刊》2008 年第 2 期。

② 代志明、何洋:《国外农村医疗保障制度的解读与借鉴》,《经济纵横》2005 年第 2 期。

险机构不再同医院签订长期合同,而是签订一般为1年期的合同。如果医院的医疗项目及费用合理,病人对医院的效率和服务质量满意,则续签合同,否则中断合同。这样,就使医院有了外部压力,医院之间出现了竞争。第三,医疗保险机构改变了与医疗服务机构在被保险人医疗费用上"实报实销"的事后结算方法,按疾病类别事先规定医院每年总支出的限额,即实行总量控制。第四,实施第三方审查制度。医疗保险机构委托专门的监督委员会,定期审查医院采取的医疗方案或医生开具的处方单,如果其中包括不必要的医疗项目或药品等,该医院或医生要受到处罚。①

最后需要指出,即使有保障机制存在,因为卫生服务利用上的限制以及卫生技术人员和服务机构的缺乏,在农村地区要保证农民获得高质量的卫生服务也是很困难的。根据国外的经验,在农村地区的卫生服务提供方面,政府的干预是必要的,其中最重要的是做好农村地区卫生资源的合理配置。除了基本的公共卫生服务外,也要努力保证农村居民能够以比较低廉的价格获得品质不是太差的医疗服务,特别是住院医疗服务,这也是农村健康保障体系建设的关键。当然,实现对医疗机构和卫生技术人员劳务付出的合理补偿也很重要。国外的经验表明,即使在以私营保障计划为主的卫生服务体系中,政府也可以通过为农村免费培养卫生专业技术人员、或减免到农村开业的私人医生的学习贷款等方式,来对农村卫生服务体系的构建提供帮助。为了满足农村医务人员的需求,也有国家采取了强制性的规定,如韩国强制医学院校毕业人员服务基层。②

(五)重视基层医疗卫生服务的提供和医疗服务方的激励

国际经验表明,基层医疗卫生服务便捷、可及,直接影响农村医疗保障制度实施的效果与效率。在加强基层医疗卫生服务方式上,各国有所不同。大多数发达国家没有专门的社区卫生机构,得到政府鼎力支持、市场化的全科医生,为国民提供预防、医疗、保健、康复、健康教育等一体化的初级医疗卫生服务,满足了社区居民的基本卫生服务需求。一些国家因幅员辽阔,有些偏僻地方全科医

① 丁少群、林义:《国外农村医疗保障模式及其对中国的启示》,《世界农业》2006年第5期。

② 谢庆涛、马福仓:《国外农村医疗保险对我国的启示》,《阴山学刊》2008年第2期。

生可能无法供给服务,社区卫生服务机构才有存在的必要。①

各国都非常重视对医疗服务方的激励。具体包括两方面:一是强化对医疗服务方服务意识的激励。如在巴西针对农民的保健计划中,为鼓励医疗服务者到农村工作,政府除给予专项资金保证其正常开业外,还不定期地给予他们不低于城市同类人员两倍的工资。二是通过医疗费用的偿付方式来影响医疗服务的数量和质量,即利用共付制、按人头付费制及按病种付费制等方式,尽可能地发挥医疗服务资源的效率。在这方面,德国和泰国的农村医疗保险制度都实行了按病种付费制,日本则通过共付制及限定封顶线等措施以确保医疗费用的合理性。②

此外,允许农村民营诊所的存在,规范其经营活动,从而引入竞争机制也是重要的国际经验。在这方面,巴西与英国的竞争范式都是值得我们借鉴的。③

(六)采取多种形式控制医疗费用

在医疗费用开支方面,参保人就诊全部免费(或全额报销),容易诱发医疗资源的浪费。从各国医疗保险改革趋势看,基本上都是由全部免费改为部分自费,有的国家还提高了自费的比例。如日本从 1999 年开始,政府管理的医疗保险中被保险者自己负担的医疗费部分从 10% 提高到 20%;德国从 2000 年起,医保机构为患者住院的康复措施所支付的费用,由每天 20 马克减为 14 马克。

医疗服务提供直接影响到医疗费用是否能够高效使用。在市场经济国家,一些赢利性医院、诊所过于追求利润,使得很多医疗项目的收费很难控制。尝试社会医疗保险机构自己办医院,以降低保险成本,也是重要的国际经验之一。南美洲一些国家(如墨西哥)的社会保险机构便采取了“惹不起,躲得起,靠自己”的政策,自己设立医疗单位为被保险人提供服务,实行严格的分级转诊医疗方式,并特别注重保健和预防宣传工作,还建立了不少体育场馆等公共保健设施,以降低患病率,从源头上节约医疗保险费用的开支。④

---

① 丁润萍:《国外农村医疗保障的经验及对我国的启示》,《经济问题》2007 年第 4 期。

② 代志明、何洋:《国外农村医疗保障制度的解读与借鉴》,《经济纵横》2005 年第 2 期。

③ 谢庆涛、马福仓:《国外农村医疗保险对我国的启示》,《阴山学刊》2008 年第 2 期。

④ 丁少群、林义:《国外农村医疗保障模式及其对中国的启示》,《世界农业》2006 年第 5 期。

（七）制度变迁与创新是农村医疗保险制度成功的保证

评价一个健康保障计划或制度是否真正适合农村是很困难的，根据许多国家的经验，有三条比较重要的评价标准：①筹资水平是各类农村家庭都能承受的；②能够保障贫困地区农民远离重病带来的财务冲击；③能够提高农村地区医疗服务的可得性。当然，即使已有的农村健康保障制度或计划能够满足上述标准，也不是一成不变的；必须根据环境变化和经验积累，不断对已有计划加以调整，进行适时的制度变迁和创新。[①] 例如，德国和日本在经过长时期摸索以后，在农村医疗保险制度上审慎地选择了与农民收入关联的强制性社会保险制度，并辅以政府财政的相当补助，这样做不仅规避了逆向选择，而且降低了制度运行成本。可见，鉴于农村医疗保健问题的特殊性及易变性，适时的制度变迁与制度创新有其内在的必然性。[②]

三、国外农村社会救助的经验与借鉴

（一）经济发展水平是农村社会救助发展的基础

从各国的农村社会救助制度实施的情况看，农村社会救助的内容、水平和方式一般都要受本国政治、经济和社会等诸多因素的影响，其中经济因素的影响无疑是最根本的。可以说，经济发展水平是农村社会救助发展的物质基础。西方发达国家的社会救助由于经济领先，社会管理比较完善，其救助体系完整、形式多样、救助水平比较高。发达国家城市化水平高，城乡差距不明显，各国都普遍实施了城乡统一的社会救助制度。而发展中国家的农村社会救助则伴随着经济的不断发展而展开，目前大多不成体系，往往依靠非正式的救助制度，这也使得发展中国家的农村社会救助网络虽不完整，但富有特色。

（二）完善的立法是农村社会救助实施的前提

无论是发达国家还是发展中国家，凡是农村社会救助成效显著的，都离不开

---

① 陈滔：《国外农村健康保障制度建设的经验和启示》，《中国农村卫生事业管理》2006 年第 10 期。

② 代志明、何洋：《国外农村医疗保障制度的解读与借鉴》，《经济纵横》2005 年第 2 期。

对社会救助法制建设的重视。英国是世界上最早立法建立社会救助制度的国家。早在1601年,伊丽莎白女王就颁布了世界上第一部《济贫法》,它以传统的慈善救济为主要特征;1834年,英国政府又制定了新的《济贫法》,明确社会救助属于公民应享受的权利,实行社会救助则是政府应尽的义务;此后又先后出台《儿童法》(1908)、《劳工介绍法》(1909)、《国民保障法》(1911)、《国民救助法》(1948)和《补充救助法》(1976)等一系列法律条文。德国的社会救助实践始于20世纪初,1942年制定了关于政府救济的法令,第一次对公共救助的享受条件、救助种类和程度作出了统一规定;1962年,联邦德国颁布了新的《联邦社会救助法》,对特殊困难者进行社会救助作了具体规定,此后又进行了几次修改;1990年德国统一后继续实行上述法规。此外,法国的《家庭及社会救助法典》、日本的《救护法》都明确了社会救助工作的内容、形式等,韩国、阿根廷、印度尼西亚等发展中国家也颁布实施了专门的社会救助法规。

(三)政府财政补贴是农村社会救助资金的主要来源

多数国家的政府财政都对农村社会救助项目给予了强有力的支持,充分体现了再分配功能。如德国1999年的农村社会救助预算占食品、农业和林业部总预算的67%;经济转型国家波兰的财政补贴为农村社会救助总额的94%;实行普遍保障的澳大利亚、新西兰、冰岛等国,社会救助的资金全部源于财政补贴;非洲、南美洲的发展中国家也根据自身的经济实力和具体情况,对农村社会救助提供了不同程度的财政补贴。从国外的情况看,一国的各级政府承担的责任有所不同,一般来说,社会救助经费以中央政府为主,但各级地方政府也承担相应的比例。如法国社会救助开支由省管理,实行国家、省、市镇三级分担;美国则由联邦政府、州政府和地方政府共同负担,比例由各州对该项目的实际支出和州人均收入来决定,人均收入较低的州,联邦政府负担的比例较高;韩国的社会救助经费由中央、道和郡县(市)三级负担,中央负担比例从50%到80%不等。①

① 邓微等:《中国转型期农村社会保障问题研究》,湖南人民出版社2006年版,第418—419页。

（四）鼓励社会力量在社会救助中发挥作用

社会救助制度的社会化在许多国家是一种非常普遍的现象，鼓励社会力量在社会救助中发挥积极作用，这也是一项重要的国际经验。社会力量的作用主要体现在三个方面：一是社会捐助弥补了政府社会救助资金的不足。在救助经费主要由中央和地方政府承担的前提下，鼓励民间组织对社会救助的资助，这是各国政府普遍的做法。二是民间组织举办民办的救助事业。民间组织的管理成本较一般公共事业单位要低一些，办事效率却较高，筹资渠道灵活，对社会救助制度的发展有很大的促进作用，是政府救助的有力补充。三是社会力量可发挥对社会救助的监督管理作用。此外，一些国家还很注重对民间组织参与社会救助事业的保护，如德国在立法中规定，社会救助要坚持政府和民间合作的原则，联邦社会救助法不得侵犯教会、宗教团体、民间福利团体的地位与活动，社会救助实施机构在与这些福利团体合作时，应考虑到后者的独立性，互相取长补短，并支持民间团体。①

（五）根据本国国情，确定农村社会救助项目

一个国家的社会救助的内容确定，其社会救助体系是由哪些社会救助项目构成，显然会受到一国的经济、政治、文化等多方面因素的影响。纵览各国的农村社会救助项目，一些基本的项目是相同的，即使叫法不同，但各国也有一些特色项目。英国规定，凡 16 岁以上的公民收入来源不能满足最低生活需要者，都可以申请社会救助。救助金额按个人收入多少和所供养人口数量来领取。在疾病救助方面，英国实行了全民免费医疗，对特困病人提供疾病补贴。法国的社会救助包括失业救助、老弱病残救助、家庭津贴和补贴等方面。失业救助是法国社会救助的主要项目，对于因“非严重过失”而被解雇、不满 65 岁而身体健康、失业前一年工作满 150 天的人，都可以申请登记。德国的社会救助分为两类：一类是特殊困难的救助，包括残疾人、老人、病人、孕妇、产妇、在国外的德国人；另一类是低收入家庭的救助，这种救助面向全社会。美国的社会救助区别了不同对

① 朱丽芳：《国外农村最低生活保障制度》，《农村工作通讯》2008 年第 19 期。

象:低收入家庭能源补助;特困人员收入补助;抚养子女补助;食品券补助;医疗补助等。日本社会救助项目包括:生活救助、医疗、教育、住宅、分娩、谋生、安葬等七项,救助标准按地区、年龄、性别、家庭人口收入等因素来确定,同时还要考虑救助者的资产、本人独立生活的能力以及抚养义务等因素。

(六)严格控制救助费用的增长,对救助标准实行动态化管理

一般来说,各国社会救助金的标准都比社会保险金低,但没有领取期限的限制。目前,许多发达国家控制救助费用的一个方法是降低替代率。例如,加拿大许多省已经降低部分救助金和特殊补助金费用,其他救助金则通过控制费用增长而后依靠通货膨胀达到缩减的目的。这迫使社会救助享受者在成为受益者之前广泛动用个人资源提高收入水平。这种做法有利于增加救助者主动寻找工作的热情,一定程度上避免社会救助制度的"养懒汉"效应。

众所周知,贫困是动态的范畴,因而对于贫困人口的社会救助自然具有其动态性和复杂性。各国在实际操作中经常根据本国实际情况不断调整贫困线,并且总的趋势是不断调高救助标准,低保水平不断提高。与此同时,为防止资金的浪费与滥用,各国还根据一国范围内区域经济社会发展水平的差异,往往把具体救助标准的制定权下放给地方政府,中央政府只进行监督。这样既维护了社会救助法的权威性、规范性,又有很强的针对性和现实可行性。如美国的贫困线由各州根据经济发展水平来确定和调整具体标准,联邦政府在社会救助和社会福利支出方面,对人均收入相对较低的州给予倾斜。

(七)救助条件严格,通过家庭经济情况和就业状况调查确定申领资格

各国社会救助制度最基本的特征是严格的救助资格条件,只对自我保障有困难而确需救助的人给予救助。各国一般通过家庭经济情况调查和就业状况调查来确定申请人领取救助金的资格。

家庭经济情况调查是根据国家规定,对申请人及相关家庭成员的收入及资产状况进行审查,不足特定标准时才予以救助。大多数国家在社会救助标准之外都规定一个免审额度,即允许申领人持有少量的资产或收入,视同无资产、无收入,不抵扣社会救助金。在财力审查的范围方面,大多数国家只考虑申领人及

其配偶的现有财力。但在有些国家趋向要求家庭和社会互助在整个社会保障体系中发挥更为重要的作用。如奥地利、德国、瑞士、日本，申领人的父母、祖父母、成年子女的财力状况也在考虑之列。在法国，老年救助金(属专项救助)申领人的法定继承人的财力状况都列入审查范围。比利时最近也准备审查申领人父母及成年子女的财力情况。

在就业状况调查方面，20 世纪 80 年代以来，西方各国在失业人口居高不下的压力之下，纷纷引入或强化就业审查制度，要求社会救助对象必须努力寻找就业机会，积极与政府管理的职业介绍机构联系，并接受适当的工作安排。未通过就业审查的人，将被降低社会救助水平或剥夺领取资格。在美国，2000 年起政府要求接受援助的单亲父母两年内每周工作至少 30 个小时，核心家庭每周至少工作 35 个小时。联邦政府还制定了社会救助受益家庭的就业目标，社会救助受益家庭就业率从 1997 年的至少实现 25% 提高到 2002 年的 50% 以上，核心家庭的标准则由 75% 提高到 90% 。在英国，政府对以下四类人员实行严格限制：一是年轻失业人员，英国政府要求失业 6 个月的 18 岁至 24 岁的年轻人必须从以下四种方案中做出选择——在私人部门工作(雇主得到补助)、在志愿性部门工作、从事环境保护工作、接受全职教育或培训；二是单亲父母，英国政府制定了特别行动计划，通过工作寻求、建议和培训帮助单亲父母找到工作，必要时可以为那些再次全职学习的单亲父母提供小孩的照看；三是长期失业人员，英国政府规定，雇主雇用一个已失业两年或两年以上的失业者可从政府获得为期 6 个月的每周 75 英镑的工资补助，年龄超过 50 岁的人还可享受特殊援助；四是残疾人或者长期患病的人，这类人也可获得额外的补助，目标是帮助残疾人或长期患病的人找到工作或者帮助那些已工作的人继续工作。通过这一系列措施，使那些依靠福利生存的特殊人群走上工作岗位，摆脱对福利的依赖，建立社区不同部门(包括雇主、志愿性组织)、地方政府和中央政府之间的新型关系。

四、国外失地农民社会保障的经验与借鉴

农民失地是各国现代化、城市化过程中都发生过的普遍现象。尽管各国的土地所有制度存在很大的差异，但其他国家对失地农民的经济补偿和社会保障

的经验和做法,对我们也还是具有借鉴和启迪意义的。

(一)土地所有权价格由土地所创造的收益决定

农村土地所有权价格是根据土地用作农业用途时所创造的收益确定的。农业用地转为非农用地后,其价格要根据土地用作非农用途后所能创造的预期收益来确定,因而一般会比原来用作农业用地时的价格上涨几倍甚至几十倍。如在日本,农田如继续用作农用,则地价变动不大,在1960—1984年间农田地价仅上涨3.4—3.6倍。但如果将农田转变为非农用地,则地价会发生很大变化,同样以日本为例,在1978年,农用地转变为非农用地后,不同地区与不同用途的土地售价上涨了6—66倍;在1983年,农用地转变为非农用地后,土地售价上涨了6—86倍。①

有鉴于此,严格非农用地征用成为各国维护土地所有者权益的重要措施。多数国家严格区分公共利益征用和其他利益征用,并根据不同利益征用执行不同的土地征用补偿办法。非公共利益征用的补偿由市场决定;公共利益征用的补偿由法律或当地政府定价。在缺乏农地买卖市场而没有土地市场价格形成的情况下,被征用土地本身的赔偿根据其最高层次和最佳用途进行估价,尽可能接近真实的土地价值。②

(二)土地征用补偿依法充分保障土地所有者的利益

土地征用补偿是失地农民社会保障所需资金的主要来源,因此,合理的土地征用补偿是建设失地农民社会保障制度的基础。世界上大多数发达国家和地区都建立了比较健全的土地征用补偿制度,充分补偿失地农民的损失。以下几个国家的做法具有代表性:

1. 美国的做法

在美国,土地征用补偿被称为"最高土地权"的行使,土地征用补偿标准以征用前的市场价格为计算标准,它充分考虑到土地所有者的利益,不仅补偿被征

① 杨继瑞:《我国失地农民保障问题研究》,《经济纵横》2004年第4期。

② 邓微等:《中国转型期农村社会保障问题研究》,湖南人民出版社2006年版,第432页。

土地现有的价值，而且考虑到补偿土地可预期、可预见的未来价值，同时还补偿因征用而导致相邻土地所有者、经营者的损失。

2. 加拿大的做法

加拿大的土地征用制度沿用的是英联邦的体制。对土地征用的补偿是建立在被征土地的市场价格基础上，依据土地的最高和最佳用途按当时的市场价格补偿。具体来看，加拿大的土地征用补偿包括：①被征用部分的补偿，必须依据土地的最高和最佳用途，根据当时的市场价格补偿。②有害或不良影响补偿（如严重损害），主要针对被征用地块剩余的非征地，因建设或公共工作对剩余部分造成的损害，不包括对个人或经营的损失及其他相关损失，这种补偿不仅包括被征地，还包括受征地影响的相邻地区的非征地。③干扰损失补偿，被征地所有者或承租人因不动产全部或基本征用，因混乱而造成的成本或开支补偿。④重新安置的困难补偿。

3. 英国的做法

英国的土地征用被称为“强制收买”。英国对土地征用的补偿作了较详尽的规定，其中土地征用补偿原则是：土地征用补偿以愿意买者与愿意卖者之市价为补偿的基础，补偿以相等为原则，损害以恢复原状为原则。土地征用补偿的范围和标准是：①土地（包括建筑物）的补偿，其标准为公开市场土地价格。②残余地的分割或损害补偿，其标准为市场的贬值价格。③租赁权损失补偿，其标准为契约未到期的价值及因征用而引起的损害。④迁移费、经营损失等干扰的补偿。⑤其他必要费用支出的补偿，如律师或专家的代理费用、权利维护费等。值得一提的是，英国还详细规范了补偿的估价日期。土地征用机关在行使土地权利时，应通知被征用土地的所有权人及其他权利人，但其取得土地往往会在通知后的几个月或更长时间，在地价上涨的情况下，土地征用补偿的估价日期成为土地征用过程的关键问题。英国土地征用评估准则规定，假如补偿金额为双方同意时，则以土地征用通知日期为估价日期；假如土地征用补偿争议上诉时，则以土地法庭听证的最后一日为估价日期。

4. 德国、法国和瑞典的做法

德国的土地征用补偿范围和标准为：①土地或其他标的物损失的补偿，其标准为土地或其他标的物在征用机关裁定征用申请当日的转移价值或市场价值。

②营业损失补偿,其标准为在其他土地投资可获得的同等收益。③征用标的物上的一切附带损失补偿。德国被征用土地的补偿价格计算与英国一样,也是以官方公布征用决定时的交易价格为准。

法国的土地补偿价格是以征用裁判所一审判决之日的价格为基准计算的,同时以征用土地周围的土地价格或纳税时的申报价格作为参考。为了控制补偿,被征用不动产的用途以公布征用规定 1 年前的实际用途为准。

瑞典的土地补偿中不包括预期土地将变为公共土地而引起的价格上涨部分,而且抑制通过改变土地用途,提高土地补偿费的投机行为。瑞典对土地征用补偿价格的计算,以 10 年前该土地的价格为准。

5. 日本的做法

日本的土地征用被称为"土地收用",在大多数情况下以完全补偿标准确定土地补偿费。具体来看,日本征用土地的补偿包括五个部分:①征用损失补偿,对征地造成的财产损失进行补偿。②通损补偿,对因征地而可能导致土地被征用的附带性损失的补偿。③少数残存者的补偿。④离职者的补偿,对因土地征用造成业主损失的补偿。⑤事业损失补偿,对公共事业完成后所造成的污染对经济和生活损失等的补偿。除了现金补偿,还有替代地补偿,包括耕地开发、宅地开发、迁移代办和工程代办补偿等。[①]

(三)征用土地有严格的法定程序

从国际经验看,虽然各国征地补偿实施的力度和方法不同,但都有严格的法律和征地程序作为保障,并在议会、法院、新闻媒体、民间组织的严格监督下进行。为了维护社会公正、保护公民私有产权和失地农民的自身利益,政府征地时间一般都会被拖得较长,虽然这样效率较低,但有利于化解征地过程中的各种矛盾,防止征地过程中的政府短期行为。

如在英国,政府和职能部门征用土地的依据是一部在英格兰和威尔士实施的《强制征购土地法》,征地必须经过议会的批准才可以进行。而确认是否适用

① 邓微等:《中国转型期农村社会保障问题研究》,湖南人民出版社 2006 年版,第 433—435 页。

《强制征购土地法》的门槛是很高的。征地部门必须证明该项目是"一个令人信服的符合公众利益的案例"，比如证明该项目所带来的好处超过某些被剥夺土地的人受到的损失。当议会确认土地的使用目的有利于公众利益后，用地部门可以依法获得强制征用土地的权力。强制征地程序作为法定程序，有关大臣将主持召开一个公开的调查会，听取各方对动用强制征地权的意见，并指定一位独立督察员进行评估。这位督察员随后向国务大臣递交报告，由国务大臣确认此项目是否适用《强制征购土地法》。法律规定只有法定机构才有强制征地权，如地方政府或政府中负责经济振兴的部门。中央政府也拥有强制征地的权力，但这种权力通常用于重大的基础设施项目，也需要议会通过。被征用的土地所有者或使用者一般都有获得赔偿的权利。

在征地的公开性方面，政府为了让公民了解征地的情况，在征地过程中维护自己的利益，由副首相办公室专门为《强制征购土地法》编写出版一套五册的通俗读本，方便群众找到法律赋予自己的权利和依法应尽的义务。①

（四）失地农民征地补偿方式多样化

国外土地征用的补偿一般采用货币补偿的方式。但考虑到货币补偿受土地评估技术不足和物价上涨等因素的影响，被征地人所得到的货币补偿往往无法维持其原有的生活水平，各国也相应制定其他辅助补偿方式。具体采用何种补偿方式，可以通过协商寻找解决问题的途径。如日本的土地征用补偿办法，除了货币补偿以外，还有替代地补偿（包括耕地开发和宅地开发）、代为迁移、工程代办等补偿方式。土地所有人对补偿可以接受、也可以不接受；如果接受了，并不影响土地所有人向法院提起诉讼，要求增加对土地的补偿。又如，德国的土地征用补偿方式，除货币补偿外，也有代偿地的补偿、代偿权利的补偿，内容与日本的替代地补偿、迁移补偿和工程代办补偿大致相同。这些例外补偿不仅可以促进土地资源的充分利用，还可以减少政府筹措资金的困难和被征地者的不满情绪，可谓是调整货币补偿单一化的有效方法。

① 李淑梅：《失地农民社会保障制度研究》，中国经济出版社2007年版，第67—68页。

（五）失地农民社会保障基金的普遍设立和严格监管

为降低农民面临的风险，促进社会稳定发展，各国普遍设立了失地农民社会保障基金。许多国家在法律上规定征地补偿、安置费用与失地农民社会保障基金。在多数国家，土地征用补偿通常由两部分组成：土地征用费和土地赔偿额。其中，土地征用费相当于土地价值，一般按照征用时的市场价格给足补偿；土地赔偿额是对土地权利人因征用而造成的经济及其他损失的补偿。因此，法律给予被征地者的补偿往往要超过土地的市场价值。

根据国际经验，多数国家和地区的社会保障基金一般交由私营机构而非政府机构经营管理，且由多家经营而非独家垄断。同时非常重视失地农民保障基金的监管。如智利等国家的成功经验表明，基金交由专门的机构经营管理并期望取得很好的成效，离不开严格的监管。因为社会保障基金的投资运营事关国家的发展大计和无数农民的利益，如缺乏严格有效的监管，基金投资运营注定难以成功。

（六）失地农民社会保障项目齐全

建立失地农民社会保障体系，既可使农民获得基本的生存权与发展权，又可促进社会的稳定与发展，因而大多数国家都给予失地农民全方位的保障，主要包括：①失地农民的最低生活保障；②失地农民的养老保障；③失地农民的医疗保障；④为失地农民提供教育和培训的机会；⑤为失地农民提供法律援助。[①]

当农民的土地被征用后，失地农民不仅失去了基本的生存手段，也失去了基本的生活保障。如何使失地农民获得新的“可持续生计”，促进其就业无疑是主要手段，而失地农民往往缺乏从事其他职业的技能，所以需要接受相应的教育和培训。从国外经验看，大多数国家非常重视失地农民的就业保障，重视失地农民的就业和培训工作。如美国非常重视教育和职业培训在社会保障中的作用，加强对失地农民的培训，增强他们的再就业能力，通过就业换取保障。从 20 世纪 60 年代开始，美国颁布了许多关于职业培训和职业教育的法令，以法律的方式

① 周舟：《国外失地农民补偿办法》，《农村工作通讯》2007 年第 10 期。

促进和提高农民的受教育程度和就业能力。日本也非常重视教育和职业培训在社会保障中的作用。1965—1973年间，公共教育投资年平均增长17.6%，远超同期的经济增长率；高中的升学率从1955年的50%上升到1970年的82%，1990年几乎达到100%；40%的农村适龄青年跨进了大学校园。同时，政府还在农村推行一套职业训练制度，对农民进行职业技能培训，为农村谋职者提供各种学习机会，使其适应工作环境并获得劳动技能。这在一定程度上解决了农民失地、失业后的谋生手段缺乏问题，也在很大程度上减少了征地的阻力。①

五、国外农村社会福利的经验与借鉴

社会福利(Social Welfare)，是指政府与社会通过专业化的福利机构为解决社会上的特殊群体以及一般社会成员的实际困难，提高国民的生活质量而有针对性地提供服务和设施的一种社会保障制度。随着社会经济的发展，社会福利的内涵在不断提升，外延在不断扩大。除了社会、经济这两个主要因素的影响之外，社会福利还容易受到文化与传统习惯、宗教以及价值观念的影响。因此，即使经济社会发展水平相同的国家，它们的社会福利制度也可能不同。

(一)农村社会福利要和经济社会发展水平相适应，树立"工作福利"理念

从福利国家发展的经验看，社会福利的推进要和经济社会发展水平相适应。不切实际的高福利不仅在发展中国家没有经济基础，而且在发达国家也同样难以实现。在政府财力有限的情况下，社会福利应当更符合处于社会边缘的最贫穷人群的利益。

从国际经验看，为了社会福利制度的可持续发展和良性运行，要树立"工作福利"的理念，重视社会就业服务的提供，采取各种措施增加社会就业。如曾经是"福利国家先锋"的英国政府高度重视就业问题，把促进就业作为最好的福利形式，通过提供公共就业服务，保证让需要帮助的劳动者享受到服务并促进其就业。这成为英国政府"工作性福利"的核心内容。英国政府把促进就业作为政

① 李淑梅：《失地农民社会保障制度研究》，中国经济出版社2007年版，第77页。

府的直接责任,从中央到地方建立起垂直管理的就业服务机构,并将其工作费用全部列入财政预算。同时,建立起较为完备的服务效果评估机制,不断提高服务质量,努力实现政府既定的就业目标。2006 年,英国的劳动人口就业率已为75%,并争取到 2008 年实现 80% 劳动人口就业的目标。① 还有一些国家通过各种职业培训计划、教育援助计划等来完善社会福利制度的改革,以避免弊端的出现。

(二)农村社会福利要有规范的立法作后盾

社会福利制度建立较早的欧洲、北美等国都有立法规范,但一般都是通过社会保障制度的总体立法来实现。日本的社会福利事业立法比较典型。第二次世界大战后到 50 年代末期,根据本国实情首先设立了福祉三法,即生活保护法、儿童福祉法、身体障害者福祉法。1951 年设立的《社会福祉事业法》就是以福祉三法为基础,对相关社会福祉的组织、运营管理作出了相关规定。60 年代到 70 年代是日本社会福祉的扩展期,在这一阶段,制定了精神薄弱者福祉法、老年人福祉法、母子福祉法,形成福利六法体制。1982 年制定《老人保健法》,2000 年《社会福祉法》的出台是日本社会福利制度的重大立法改革,规定了日本社会福利事业(如社会福祉法人、福祉事务所)的范围。2000 年 4 月,《介护保险法》施行。2003 年 4 月,《身体障害者福祉法》修订,支援费制度导入。2006 年 4 月,开始实行《障害者自立支援法》。

(三)中央政府负责宏观调控,地方政府进行具体的管理和服务

一般来说,各国均有中央、州县郡、市镇村三级管理机构。中央一般只负责社会福利的有关法令制定、监督实施和财政补助金的提供,即进行宏观调控,具体的管理与服务则主要由州与地方政府基层机构承担。各国在地方都设有相应的机构,在州县郡设社会福利局或卫生社会问题局等,而在最基层的市镇村一般都有在该地区行政机构下所设的福利事务所。

如美国和德国的联邦政府的主要职责是监督福利计划的实施,以及向地方

① 中国劳动保障网,http://www.cnlss.com/。

政府提供财政支援，而把具体实施责任都委托于地方政府或议会，财源也主要来自“地方税”。在法国和德国，更把具体实施的责任委托于州县郡以下的市镇村等最基层的自治体行政，①而基层地方政权，在社会福利制度中特别是在社会服务、社区卫生服务和住房福利中的作用十分重要。

（四）农村不同社会福利项目所需资金的来源也各不相同

从国外的情况看，福利活动的资金来源渠道一般有三个：税收、收费和捐赠。针对不同的福利项目资金来源也各有不同。一般来说，税收收入主要是为了保证政府提供福利待遇即公共福利。服务性收费对营利性福利机构最重要，而捐赠所得多流向志愿性部门。

总的来看，福利型国家特别是北欧诸国社会福利资金大都靠税收来维持。如芬兰的高福利是靠高税收来支撑的，目前芬兰对领薪者和养老金领取者征收的所得税在世界上名列第二，仅次于荷兰。芬兰公民从社会公共部门得到了许多福利，但也付出了高昂的代价。瑞典的情况也类似。

（五）农村社会福利的发展有其自身的特点

从国外社会福利的发展来看，农村社会福利的发展有自身的特点，主要体现在以下几个方面：

从社会福利实施的对象看，社会福利经历了从特殊对象如残疾人、妇女儿童等到普遍对象的发展过程。目前，社会福利制度主要由老年社会福利、残疾人社会福利、妇女儿童社会福利以及一般社会成员的公共社会福利等内容构成。老年社会福利、残疾人社会福利、妇女儿童社会福利产生较早，并且长期以来受到许多国家的高度重视，在许多国家已经相当完善，他们的生活质量得到了良好的保障。随着人口的老龄化，老年社会福利的重要性日益提高，它的地位不断加强，目前受到了许多国家的高度重视。一般社会成员社会福利尽管产生较晚，但目前各国非常重视这一社会福利项目。与其他社会福利形式不同的是，公共社

① 郭士征：《社会保障——基本理论与国际比较》，上海财经大学出版社 1996 年版，第 126 页。

会福利的实施对象是一般民众,在实施范围上具有普遍性和全民性。同时,随着残疾人社会福利和妇女儿童社会福利等制度的日益完善,许多国家开始把重点放在一般社会成员的公共社会福利项目的建设上,其目的是为了提高全民的生活质量。目前,一般社会成员的公共社会福利主要包括公共教育社会福利、公共卫生社会福利、公共文化娱乐社会福利、公共住房社会福利。这也反映了社会福利实施对象的特殊性和普遍性。目前社会福利实施的重心有从原来的特殊群体向一般民众转移的趋势。

从社会福利提供的方式看,经历了从福利津贴为主到福利服务为主的发展过程。社会福利的两大提供方式是福利津贴和福利服务。随着人们福利需要层次的提高,资金保障已不如原来那样重要,福利服务成为社会福利提供的主要方式。

从社会福利的享受条件看,社会福利的非营利性决定了政府提供的社会福利服务即使收费,也是低费的,政府要给予补贴。社会福利服务对象在享受政府提供的社会福利待遇时,有免费和收费两种。为特殊群体提供的许多社会福利服务往往是免费的,而为一般社会成员所提供的社会福利服务往往是要收费的。虽然实行收费,但这种收费标准并不完全根据市场来决定,而是由政府规定一定的指导价或者最高限价,其实际价格往往低于市场价。这实际上是政府为社会福利服务对象提供了一定的财政支持。

从社会福利实施的基础条件看,强调社会福利服务在提供上和管理上的专业化。这里所指的农村社会福利是以提供服务和设施来实行的,专业化的福利服务和福利设施是提高和改善农村社会福利的基础条件。从爱尔兰等国的经验看,由于农村福利服务发展的专业化水平及质量低下,形成恶性循环。越不专业,福利越低,农村社会福利就越得不到政府的重视和农村居民的认可。日本则非常重视专业的福利设施的建设。日本的各都道府县的市町村中,都有各种不同的服务和保障设施,例如社会福利事业所、公民馆、医院、诊疗所、母子保健中心、老人福利中心等。偏僻地区也设有保健福利所、农村健康诊断中心等保健卫生团体。这些设施和服务为老人及家庭成员的福利服务方面提供具体照顾,其作用日趋显得重要。因此,在发展农村社会福利的过程中,一方面,要鼓励和培养农村专业的社会工作者队伍;另一方面,要严格规范农村福利设施建设的专业水准。社会福利管理的专业化也是社会福利实施的基础条件。具体有以下四个方面:第一,有专门的社会工作团体或专门从事社会福利服务的机构,这些机构必须通过政府的认证,符合一定条件的机构才可以从事社会福利服务的管理和提供。第二,有公认的职业准则和保障准则,有执业的审核和证照制度。因为无论对从事这项工作的机构本身还是具体的工作人员,都要求专业化,这就需要由政府制定一整套的职业准则和保障准则。第三,专门从事社会福利工作教育的大学和系列训练课程,这是保证社会福利工作人员专业化的必备条件。第四,保证工作顺利进行的工作程序和必要的职业权利保障,即在具体管理和操作上,也必须有一套严密而规范的工作程序,这也是保证社会福利事业公平和效率的一个前提条件。

从社会福利的供给主体来看,社会福利的供给从政府为主向社会为主发展。这也反映了社会福利社会化、民营化、社区化、小型化与家庭化的发展趋势。社会福利社会化的实质是逐渐减少政府直接提供社会福利服务的角色,鼓励更多的民间机构和个人兴办并提高福利服务,利用市场机制提高服务质量,以满足民众的不同需要。社会福利社会化体现在社会福利实施的全过程。这一方面是由社会福利的性质所决定的,由于人们对社会福利服务的需求是多种多样的,它的管理充满复杂性和多样性,这些服务的提供主体不可能全部由政府来承担;另一方面,社会福利更加注重服务管理的效率和质量,而社会化管理的福利可以达到这个目的。为了达到社会福利民营化,西方福利国家基本是朝着三个方向发展:一是逐渐减低对政府补助的依赖,回归到以私立机构为福利服务提供的主体;二是慈善事业逐渐加入商业色彩,以一种较新及更具有营利性的风气来经营服务的供给,伴随而来的连锁反应就是营利性的福利机构渐渐增加;三是强调使用服务者需要付费,使社会福利原有的利他动机被取代。这种趋势有助于增加福利消费者的选择自由,激发社区居民的参与意识,使得社会福利小型化与家庭化回归成为可能,并且提高了效率。但是,过多过重的商业化色彩明显与社会福利理念有悖,偏离了社会福利的政策目标。

第三章 中国农村社会保障转型——机遇与挑战

对中国这样一个农业大国来说，全面建设小康社会，重点和难点都在农村，而农村社会保障不仅是解决“三农”问题的重要途径之一，也是农村现代化的主题。

在过去较长的时间里，以土地保障为根基、以家庭保障为依托的传统保障形式，曾经是中国农民的立命养身之本。体制转轨、社会转型使维系这种保障形式的经济基础和社会基础被改变。在原有保障模式被打破，新制度尚未完全建立之际，农民长期游离于社会保障体系的边缘，农村社会保障成为我国社会保障体系中最薄弱的环节。相对于城市社会保障，农村社会保障制度的发展缓慢，体系不健全，城乡之间在获得社会保障、医疗卫生等基本公共服务方面的差距有加大趋势。

近年来，随着我国经济社会的发展，农村社会保障逐渐完成了项目的“补缺”，开始进入城乡社会保障一体化的“并轨”和“整合”阶段，由政府全面主导的中国农村社会保障建设进入了新的阶段，促成了农村社会保障制度的转型——从“残补”型向“普惠”型转变。

一、中国农村社会保障转型面临的机遇

（一）方向和目标：以人为本，全面、协调、可持续的科学发展观

经济发展的最终目标是为了人的发展，而促进并维护社会公平既是人的全面发展的基本条件，也是社会保障制度的本质要求。我国已经进入了一个崭新

的发展时期，国家在确立全面建设小康社会的战略目标的同时，尤其突出强调要用科学发展观来指导中国的未来发展，重点是全面发展与协调发展。农村社会保障进一步改革和发展，正是维护整个农村经济和社会全面发展、协调发展的不可替代的制度安排。

在当代中国，"以人为本"、"民生为本"就应当是以广大人民的利益需求和利益满足为出发点和归宿，用科学发展观指导我国农村社会保障制度建立，加快推进以改善民生为重点的社会建设。中共十七大(2007 年)指出，要"着力解决人民最关心、最直接、最现实的利益问题"，围绕"学有所教、劳有所得、病有所医、老有所养、住有所居"的民生目标，提出了"民生六大任务"。具体到社会保障领域，即"要以社会保险、社会救助、社会福利为基础，以基本养老、基本医疗、最低生活保障制度为重点，以慈善事业、商业保险为补充，加快完善社会保障体系"，并指明了社会保障建设的内容、重点和实现的途径。① 在此基础上，中共十七届三中全会(2008 年)强调要使"农村基本生活保障、基本医疗卫生制度更加健全"，进而"促进农村医疗卫生事业发展、健全农村社会保障体系"。② 所有这些，都为我国农村社会保障的发展指出了方向和目标。

当前，我国总体上已进入以工促农、以城带乡的发展阶段，进入着力破除城乡二元结构、形成城乡经济社会发展一体化新格局的重要时期。中国政府已经明确，要在 2020 年之前建立覆盖城乡居民的社会保障体系，我国农村社会保障将由此进入崭新的发展阶段。

(二)突破点:城乡社会保障一体化

中共十六届五中全会(2005 年)提出，建设社会主义新农村是我国现代化建设进程中的重大历史任务。这一任务符合 2020 年全面实现小康社会的总目标，也是构建和谐社会的重要环节。新农村建设的总体目标具体表述为，"生产发展、生活宽裕、乡风文明、村容整洁、治理民主"，涉及农村政治、经济、文化、社会

① 胡锦涛:《高举中国特色社会主义伟大旗帜　为夺取全面建设小康社会新胜利而奋斗——在中国共产党第十七次全国代表大会上的报告》，人民出版社 2007 年版，第 17、37、39 页。

② 参见《中共中央关于推进农村改革发展若干重大问题的决定》。

治理等方方面面，而其中的"生活宽裕"又是新农村建设的核心目标。要达到这一目标除了要通过建设与改善和农民生活直接相关的基础设施，健全农村市场体系，建立和开辟各种增收渠道以外，还应该高度重视保护农民的社会保障权利。近几年来，农村社会保障建设受到高度重视，农村最低生活保障制度、新型农村合作医疗制度和部分专项社会救助项目开始全面建设，新型农村社会养老保险开始进行试点；但是由于历史的原因，社会保障在农村依然是比较薄弱的，农村社会保障的项目不健全，保障水平也相对较低，而且已开展的一些农村社会保障项目还存在许多缺陷。农村社会保障制度的转型，就是要在政府的全面主导下，一是进一步完善农村的社会保障体系；二是增加社会保障的投入，提高各保障项目的筹资水平，逐步缩小与城市的差别；三是完善制度，使各项制度更加科学合理，实现全面的可持续发展；四是坚持城乡统筹，在有条件的地方择机实现城乡社会保障制度的一体化，直至最后实现全国的城乡社会保障一体化。

目前，在建设社会主义新农村中存在一些突出问题，如农村消费不旺，除了农民收入增长缓慢等问题外，其主要原因就是农村的养老、医疗等问题尚未有效解决，农民有较大的后顾之忧。为此，解决好农村养老及医疗等社会保障问题，不仅是化解城乡矛盾，确保农村持续稳定发展的重要举措，还是调整、稳定农民的消费预期，启动农村市场，拉动经济发展的主要对策。在这个意义上，我们可以深刻认识到："社会保障作为一项基本制度，是社会的'安全网'，也是经济的调节器。从世界范围看，社会保障已有120多年的发展历史，历经多次世界经济大萧条而日益完善，显示出其在调节收入分配、缓解社会矛盾、推动经济发展、促进国家长治久安方面的强大功能。尤其是在经济危机条件下，社会保障不仅是消除民众恐惧、安定人心的重要保证，而且对于拉动消费、刺激经济复苏具有特殊重要的作用"。①

其次，随着社会主义市场经济的逐步完善，经济的发展必然要求对劳动力、资金和其他生产要素在全国范围内进行统一配置，这就要求农村剩余劳动力冲破户籍制度的阻碍在全国流动，而城乡社会保障制度一体化，就可以有力地促进劳动力的合理流动与有效配置。所以，在建设社会主义新农村中，城乡社会保障

① 温家宝：《关于发展社会事业和改善民生的几个问题》，《求是》2010年第7期。

一体化成为许多问题的交织点，它的解决有助于其他农村经济和社会问题的解决，推进城乡社会保障一体化的建设就必然成为我国农村经济建设和社会发展的关键所在。

（三）物质基础和支撑条件：经济持续快速发展和农村社会管理的加强

近年来，中国经济高速增长，经济总量持续增加，经济结构不断优化，财政收入快速增长。这些都为农村社会保障制度建设提供了有利条件。

2002 年，我国财政收入为 18904 亿元，2003 年首度突破 2 万亿元，2005 年突破 3 万亿元，2006 年接近 4 万亿元，2009 年则达到 68477 亿元。[①] 随着国家财力的增强，中国"已经初步具备了加快发展社会事业、改善民生的物质条件和基础"。[②] 近年来，围绕改善民生问题，我国不断加大公共卫生、义务教育、社会保障以及各项社会事业的投入。财政部数据显示，2003 年至 2006 年，中央财政预算内直接用于"三农"的支出为 11142.9 亿元，年均递增 15.6%。2010 年，中央财政预算安排用于"三农"方面的支出为 8183.4 亿元，比 2009 年增长 12.8%。农村基础设施、教育和医疗卫生等社会事业是公共投资的重点领域，2010 年，中央财政预算安排 3108.5 亿元，用于促进农村教育、社会保障、医疗卫生、文化等社会事业发展。[③]

农村社会管理是指政府通过制定系统规范的农村社会政策和法规，管理和规范农村社会组织、社会事务，培育合理的农村社会结构，调整农村社会的利益关系，回应广大农民群众的诉求，化解农村社会矛盾，维护农村的社会公正和社会秩序，建设经济、社会和自然之间协调发展的农村社会环境。随着改革开放的深入发展，一方面农村经济社会呈现快速发展态势，尤其是社会主义新农村建设的推进，农村社会公共事业有了很大发展；另一方面农村社会分化加剧，出现了许多新的阶层与群体，加上外出务工人员大量流出，外来务工人员大量进入，各

---

① 财政部：《2009 年中央和地方预算执行与 2010 年预算草案报告》，中国政府网，http://www.gov.cn/2010lh/content_1556704.htm，2010 年 3 月 16 日。

② 温家宝：《关于发展社会事业和改善民生的几个问题》，《求是》2010 年第 7 期。

③ 熊建：《财政部解读今年中央财政预算 4.6 万亿支出花在哪儿了?》，《人民日报·海外版》2010 年 3 月 26 日第 5 版。

种社会矛盾发生了新的变化。这些都对传统的农村社会管理模式带来很大冲击,农村社会管理面临许多新的挑战,尤其是一些涉及到农民切身利益的利益调整、利益协调显得更加突出,成为农村社会管理的一个难题。目前,一方面传统的矛盾疏导机制与组织效用减弱,集体力量弱化;另一方面转型的农村社会关系复杂化、矛盾多样化,传统的方法很难化解新矛盾。特别是在建设社会主义新农村的背景下,农村公共事务管理日益凸显,原有的管理模式已不再适应。

近年来,加强和改进我国农村社会管理已经成为共识,农村社会管理的体制和机制不断创新,特别是中共十七届三中全会把"农村社会管理体系进一步完善"作为2020年农村改革发展的基本目标任务之一。在农村社会管理中出现的以下新变化,为农村社会保障制度的发展提供了良好的基础:一是着力重视干部队伍的能力建设,明确工作目标,制定科学的考核方式,加强培训,严格考评,同时,农民直选村官,大学生村官不断推广,为农村社会管理凝聚了人才资源;二是农村专业经济合作组织和社会组织获得了较大的发展。社会组织的发育程度是衡量一个国家社会成熟程度的重要标志。发达国家的广大农村都是通过大量的社会组织和经济组织来提供公共服务和实现社会管理的,政府只起到在宏观上制定政策、提供资助和进行规范的作用。当前,在我国农村社会管理体制改革的进程中,已经开始注意到要改变以往那种一切由政府包办的传统方式,开始重视培育专业经济合作组织和社会组织,通过它们来提供农村社会的公共服务,满足农民的物质文化需求,解决广大村民的归属感,增强乡村社区的凝聚力。

(四)政策基础:西部大开发持续推进

我国是一个幅员辽阔的国家,东西部的自然禀赋不同,经济发展的基础不同,不同地域的农民在收入上存在明显的差距,这既有自然条件的原因,也有历史的原因,可以说是客观必然的。改革开放以来,东部、中部、西部地区的经济都有不同程度的增长,农民的人均纯收入也都有不同程度的提高,但我国农村区域经济发展不平衡呈扩大趋势,东西部地区间农民收入的差距不仅没有缩小,反而进一步扩大。

1978 年,东、中、西部地区农民人均纯收入分别为 172 元、135 元、119 元,东部地区分别是中部和西部地区的 1.27 倍和 1.45 倍。到 2003 年,3 类地区农民人均纯收入分别为3598元、2365元、1936元,东部地区分别是中部和西部地区的1.52倍和1.86倍。东部地区农民人均收入增长明显快于中、西部地区,差距不断拉大。从收入构成看,转移性收入和家庭财产性收入几乎不存在显著的地区差异,差异突出体现在劳动报酬收入和家庭经营收入上。2003年,东部地区劳动报酬收入占农民收入的49%,家庭经营收入占农民收入的44%,劳动报酬收入和家庭经营收入在农民的总收入中几乎占有相同的地位。而在中、西部地区,劳动报酬收入占农民收入的比重大大低于家庭经营收入,劳动报酬收入不足总收入的30%,家庭经营收入则占到60%左右。从收入来源的贡献份额看,3类地区之间也表现出明显的差距,突出表现在家庭经营收入对增长的贡献上。在东部地区,虽然劳动报酬收入增长幅度大,但家庭经营收入仍然是农民收入增长的源泉之一,2003年,农民收入增长中有约10%归功于家庭经营收入的增长。而在中部和西部地区,家庭经营收入近几年已经无法为农民收入增长提供"正的"贡献,尤其是中部地区,家庭经营收入对农民收入增长的贡献连续为负。① 经济社会发展的区域不平衡,直接导致农村社会保障在区域间发展极不平衡。

正是在这样的背景下,2000年党中央、国务院提出了西部大开发的重大战略决策。我国广袤的西部地区产业结构中农业所占比重较高,耕地中的中低产田面积比重高于全国平均水平,加之长期以来农业综合开发措施及力度不够,导致经济社会发展的水平相对落后于中部和东部地区,农民人均收入远远低于东部发达省份。与此相对应,西部地区农村的社会保障发展也明显滞后,受地方政府财力和农民经济承受能力、消费水平等的制约,农村社会保障的项目不齐,保障水平低,覆盖面窄。西部地区几乎集中了我国2610万绝对贫困人口和近5000万相对贫困人口的半数,农村贫困问题尤为突出。② 西部大开发实施的10年,是西部地区自新中国成立以来最好的发展时期,是经济增长最快、发展质量最好、综合实力提高最为显著、城乡面貌变化最大、人民群众得实惠最多的10年。截至2007年,中央对西部地区的各类财政转移支付累计近15000亿元,国

① 张银银:《我国农民收入区域差距问题探析》,《法制与社会》2007年第5期。

② 劳动保障部社保所课题组:《西部地区农村社会保障的主要制约因素、思路与建议》,《社会保障研究》2006年第3期。

债、预算内建设资金和部门建设资金累计安排西部地区7300多亿元，有力地推动了西部地区的经济社会发展。在西部大开发中，国家一手抓关系西部全局的重大工程，一手抓关系群众切身利益的中小项目，使各族群众不断得到实惠。油路到县、送电到乡、广播电视到村的目标基本实现，县际公路、农村饮水、农村能源、生态移民等工程积极推进，"两基"（基本普及九年义务教育、基本扫除青壮年文盲）攻坚计划稳步实施，公共卫生设施建设得到加强，城乡居民收入和生活水平不断提高。

二、中国农村社会保障转型面临的挑战

（一）中国农村社会保障转型面临的外部挑战

农村社会保障制度转型作为整个国家转型的重要组成部分，受制于中国改革渐进式的路径。这就决定了农村社会保障制度转型与政治、经济、文化、社会发展有密切的关系。

1. 人口老龄化、家庭小型化背景下传统家庭保障和土地保障功能弱化

首先，我国人口老龄化进程不断加快。2003年我国老年人口占总人口的比重就已经达到了11%，①到2005年，我国已有21个省（市、区）进入人口老年型社会。自1982年第三次人口普查到2004年的22年间，中国老年人口平均每年增加302万，年平均增长速度为2.85%，高于总人口年均1.17%的增长速度。2004年底，我国60岁及以上老年人口达1.43亿。② 2004年，我国基本养老保险的支出总额达3502亿元，比2000年增加65.5%，中央财政对基本养老保险的补贴支出攀升到522亿元。近几年来，离休、退休、退职费用更是呈现连年猛增的趋势。2001年到2020年是我国人口快速老龄化阶段。在这一阶段，我国将平均每年增加596万老年人，年均增长速度达3.28%，大大超过总人口年均0.66%的增长速度。到2020年，老年人口将达到2.48亿，老龄化水平将达到

① 白海燕、刘志财：《浅析我国人口老龄化问题及其对策》，《山西大同大学学报（社会科学版）》2008年第4期。

② 《中国是世界老年人口最多的国家：老龄化具7大特征》，新华网，2006年2月23日。

17.17%，其中，80岁及以上老年人口将达到3067万人，占老年人口的12.37%。①

在当前和今后相当长的时期内，人口老龄化必然成为我国人口与经济社会发展中面临的一个严峻问题。表现在社会保障方面：一是劳动年龄人口的经济负担加重问题；二是政府用于老年人的财政支出增加问题；三是家庭赡养功能弱化问题；四是老年人口身心健康问题。如果不在当前年轻人口较多的阶段及时建立和完善社会保障尤其是养老保障体系，将来必然会被迫投入更大的成本来解决这些问题。

其次，人口结构的老龄化不仅给农村养老保障事业带来巨大压力，也给每个农村家庭带来了沉重负担，尤其是我国因计划生育政策而导致家庭结构的变化，以及市场经济发展增强了人员的流动性，都进一步冲击了农村传统的家庭养老方式。面对家庭的小型化趋势和人口流动带来的家庭空间上的分离，千百年来的农村家庭养老模式面临挑战。家庭养老是我国农村养老的主要形式，但它的保障功能正在衰退，其主要原因是：一方面，随着计划生育政策的实施，农村家庭结构日趋小型化，出现了大量的“4—2—1”和“4—2—2”结构模式的家庭，子女供养老人的相对数量在增加，由于大部分农民收入水平比较低，即便子女有赡养时间和精力，也难以满足老年人的养老需求，以至于家庭养老方式的功能逐渐弱化。② 另一方面，市场经济的发展和户籍制度的松动，使大量农村青壮年劳力向城市转移，农村生产要素的外流导致农村发展缓慢，各种资源向大城市聚集，而农村特别是广阔的西部地区农村资源匮乏，城乡发展不平衡持续扩大，农民收入增加缓慢，生产要素的外流成为新农村建设蓝图实现的最大变数。③ 从当前的发展趋势看，我国农村面临的“空壳化”在加剧，农村养老面临更严峻的考验。此外，家庭观念也发生了变化。改革开放以来，越来越多的农民外出务工，长期在外劳作使其思想和家庭观念发生了变化。代际之间在思想、生活方式上的差异形成了越来越明显的“代沟”，使得家庭内老人和子女之间在经济和感情的交

---

① 曹炳良：《中国人口老龄化发展趋势百年预测研究报告》，《中国社会工作》2009年第6期。

② 林闽钢：《我国农村养老实现方式的探讨》，《中国农村经济》2003年第3期。

③ 张秀兰、徐月宾：《中国发展型社会政策论纲》，《第三届社会政策国际论坛论文集》，2007年。

流上发生了困难,越来越多的农村老年人开始独自生活。①

再次,土地保障功能也逐渐弱化,主要原因在于:一是耕地减少与农业人口增多的矛盾,一方面城市的扩张不断侵占原本就紧张的耕地;另一方面不断增加的农业人口又使人多地少的矛盾进一步凸显。二是小规模家庭农业经济投入产出比极低,同时还要面对自然灾害的风险,农民收入不稳定。这样,农村社会保障的双向运动就产生了:一方面,需要农村社会保障制度支持的人群数量在不断上升;另一方面,农村原有保障方式的作用又在不断弱化,迫切需要加快农村社会保障的发展和转型。

2. 城乡二元结构有扩大之势,城乡社会保障一体化遇到"瓶颈"

多年以来,在城乡二元经济结构的基础上走向了二元社会结构,其支撑因素是严格的户籍制度和土地依附体制,以农业产业为基础的农业税制,以及公共物品的社区自我供给。由于长期以来存在的城乡二元结构不断被固化,在我国经济快速增长、社会结构加快转型、利益格局深刻变化的大背景下,农业基础薄弱、农村发展滞后、农民增收困难的局面尚未根本转变,城乡发展差距扩大的势头仍未得到遏制。主要表现在:

第一,农村资源要素流失问题仍然突出。在市场机制作用下,资本的趋利性使金融机构从农村吸收的资金大量流向城市,在农村形成巨大资金缺口。土地征收征用对农民的补偿标准不合理,土地增值收益分配明显向城市、向非农部门倾斜,失地农民的长远生计缺乏保障。农民工工资依然处于较低水平,与城镇职工同工不同酬、工资与实际劳动贡献错位的问题依然存在。

第二,公共资源配置不利于农村的问题仍然突出。近年来,国家加大了对农村基础设施和公共服务体系建设的投入,但由于我国农业和农村发展底子薄、投入欠账多,目前公共财政覆盖农村的范围和深度还不够,公共品供给偏向城市,造成城乡居民在享受公共服务方面差距过大。财政支农的力度与国家财力的增长还不相匹配。市管县体制从资源配置上强化了市级政府的调控能力,出现了地级市本级与县级争利、财富日益向市级集中、财政投放日趋集中在市本级的现象,导致县及县以下政府促进发展和提供服务所需要的公共资源严重不足,加重

① 裴晓勇:《论中国农村社会保障制度存在的问题及解决对策》,《科学之友》2008 年第 1 期。

了“城市偏斜”。

第三，工业化、城镇化与农民工市民化相脱节的矛盾仍然突出。农民工进城就业，不仅希望增加收入、改善生活，而且强烈渴望融入城镇。但在城乡分割、分治的二元结构下，他们仍被视为城镇的“过客”。城镇对农民工“经济上接纳，社会上排斥”，“要务工不管安居”，农民工进城落户门槛高，不能享受同城镇居民同等的待遇。稳定就业的农民工不能在城镇落户定居，长期奔波于城乡之间。这种不彻底的劳动力转移方式起不到减少农民、使土地向务农劳动力流转集中的作用。

社会主义新农村建设目标与任务的提出，旨在从根本上改变农村状况，重新构造城市与乡村的有机联系和统一性。然而，彻底消除城乡二元格局形成的三个支撑要素还任重道远。农业税虽然取消了，但是农民收入长效增长机制还没有建立、完善；有些地方取消了城市户口和农村户口之分，全部称为居民户口，但是户籍制度的深层次问题并不在于户口名称的改变，而在于长期以来依附于二元户籍制度的利益分配格局需要改变；至于公共服务领域，城乡之间的差异依然明显存在。我国传统的社会保障是以身份差异为本位的，它把整个社会划分为城市和乡村两大社区，把全体社会成员划分为干部、工人和农民三个阶层而区别对待。因此，城乡社会保障一体化的推进不仅仅是经济管理方面的问题，而且还要破解社会管理存在的问题，其进一步发展还要突破经济管理和社会管理遇到的发展“瓶颈”。

3. 税费改革后，县乡两级财政陷入困境，集体保障名存实亡

县乡两级财政是国家财政的基础环节，直接关系到基层政权的建设、农村经济的发展和社会的稳定。县乡财政困难问题是我国经济社会转型时期产生的一种特殊现象。1994 年实行分税制改革后，中国县乡财政逐步陷入困境。近几年农村税费改革后，县乡两级财政的困难更为突出，尤其是乡级财政。据估算，2005 年底全国乡村债务总额高达 6000 亿元；另有专家估计，该年全国乡村债务总额在 6000—10000 亿元，占我国财政收入的比重在 30%—50% 之间。乡级财政困难，原因是多方面的：一是乡镇基础薄弱，农村基础设施建设的客观需求强烈。近年来，尽管上级财政对农村公共设施建设事业的财政拨款逐年增加，但农村基础设施建设和兴办企业的步伐更快，乡村财力负担加重，举债建设成为普遍

现象。二是一些地方超越经济水平,大搞“形象工程”,盲目上马基础设施建设并下达各项达标任务,形成了巨额的债务包袱。三是乡镇干部队伍庞大,社会管理成本过高。四是前些年农村基层干部盲目兴办企业,造成资金沉淀,甚至巨额亏损。五是“普九”阶段实现义务教育达标时,欠债比较多。乡村债务的加重使得本来就步履蹒跚的乡镇政府不堪重负,严重影响了乡镇政府的正常运转,也影响了乡镇干部的工作积极性。有的地方还因为乡村债务加重了农民负担,使得农村税费改革的效果大打折扣,在一定程度上影响了乡村社会的稳定。①

其次,集体保障的基础是农村的集体资产,主要是土地、乡镇企业和公益设施。自从人民公社解体以后,对农村集体资产的保护长期被忽视,造成其逐渐减少,流失严重。农村税费改革整体上减轻了农民的负担,但也带来了一些新问题。税费改革后,原本就处于“吃饭财政”状态的县乡两级财政实力进一步削弱,村级集体经济趋于瓦解。据国务院发展研究中心“推进社会主义新农村建设研究”课题组对全国17个省(市、区)的166个乡镇、2749个村庄进行的调查(2006年),调查村中有一半的村庄集体收入不到5万元,低于10万元的村庄占到调查村的近60%。此外,调查村中有32.9%的村庄资不抵债,净资产处于“-10万元—0万元”之间的村庄占21.9%。② 集体经济的萎缩和困境,使传统的集体保障名存实亡。

(二)中国农村社会保障转型面临的内部挑战

1. 农村社会保障发展不均衡

农村社会保障发展不均衡,表现在三个方面:一是在农村社会保障体系组成部分上,五保供养制度历史悠久、相对规范,而农村最低生活保障、新型农村合作医疗、医疗救助等制度刚建立不久,被征地农民社会保障和农民工社会保险等制度建设正在逐步推进中,新型农村社会养老保险制度还处于试点起步阶段。二是在区域发展上统筹不够,东、中、西部的农村社会保障水平差距较大。三是城

① 袁金辉:《冲突与参与:中国乡村治理改革30年》,郑州大学出版社2008年版,第207页。

② 转自袁佩佳、涂圣伟:《村级集体经济组织与农业社会化服务体系建设——基于山东、陕西、山西三省27个村调查的分析》,《兰州学刊》2009年第8期。

乡发展不协调，农村社会保障事业发展明显滞后，农村社会福利服务设施严重匮乏。解决农村社会保障发展不均衡问题，需要国家统筹发展，继续完善农村最低生活保障、新型农村合作医疗、自然灾害生活救助、农村五保供养、农村医疗救助等项制度，切实加快新型农村社会养老保险、农民工社会保险、被征地农民社会保障工作的推进步伐；国家要出台政策措施和增加投入，鼓励东部地区带动和帮助中西部地区发展，加大对革命老区、民族地区、边疆地区、贫困地区的扶持力度；国家还要加快破除城乡二元体制，更加注重发展农村社会保障事业，不断缩小城乡差别。

2. 农村社会保障建设滞后

我国农村社会保障事业受经济社会发展水平、城乡二元结构、制度建设起步较晚等因素制约，在体系建设上和城市相比相对滞后，保障面较窄，保障水平偏低，一些政策措施由于没有上升到法律层面而刚性不强，资金难以得到有力保证，与实际需要存在很大差距，部分地区还存在政策落实不到位等问题。特别是农村社会保险筹资机制不健全，筹资成本和组织管理成本高，直接影响着农民参保的积极性，在一定程度上制约了农村社会保障水平的提高。另外，农村社会保障还存在制度衔接、政策配套不够，信息沟通和共享程度不高的问题。

农村社会保障体系建设，涉及部门多、政策法规多、工作环节多，需要切实加强协调协作。在国家层面要加快形成各司其职、各负其责、分工合作、齐抓共管的工作机制，增进互联、互动、互补，增强推进合力，确保工作责任到位、政策落实到位、措施保障到位。要加强各项农村社会保障制度之间的衔接，加强农村社会保障与就业再就业政策、农村扶贫开发等之间的配套，形成梯次保障结构，提高整体保障效能。

3. 农村社会保障法制化滞后

在农村社会保障建设领域，目前我国只有《农村五保供养工作条例》这一部专门法规，其余保障项目的建设均停留在政策层面，尚未上升到法律法规的高度。一方面，我国农村社会保障法律体系建设严重滞后，已成为农村社会保障制度建设的薄弱环节，严重阻碍了农村社会的发展进步，成为推动农村改革发展的障碍。缺乏必要的法律依据和保证这一现状，致使现阶段农村社会保障工作的法制化、规范化水平不高。另一方面，对农村社会保障建设进行立法，将会对各个保障项目的原则、种类、对象、范围、获得保障待遇的条件和标准作出明确的规定，而且通过法律确定下来的农村社会保障法律关系参与者的权利、义务以及违反法律的责任，能够大大增强农村社会保障制度的国家权威性。当前《社会保险法》、《社会救助法》已被列入十一届全国人大常委会立法规划一类项目，建议全国人大加快这两部法律的立法进程，以尽早正式颁布实施，同时国家应抓紧制定救灾条例、新型农村合作医疗条例等行政法规，尽快使农村社会保障工作做到有法可依、有章可循。

4. 农村社会保障基层管理薄弱

受诸多因素制约，我国农村基层社会保障管理机构不健全、工作力量薄弱、设施条件简陋。比如，全国平均每名县级新农合（即新型农村合作医疗）经办人员要负责3万名左右农民的参合经办工作，许多乡镇没有专门的社会保障机构，负责多项社会保障工作的民政岗位仅配备1名助理员，有的还是兼职。由于管理水平较低，制度不完善，农村社会保障在资格审核、资金发放等方面存在不够规范、随意性较大的问题。农村社会保障事业的健康发展，亟待切实强化基层管理和服务。各地方应结合实际改革创新，加强基层社会保障经办机构的建设；政府要加快职能转变，充分发挥村委会、社会组织、社会工作人才队伍、志愿者队伍在农村社会保障工作中的作用；要改善基层工作条件，加强低保、社会保险、新农合等信息系统的建设，提高工作效率，强化服务功能；要严格规范申请、核查、审批、公示和备案等各个环节，完善公开透明机制，确保农村社会保障政策在基层得到全面落实。

5. 农村社会保障资金投入严重不足

农村社会保障一直存在财政投入严重不足的问题。长期以来，由于中央和地方各级政府事权划分及其财政支出责任不明确，对上级政府和下级政府支出责任缺乏合理界定，出现下级依赖上级、地方依赖中央的现象。多年来，我国农村的社会福利和社会服务事业一直由地方政府（主要是县和乡镇）和村集体承担，这一财政安排实质上等于“农村福利农村办”。在我国现行财政税收体制以及农村经济发展极不平衡的情况下，依靠农民自己办福利显然困难重重。

以城乡卫生投入为例，2003年卫生部组织完成的《第三次国家卫生服务调查分析报告》显示，占我国人口60%的农村居民只消费了不到25%的卫生总费用。2000年，中国卫生总费用为4763.97亿元，其中城镇卫生费用为3690.2亿元，约占总费用的77.5%；农村卫生费用为1073.6亿元，约占总费用的22.5%。

根据2005年的统计，卫生总费用的50%流向了城市医院，在我国数量庞大的县医院只得到了卫生总费用的7%。1982年到2001年，我国城市医院的床位数从83.2万张增加到195.9万张，增加了135.3万张；①同期农村医院床位数不增反降，从122.1万张下降到101.7万张，减少了16.7%，医生人数也由约150万人（1980年）下降到116万人左右。② 2005年，我国市级及以上地区每千人口医院和卫生院的床位数达3.59张，而与之相对应的县级及以下地区，这一数据仅为1.43张，远低于2.45张的全国平均水平。③

从中央财政对农村社会保障的支出来看，中央财政用于社会保障的支出占中央财政总支出的比例，加拿大为39%，日本为37%，澳大利亚为35%，我国只有10%左右，而这10%的投入也是绝大部分给了城镇职工。④ 2001—2004年，我国国家财政用于农业的支出占财政总支出的比重甚至比前几个五年计划期间还有下降，据统计资料，“六五”时期（1981—1985年）为8.69%，“七五”时期（1986—1990年）为9.38%，“八五”时期（1991—1995年）为9.75%，“九五”时期（1996—2000年）为9.29%，而2001—2004年仅为8%左右。⑤ 尽管2005年提出建设社会主义新农村战略目标后，中央财政支持力度不断加大，但是由于历史欠账太多，加之缺乏必要的监督和有效的执行手段，农村公共物品供给仍然严重不足，农村社会保障发展缓慢。

在中央财政支持乏力的情况下，地方财政实力越强，该地方的社会保障水平就越高；反之，地方财政捉襟见肘，该地方的社会保障水平就越低。社会保障不应该主要由经济状况存在极大差异的各地财政来提供，而应该由中央财政给予保障，否则就会出现穷富自增的“马太效应”，更会导致中国社会保障制度的“碎片化”。⑥

① 王绍光：《中国公共卫生的危机与转机》，《比较》2003年第7期。

② 王绍光：《中国公共卫生的危机与转机》，《比较》2003年第7期。

③ 王虎峰：《解读中国医改》，中国劳动社会保障出版社2008年版，第103页。

④ 李文君：《论我国财政对农村社会保障支出的责任》，《山东财政学院学报》2005年第3期。

⑤ 黄蕙：《农业资金投入如何“划时代”》，《瞭望》2006年第10期。

⑥ 郑秉文：《中国社保“碎片化制度”危害与“碎片化冲动”探源》，《甘肃社会科学》2009年第3期。

第二篇

农村社会保障发展的战略研究

第四章　农村社会保障发展目标和主要步骤

改革开放三十多年来，我国农民的生活水平与生活质量有了显著提高，但受传统二元社会结构的影响，广大农民一直游离在被称为"安全网"和"稳定器"的社会保障制度之外，他们的生、老、病、死等风险仍然基本由个人或家庭来承担。在农民非农化和农村城镇化的进程中，农村居民与城市居民一样会面临市场所带来的诸多风险，他们同样需要类似于城市的社会保障制度来抵御各类社会风险。然而，城乡分治导致的城乡发展失衡，却使农村社会保障的建设远远滞后于城市，即使在农村也由于区位等因素的存在，不同区域的农村在社会保障建设上存在着较大的差距。作为一项以经济发展为基础的社会政策，农村社会保障制度建设既需要有指向明确的发展目标，又需要根据不同的经济发展程度和社会需求设计不同的保障项目，"分地区、分阶段、分步骤、分项目"地从低到高，逐步推广，采取渐进的方式加以建立健全与发展完善，最终实现城乡社会保障的一体化。

一、农村社会保障的发展目标

经济基础决定上层建筑，作为制度建设的社会保障在建立、发展的各个阶段都会受到同期经济水平的推动或制约。基于此，农村社会保障制度的建立与发展必然经历一个由低级到高级、由制度"碎片化"到制度"体系化"的发展过程。以经济发展和社会建设为指向，我国农村社会保障的发展目标可分为近期目标、中期目标和远期目标，每一目标阶段又有符合其阶段特征的建制理念和内容体系。

(一)农村社会保障发展的近期目标(到2012年)

长期以来,受传统“土地保障”思维以及绝大多数农村经济欠发达的影响,我国在农村社会保障制度建设方面投入不足,没有形成类似于城市那样的社会保障制度;在农村内部,受发达地区与欠发达和贫困地区经济水平差距较大的影响,仅有的一些社会保障项目也参差不齐,没有形成完整的体系。因此,农村社会保障发展的近期目标就是:首先,在思想认识上建立公平公正、政府承担主要责任的社会保障建制理念。其次,在已有制度基础上健全农村社会保障制度,搭建起基本的制度框架,做到制度的全覆盖,让每一位社会成员在理论和制度上都能被社会保障制度所覆盖。但是,经济基础的薄弱性和资源的有限性决定了此阶段的农村社会保障还只能坚持低水平待遇,只能停留在“保基本”的层面上。

1. 确立公平公正的社会保障建制理念

公平是现代社会保障制度的核心价值诉求。社会保障中的公平是指平等地对待每一个国民并保障满足其基本生活需求,普遍性地增进国民的福利,不因身份、性别、民族、地域等差异而歧视或者排斥任何人。① 在农村社会保障制度建设过程中,应首先确立这样的公平理念,让所有的社会成员在社会保障制度上既能享受到起点的公平,又能享受到过程和结果的公平。

人们曾认为,农民在拥有国家给予土地使用权的同时也就获得了国家给予的土地保障,而土地作为一种永久存在的生产资料,对农民的各种风险具有终极性的兜底功能,因此没有必要如同城市一样在农村开展社会保障。然而随着市场经济的日益发展与深化,以及工业化和城市化的大力推进,农民的生活也发生着根本性的变化。社会分工的细化、农业技术的广泛使用、市场机制的纵深发展,使得农民如同城市居民一样面临失业、破产、伤残、意外死亡等风险。因此,对农民施以社会保障的保护,实现“人人享有社会保障”就成为社会发展的必然要求,也是实现社会保障制度起点公平的首要条件。其次,在社会保障制度的运行过程中,应以条例、规则等软约束去规范制度的实施,让不同身份的公民都能

① 郑功成:《中国社会保障改革与发展战略——理念、目标与行动方案》,人民出版社2008年版,第18页。

在一个公平公正的制度环境中生产生活，不能每遇到制度建设的困难就牺牲农村、保全城市。在综合考量城乡协调发展的前提下，做到农村社会保障与城市社会保障的平等、健康发展，实现过程公平。最后，在分享经济社会发展成果的过程中，农村居民和城市居民应当同样能通过社会保障制度实现其利益，享受制度的“惠泽”，实现结果公平。因此，现阶段就应及时转变以往在社会保障建设中城乡有别的褊狭观念，本着公平公正的理念，在农村扎扎实实地开展社会保障建设。

2. 明确政府在农村社会保障中的基础责任

“土地保障”并不能成为政府忽视农村社会保障建设的充足理由。因为随着市场经济的发展，农民的生产和社会关系也发生着根本性的变化，土地保障的功能日益弱化。现代社会农民的生活风险在不断提高，土地保障并不能抵御农民生活中的所有风险，尤其是无法抗拒来自于市场经济的高支出风险。土地保障正变得越来越弱，越来越次要，甚至出现土地功能“虚化”的现象。① 加上家庭小型化和个人收入风险化的同步加强，单纯依靠土地、家庭和个人已不能提供保障，必须通过社会保障制度，借助政府和社会的力量，以保证人的生命延续和再生产，保证市场经济的正常运行和社会的稳定发展。

政府在农村社会保障建设中的责任主要包括两个方面：首先是政府的制度责任。社会保障制度是政府提供的一项公共物品或准公共物品，享受平等的社会保障待遇就成为每个合法公民的应有权利，国家也有责任为公民实现这一权利提供必要的制度保证，尤其对目前处于弱势地位的广大农民更是如此。而且作为国家一项重要的经济和社会政策，农村社会保障建设必须与其他制度亦步亦趋、协调发展，而要想做到宏观上的制度平衡，必须由国家通过强有力的组织才能实现。其次是政府的财政责任。农村的风险来自各个方面，例如疾病风险、养老风险、生产风险等，其中最主要的风险还是农业生产风险。农业生产作为一个质弱产业和极强公共物品特质的产业，其高风险性必然要求政府的强力介入与支持，以保证农民的利益、农业的发展和农村的稳定。所以，应充分发挥政府的领导和调节功能，通过制度与财政支持推动农村社会保障建设。

① 宋扬：《论我国农村社会保障体系的构建》，《党政干部论坛》2008 年第 3 期。

3. 构建农村社会保障的制度框架

农村社会保障是包括社会保险、社会救助、社会福利和特殊保障项目在内的综合体系，这一体系的建立与定型并非一蹴而就，需要在特定环境和特定经济水平的支撑下渐进地发展与完善。农村社会保障建设的近期目标就是发展多种形式的养老保障，建立健全各类社会救助制度和新型农村合作医疗制度。

（1）建设多元化的农村养老保障。在当前的经济发展水平下，应充分重视家庭在养老保障提供中的重要作用。尽管随着社会的发展与进步，家庭规模经历了传统社会的“大型家庭”、到土地改革后的“中型家庭”、再到信息化时代的“小型家庭”的演变，但养老作为家庭的一种基本功能并没有被完全取代，变化的只是传统的家庭养老向现代的家庭养老的方式转换。① 同时，也应充分重视土地的保障功能，在目前土地承包制保持长期不变的情况下，应重新考虑以土地换保障的政策思路。在条件成熟的地方，则应积极开始建立农村社会养老保险制度以及农村商业养老保险制度，以此来满足不同地区、不同人群对养老保障的不同需求。

（2）第二，建立健全农村各项社会救助制度。建设的重点是农村居民最低生活保障制度。在尚不具备建立完善的农村低保制度的地方，则应建立健全农村五保供养制度、灾害救助制度、医疗救助制度、住房救助制度、教育救助制度、司法救助和法律援助，以及各项临时救助制度。

（3）坚决、全面地推广新型农村合作医疗制度。应增加农民对新农合制度设计和运行的参与，加强民主监督和社会监督；考虑适时变目前的“自愿参加”为“强制参保”；同时在目前以“大病”住院统筹为主的基础上，探索更合理的大病、小病皆有保障的制度，使农民患病时能得到优质、低廉、便捷、有效的治疗，防止“因病致贫”、“因病返贫”。

4. 制定合理的农村社会保障待遇水平

在全面建设农村社会保障的初级阶段，会遇到社会保障项目不健全和资金不充裕的问题。资源的有限性和制度覆盖的广泛性，决定了目前状况下社会保障待遇的低水平。待遇的低水平主要基于以下两方面的原因：第一，考虑到这一

① 白维军：《我国农村养老保障的“碎片化”与制度整合》，《经济体制改革》2009 年第 4 期。

阶段中央和地方财政的有限性，以及大部分社会保障资金被投向城市的状况，为保证农村这些“面面俱到”的制度项目能得到贯彻与实施，只能坚持保障待遇的低水平。第二，在这一阶段虽然农民的收入与以前相比有了较大幅度的增长，但随着价格指数的上涨和消费水平的提高，大部分农民仍处于初步脱贫状态，还有一些农民仍在贫困的边缘徘徊。因此，农民的经济实力并不是很强，他们还不可能拿出大量的资金投资于社会保障。现代社会保障的原则与发展趋势是权利与义务的统一，它要求公民在享受保障的同时也要承担必要的缴费义务，且享受的待遇水平与所尽的缴费义务成正比关系。所以，在国家和个人对农村社会保障建设资金投入不足的情况下，只能坚持待遇的低水平。

（二）农村社会保障发展的中期目标（2013—2020年）

这一阶段中国的经济水平会在稳步发展中不断提升，国家和个人有能力拿出较多的资金致力于农村社会保障建设，相应地农村社会保障将进入全方位的建设与发展阶段。所以，在这一阶段应提升农村社会保障的建制理念，实现同质社会保障项目的制度整合，在城乡一体化思想的主导下逐步提高农村社会保障的待遇水平，使之向城市看齐；在管理上则应该初步实现城乡社会保障管理体制的统一协调。总之，这是农村社会保障制度稳步发展、逐渐整合、全面定型的阶段。

1. 建制理念的扩展与提升

随着经济发展和认识水平的提高，这一阶段社会保障的建制理念应从公平、公正向全民共享过渡。不断提高社会保障制度的统筹层次，使农村社会保障水平与制度结构逐渐向城市社会保障制度看齐，做到社会保障制度的城乡协调、稳步发展。

社会保障追求的共享，不仅表现在过程参与和结果分享上，还表现在这种共享的公平指向上。事实上，参与了社会保障以及享受到社会保障待遇，并不能保证这种参与和分享的公正性，有些社会保障项目仅仅是一种形式上的参与，实质上并不能起到多大作用；有时即使享受到社会保障的发展成果，但也许仅仅获得了极小一部分利益，并未实现成果享受的公平性。因此，社会保障制度追求的不仅是分享与普惠，而且追求合理的分享与公平的普惠，这是社会保障制度的本质要求。共享强调风险分摊和互助共济，是以集体的互济、群体与个体之间的互助来分散个体遭遇的风险，进而促进整个社会的团结与融合。[①] 社会保障建制理念的提升充分体现了社会保障制度公平公正与互助共济原则的统一，这种理念升级有利于城乡社会保障制度的健康、和谐发展，并最终为城乡社会保障制度的一体化铺平道路。

2. 制度内容的整合与发展

前一阶段碎片化的制度安排，只是在经济欠发达条件下的权宜之计和无奈选择，这一阶段经济水平的提高为整合农村社会保障制度安排和完善社会保障体系提供了可靠的物质基础。随着人们生活需求的不断增长，社会也急需通过制度整合建立一个科学、系统、高效的社会保障体制。①作为农村生活救助的组成内容，这一阶段农村居民最低生活保障制度应成为重要的制度安排，其他灾害救助、临时性救助以及各种单项救助都应是农村低保制度的应有之义。因此，应对前一阶段分散的、碎片化的救助制度进行整合，最终形成完备的农村居民最低生活保障制度。②在较强经济实力的保障下，部分农村地区通过前期的制度积淀和试点运行，完全有能力全面推行社会保险，包括农村养老保险、农村医疗保险等。社会保险是社会保障制度的核心内容，应大力发展农村社会保险制度，形成一个能与城市社会保险制度对接的，较为发达的农村社会保险体系。③农村社会福利制度也应成为农村社会保障体系中不可或缺的项目。现阶段的农村社会福利事实上是一种对农村社会弱势群体的补救性保障，它更接近于社会救助而非社会福利。[②] 随着农村经济和社会的发展，必然会出现农村福利需求多样化与农村福利制度单一性之间的矛盾，所以应构建以老年福利为核心，逐步扩展到妇女福利、儿童福利，并与城市社会福利制度衔接的农村社会福利制度。

3. 待遇水平的提高

提高社会保障待遇水平既是满足广大农民更高社会需求的必然之举，也是

---

① 郑功成:《中国社会保障改革与发展战略——理念、目标与行动方案》,人民出版社 2008 年版,第 20 页。

② 赵曼、张广科:《中国农村社会保障体系研究的基本框架》,《中南财经政法大学研究生学报》2007 年第 4 期。

政府履行社会保障责任，让全体国民充分享受经济社会发展成果的应然选择。社会保障是用经济手段解决社会问题并增进国民福祉的制度安排，从而需要有相应的、可以支撑这一制度可持续发展的物质基础和财力保障。[①] 经过这一阶段的发展，国家财政具备了补贴农村社会保障建设的所需资金。过去政府把大部分资金用于城市社会保障建设，此时由于城市居民普遍走向富裕，政府完全可以把社会保障资金的投入主要转向农村。随着保险型农村社会保障制度的广泛实施，"大数法则"的效应也将得到充分体现，覆盖面的扩大意味着社会保障资金积累的增加。随着人们慈善和捐赠意识的增强，慈善事业在社会保障中的作用也将越来越大。这些社会资源的聚集与整合利用，能为社会保障待遇的提高提供巨大的资金支持。因此，这一阶段应在城乡一体化的指导下，逐步缩小与发达地区农村和城市的待遇差距，实现公平的社会保障待遇。

4. 管理部门的协调与统一

前一阶段制度的碎片化，导致农村社会保障各项目分属不同的管理部门，人力资源和社会保障部、民政部、卫生部、住房和城乡建设部、财政部等在各自的职责范围内都承担着相当的农村社会保障管理职责。这一阶段则要在制度整合的同时，进行管理部门的整合，最终建成能与城市社会保障相衔接的城乡一体化管理部门，结束"多龙治水"的管理局面。

在具体的管理过程中，首要的是逐渐统一农村社会保障制度的行政管理和财务管理。从行政管理来看，在实现制度整合的同时，相应地实现管理部门的整合，才能提高政策执行的效率。例如，在进行农村最低生活保障制度与各类社会救助整合的同时，也应相应地对其管理部门进行从人事到职责的管理转化，使之形成一个和谐运行的管理体系。在诸如养老保险、医疗保险的整合中，同样应进行管理部门和职责的整合。从财务管理来看，在涉及社会保障资金收入和支出的管理过程中，应把具有相同性质项目的资金收支划归一个部门统一负责实施，改变目前由财政部门、税务部门，甚至行政部门参与社会保障资金管理的做法。当然，在实现农村社会保障管理部门统一的过程中，应严格参照城市社会保障的

① 郑功成：《中国社会保障改革与发展战略——理念、目标与行动方案》，人民出版社 2008 年版，第 58—59 页。

成功管理方式，走城乡统筹管理道路，最终实现城乡在社会保障管理上的完全契合。

（三）农村社会保障发展的远期目标（2021—2050年）

到2021年，在全面实现小康社会的条件下，农村居民与城市居民无论在收入水平，还是在社会保障的享受范围上差距都被大大缩小。通过前两阶段制度的不断调整，广大农村已基本建立起以最低生活保障制度、医疗保障制度和养老保障制度为主体的，覆盖范围比较广泛、保障水平逐步提高，保障方式多层次、资金来源多元化、制度法制化、管理规范化、服务社会化，与农村经济社会发展水平相适应的社会保障体系。此时无论在制度内容还是待遇水平上，实现社会保障的城乡一体化都具备了充分的条件。因此，全方位满足农村居民对社会保障及相关服务的需求，真正实现城乡社会保障的完全统一，把过渡性的"农村社会保障制度"和"城市社会保障制度"，完全整合为统一的、有中国特色的"现代社会保障制度"，实现城乡社会保障制度的一体化，就成为农村社会保障发展的远期目标。远期目标的实现之路将是艰苦而漫长的，但在政府和全体国民的共同努力下，这一目标必然会实现，农村居民与城市居民实质平等地分享经济与社会发展成果终将变为现实。

二、农村社会保障的实施步骤

在我国广大农村地区，区域间经济水平差距极大，即使在同一地区也由于生产方式和主导产业的不同，其经济发展水平也很不平衡。因此，不同地区对社会保障的支撑能力迥异，农民对社会保障的需求也不尽相同。这就决定了不可能在广大农村一步到位地建成制度统一的社会保障体系，必须从各地经济发展的实际情况出发，因地制宜、循序渐进地实施农村社会保障体系建设。根据目前的经济发展水平，可以把我国农村分为经济发达地区、经济欠发达地区和贫困地区三种类型；建设农村社会保障制度，也应从这三类地区的实际情况出发，分类设计，分步实施，待条件成熟时，再实现农村社会保障制度的大一统，以及城乡社会保障的一体化。

（一）经济发达地区的实施步骤

经济发达地区的农村居民收入水平较高，地方政府财政实力较强，其社会保障建设起步较早，制度安排也较为完备。因此，这类地区的社会保障建设可分为两步：第一步是对现有制度进行查漏补缺，看还有哪些人群、哪些项目没有被包括进来，并且对制度进行法制化建设，使各项制度都有法可依；第二步是进行制度整合，发展以保险型和福利型为主的社会保障体系，并逐步向城市社会保障制度靠拢。

1. 强化制度建设

即使是经济发达地区，其农村的发展也不平衡，社会保障也会表现出明显的区域差距。因此需要：第一，对那些相对落后的农村区域开展社会保障制度调研，查漏补缺，对尚未开展的社会保障项目进行相应的制度弥补。其中仍然要以最低生活保障制度、养老保障、医疗保障以及各类社会救助为主，通过地区内发达区域对欠发达区域的帮扶，实现欠发达区域社会保障的应保尽保。在制度实施较为完善的区域则应加强制度的多样化建设，为提高农民的生活水平创造条件。第二，推动制度的法制化建设。法制建设是建立我国农村社会保障体系的首要外部条件，我国农村传统的和现行的保障方式主要是依据高度集中统一的行政管理系统，依据相关政策的实施，缺乏法律的刚性规定。① 因此，对已建立起来的社会保障项目，要通过强化制度的法律效力，为各项制度提供法律依据，使其有法可依，稳步发展。第三，加大地方财政对社会保障的资金投入，提高本地区农民的社会保障水平。应通过增加政府投入带动广大农民在充实基础保障的同时，参加补充保障。涉及农民缴费的保险项目则应尽量降低农民的缴费比例，通过调剂区内资金实现较高水准的社会保障待遇。第四，适时加大农村社会福利事业的建设力度，积极推进农村老年人福利、妇女儿童福利、残疾人福利及相关社会服务的发展。促进商业保险的发展，规范并扶持慈善公益事业的发展。总之，发达地区通过制度强化应建成一个“最低生活保障制度+社会保险制

① 汪占熬、王琼：《建立我国新型农村社会保障体系的路径选择》，《农业经济》2008 年第 4 期。

度+社会福利制度”的农村社会保障制度框架。

2. 整合发展制度

在持续的经济支持下,应开展制度整合,建成与经济实力相符合,以社会保险为主、社会福利为辅的农村社会保障体系,最终实现城乡社会保障一体化。在整合制度的过程中,第一,进行项目归拢。把具有同质性的社会保障项目规整为一个完备的制度体系。从总体上看,必须把地区内的各种救助项目归并到农村最低生活保障制度中;把已开展的养老保险、合作医疗(保险),以及部分实施的失业保险、工伤保险和生育保险归并到社会保险制度中;把针对特殊人群或一般群众的社会福利项目归并到社会福利制度中。同时,大力发展商业保险和慈善事业,使农村社会保障制度在多重保障中健康发展。第二,根据地区财力提高地区内各项社会保障的统筹层次。统筹层次太低,必然使社会保障资金无法在地区内的农村调剂使用,这就降低了社会保障的抗风险能力和待遇水平。因此,发达地区应率先实现农村社会保障资金在农村地区的统筹使用,逐渐统一农村各项缴费型社会保险的缴费基数、缴费比例、计发办法、待遇水平等,为与城市的契合发展做好制度准备。第三,在农村社会保障管理体制方面,以制度整合为契机建立规范、统一的农村社会保障管理体制。加强农村社会保障管理机构建设和队伍建设,建立地区内统一的、权威的农村社会保障管理机构,同时完善农村保障的监督体系。① 第四,发展农村社区服务和老年人、妇女儿童、残疾人生活保障服务网点,建立齐全完备的农村社会公共服务体系。通过上述步骤的实施,最终实现农村社会保障与城市社会保障的一体化。

(二)经济欠发达地区的实施步骤

与发达地区农村相比,经济欠发达地区的农村经济水平具有一定的差距,其社会保障的已有覆盖程度以及农村居民对社会保障的需求也有很大的不同,社会保障制度建设还不够完备。因此,此类地区首先需要对缺失的制度进行弥补,在制度框架建成并稳固后,再随经济实力的提高逐步提升制度水平,通过多种举措向发达地区看齐。

---

① 陈亚鹏:《我国农村社会保障问题初探》,《法制与社会》2009 年第 1 期。

1. 弥补制度缺失

对欠发达地区而言，首要任务是实现社会保障的底线公平，对尚未纳入社会保障体系的人群进行扩面。因为“聊胜于无”，即使是低水平的社会保障待遇也要比没有任何保障照顾有所进步，而且起点公平也是实现过程公平和结果公平的基础。此类地区可以最低生活保障制度为基础，在以下几方面对制度缺失进行弥补：第一，建立包括各类社会救助项目在内的农村居民最低生活保障制度，以此为起点可部分地避免制度初期的碎片化，为接下来的制度升级降低转制成本。第二，改革目前自愿参加医疗保险的做法，实行所有农村居民强制参加“新农合”制度，这样既可避免道德风险，也是制度持续发展的必然要求。坚持低标准、广覆盖的原则，在试点运行的基础上继续扩大农村养老保险的实施范围。同时，试点运行其他商业保险制度，例如农业保险、个人储蓄养老保险等。第三，弥补对特殊社会群体（如优抚人员）和农村弱势群体（如妇女、老人、儿童、残疾人等）的社会保障制度缺失。考虑到这些项目最终将与农村社会福利制度相契合，因此，应单独设计制度框架，而不应包括在最低生活保障制度中。总之，欠发达地区农村初步的制度设计应该是“最低生活保障制度+试点社会保险”的制度框架。

2. 提高制度水平

随着经济的发展，政府对社会保障项目的投入将逐渐增加，再加上农村居民个人收入的提高，都为提高制度水平提供了有利条件。欠发达地区农村的制度目标，首先是实现与发达地区的对接，然后实现与城市社会保障制度的契合。因此，无论在保障项目还是保障水平上都应有全方位的提升。第一，在保障项目健全的条件下，逐渐转变制度模型。随着居民个人收入的增加，在最低生活保障制度方面，应逐步缩小覆盖范围、提高保障标准，但这一标准又不能提得过高，否则会导致“福利病”和“养懒汉”的负面问题。第二，在社会保险方面，随着经济的发展应在地区内全面推广社会保险制度，废止制度初期的试点做法，运行覆盖全民的、强制的社会保险制度，并提高社会保险的待遇水平。当然，社会保险体系中还应包括其他补充保险项目，让富裕起来的农民享受到多重保障的照顾。社会保险制度应成为农村社会保障制度的建设重点和建设主体。第三，发展农村社会福利。随着人们需求的多样化，不仅以前的特殊社会群体，即使是普通的农村居民也表现出对社会福利的强烈要求。因此，应效仿城市社会保障的做法，推进农村社会福利制度建设。在此基础上经由制度的进一步发展，最终实现与发达地区和城市社会保障制度的一体化。

（三）贫困地区的实施步骤

与发达地区和欠发达地区相比，贫困地区受限于农村自身的贫困和当地政府财政实力的微弱，农村社会保障制度的建设水平无论从覆盖面还是制度项目，以及待遇标准上都是十分落后的，社会福利与社会保险几乎无从谈及，仅有的一些社会救助项目，如生产救助、生活救助以及“五保”供养制度也具有极强的随意性，且待遇水平低下，无法保证受助者最基本的生活需要。因此，贫困地区首先要做的是开展制度建设，从低标准、广覆盖的原则出发实现“保基本”的底线公平；之后随着经济水平的提高，借鉴欠发达地区和发达地区的成功做法，循序渐进地实现城乡社会保障制度的一体化。

1. 健全制度安排

由于在短期内不可能改变中央政府对农村社会保障建设投入不足的现状，地方政府又没有足够的财力加大投入，且这类地区许多农民的收入连维持家庭基本生活都很困难，不可能拿出富余资金参与社会保险，所以，为维护社会保障的底线公平，只能在低水平的基础上，着眼于最迫切的保障需求，建立健全农村最低生活保障制度、“五保”供养制度以及各项临时性的社会救助制度。

第一，建立农村最低生活保障制度。农村低保制度是由中央政府和地方政府共同出资，定期向农村弱势群体发放一定金额现金补助的社会救助制度，它是社会保障体系中的最后一道“安全网”。在农村建立和完善最低生活保障制度需要处理好以下几个问题：①在救助标准方面，既要考虑到维护农民最基本生活需要，又要考虑到农村和当地的整体经济发展水平，还要考虑到中央、地方财政补贴额度的可能性，以及当时市场的物价指数，坚持以低标准起步，覆盖农村全体弱势群体，逐步予以完善。②在救助理念上，应本着既保障基本生活，又利于克服依赖思想的原则。农村最低生活保障水平既不能定得过高，也不能定得过低，且要坚持动态调整，最好每年调整一次，形成完善的“进入—退出”机制。③在低保对象的确定上，要遵循“规范操作、民主公开、动态管理”的原则，事先制定规范的对象筛选制度，选定名单公示后由群众民主评议，动态了解低保对象的生活状况，对新产生的特困户及时救助。① 第二，开展各类社会救助，包括自然灾害救助、教育救助、住房救助、医疗救助等。这些救助项目的享受，应与建立在家计调查基础上的最低生活保障制度相脱钩，即不能把享受低保待遇作为享受其他各类救助的先决条件。现阶段在贫困地区农村开展社会保险和社会福利是行不通的，只能构建“最低生活保障制度+各项社会救助”的制度框架。

2. 发展完善制度

在经济持续增长的状况下，贫困地区的农村社会保障建设能力将随着政府投入的增加和个人收入的增长而逐渐增强。此时根据实际需要，可试点开展新型农村合作医疗和农村社会养老保险；在试点的基础上逐渐扩大这两项制度的覆盖范围，实施正式的、地区内统一的农村养老和医疗保险制度，并鼓励有条件的农民积极参加商业保险；逐步发展农村社会福利制度。在扩大社会保障覆盖范围和增加社会保障项目的同时，逐渐提高待遇水平，以满足人们较高水平的社会保障需求。通过以上步骤的积累，当此类地区的农村社会保障水平达到或超过欠发达地区的制度水平时，再经过制度调整和完善，达到发达地区农村社会保障的水平，并为最终实现城乡社会保障一体化创造条件。

第一，建立新型农村合作医疗制度。与计划经济时期的农村合作医疗制度相比，“新农合”的特点是：国家给予较大的财政补贴，个人只出很小一部分费用；实施的是大病统筹，政府可以通过医保资金的社会统筹合理配置医疗卫生资源，并积极鼓励各种社会力量参与发展农村卫生事业。这些项目全都建立在自愿参加基础上的制度，随着政府和个人财力的逐渐增长，必然最终过渡为一项强制性保险。第二，建立新型农村社会养老保险制度。这是一项政府为农村居民建立的，通过农民缴费与政府补贴相结合，以保障农民老年生活的社会保险制度。在这一制度的建立与实施过程中，必须明确政府的主导责任，在制度建设初期政府的财政投入要占绝大部分；同时坚持社会保险强制性和权利与义务相统一的原则，农民必须尽参保缴费的义务，但农民的缴费比例可以适当放低。第三，鼓励开展农村商业保险。当然也需分情况区别对待，例如农民参加农业保险

① 宋扬：《论我国农村社会保障体系的构建》，《党政干部论坛》2008 年第 3 期。

时，考虑到农业的特殊作用和独特性质，政府应给予农民较大的参保补贴；而在农民参加商业人寿保险时，政府的主要作用是做好制度规范和引导。第四，逐步建立农村社会福利制度。农村社会福利是指国家和社会通过社会化的福利设施和福利津贴，以满足农村社会成员的生活需要，并使其生活质量不断得到改善的社会政策。① 主要内容包括：农村老年人福利、农村教育福利、农村妇女儿童福利，以及农村残疾人福利等。此项制度对政府资金投入的要求较高，因此在制度建设初期只能是低水平的，随着经济的发展再逐步提高。

三、社会保障制度的城乡一体化

二元社会结构造成的目前这种城乡有别的社会保障体系，不仅有违社会公平，不利于缩小城乡间日益扩大的收入差距，而且由于农村居民无法像城市居民那样享受社会保障，大大阻碍了农村劳动力的流动和劳动力资源的合理配置，对城市化进程造成巨大障碍。因此，实现城乡社会保障一体化就是十分必要的目标选择。城乡社会保障一体化是指，相对发达的城市和相对落后的农村，打破社会保障相互分割的壁垒，改变长期形成的城乡二元社会保障结构，在社会保障制度设计上把城镇居民与农村居民作为一个整体来统筹谋划、综合研究，按照市场经济规律的要求，通过体制改革和政策调整，消除制度性和体制性障碍，逐步缩小直至消灭城乡社会保障之间的基本差别，实现城乡在政策上的平等、体系上的互补、国民待遇上的一致，使整个社会保障全面、协调、可持续发展。② 实现社会保障城乡一体化，不仅要做到社会保障制度建设的一体化，也要做到社会保障资金支配的一体化，还要做到社会保障管理、监督和评估体制的一体化。

（一）建立城乡一体化社会保障制度的必要性

一体化的城乡社会保障制度对整个社会的进步与发展具有良性效应，概括如下：消除城乡壁垒，推动工业化进程，促进城市化发展；推动农村经济发展，扩

① 王四炯、贲成龙：《论新型农村社会保障体系的构建》，《农业经济》2008 年第 2 期。

② 马斌、汤晓茹：《关于城乡社会保障一体化的理论综述》，《人口与经济》2008 年第 3 期。

大国内需求，迎接人口老龄化的挑战；促进社会的公平和稳定。① 从理论与实践来看，实现城乡社会保障一体化既是社会保障本身公平、正义、共享理念的需求，也是统筹城乡发展，解决诸如城乡收入差距、城市化进程动力不足以及农村劳动力无法合理转移等问题的必然要求。

1. 实现社会公平、公正的必然要求

城乡二元结构下的社会保障制度，其覆盖范围和享受对象主要是城市居民，为国家经济发展和城市建设做出巨大贡献的广大农民，却没有享受到应有的社会保障待遇。这种状况有违社会保障公平享受、惠及大众的基本理念，也没有体现出国民共享发展成果的合理需求。数据显示，从社会保障支出看，占全国人口75%以上的农民的社会保障支出只占全国社会保障支出总数的5%，而占人口20%以上的城镇居民的社会保障支出却占全国社会保障支出总数的95%；从人均占有社会保障费用情况看，城市居民人均455元，农村居民仅人均15元，相差30倍；从社会保障的覆盖面看，城镇已达90%以上，而农村只有4%。② 若以全国水平来衡量，目前广大农村无论合作医疗制度还是养老保险制度，其覆盖率大约只维持在30%—40%之间，失业保险制度在农村的覆盖范围更小；即使是大力实施的农村社会救助制度也未能做到100%的覆盖，而且保障水平极低，甚至无法维持农民的最低生活需求；至于城市居民尤其是城市职工所享受的社会福利待遇，农村居民更是可望而不可即。同为国家建设做出贡献的公民，在享受社会保障时却存在如此大的差距，这种制度安排极不合理。为实现享受保障的社会公平性，有必要建立城乡一体化的社会保障制度。

2. 解决城乡社会问题的必然要求

目前我国城市化水平仍然大大落后于工业化水平。我们不得不重视农村人口非农化落后这一客观现实，而造成非农化落后的原因之一，就是因为农村人口到了城市无法享受与城市居民一样的社会保障待遇，虽然他们从事的是高风险的工种，却得不到与之相对称的回报，往往生活水平低下，极易陷入困境。所以

① 邓大松、谢圣远、钟建威：《农村社会保障制度改革中的政策建议》，《中国软科学》2002年第7期。

② 于素芳：《构建城乡一体化农村社会保障体系的必要性分析》，《社会科学论坛》2006年第3期（下）。

许多农村剩余劳动力对城市既向往又望而却步。由于进城务工人员没有被纳入城市社会保障体系，打击了他们进城工作的积极性，抑制着城市化水平的进一步提高。此外，由于多年严格的计划生育政策以及农村青壮年向城市流动，目前农村进入了比城市更为严重的老龄化社会，随之带来沉重的养老压力；农村老龄化又是在农村并不发达的情况下提前到来的，所以农村养老形势更为严峻；计划生育政策的实施导致家庭规模迅速小型化，使家庭在过去承担的养老照顾、精神慰藉等功能逐渐丧失。这些问题的解决已超出个人或家庭能力所能承担的范围，必须依靠国家的社会保障制度安排，来化解老年农民生活中遇到的诸多风险。农村居民同样需要类似于城市居民那样的社会保障保护，需要实现社会保障制度的城乡一体化。

3. 实现城乡统筹发展的必然要求

城乡社会保障一体化首先要求城乡社会保障的统筹发展，因为一体化是制度建设的目标，而统筹是实现这一目标的手段。城乡社会保障统筹发展是城乡统筹发展的条件与产物：城乡统筹发展需要有城乡统筹的社会保障作为制度保证；城乡统筹的高度与完美发展，必然会诞生一体化的城乡社会保障制度。二者相辅相成，相互促进。城乡统筹发展就是要求劳动力、资本、技术等生产要素在城乡之间能够合理流动，并推动城乡经济社会的良性互动与发展。但目前二元的社会结构、城乡有别的户籍制度、城乡悬殊的社会保障制度安排，阻碍着生产要素在城乡间合理流动，既不利于城市的建设，也不利于农村的发展。由于各地就业、收入和社会保障待遇参差不齐，劳动力出现向发达城市和地区聚集的明显趋势，这必然导致地区间发展的失衡。由于目前社会保障仍未摆脱城乡户籍的限制，因此一些农村劳动力担心在城市没有生活保障，不敢进城谋取发展，导致农村人力资源的剩余和浪费；即使是进城的农民工，也由于社会保障体系的不健全，在遇到生活和生存风险时，要么采取返乡、要么采取其他非法手段以获得生存保障。由此可见，城乡经济社会的统筹、和谐发展要求有城乡一体化的社会保障制度。

（二）建立城乡一体化社会保障制度的可行性

长期的城乡二元分治而导致的城乡社会保障差距，在国家整体经济实力不强和城乡收入差距较大的情况下，还不可能在短期内实现城乡社会保障制度的一体化。然而，随着经济的持续发展、人民生活水平的提高和城乡居民收入差距的缩小，经过农村社会保障制度分步实施、不断完善，实现社会保障的城乡一体化就成为现实可行的事情。

1. 国民经济的快速发展为城乡社会保障一体化提供了经济基础

国家统计局公布的数据显示：2007 年，城镇居民人均可支配收入为 13786 元，同比增长 17.2%，扣除价格因素，实际增长 12.2%，加快 1.8 个百分点；农村居民人均纯收入为 4140 元，同比增长 15.4%，扣除价格因素，实际增长 9.5%，加快 2.1 个百分点。年末居民储蓄存款余额 172534 亿元，比 2006 年末增加 10967 亿元。2008 年，城镇居民人均可支配收入为 15781 元，比上年增长 14.5%，扣除价格因素，实际增长 8.4%；农村居民人均纯收入为 4761 元，比上年增长 15.0%，扣除价格因素，实际增长 8.0%。年末居民储蓄存款余额 21.8 万亿元，比 2007 年末增加 45353 亿元。城乡居民收入的增加是建立城乡一体化社会保障制度的经济基础，因为在贫穷的经济状态中，既无法运行以居民个人缴费和储蓄为主的社会保险制度，国家也不可能拿出大量的资金运用于社会保障的建设。然而，经济实力的增强使得国家可以拿出更多的资金运用于对农村社会保险的补贴，对农村弱势群体的各种社会救助以及开展农村社会福利事业；农村居民收入的增加允许他们拿出更多的资金用于参加社会保险；城市居民收入的增加除了可提高自己的福利水平外，还可以社会保障税等形式拿出更多的资金用于包括农村在内的整个社会保障事业的建设。从经济发展的现状和趋势来看，建立城乡一体化的社会保障制度是完全有条件的。

2. 健全的制度保障为城乡社会保障一体化提供了制度基础

社会保障制度的城乡一体化既需要坚实的经济基础，又需要完备的制度保障。如前所述，在完善农村社会保障体系建设中，采取分地区、分步骤实施的策略，根据各地经济水平和社会发展程度，采取相应的制度安排，逐渐让贫困地区向欠发达地区看齐、欠发达地区向发达地区看齐，最终实现农村社会保障的一体化。与此同时，在农村自身努力的基础上，再通过城市对农村的反哺和扶持，最终实现社会保障的城乡一体化。通过上述制度设计和运作，首先在社会保障的项目上，在农村形成内容完备的项目体系；其次在社会保障的水平上，通过长期的制度运行和经济水平的提高，农村社会保障逐步走向较高水平；再次在社会保障制度化方面，随着保障项目的增加，必然要求以制度化的形式来保证农村社会保障体系有序、合理地运行。基于这三项指标的农村社会保障制度不断健全，为城乡社会保障一体化提供了坚实的制度基础。

3. 人们思想观念的变化为城乡社会保障一体化提供了思想保证

思想是行动的先导，认识水平的提高和思想观念的改变在社会保障制度建设中起着重要的作用。在二元分治的年代，国家出于安全等战略需要，采取了优先发展城市的政策选择，因此，城市社会保障无论在项目覆盖还是制度水平上都遥遥领先于农村。当时由于家庭和土地的保障功能较为强大，导致人们认识陷入误区，长期忽略农村社会保障建设。随着计划生育政策的实施、城镇化进程的加剧和城乡劳动力的频繁流动，农村居民认识到仅凭家庭力量实现养老、医疗、教育等生活保障变得越来越困难和不可靠，也迫切需要像城市居民那样拥有社会保障。这一观念的变化促进着家庭保障走向社会保障。其次，随着文化水平的提高和法律意识的增强，农村居民也日益认识到，作为国家公民，自己也同样享有社会保障的权利，在遇到生活困难时同样有从国家和社会获得帮助的权利。社会保障公平、公正、共享的理念以及构建和谐社会的理念在城乡居民中的广泛确立，为实现城乡社会保障一体化提供了坚实的思想保证。

（三）建立城乡一体化社会保障制度的主要内容

为了实施城乡一体化的社会保障制度，让一切社会成员都能在生活陷入困境时得到社会的救助，都能平等地享受社会发展所带来的成果，必须从以下三方面着手：

1. 社会保障项目的一体化

从理论上讲，不管是农村还是城市的社会保障，都应该包括社会救助、社会保险、社会福利以及针对特殊人群的保障项目。但是从实际情况看，当前城市社会保障项目较全、水平较高。因此，构建城乡一体化的社会保障，首先就应建立健全农村社会保障项目，适时适度提高其待遇水平，然后再实现农村与城市在社会保障项目和水平上的对接与统一。目前最重要的是完善农村养老、医疗、社会救助等保障项目。第一，完善农村养老保险制度。规定年满 18 周岁、有土地承包经营权且从事农业劳动的人员必须参加农村居民养老保险，保障水平不低于当地农村最低生活保障标准或上年度当地农民人均纯收入的一定比例。第二，完善新型农村合作医疗制度。逐步提高新农合的保障水平和覆盖率，对农村五保户、低保户及其他困难家庭和重点优抚对象，其参加新农合的个人缴费部分，应由政府财政予以解决。第三，完善农村社会救助制度。进一步健全县、乡、村三级救助网，完善分级救助机制和救助政策；健全生活救助等多种救助、援助和社会互助一体化的农村社会救助体系；对"低保户"、"五保户"和因病、因灾等原因造成的农村生活困难人群，实施分类救助。①

在农村社会保障项目不断建立健全的基础上，随着经济的持续发展逐步实现与城市的对接。在社会保险方面，逐步统一各类险种的覆盖范围、缴费水平、待遇标准等内容；在社会救助方面，实现城乡各类临时救助和长期救助项目向统一的城乡居民最低生活保障制度归拢；在社会福利方面，本着共建共享的原则，实现社会福利享受的全民化。鉴于城市和农村的生活条件、消费水平和收入水平的现实差异，城乡社会保障项目的完全一体化需要一个渐进的过程。

2. 资金统筹使用的一体化

社会保障作为国民财富的一种再分配形式，理应由全体创造财富的公民共同享有，但目前存在着城乡间社会保障资金投入和使用的严重失衡，农村社会保障资金的支配与使用处于明显的弱势地位。因此，应统筹社会保障资金的城乡使用，实现国民财富的公平共享。统筹使用社会保障资金的关键是解决农村社会保障资金的投入问题。

第一，增加社会保障资金投向农村的比例。虽然近年来国家在社会保障方面的投入很大，且每年有所增加，但这些资金中投向农村的相对较少，大部分还是用于城市社会保障建设。因此，在城乡一体化的发展理念下，中央财政必须增加对农村社会保障的资金投入。第二，通过多种途径筹措农村社会保障资金。在有集体经济实体和乡镇经济较为发达的农村地区，可以强化它们对农村社会保障建设的资金投入；改变某些自由参保的社会保险项目为一定范围内的强制

① 徐志初：《关于建立城乡一体化社会保障的思考》，《成都市委党校学报》2007年第5期。

参保,以提高农村社会保障的筹资水平;建立农民的个人账户制度,除农民的个人缴费外,还应把较大比例的国家和集体对农民的社会保障参保补贴也计入农民的个人账户,充分调动农民参保的积极性。第三,开征社会保障税。从国际经验看,世界上建立社会保障的国家有160余个,其中近100个已开征社会保障税。从现实情况看,近几年我国社会保障资金的需求大幅增长,2005年全国就业和社会保障支出高达3649亿元,其中中央财政的社会保障支出就达1624亿元。① 由于社会保障费征缴困难,出现了严重的资金支付缺口。因此,应改变目前由劳动保障部门和税务部门共同征缴社会保障费为税务部门统一征缴,并在适当的时候改由税务部门征收社会保障税。通过上述途径解决好农村社会保障资金的筹集问题,并为最终实现城乡社会保障资金使用的一体化铺平道路。

3. 制度与管理的一体化

制度设计的合理、到位和管理工作的高效运行,直接决定着制度的实施效果。要实现社会保障的城乡一体化,必须做到城乡社会保障在制度和管理上的一体化。其具体要求就是城乡社会保障制度统一,城乡社会保障的业务管理和操办程序全部由专门的社会保障机构承担,各项服务实行社会化运作。第一,制度的一体化。在城乡社会保障制度不断建立健全和城乡居民收入差距不断缩小的基础上,国家完全有能力也有必要实现城乡社会保障各项制度的统一。一体化的城乡社会保障制度,必须有类似于美国《社会保障法》那样的国家制度作为法律依据予以强力实施。这一社会保障的综合大法,应包括"社会救助法"、"社会福利法"、"社会保险法"等组成内容。同时从实际情况出发,允许各级地方政府制定和出台相应的实施细则。第二,管理体制的一体化。在城乡社会保障的统筹管理上,实行城乡社会保障事务的统一管理、统一规范,消除城乡分治、"多龙治水"、条块分割的状态,由政府设置特定的权威机构全面负责制定社会保障制度、规划、收支标准、实施办法,指导地方管理机构实施具体保障项目,监督社会保障基金的征缴、管理和发放。做到城乡社会保障业务管理机构统一、基金运作机构统一、监督管理机构统一。在具体执行中,应在上级社会保障管理机构的

① 周辉:《论构建城乡一体化的社会保障体系》,《湖湘论坛》2007年第3期。

指导下，依靠基层政权组织及群众性管理组织，分级分类负责各地区的具体社会保障事务的管理、执行和监督，努力建成分工协作的社会化、法制化的社会保障网络。①

① 徐祖荣:《略论构建城乡一体化社会保障体系》,《广东行政学院学报》2006 年第 10 期。

第五章 农村社会保障体系转换和配套措施

中国社会保障制度发展的战略目标，是从弥补制度缺失、构建覆盖城乡居民的社会保障体系入手，积极稳妥、循序渐进地推进社会保障制度沿着公平、普惠、可持续的方向发展，在解除人民生活后顾之忧的同时，不断提高人民的生活质量并增进人民的幸福感，切实维护个人的自由、平等与尊严，逐步迈向中国特色社会主义福利社会。这一目标的实现，重点和难点都是化解当前农村社会保障发展相对滞后所造成的"木桶效应"。从加快农村社会保障体系转换入手，完成农村社会保障制度从"剩余型"向"制度型"的转变，实现城乡社会保障一体化是推动我国社会保障制度发展的关键所在。

一、中国农村社会保障体系转换

农村社会保障是政府依法建立的在农民由于诸多内生性风险和外源性风险导致生活困难时，由政府或社会提供物质帮助，保障农民基本生活需要，稳定和提高农民生活质量的制度。中国农村社会保障体系转换问题的提出，本身即蕴涵着客观风险的嬗变及其所引发的农民需求的变化对社会保障制度现存问题的反映。

（一）我国农村社会保障体系发展历程

回顾我国农村社会保障体系的发展历程，先后经历了缺失阶段和补缺阶段。

1. 农村社会保障制度缺失阶段（1949年—1980年代中期）

建国初期，由于特定的历史条件，我国选择了优先发展重工业、迅速实现工业化的发展战略。为此,在高度集中的计划经济体制下,国家设计了一整套偏向城市的非均衡发展策略:一方面利用行政手段人为设置城乡分离体制,借助户籍制度、粮油供应制度和农产品统购统销制度来维系城乡二元结构,形成了城乡居民身份的差异和事实上的城乡分割;另一方面采取工农业产品价格"剪刀差"政策,通过扭曲产品价格和生产要素价格,以汲取农业剩余的方式为工业化获取资本积累。这种摒弃市场机制,以牺牲农民利益为代价的特殊工业化发展道路,使城乡关系逐渐演变为一种非均衡化的单边关系,从而形成较为发达的城市和欠发达的乡村并存,现代工业和传统农业并存的局面。

城乡经济和社会的二元结构,决定了城乡社会保障体系也必然是二元性的。在1978年以前,借助"政社合一"的人民公社体制,农村人口被限定于集体组织之内,实行的是有限的集体保障;1978年以后,特别是在1986年以后,才逐渐过渡到国家、集体和家庭(个人)共同分担的分权化保障。而在从"以社队为基础的集体化保障"到"以家庭为主、国家和集体扶持辅助为辅的分权化保障"的制度变迁过程中,国家对农村保障的制度安排始终是剩余式取向,有相当部分的社会保障项目将整个农村人口排挤在社会保障体系之外。①

这一阶段农村居民的生活以传统家庭保障为主,辅之以社区集体保障,五保供养制度和以开发式扶贫为主的农村反贫困政策几乎成了农村社会保障的全部,绝大多数农民长期以来没有任何公共财政支持的社会保障安排,农民应对风险更多地依赖农村集体保障。农村集体保障是指以集体劳动、集体核算、统一分配的农村社队为组织基础,以社队收益为经济基础,以农村社会成员为保障对象,提供基本生活保障的制度。② 集体保障并不是现代意义的社会保障,它是一种与计划经济体制相适应的制度安排,是自我组织、自我依靠、自我封闭的社会保障形式,也是排除了广大农村居民的城市社会福利保障制度的补充。③ 建国后到80年代中期,合作医疗制度和灾害救助制度都充分体现了农村社会保障以

---

① 林闽钢、吴娆:《我国农村新型社会保障体系研究》,《江海学刊》2005年第6期。

② 郑功成:《建设有中国特色的社会保障道路》,武汉大学出版社1997年版,第92页。

③ 方青:《解组与重构——二元社会结构下的农村社会保障》,安徽人民出版社2006年版,第83页。

农村集体为主,政府适当扶助的"集体保障"的特点。

2. 农村社会保障制度补缺阶段(1980年代中期—2013年)

从20世纪80年代中期开始,建立和完善农村社会保障制度成为我国政府的一个重要目标;特别是近年来,快速城市化和新型工业化背景下的农村出现诸多新变化、新特点,加之中央对新农村建设和以改善民生为重点的社会建设的日益重视,建立和完善农村社会保障制度被政府议事日程重提,并逐步推行了各种农村社会保障政策。

经过20多年的努力,我国农村社会保障制度的内容日益完善,就其涉及领域而言,主要包括了社会保险(如新型农村合作医疗制度)、社会救助(如农村居民最低生活保障制度、农村特困户生活救助、农村五保供养制度以及农村医疗救助等)和社会福利服务(如覆盖全国乡镇的敬老院等)。特别是2009年开始的新型农村养老保险的试点,预计到2013年前后,这一新型农村养老保险制度可以实现在全国范围的基本覆盖,届时农村社会保障制度补缺的主要任务也有望基本完成。

(二)我国农村社会保障体系转换的目标、原则和特点

1. 我国农村社会保障体系转换的目标

按照全面建设小康社会的目标,农村社会保障体系建设既要考虑到需要与可能,循序渐进,又要考虑到最终与城市接轨,形成城乡一体化的社会保障制度。针对我国农村发展的严重不平衡性、农民收入水平的较大差异性的实际,单一层次的社会保障很难照顾到各方面的要求,必须建立以基本社会保障为主体,乡村集体保障和家庭保障等多种形式并存,多层次、低水平、全覆盖、共同负担、社会化管理的社会保障体系。我国农村社会保障体系转换的具体目标是:

(1)农村社会保障要从"剩余型"向"制度型"转变

"剩余型"的社会保障是以效率优先原则推动下形成的一种社会补漏措施。它的产生有着深刻的时代背景,既是国家底子薄弱、资金缺乏的表现,也是对改革前绝对平均主义的矫枉过正。① 随着中共十六届六中全会(2006年)作出"逐

---

① 刘旭东:《国民福利由补缺型向适度普惠型转变的思考》,《经济问题》2008年第10期。

步建立覆盖城乡居民的社会保障体系”的战略决策,从“剩余型”社会保障向“制度型”社会保障转变必然成为我国农村社会保障体系转换的战略目标。

相对于当前的“剩余型”社会保障,“制度型”社会保障是指在大力构建和谐社会的背景下,在加快推进以改善民生为重点的社会建设中,面向全体国民实施的普惠式社会保障,它属于一种正式的制度安排,以确保全体国民共享经济社会发展的成果。“制度型”社会保障主要有两层内涵:一是指所有社会成员包括农民都享有国民待遇。作为社会权利的重要内容和基本形式,社会保障方面的国民待遇是指所有国民都能够平等地共同享有的社会保障权利,体现的是基本公共服务均等化;二是指社会保障对象将由特定人群逐步向更多的人群乃至全体国民拓展,让更多的乃至全体国民分享到改革开放和社会进步的成果。尽管“制度型”社会保障制度的建立将是一个长期的复杂的过程,但随着全面建设小康社会和以改善民生为重点的社会建设的进一步推进,“制度型”社会保障的建成必将是大势所趋。

(2)城乡二元的社会保障要向城乡社会保障一体化转变

进入新世纪以来,可以看到中央和各级地方政府都把人人享有基本生活保障作为优先目标,大力推进城乡社会保障制度建设,取得了显著的效果。在社会救助领域,已经初步建立起分别面对城市居民和农村居民的最低生活保障制度,越来越多的地区还在探索医疗救助、教育救助、住房救助等救助制度。在医疗保障领域,国家已建立了城镇劳动者的基本医疗保险制度,正在全面实施新型农村合作医疗制度的试点,并从2007年起开始推进城镇居民医疗保险制度改革,一个相对公平的、多元制度组合的、覆盖全民的医疗保障体系正在逐步确立。特别是2009年开始了新型农村社会养老保险的试点,为农村老年人提供国家普惠式的养老金,这是我国千百年来从未有过的创举。农村居民最低生活保障制度的普遍建立,新型农村合作医疗的全面实施,新型农村社会养老保险的加快试点,这三项农村社会保障领域的重大制度建设清楚地表明:占全国人口一半以上的农民开始被逐步纳入社会保障体系,开始在社会保障领域享有国民待遇和得到基本生活保障的权利。

但是,我们也要清醒地看到,城乡社会保障制度分治的局面仍然没有得到改变,城乡居民之间社会保障的不公平状况不仅依然存在,而且有所加强。据有关资料显示，从社会保障支出看，据统计，占全国总人口的75%左右的农民的社会保障费支出仅占全国社会保障费总支出的13%，而占总人口的25%的城镇居民却只占全国社会保障支出的87%。[①] 从人均占有社会保障费用情况看，城市居民人均455元，农民仅人均15元，相差30倍；从社会保障的覆盖面看，城镇已达90%以上，而农村只有4%。[②] 社会保障城乡二元分治带来了许多问题：首先，在一定程度上妨碍了把城镇居民与农村居民的社会保障作为一个整体来进行综合研究、统筹谋划，使城镇居民与农村居民在各项保障制度、资金筹集、标准给付、管理运作等方面的差距在扩大，农民没有享受到应有的社会保障国民待遇；其次，使城乡社会保障制度缺乏统一性、规范性和可持续性，不但加大社会保障工作的行政成本，也带来大量行政资源的浪费，保障体系的整体运行得不到优化；最后，现行以土地为基础的农村社会保障将越来越不适应经济社会发展的需要。[③] 因为它必然使农村劳动力、土地等要素的市场化进程面临一系列深层次的制度约束，必然使市场配置资源的基础性作用难以发挥。

有鉴于此，大力发展农村社会保障制度，并在此基础上中止城乡二元分治，推进城乡社会保障制度一体化，就是继承包制后完善农村市场经济体制最重要的制度建设。一旦实施这项制度建设，就可以确保城乡居民享有并实现平等的国民待遇，有利于促进和维护统一的劳动力市场，促进社会流动和社会融合，也有利于提高社会保障制度运行和管理的效率。

2. 我国农村社会保障体系转换的原则

我国农村社会保障由“剩余型”向“制度型”转换，并最终过渡到城乡社会保障一体化，这是一个长期而复杂的过程。在这一过程中必须始终遵循以下几条原则：

(1)政府主导原则

保障民生与改善民生是执政党和政府的根本职责，而社会保障制度作为保

① 辜胜阻：《农村社保是民生安全网和社会稳定器》，《经济界》2009年第4期。

② 胡政武：《探析我国农村社会保障制度》，《重庆师范大学学报(哲学社会科学版)》2004年第5期。

③ 迟福林：《给农民全面的国民待遇》，《政策瞭望》2003年第4期。

障民生与改善民生的根本性制度安排，更应当成为各级政府的重大使命。因此，在现阶段乃至未来一个相当长的时期内，政府对农村社会保障制度建设还需要给予更多的财力投入和更有力的政策推进，同时落实社会保障制度其他责任主体之间的责任分担机制，充分调动各方的积极性，动员各方的资源，以弥补政府力量的不足，最终促成农村社会保障制度全面协调可持续的发展。

（2）统筹发展原则

我国农村幅员辽阔，发展极其不平衡，农村社会保障制度还不可能在短期内实现高度的统一，多元化的制度安排在现阶段乃至未来相当长一段时间内仍不可避免。但应当尽可能防止制度"碎片化"，整个社会保障制度的建设要坚持统筹安排，兼顾各方利益，确保不同制度之间的可衔接性，既减少体系转换过程中的阻力，又不为最终实现制度体系的统一增加障碍。

（3）适度普惠原则

适度普惠的社会保障是由政府和社会基于本国（或当地）的经济和社会状况，向全体国民（居民）提供的、涵盖其基本生活主要方面的社会保障。这一原则既强调社会保障需针对全体国民实施普惠，但也要着眼于当下中国城乡之间、区域之间经济社会发展水平和财政状况，涵盖居民基本生活的主要方面，即国民（或当地居民）基本生活的最主要方面，如失业保险、贫困救助、医疗保险、住房保障及老人、残障服务等，适度满足其基本需要，而不是主要满足部分人群非基本的甚至是高级的需要。①

3. 我国农村社会保障体系转换的特点

改革开放以来，我国的综合国力显著提升，但是基本国情仍然没有变。这就决定了我国农村社会保障体系转换的实现必然呈现出如下特征：

（1）渐进式的一体化进程

城乡社会保障一体化必然是渐进式的。这一方面是因为社会保障制度改革作为整个国家改革开放事业的重要组成部分，受制于国家改革开放渐进式的路径；城乡社会保障一体化改革作为社会保障制度改革的重要环节，也不可能脱离

① 王思斌：《我国适度普惠型社会福利制度的建构》，《北京大学学报（哲学社会科学版）》2009 年第 3 期。

其所处的大环境,一蹴而就。另一方面则是因为社会保障制度本身作为民生需求满足的重要手段,受制于民生建设的递进式规律。民生需求由低到高,呈现出三个层面的递进状态:第一层面主要指民众基本生计状态的底线;第二层面主要指民众基本的发展机会和发展能力;第三层面主要指民众基本生存线以上的社会福利状况。从现实和操作逻辑看,民生问题上述三个层面的内容具有一种逐层递进的关系,即前一个层面内容的基本实现是后一个层面内容开始实施的前提条件;当前一个层面内容基本实现之后,应当顺理成章地开始改善后一个层面内容的努力。因此,必须根据公众需求的层次性和我国社会保障制度一体化建设的现实条件与内在规律,有计划、有步骤、分阶段地实施社会保障,不断改善城乡居民的民生状况。基于渐进式的一体化进程的判断,城乡社会保障一体化需要城市与农村逐步推进,"并轨"与"整合"多段完成。

(2)补偿式的一体化运作

城乡社会保障一体化的目标群体是全民,在目前社会保障城乡二元制度特征下,导致城乡社会保障一体化的目标群体更侧重于农民。城乡社会保障一体化,内含着对农民的社会补偿。补偿不等于赔偿,补偿是出于道义而非严格意义上的法律义务,它和社会整体的道德水平、制度保障有着密切关系。在这个意义上,城乡社会保障一体化不是一个"削峰平谷"的过程,而是一个面向弱势地区、弱势人群"多予、少取"的过程。城乡社会保障一体化过程中,应当确立农村优先的战略,优先考虑农村居民的社会保障需求。①

(三)我国农村社会保障体系转换的路径

1. 城乡社会保障制度一体化阶段(2009—2013 年)

社会保障制度城乡一体化,一方面是指社会保障制度的对象应该覆盖全体城乡居民,城乡全体居民都能普遍享受社会保障;另一方面是指城乡社会保障的制度设计逐步趋同,使城乡社会保障逐步发展成为制度一致、运作一致,确保普惠城乡居民。

---

① 侯明喜:《统筹城乡社会保障面临的体制缺陷及改进——以"国家统筹城乡保障综合配套改革试验区"重庆市为例》,《云南社会科学》2008 年第 3 期。

当前,随着贯彻落实科学发展观、构建社会主义和谐社会等一系列重大理论问题的提出,人们对中国社会发展阶段和发展特点有了新的认识,对以人为本、统筹城乡发展等重大而现实的理论与实践问题有了新的政策依据;同时,现行的城乡二元社会保障制度所存在的诸多问题,又使得建立完善合理的农村社会保障、有效化解宏观经济社会可持续发展风险面临诸多障碍。为促进我国农村经济发展,从而从根本上推动城乡统筹发展,在全国范围内建立城乡居民无差别对待的社会保障体系已成为不可逆转的发展趋势。在这一背景下,推进农村社会保障体系转换,实现社会保障城乡一体化,成为当前和今后一段时间内我国社会保障制度建设的关键任务。

实现这项任务,具体要达到以下九方面的指标:①

第一,贫困线标准达到人均每天不少于1美元,政府财政对低保和其他社会救助的投入不低于国家财政支出的1.5%,获得救助的低收入人口不低于全国总人口的8%。

第二,医疗保障制度覆盖全民,医疗保障水平不低于保障范围内平均医疗费用的65%(其中,城市不低于75%,农村不低于50%),个人负担的疾病医疗费用开支下降到35%(其中,城市下降到25%,农村下降到50%)以内。

第三,完善职工基本养老保险制度,改革机关事业单位退休制度,建立农民养老保险制度和城乡老年津贴制度。

第四,基本养老保险统筹部分实现省级以上统筹,全国调剂,个人账户由省级管理;实行劳资双方平等分担缴费责任;在提高劳动所得占初次分配中的比重的条件下,提高参保个人缴费比率,增进统账融合,强化互济共助;统一经办机构,实行垂直管理;开始延长参保者的退休年龄和缴费年限。

第五,财政性社会保障支出占国家财政支出比重从不足12%提高到15%左右,同时解决上下级支出责任交叉、重叠、错位等问题,完善上级对下级的财政转移支付。

第六,稳妥有序地推进其他各项社会保障改革与制度建设(尤其是住房保

① 参见郑功成:《中国社会保障改革与发展战略——理念、目标与行动方案》,人民出版社2008年版,第46—48页。

障以及老年人福利、残疾人福利、慈善公益事业、商业保险业)。

第七,构建社会保障法律体系。

第八,建立专门的社会保险预算制,加强社会保险经办机构建设。

第九,强力推进相关配套改革与制度建设。如理顺收入分配关系,规范收入统计与财产申报,将劳动所得在初次分配中所占比重提高到50%左右;调整财政支出结构,国家财政与社会保障的关系相对定型;切实维护并保障工会、雇主组织等群体利益代表参与社会保障制度建设的权利,尤其需要落实个人账户所有者对个人账户管理及投资的参与权等。

这些目标的完成,不仅可以为建立健全完备的社会保障制度奠定坚实基础,而且还可以使城乡居民急切的社会保障需求得到基本满足,持续扩大的贫富差距将获得有效缓解。

2. 整合城乡社会保障制度资源,构建中国特色的福利社会(2014—2049年)

这一阶段的重点任务是进一步整合城乡社会保障制度资源,解决当前一种制度、两种体系的弊病,其目标指向是构建中国特色的福利社会。具体包括两大步骤:

(1)第一步:制度全面定型、稳定发展(2014—2020年)

从2014年开始,到2020年全面建成小康社会为终点。其目标任务是实现中国特色社会保障制度全面定型、稳定发展;既需要对上述第一阶段已经确立的社会救助、医疗保障、养老保障制度做进一步完善,又需要不失时机地推进各项社会福利事业及各项补充保障的发展,全面完成建设完整的社会保障体系的任务,并实现整个社会保障体系的良性运行。

为此,就要达到以下十三个方面的指标:①

第一,贫困线标准与国际标准相同(现为人均每天少于1.25美元),生活救助标准与贫困线标准相同,国家财政对社会救助的投入不低于财政支出的2.5%,城乡困难居民的社会救助水平差距显著缩小。

① 参见郑功成:《中国社会保障改革与发展战略——理念、目标与行动方案》,人民出版社2008年版,第49—53页。

第二，形成覆盖全民、区域型统一、缴费型医疗保险制度，医疗保障水平不低于规定范围内平均医疗费用的80%，个人负担的费用开支下降到20%以内，不同群体享受的医疗保障待遇差距显著缩小。

第三，形成以缴费型的职工基本养老保险为主体、包括公职人员退休养老保险、农民养老保险、老年津贴在内的四元组合型基本养老保障体系，并辅之以企业年金、职业年金和人寿保险，不同制度之间的待遇差距显著缩小。

第四，全面推进并完善工伤保险和失业保险，建立专门的护理保险，促使面向职业女性的生育保险向普惠型的生育津贴制度转化。

第五，全面推进老年人福利、残疾人福利及妇女儿童福利事业。

第六，全面推进教育福利和住房保障事业的发展，将义务教育年限由9年延长到12年，切实保障低收入家庭的起码居住条件，允许并鼓励用人单位将住房福利纳入职业福利范畴以作补充。

第七，全面推进军人保障及相关制度建设。

第八，大力扶持慈善公益事业发展，积极引导商业保险及其他市场主体参与社会保障体系建设，所募款物折合价值不低于同期GDP的1%，志愿者参与率不低于50%，商业保险业达到或超过中等发达国家水平。

第九，进一步明确社会保障与公共财政的关系，并上升到法律规范的层次，落实中央和地方政府合理分担社会保障责任的机制。国家财政对社会保障的直接投入不低于财政支出的20%，全口径统计的社会保障支出（包括财政性社会保障支出、社会保险基金支出和福利服务支出、补充保障支出等）占GDP的比重不低于15%，基尼系数因社会保障制度对收入分配的调节而降低到0.4以内。

第十，形成完备的中国特色的社会保障法律体系，同时健全社会保障司法制度。

第十一，设置统一的社会保障行政主管机构（社会保障部或者委员会），统一监督管理各项主要的社会保障事务。

第十二，社会保障管理与运行机制实现现代化、规范化，并通过发达的公共服务体系公开、透明地呈现在社会公众面前，接受公众监督，打破现行条条分割并一直延伸到乡镇街道乃至居民委员会、村民委员会的格局，在城市街道、农村乡镇建立综合型的社会保障服务网络，集中面向各类受保障对象，并提供相应的社会保障服务。

第十三，进一步完善相关制度建设，包括让立法机关成为社会保障制度的决策机关，行政机关与社会组织等则扮演监督者与执行者的角色；保障各阶层尤其是普通民众参与社会保障制度建设的渠道畅通；建立和完善面向家庭的社会政策，并使之与社会保障制度结合；将收入统计和财产申报法制化，劳动所得在初次分配中所占比重不低于55%。

这一步骤，是全面建设中国社会保障制度并促使这一制度全面定型、成熟、稳定发展的时期。完成了上述目标任务，就能够较充分地满足城乡居民的社会保障需求。

(2)第二步：中国特色社会主义福利社会(2021—2049年)

以2021年为起点，到中华人民共和国建国一百周年(2049年)。其目标任务是在进一步完善中国特色社会保障制度并实现这一制度可持续发展的同时，不断提高保障水平，确保国民的生活质量，全方位满足国民对社会保障及相关服务的需求，真正迈向中国特色社会主义福利社会。在这一阶段，社会保障由基本保障型向生活质量型转化，并逐渐向中国特色社会主义福利社会迈进，即社会保障体系进一步完善，与社会保障相关的公共服务十分发达，人人能够公平地享有较高水准的社会保障及相关服务，国民的各项保障需求可以得到全面满足，生活质量得到有效保障，个人的自由、平等与尊严因可靠的社会保障制度而得到有效的维护。

为此，就要达到以下八个方面的指标：①

第一，各项社会保障制度进一步完善，真正跨入公平的普惠发展阶段。

第二，与社会保障相关的社会公共服务十分发达，个人的各项社会福利服务需求能够获得充分满足。

第三，社会资源动员能力显著增强，商业保险、慈善事业等补充保障事业获得大发展。

第四，市场机制得到有效利用，社会保障制度的运行效率持续提升。

① 郑功成：《中国社会保障改革与发展战略——理念、目标与行动方案》，人民出版社2008年版，第54—57页。

第五，建立并完善社会保障预算制度。

第六，衡量社会保障水平的相关指标接近或者达到发达国家水平。

第七，个人的自由、平等与尊严通过可靠的社会保障制度得到全面的维护。

第八，通过健全民主机制与其他机制，让不同社会阶层都能够全面而有效地参与社会保障制度建设，实现并维护社会保障制度的可持续发展。

上述目标任务的完成，即意味着迈入了中国特色社会主义福利社会的门槛。

二、农村社会保障体系转换的配套措施

基于我国目前的经济社会发展状况，农村社会保障体系应纳入到整个社会保障体系统筹考虑，真正冲破城乡二元分治的壁垒，平行推进城市和乡村的各项制度改革，减少社会保障改革中所产生的体制“不协调成本”，实现城乡衔接，构建城乡一体化的社会保障体系。由于社会保障体系构建和转化是长期发展的目标，相关的配套措施也要积极跟进，以形成合力。

（一）推进社会保障建设法制化

社会保障立法既是社会保障制度的一种法律形式，又是社会保障制度的可靠基础和依据。立法先行是社会保障制度作为社会政策和国家制度安排的具体体现，而且以法律形式确立并推进社会保障制度是国际通行的做法。

我国农村传统的和现行的社会保障是依靠高度集中统一的行政管理系统，主要凭借各级政府的政策、文件进行引导，并强调农民自愿参加。但政策缺乏法律的刚性规定，很容易受到国家政治、经济等因素变化的影响。如果农村社会保障无法可依、无章可循，必然会带来一系列问题，如保障对象不明确、保障资金来源不稳定、保障标准不一致、保障管理方面的随意性和盲目性大等，也会蕴含很大的风险。事实表明，目前农村社会保障领域存在的基金来源不规范、投保账户混乱以及挤占、挪用基金等违规违法现象，无不与缺乏一套行之有效的社会保障法律法规有关。

城乡社会保障一体化建设，迫切需要加快社会保障法制化、制度化建设。这样才能够保证制度的稳定性、权威性，避免制度的随意性，增强制度的可信赖性。

通过社会保障法和其他法律，强调农村居民的社会保障权利与城镇居民的社会保障权利在性质上是相同的，在法律地位上是平等的，在国家和社会的维护义务、责任的分配上是公正的；国家和社会对农村居民社会保障权利的重视要有经济上的支持、制度上的保障；通过立法对所有公民的社会保障权利进行公开、公平、公正的分配。①

目前，社会保险法、社会救助法已列入十一届全国人大常委会立法规划一类项目。同时，要加快制定“农村社会养老保险条例”、“新型农村合作医疗条例”等相关条例，完善《农村五保供养工作条例》；各地也应制定相应的地方性法规。到 2020 年，力争使城乡社会保障一体化做到有法可依、有章可循。

具体而言，主要抓好以下几项工作：其一，抓好单项法规的建设，如农民社会养老保险法、农民社会医疗保险法、农村工伤保险法、农村扶贫与灾害救济法和农村残疾人保障法等；其二，抓好地方性法规的建设，鼓励与提倡各地政府根据本地实际制定具体的保障办法；其三，尽快研究制定具体实施办法，明确建立农村社会保障制度的基本原则，规范政府的责任和义务，对农村社会保障工作的组织机构、保障对象、保障标准、申请与审核程序、资金筹措和管理等方面的问题作出明确规定；其四，择机促进城乡社会保障制度的“并轨”和“整合”，形成城乡社会保障一体化的法律体系。

（二）进一步增强农村社会保障制度的协调性

现行的农村社会保障制度大都以单项推进为主，与城镇相比，存在着政策难以衔接、项目缺乏联系、工作不够协调、整体效益难以发挥等问题。经过多年来的努力，已经基本建立了政府、村集体和个人共同负担的多渠道农村社会保障资金筹集体系，各级财政对农村社会保障事业的投入力度不断加大。但农村多种保障制度之间的协调性还有待进一步增强，如农村养老保险制度的建立应考虑与农村的“五保”供养、农村最低生活保障、农村计划生育奖励扶助、大病医疗救助、征地老年农民生活保障、普惠型老年津贴和高龄老人生活补贴、村干部特殊社会保障等制度相衔接。据农业部统计，截至 2006 年，外出务工农民工伤保险

---

① 汪占熬、王琼：《建立我国新型农村社会保障体系的路径选择》，《农业经济》2008 年第 4 期。

参保率仅为12.9%，医疗保险参保率仅为10%，养老保险参保率仅为15%。[①] 农民工的参保率如此之低，究其原因，主要是现行的城市职工保险制度是面向城镇当地户籍职工设计的，进入门槛高，统筹层次低，保险关系不能异地转移接续，不适应务工农民收入水平低、流动性强的特点。

（三）继续发挥家庭、土地等传统保障的作用

在农村建立社会保障体系，并非全盘否定土地保障和家庭保障的功能和作用。恰恰相反，土地保障和家庭保障符合中国国情和文化传统，是农村社会保障体系的有益补充。特别是要继续发挥家庭在养老领域的重要作用。“百善孝为先”，赡养老人和孝敬父母是中华传统文化的核心之一，也是中华民族的传统美德，而且我国《宪法》和《老年人权益保护法》对赡养老人问题都有明确的规定。当前，要大力弘扬社会主义核心价值观，继承优秀的“老吾老以及人之老”的传统美德，倡导传统孝道，继续发挥家庭在养老领域的重要作用。此外，家庭养老还可以避免西方国家那种由于过度推进社会保障而带来的家庭危机和老年人的精神孤独，使老人能够共享天伦，安享晚年，提高老年人的幸福感，从而有利于维护良好的社会道德规范，构建农村社会和谐，促进农村社会进步。[②]

要充分发挥土地保障和家庭保障的功能和作用，就必须提升其“造血”功能。一方面，要进一步调整农村产业结构，加强农业基础设施建设，加大科技扶贫力度，提高土地产出效益，使农业增产、农民增收。另一方面，家庭保障主要依赖于子女的赡养，而子女的赡养能力往往决定于其就业状况，就业状况又决定于其受教育程度；但在广大农村尤其是中西部落后地区农村，儿童失学辍学的现象并不少见，上学难的问题比较突出。因此，应加大农村教育投入，提高农民子女的文化素质，增强其将来的就业能力，从源头着手，为家庭保障提升“造血”功能。

（四）强化农村社会保障资金的管理

国外社会保障管理体制可分为三种：一是以英国为代表的集中管理；二是以

① 牛青杨：《当前完善我国农村社会保障体系的对策》，《河南社会科学》2008年第4期。

② 陈育钦：《当前我国农村社会保障制度的困境与应对》，《怀化学院学报》2008年第1期。

德国为代表的分散管理；三是以美国、日本为代表的集散结合管理。①

目前，我国农村社会保障管理体制存在许多问题，表现在：一是政事不分。各项社会保障的决策、经办、监督由同一部门负责，行政主管与事业经办、宏观调控与微观运作、实施与监督全都混在一起，基本上“一套人马”包办各项事务。看似资金由财政管，政策由政府出台，上有部门领导，下有群众举报，但实际上资金的使用、政策的制定解释都是同一家负责，资金的安全缺乏保障。二是单向的“自上而下”供给式决策模式。即国家制订计划决定社会保障的内容和标准，缺乏农民“自下而上”的社会保障需求表达机制，不能有效反映农村社区内多数人的需求意愿。现阶段社会保障的供给总量、供给结构和供给程序，多数由乡镇及乡镇以上组织以政策规定的形式下达，不仅带有很强的指令性，而且对不同类型、不同条件、不同发展水平的地区都是按统一要求执行，各级政府、各个部门都各自下指标、定任务，层层下达，缺乏农民参与决策与执行。三是多头管理现象严重。从管理机构上看，对农民的优抚安置和救灾归民政部门管理，农民的养老保险归人力资源和社会保障部门管理，医疗保障又归卫生部门和劳动者所在单位或乡村共同管理，农村社会保障形成了“多龙治水”的管理格局。从表面上看，农村社会保障由多部门负责，易于形成齐抓共管的合力；但在实际工作中，由于各个管理部门之间的利益关系以及所处的地位不同，往往会在具体的管理工作中产生诸多的矛盾和分歧，最终导致责任以及分工的不明确，使得有些项目无人问津，有些项目争相管理。此外，由于主体不统一，各部门之间又缺乏有效的信息交流和政策协调机制，造成各部门各自为政，客观上增加了制度实施、运行的社会成本。②

在社会保障基金管理方面，资金管理的质量直接关系到我国新型农村社会保障体系的顺畅、健康运行，在某种程度上，资金的管理问题甚至大于资金的来源问题。目前不透明的资金管理政策加剧了信用风险和逆向选择问题，农村社会保障不良运行的制度惯性仍未消除，社会化程度低，管理欠规范。一方面，在

① 周振、谢家智：《国外农村社会保障制度比较及对重庆的启示》，《重庆社会科学》2007 年第 12 期。

② 宋扬：《论我国农村社会保障体系的构建》，《党政干部论坛》2008 年第 3 期。

贫困地区，由于集体经济贫弱，国家扶持政策不到位，资金来源单一，影响了农民参保的积极性。另一方面，农村社会保障形成了多头管理、政事不分、监管乏力的混乱局面。农民所在单位或乡村集体、人保部门、民政部门、卫生部门、计生部门、扶贫部门、基金会、保险公司等均涉及农村社会保障，由于这些部门所处地位和利益关系不同，在社会保障的管理和决策上经常发生矛盾，使本来已经混乱的管理体制雪上加霜。规范社会保障资金的管理亟待解决。

为此，首先要整合部门资源，针对目前在农村社会保障领域有着民政、人保、卫生、计生、扶贫等部门多头管理、各自为政的现状，可以考虑整合现有各部门社会保障资源，成立一个统一的农村社会保障管理机构，统一规划，统一政策，统一管理，提高社会保障资源使用效率，使农村社会保障工作规范化、系统化。同时，人力资源和社会保障部门要通过加强与工商、税务、审计、工会等部门的合作，强化社会保险基金的征缴，做到“应收尽收”。比如将社会统筹基金与个人账户基金分开管理，不再相互挪用与挤占；个人账户也开始实施实积累，有利于避免“空账”运行可能带来的弊端。

第六章　农村社会保障资金筹措和管理

对于社会保障体系建设，资金的筹措和管理不仅关系到该体系能否全面建立，而且还决定着该体系能否保持持续发展。以农村养老保险为例，“老农保”属于积累制的“储蓄养老”模式。尽管提出了以“坚持资金个人缴纳为主，集体补助为辅，国家给予政策扶持”为筹资原则，但绝大部分地区农村社会养老保险制度在实施过程中缺乏集体补贴，农民基本上是个人缴费、自愿参加。[①] 按目前农村的经济和社会发展水平，以个人缴费为主的筹资方式，难以充分调动农民参保与缴费的积极性，因而导致“老农保”发展难以持续。

中共十七大明确提出，要加快建立覆盖城乡居民的社会保障体系，保障人民基本生活。中共十七届三中全会进一步要求，加快健全农村社会保障体系，要贯彻“广覆盖、保基本、多层次、可持续”的原则。因此，能否解决好农村社会保障资金的筹措与管理问题，不仅直接影响到农村社会保障体系的建立与完善，而且还影响到城乡统筹发展的持续推进与和谐社会的全面建设。

一、农村社会保障的主要内容及其资金来源

目前，我国农村社会保障体系主要包括社会救助、社会保险和社会福利三方面内容。其中，社会救助主要涉及最低生活保障、医疗救助、五保供养和自然灾害生活救助等；社会保险主要是新型农村合作医疗保险（简称“新农合”）和新型农村养老保险（简称“新农保”）；社会福利主要包括针对孤老、孤残、孤儿、老复

---

① 林闽钢：《农村养老保险制度何去何从》，《中国社会保障》2006 年第 7 期。

员军人、带病回乡退伍军人、生活困难的农村老党员等的优抚优待和定期补助。

(一)农村社会救助的资金来源

从资金来源上看,社会救助体现的是政府责任,因而资金主要来源于政府财政,而且随着国家经济发展水平的提高,政府财政给予的投入也在不断增加。2007 年全国农村最低生活保障资金投入为 109.1 亿元,2008 年已达到 228.7 亿元,分别比上年增长了 150.1%、109.6%,增长幅度很大;医疗救助资金也呈现不断上升态势,2004 年只有 4.43 亿元,到 2008 年已达到 38.3 亿元,增长了 7 倍多,尽管各年的增长率略有不同,具体可参见图 6-1 所示,总体而言,增长比较迅速。正因为各项救助资金都呈明显增长态势,因此,农村救助资金总量也增长较快。

图 6-2 反映了近几年农村社会救助资金的总体增长状况。从中可以看出,2004 年全国农村社会救助资金仅为 47.7 亿元,此后不断增长,到 2008 年已经增加到 326.8 亿元,与 2004 年相比,增长了近 6 倍,增长态势非常显著。

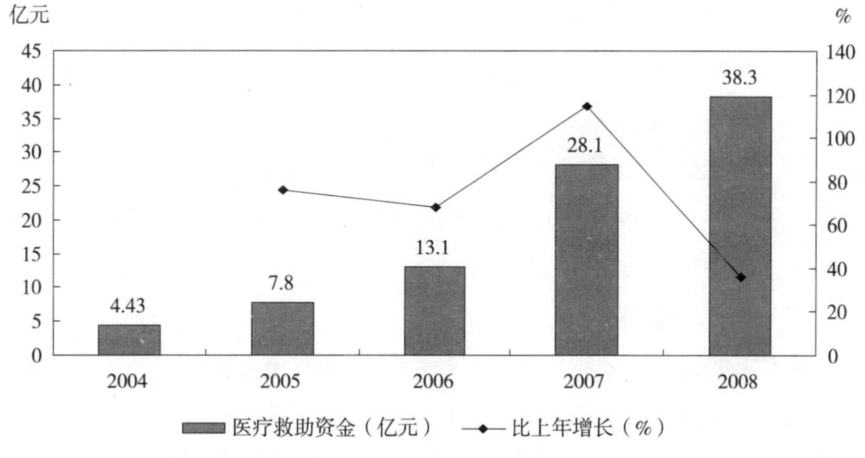

图 6-1 农村医疗救助资金及其增长(2004—2008)

资料来源:中华人民共和国民政部:《中国民政统计年鉴 2008》,中国统计出版社 2009 年版;中华人民共和国民政部:《2008 年民政事业发展统计报告》,中国统计出版社 2009 年版。

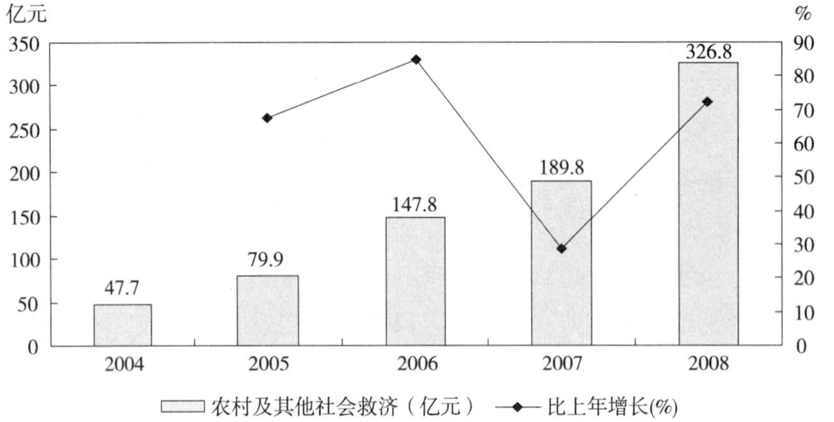

图 6－2　农村及其他社会救济资金增长状况(2004—2008)

资料来源:中华人民共和国民政部:《中国民政统计年鉴 2008》,中国统计出版社 2009 年版;中华人民共和国民政部:《2008 年民政事业发展统计报告》,中国统计出版社 2009 年版。

(二)农村社会保险的资金来源

与社会救助不同,社会保险是一种社会互助共济、风险分散与共担的强制性制度安排,不少国家是通过税收方式来筹措社会保险基金,包括直接征收社会保险税,也有的国家采取强制储蓄的方式;当然,还有相当多的国家实行强制缴费的方式,我国城镇社会保险即是如此。然而,上述社会保险的筹资方式大都适用于经济发展水平、城市化水平比较高的国家和地区,而且主要运用于社会保险体系已经较为健全并处于正常运营的阶段。

1. 多方筹资的独特模式

我国严重的城乡二元结构和农村社会保险体系建设所处的特定发展阶段,决定了农村社会保险目前还不能简单套用上述筹资模式。

首先,中国不仅城市化水平较低,而且城乡二元结构特征非常明显。根据世界银行 2007 年统一口径的数据,2007 年中国城市化率只有 42.2%,世界平均水平为 49.5%,中国低了近 7 个百分点;同期高收入经济体平均已达到 77.52%,中国比它们低了 35 个百分点。虽然 2008 年中国城市化率已经进一步上升到 45.68%,但是与 50% 左右的世界平均水平和 80% 左右的发达国家平均水平相比，仍然相差很大。

城市化水平低，表明我国有相当多的人口仍然生活和工作于农村。然而，农村经济社会发展水平却远远落后于城市，由此形成严重的城乡二元结构现象。2008 年城镇居民家庭人均可支配收入为 15780.76 元，而农村居民家庭人均纯收入只有 4760.62 元，农村居民人均收入不足城镇居民的三分之一。而同期人均生活消费水平，城镇居民为 11243 元，农村居民为 3661 元；扣除生活消费后，城镇居民人均还剩 4500 元，而农村居民只有 1100 元，二者相差 3000 多元。① 由此可见，中国城乡社会保障一体化还有相当长的路要走。

其次，我国农村社会保险体系还处于初创时期，调动农民广泛参保的积极性与自觉性，对于社会保险体系的建设与长远发展尤为重要。初创时期的社会保险项目，必须坚持广覆盖和可持续的原则。只有广覆盖，才能更为有效地发挥社会保险的风险分散与共担、成员互助与共济的基本功能。而可持续，无疑是社会保险体系发展的内在要求。只有可持续，社会保险项目才能对参保人员产生足够的吸引力，他们才会更愿意参加进来。而有了农村居民广泛参保的基础，筹资标准和补偿标准才可以随着经济社会发展水平的不断上升而逐步提高。

由此可见，时空上的特殊性，决定了我国农村社会保险的筹资方式与管理具有鲜明的特色，甚至是独创性。第一，它从农村实际出发，低水平起步，筹资标准与经济发展及各方面承受能力相适应；第二，个人（家庭）、集体、政府合理分担责任，权利与义务相对应；第三，政府主导和农民自愿相结合，引导农村居民普遍参保。循此原则，在筹资方式上，无论是新农合，还是新农保，现在都实行个人、集体和政府多方筹资，比如新农合实行个人缴费、集体扶持、政府资助相结合，新农保则实行个人缴费、集体补助、政府补贴相结合。

2. 新农合的资金筹集

以新型农村合作医疗为例，不仅实行自愿参加，多方筹资，筹资标准采取渐近提高的方式，而且政府在其中发挥了非常重要的作用。按照现行规定，农民以

① 中华人民共和国国家统计局：《中国统计年鉴 2009》，中国统计出版社 2009 年版。经作者整理。

家庭为单位自愿参加新型农村合作医疗,遵守有关规章制度,按时足额缴纳合作医疗经费;乡(镇)、村集体经济组织给予资金扶持,且集体出资部分不得向农民摊派;中央和地方各级财政每年要安排一定专项资金予以支持。最初,农民个人每年的缴费标准不低于10元(经济条件好的地区可相应提高缴费标准),地方财政每年对参加新型农村合作医疗参保农民的资助不低于人均10元(经济较发达的东部地区,地方各级财政可适当增加投入),中央财政每年通过专项转移支付对中西部地区除市区以外的参加新型农村合作医疗的农民按人均10元安排补助资金。因此,即使不考虑集体经济组织的扶持,个人在新农合基金中的出资比例也不超过三分之一。

从2006年起,中央财政对中西部地区除市区以外参加新型农村合作医疗的农民每年按人均由10元提高至20元安排合作医疗补助资金,地方财政相应增加10元。东部地区的人均筹资水平不低于中西部地区的筹资水平。地方财政增加的合作医疗补助经费,主要由省级财政承担,原则上不由省、市、县按比例分摊。通过这次筹资标准的调整,个人在新农合基金中的出资比例已经降到20%以下。

从2008年起,农民个人缴费由每人每年10元增加至20元。各级财政对参合农民的补助提高到每人每年80元,其中,中央财政对中西部地区参合农民按人均40元给予补助,并对东部省份按照一定比例给予补助,同时要求地方财政相应提高补助标准。地方增加的资金,以省级财政承担为主,尽量减少困难县(市、区)的负担。即使个人筹资标准提高到每人每年20元,个人在新农合基金中的出资比例最高时也就是20%。可见,政府财政在新农合建设中的引导和支撑作用目前占据主导地位。

从2010年开始,全国新农合筹资水平提高到每人每年150元,其中,中央财政对中西部地区参合农民按人均60元的标准补助,对东部省份按照中西部地区一定比例给予补助;地方财政补助标准也相应提高到人均60元。农民个人缴费由每人每年20元增加到30元,其在新农合基金中的出资比例仍为20%。

事实上,政府的重要作用不仅体现在补助金额的提高和转移支付的力度上,而且还反映在筹资顺序的转变上。在2007年以前,新型农村合作医疗筹资顺序是自下而上的,即地方政府出资以农民出资为前提,中央政府出资以地方政府出资为基础。从 2007 年开始，中央财政采取"当年全额预拨、次年据实结算、差额多退少补"的办法。为了保证各级新农合财政补助资金及时足额到位，从 2009 年起中央财政补助资金又一次调整拨付办法，采取年初预拨、年底结算的方式，加快审核下达中央财政补助资金。这就意味着从 2007 年开始，新型农村合作医疗的筹资已经从自下而上的筹资顺序改变为自上而下的筹资顺序，即由国家财政按照农民人头预拨新型农村合作医疗补助资金，然后由地方财政按照中央预拨的资金加以配套，最后依据已到位的各级财政补助资金收缴个人负担部分。政府在新农合建设中的主导作用日益增强。

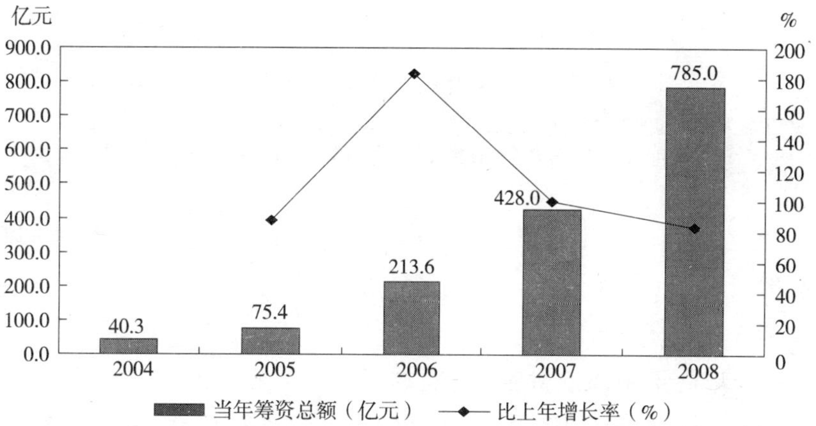

图 6－3　新农合当年筹资总额增长状况（2004—2008）

资料来源：中华人民共和国卫生部：《中国卫生统计年鉴 2009》，中国协和医科大学出版社 2009 年版；中华人民共和国卫生部：《中国卫生统计提要 2009》，www. moh. gov. cn。

正因为政府特别是中央政府，在新农合筹资中发挥了举足轻重的引导与支撑作用，所以，新农合每年的筹资规模都在迅速增加。如图 6－3 所示，2004 年新农合当年的筹资总额只有 40. 3 亿元，到 2005 年已经上升到 75. 4 亿元，差不多增长了一倍。2006 年，迅速增加到 213. 6 亿元，增长速度高达 180% 多。到了 2008 年，新农合的当年筹资规模已经上升到 785 亿元，是 2004 年的 19. 47 倍。正是筹资得到有力保障，新农合每年的基金支出才能实现逐年增长（具体参见图 6－4 所示），农民的医疗服务需求才得到更多的满足，农民参合率也在不断提高。截至 2008 年底，新农合已经全面覆盖有农业人口的县（市、区），参合农民

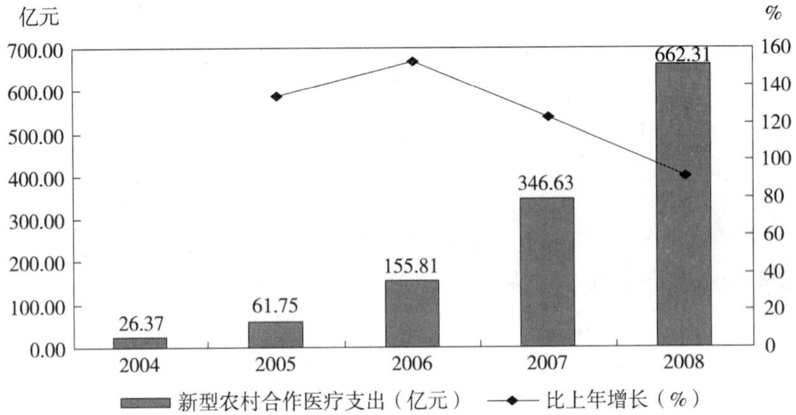

图6－4　新农合当年筹资总额增长状况(2004—2008)

资料来源:中华人民共和国卫生部:《中国卫生统计年鉴2009》,中国协和医科大学出版社2009年版;中华人民共和国卫生部:《中国卫生统计提要2009》,www.moh.gov.cn。

已达8.15亿人,参合率上升到91.5%。[①] 2009年底,全国新农合参合人数超过8.3亿,筹资达821亿元。

3. 新农保的资金筹集

相比于新农合,新型农村养老保险的筹资方式又有了进一步的改革。虽然新农保也实行自愿参保的原则,但是对个人缴费部分,设立了每年100元、200元、300元、400元、500元等5个缴费标准,各个地方还可以根据实际情况增设缴费档次。参保人可以自主选择缴费档次,多缴多得。由于新农保在试点时便实行了社会统筹与个人账户相结合,多缴的部分可以进入个人账户,将来得到更多的养老金,因而可以充分调动个人参保与缴费的积极性,具有较强的激励效应。

农民养老金待遇由基础养老金和个人账户养老金组成,支付终身。国家确定的基础养老金标准为每人每月55元;已年满60周岁、未享受城镇职工基本养老保险待遇的,不用缴费,可以按月领取基础养老金。此外,政府对符合领取条

① 李学举:《国务院关于农村社会保障体系建设情况的报告》,第十一届全国人民代表大会常务委员会第八次会议,2009年4月22日。

件的参保人全额支付新农保基础养老金(中央财政对中西部地区按中央确定的基础养老金标准给予全额补助,对东部地区给予50%的补助),地方政府对参保人缴费给予不低于每人每年30元的补贴,这对于广泛调动农民参与社会养老保险,也具有极为显著的激励作用。

二、农村社会保障资金筹措和管理中存在的突出问题

尽管近几年我国农村社会保障体系建设取得了不小进步,但是,从可持续发展的角度看,仍然面临不少困难和问题。

(一)农村社会保障筹资水平和补偿标准都还比较低

无论是农村社会救助的支出水平,还是农村社会保险的补偿水平,目前都还比较低。社会救助水平较低,无疑会直接影响到救助对象的基本生活。由于社会救助体现的是政府责任和义务,因而救助对象的基本生活得不到应有保障,会影响到政府在民众心目中的形象。

表6-1　2006—2008年全国农村最低生活保障标准与低收入户衣食消费之比

年份	低保标准(元/月)	低收入户衣食消费(元/年)	低保标准与低收入户衣食消费之比(%)
2006	70.90	899.77	94.56
2007	70.00	1043.15	80.53
2008	82.33	1210.05	81.65

资料来源:中华人民共和国国家统计局:《中国统计年鉴2009》,中国统计出版社2009年版。经作者整理计算。

表6-1反映了近几年全国农村低保平均标准、按人均纯收入五等分的低收入家庭的衣食消费水平以及二者的比例数据。从中可以看出,近几年的低保标准都未能达到低收入家庭的衣食消费水平,也就是说,即使按照最高标准救助农村低保户,也未能满足他们最基本的生活需要——衣食需要,更不能顾及其在

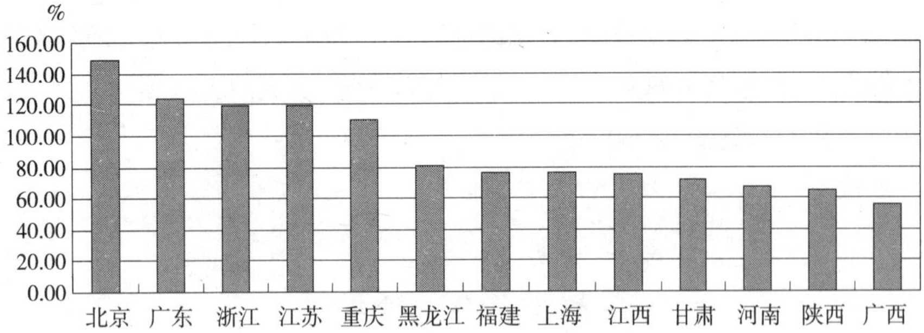

图6－5 2008年农村低保标准与低收入家庭衣食消费之比

资料来源:中华人民共和国国家统计局:《中国统计年鉴2009》,中国统计出版社2009年版。经作者整理。

住、行和通讯等其他方面的基本生活需要了。图6－5进一步反映了部分省(市、区)的情况。从中可以看出,在所列的13个省(市、区)中,农村低保标准与低收入家庭的衣食消费之比低于100%的有8个省(市、区),其中包括经济发达的上海市。由于低保标准是最低生活保障支出的最高限,而全国和相当多的省(市、区)低保标准都低于低收入家庭的衣食消费支出,由此可以看出,我国目前农村社会救助的低水平。最低生活保障支出主要由政府财政出资,救助水平较低的根本原因显然在于政府财政投入水平较低。因而,随着经济社会发展和国力增强,适时适当加大政府投入,提高农村社会救助的筹资水平与救助标准,充分发挥社会救助作为现代社会的最后一道"防护线"和"安全网"的作用,是当务之急。

新农合和新农保作为社会保险制度安排,发挥的是社会互助共济的功能,因而主要应该由参保人员自主缴费,按照社会保险的基本原则,要求政府加大投入,似乎有悖常理。但是,无论是新农合还是新农保,目前都还处于初创和制度建设时期。尽管建成后正常运行的社会保险制度,通常主要由社会成员自主缴费,但是制度建设的初期,却是政府在提供一种基本公共服务。因此,从基本公共服务的可及性角度讲,加大政府投入,增强制度的吸引力和覆盖率,从而推进制度建设的进程,仍然是非常必要的。此外,目前正在建设的新农合和新农保,按照国际惯例,通常都包括一部分非缴费型的"零支柱",即基本保险部分,而我国在这一方面的建设力度现在也还远远不够,因此,加大政府投入,构建多支柱的农村社会保险制度,也是现实之需。

(二)农村社会保障资金的筹措在东、中西部地区间出现严重的不平衡

1. 东、中西部地区间的不平衡及中央政府实现区域间均等化的努力

以新型农村合作医疗筹资的平衡性为例。① 2003 年开始试行的新型农村合作医疗制度,明确提出按照"自愿参加、多方筹资"的原则进行筹资。与以往农村合作医疗制度根本不同之处是:中央财政和地方财政开始按人均每年安排合作医疗的补助资金,形成了多方筹资的格局。同时,针对东、中西部地区在经济发展水平和财力方面的差距,中央财政从 2003 年开始,只对中西部地区除市区以外的参合农民安排补助资金。到 2006 年,中央财政对中西部地区参合农民的补助由每人每年 10 元提高到 20 元;从 2008 年开始,对中西部地区参合农民的补助标准又提高到 40 元。对于东部地区,2008 年中央财政才开始提出按照(中西部)一定比例给予补助。这就是说,中央政府试图通过财政补贴,使不同经济发展水平的东部、中部和西部地区在新型农村合作医疗筹资水平上实现区域间的均等化。

随着新型农村合作医疗制度的试点全面展开,无论是参保人数还是筹资总额,东部和中西部地区增长速度都很快,通过表 6 - 2 可以看到,2006 年东部地区的筹资总额在参保人数稳定增长的情况下从 52.6 亿元迅速增加到 108.0 亿元,实现了人均筹资水平超过 69 元的目标,其中地方财政补贴人均达 37.1 元,中央财政仅为 3.6 元。与东部地区不同的是,中西部地区筹资总额的增长是跳跃性的,这主要得益于中央财政对中、西部地区的政策倾斜,这对于农村人口聚集且经济落后的中西部地区完善新型农村合作医疗制度提供了最大的支持。截止至 2007 年底,中西部地区筹资总额已达到 238.3 亿元,实现了覆盖人口 4.57 亿的目标。

① 林闽钢、吴小芳:《新型农村合作医疗筹资的平衡性分析》,《公共管理高层论坛》第 8 辑,南京大学出版社 2009 年版。

表 6-2 2004—2007 年我国东、中西部地区新型农村合作医疗筹资情况

年份	地区	参保人数（亿）	参保率	筹资总额（亿元）	基金来源构成（亿元）			人均筹资（元）	中央财政人均（元）	地方财政人均（元）
					中央财政	地方财政	农民缴纳			
2004	东部	0.23	—	14.2	—	6.0	5.5	61.9	—	26.3
	中西部	0.45	71.5	14.7	3.9	5.0	5.1	32.7	8.7	11.2
2005	东部	1.04	79.5	52.6	—	7.0	21.9	50.4	—	27.7
	中西部	0.75	—	22.8	5.4	8.0	8.1	30.4	7.2	10.7
2006	东部	1.75	82.3	108.0	6.4	64.9	33.0	61.8	3.6	37.1
	中西部	2.35	79.5	105.6	36.3	42.9	25.0	44.4	15.5	18.3
2007	东部	2.70	—	189.6	—	—	—	70.2	—	—
	中西部	4.57	—	238.3	—	—	—	52.1	—	—

资料来源：根据中华人民共和国卫生部：《全国新型农村合作医疗基本信息报表》（2004、2005）有关数据整理；中华人民共和国卫生部：《关于 2006 年全国新型农村合作医疗运行情况的通报》，新农村合作医疗网站，2008 年 11 月 28 日；中华人民共和国卫生部：《中国卫生统计年鉴 2007》，中国协和医科大学出版社 2007 年版；中国网：《国情报告》，www.china.com（中华网），2009 年 2 月 10 日。

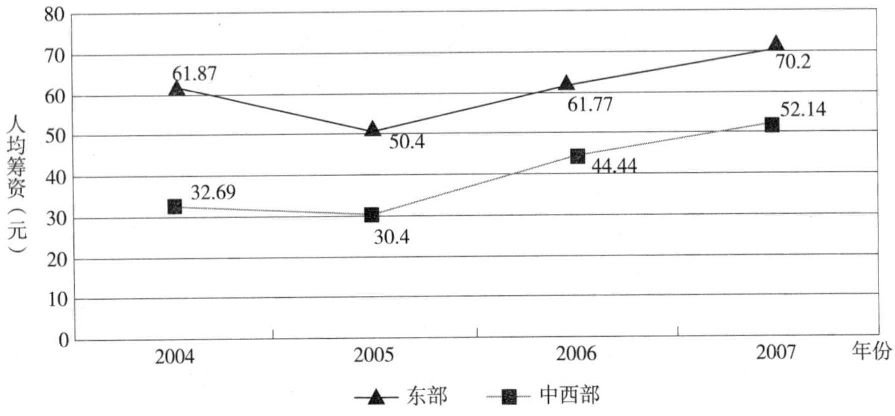

图 6-6 2004—2007 年新农合东、中西部地区人均筹资比较

资料来源：根据表 6-2 整理。

（1）我国中西部地区与东部地区人均筹资水平差距逐渐缩小。2004 年底，东部地区人均筹资 61.9 元，中西部地区人均筹资 32.7 元，相差几乎 1 倍；到 2005 年两者差距有所减小；到 2007 年，东部地区人均筹资已达到 70.2 元，中西

部地区人均筹资也达到52.1元，虽然存在一定的差距，但考虑到东、中西部地区物价因素，这个差距还是比2004年时大为缩小了。如图6－6所示，东部地区人均筹资水平比较稳定地处于60—80元区间；中西部地区人均筹资水平基本呈稳定增长的态势。东部地区和中西部地区在新型农村合作医疗人均筹资水平上开始呈现均等化走势。

(2)中央财政的补贴是中西部与东部筹资水平均等化的主因。图6－7显示：东部地区农村合作医疗筹资主要来自地方政府与个人筹资两个部分，中西部地区农村合作医疗筹资主要来自中央政府、地方政府与个人筹资。

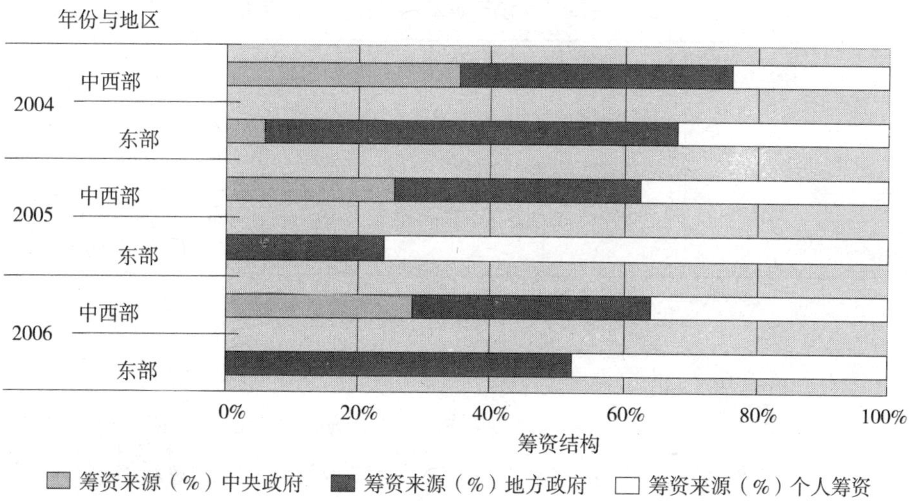

图6－7　2004—2006年新农合东部、中西部筹资结构

资料来源：根据表6－2整理。

在2004—2006年中西部地区新农合筹资结构中，对比中央政府与地方政府的筹资比例变化，可以看到中央政府筹资比例在2006年迅速扩大，地方政府筹资比例较为平缓增长，中西部地区新型农村合作医疗筹资水平依赖中央直接财政拨款较东部地区程度更为明显。

2. 以广东省和陕西省为例的典型分析

广东省作为东部的代表省份，陕西省作为中西部的代表省份，它们在新型农村合作医疗方面的筹资数据如下：

表 6-3 2005—2007 年广东省新型农村合作医疗筹资情况

年份	参合人数(亿人)	基金筹资(亿元)				人均筹资(元)
		筹资总额	中央财政	地方财政	个人筹资	
2005	0.25	12.64	—	6.34	6.17	51.55
2006	0.30	20.80	0.48	5.79	7.16	68.24
2007	0.41	31.90	0.55	11.80	8.71	77.10

资料来源:广东省卫生厅:《广东省新型农村合作医疗基金筹集情况报表》(2005—2008 年),http://hzylb.gdwst.gov.cn/(广东省新型农村合作医疗网),2008 年 11 月 28 日。

表 6-4 2005—2007 年陕西省新型农村合作医疗筹资情况

年份	参合人数(亿人)	基金筹资(亿元)				人均筹资(元)
		筹资总额	中央财政	地方财政	个人筹资	
2005	0.023	0.65	0.17	0.24	0.24	28.27
2006	0.105	5.20	2.07	2.09	1.05	49.71
2007	0.240	12.14	—	—	—	49.86

资料来源:李萍:《陕西省新型农村合作医疗筹资问题研究》,2008 年西北大学硕士论文,第 21 页。

表 6-3、表 6-4 的数据显示,2005—2007 年三年间,广东省与陕西省农村合作医疗筹资情况的差异性主要体现在以下三个方面:

(1)在筹资总量上,两省均呈现出逐年递增的趋势。但在绝对数额上广东省增加的幅度比陕西省要高出几乎一倍;而在相对增加速度上,陕西省快于广东省,基本上是翻倍增长。

(2)在筹资结构上,广东省农村合作医疗筹资主要是靠地方政府与个人筹资,两者所占比例基本持平,而中央财政拨款自 2006 年开始有所体现,但一直到 2007 年,其在筹资结构中所占份额始终处在较低水平。陕西省农村合作医疗筹资主要呈三足鼎立态势,中央财政拨款、地方财政与个人筹资三者共同构成筹资体系,并且数额也是基本持平。这说明陕西省自身财力有限,接近三分之一的筹资额还得依靠中央政府拨款,农村合作医疗资金筹措的自主性较广东省低;如果中央财政转移支付到位延迟,就不利于基层政府持续开展合作医疗工作。

(3)在参合人数与人均筹资水平方面,广东省三年间参合农民人数从 0.25

亿增长到0.41亿,增速缓慢;陕西省三年间参合农民人数从231.6万增长到2435.0万,增速很快。广东省人均筹资水平增幅较小,增长比较平稳;陕西省2005年人均筹资28.27元,到2006年迅速增加到49.71元,对比同期广东省从51.55元增长到68.24元,陕西省人均筹资增长速度相对较快。可见,两省人均筹资水平出现了均等化的发展趋势。

3."财政错配"与"高结余"现象

新型农村合作医疗的筹资来源由各级政府的财政补助以及农民个人缴费构成。从公共财政的角度看,各级政府财政收入应当与其所承担的筹资责任成正比,如果筹资结构不合理的话就构成所谓的"财政错配"现象。

新型农村合作医疗筹资与支出管理的原则是"以收定支,收支平衡,专户储存,专款专用"。该基金专项用于补偿参合农民的医疗费用后,账户年终一般都有数额不等的结余,但如果基金结余数额较大和占比很高,就会造成筹资与支出管理中不合理的"高结余"现象。

(1)新型农村合作医疗筹资结构的"财政错配"现象。从各个年度筹资结构分析,地方财政仍然是出资的主体,出资比例达到50%左右。从2007年开始,中央财政、地方财政和农民个人缴费三者承担比例逐渐相当,依次为27%、41%和32%,地方财政依然居于首位,个人支出比例逐渐回落到一个合理的水平。虽然中央政府投入在不断增加,但它的筹资责任还没有完全到位,因为在财政收入上移的同时,中央政府在筹资结构中所占的比例仅维持在20%左右。

表6-5　2003—2007年全国新型农村合作医疗筹资状况　　单位:亿元

年份	总量	中央财政	%	地方财政	%	农民缴纳	%
2003	36.2	—	—	—	—	—	—
2004	40.1	6.5	18.90	15.6	45.35	12.3	35.76
2005	92.8	5.4	7.60	36.9	51.97	28.7	40.42
2006	213.6	42.7	20.48	107.8	51.70	58.0	27.82
2007	427.9	116.0	27.10	173.5	40.55	138.4	32.35

资料来源:林闽钢:《新型农村合作医疗的制度缺失及其治理方略》,《中国社会科学》(内刊),2008年第2期;中华人民共和国卫生部:《中国卫生统计年鉴2008》,中国协和医科大学出版社2008年版。

(2)新型农村合作医疗筹资与支出管理的"高结余"现象。以2006年上半年为例,全国新型农村合作医疗基金使用率为30.69%,①其中东部地区为36.70%,中西部地区为25.65%,全国的基金使用率总体偏低。

从基金的结余来看,2004—2007年间,全国新型农村合作医疗基金结余率平均为28.4%,最高年份(2004年)为34.2%。其中,江苏省2006年末新型农村合作医疗基金累计结余83485.96万元,占当年筹集基金总额的41.52%。

实际上,卫生部与财政部已经在2007年发布了《关于完善新型农村合作医疗统筹补偿方案的指导意见》,要求各地把新型农村合作医疗基金的结余率控制在15%以下,有些省(例如江苏省)也进一步要求各市县控制在10%以下。但是从全国的统计数字来看,这一宏观控制目标没有实现。

表6-6　2003—2007年全国新型农村合作医疗基金结余情况　单位:亿元

年份	筹资总额	基金支出	基金结余	结余率(%)
2003	36.3	—	—	—
2004	40.1	26.4	13.7	34.2
2005	92.8	61.8	31.0	33.4
2006	213.6	155.8	57.8	27.1
2007	428.0	346.6	81.3	19.0

资料来源:卫生部统计信息中心:《中国卫生事业发展情况统计报告》(2003—2007),www.moh.gov.cn(卫生部网站),2009年4月8日。

(三)农村社会保障资金的统筹管理与保值增值存在问题

各国社会保障制度的经验表明,统筹水平越高,集合风险和化解风险的能力就越强;同时,统筹层次越高,就越有利于保险资金的投资管理,从而更加有效地实现保险资金的保值增值。目前,我国新农合基金和新农保基金统筹的层次都是在县一级。在县级层次的统筹管理方式下,一方面管理制度的健全性、合理性

① 将2005年中央财政应补额和地方财政尚未到位额计入筹资总额,以上半年的基金支出额占当年应筹资额来计算基金使用率。

往往较差;另一方面缺乏有效的监管机制,这就使得社会保障基金不仅面临着更大的被挪用或非法占用的安全性风险,而且在当前条件下,还会遇到资金投资管理方面的人才瓶颈约束,进而影响农村社会保障资金的有效管理与保值增值。

在投资渠道和方式越来越多元化的今天,缺乏对社会保险资金的有效投资管理,不仅会丧失较高的机会成本,而且在某种程度上是对参保对象不负责、行政不作为的管理行为。如果提高社保基金的统筹管理层次,不仅有助于降低管理成本,而且有利于实现基金运营管理上的规模经济效应,比如可以积极利用集合投资的规模优势,充分利用专业管理人才和理财专家的专长,有效发挥一套严密制衡的内控管理制度的功能等。

社会保障基金的保值增值,这是一个世界性难题,至今各国仍然还处在探索过程中。目前我国包括农村社会保险基金在内的社保基金的投资渠道比较狭窄,投资运营收益率也较为低下。按现行的政策规定,只有全国社会保障基金被允许进入国债、银行存款之外的股票和实业投资等领域,省级及以下单位结余的社会保障基金均不享有投资权。这样,巨额社会保障资金只能存入银行或购买国债,不仅难以抵御通胀贬值的风险,而且失去了保值增值的有利时机。无疑,这种在以牺牲市场效率为代价的安全性原则指导下进行的投资运营,虽然在保证基金的安全性、规避市场风险方面具有一定的现实意义,但是忽略了经济回报问题,其负面影响也是不言而喻的。全国社会保障基金投资的实践证明(参见表6－7),成功的基金投资完全可以取得超过通货膨胀率的投资收益。

表6－7　2000—2008年全国社会保障基金历年收益一览表　　单位:亿元

年度＼项目	金额	收益率(%)	通货膨胀率(%)
2000年	0.17	—	—
2001年	7.42	1.73	0.70
2002年	19.76	2.59	-0.80
2003年	44.71	3.56	1.20
2004年	36.72	2.61	3.90
2005年	71.22	4.16	1.80
2006年	619.79	29.01	1.50

续表

年度 \ 项目	金额	收益率（%）	通货膨胀率（%）
2007 年	1,453.50	43.19	4.80
准则转换调整[1]	-261.45	—	—
2008 年	-393.72	-6.79	5.90
累计投资收益	1,598.11	（年均）[2] 8.98	（年均）[3] 2.34

注：1. 由于新会计准则计量方法的改变，部分资产的公允价值变动额不再计入投资收益，因此，2008 年初对以前年度已计入投资收益（以前年度称"经营业绩"）的该公允价值变动额进行一次性调整。

2. 年均收益率为自成立以来各年度收益率的几何平均。

3. 年均通货膨胀率为自成立以来各年度通货膨胀的几何平均。

自 20 世纪 90 年代中期以来，日本、瑞典、美国等发达国家的社会保障基金纷纷放弃国债和基础设施的投资而转向金融和资本市场。目前世界上仅有 1/3 的国家允许社保基金投资于股票市场，平均资产份额不到总资产的 30%。如韩国，虽然股票市场有一定程度的发展，但只允许公共养老保险基金的 3% 投资于股票。美国、加拿大的私人养老保险基金投资于股票市场则较为普遍。拉丁美洲的秘鲁和阿根廷，私人养老金投资于股市的比例 1997 年分别为 34.7% 和 25.9%，智利的这一比例也是 25.9%。当然，社会保障基金投资于国外则普遍受到限制，如日本小于 1%，毛里求斯为 5%，瑞典为 2%。1997 年，菲律宾立法允许公共养老保险基金的 7.5% 可投资于国外，但这一政策一直尚未实施。不过，很多国家社会保障基金投资股市的比例正在逐年增大，特别是发达国家。

表 6-8　部分发达国家养老金的投资渠道及所占比重　　单位：%

国家	股票	政府债券	企业债券	存款	抵押贷款	不动产	外国资产	其他
美国	46	20	16	6	2	0	4	6
英国	53	11	3	6	0	9	18	0
加拿大	33	39	8	1	4	3	6	6
澳大利亚	27	13	7	13	0	16	13	11

资料来源：J. M. Poterba, *Impact of Population Aging on Financial Markets in Developed Countries*, paper presented to the Symposium on Global Demographic Change, Federal Reserve Bank of Kansas City, 2004.

从表6－8中可以看出，发达国家养老金投资具有以下明显特点：一是股票投资所占比重较高。尤其是美、英两国，养老金投资于股票的比重分别占46%和53%。近年来随着各国资本市场的不断发展和完善，养老基金投资于股票的比重还有进一步上升的趋势。二是投资渠道多元化。养老金不仅投资于股票、国债、企业债券，还投资于存款、抵押贷款、不动产、外国资产等。多样化、分散化的投资不仅保证了社会保障基金的盈利性，而且分散并降低了投资风险，保证了社保基金的安全性和流动性。

尽管我国省级以下的社会保障基金只能投资于银行存款和国债，但是中央级的社会保障基金，比如全国社会保障基金，已经开始进行非常有益的积极探索。根据《全国社会保障基金投资管理暂行办法》规定，社会保障基金投资的范围限于银行存款、买卖国债和其他具有良好流动性的金融工具，包括上市流通的证券投资基金、股票、信用等级在投资级以上的企业债、金融债等有价证券。其中，银行存款和国债投资的比例不得低于50%，企业债、金融债投资的比例不得高于10%，证券投资基金、股票投资的比例不得高于40%，且不允许投入高风险、高收益的项目。正是由于投资渠道的不断拓宽、投资方式的不断创新，全国社会保障基金取得了比较好的投资收益。截至2009年12月底，全国社保基金资产总额为7765亿元，比上年增长38%；2009年，全国社会保障基金权益投资收益率达到16.1%。

综合国内外社保基金运营管理的实践，我国农村社保基金管理需要在两个方面进行改革完善：一方面，应逐步提高农村社会保险基金管理的统筹层次，尽快实现由县级统筹向省级统筹的转变。这种转变的过渡期越短，对建立基金管理的长效机制就越有利。另一方面，应尽快将账户资金的投资保值政策明确下来，坚持进入资本市场的理念，完善其委托代理制度，实现省级统一集中投资的基本目标；最后，在实现省级统筹基金的归集、管理和投资渠道的基础之上，积极探索发行省级特种社保债券和中央政府特种债券的试点，确立规范的、符合国际惯例的社保基金增值保值规则。总之，应该尽快将各个地方沉淀的农村社会保险资金投资行为统一起来，以防止和规避近几年来某些地方政府不得不进行的无序投资管理中出现的潜在金融风险。

（四）“参与约束”与“激励相容”兼顾的资金筹集机制尚待完善

农村社会保障制度要得到有效运行，必须具有“参与约束”和“激励相容”两个最基本的特征。由于我国农村社会保险制度正处于初创时期，要真正实现制度的目标与功能，首先需要能够吸引农民广泛参加社会保险，否则，既难以充分实现现代社会保障制度的基本功能，也不利于在更大范围内分散风险，真正实现互助共济；其次，农村社会保险制度必须能够有效激励农民提高缴费水平，只有这样，才能从根本上解决农村社会保险资金匮乏、补偿范围偏小和补偿标准偏低的问题。国外的经验充分表明，建立起缴费与待遇之间的紧密联系，增强激励相容程度，是保证社会保险制度可持续发展的关键。

目前，我国的新型农村合作医疗和新型农村养老保险制度都还处于初创时期，通过政府投入启动资金来引导农民参保，符合参与约束的基本特征；但长期依靠政府出资补贴，不仅可能面临较大的财政压力，影响制度的可持续性，而且也会扭曲社会保险制度的基本功能。

从长期发展来看，缺乏缴费与待遇之间紧密联系的社会保险制度，会逐步造成巨大的财政压力，同时也会出现非常大的转型成本。未来可选择的发展方向是：一方面，通过发挥政府适当水平补贴的作用，吸引农民广泛参加社会保险，提高保险的社会覆盖面，进而扩大农村社会保险的费率，同时也有助于实现在更大范围内的风险分散与共担；另一方面，尽早建立农民缴费与待遇之间的紧密联系，增强社会保险的缴费激励性，切实保证农村社会保险制度的可持续发展。

当然，增强农村社会保障制度的吸引力，还包括社会保障基金的日常管理和投资运营能否取得农民充分信任的问题，这也应当引起农村社会保障机构的高度关注。

三、中国农村社会保障资金筹措模式的战略选择

（一）适度积累制是中国农村社会保险资金筹措模式的基本方向

农村社会救助与福利，主要体现的是政府责任与照顾，主要应该由政府财政出资。而农村社会保险则存在着筹措模式的战略选择问题。

1992年1月,民政部印发了《县级农村社会养老保险基本方案(试行)》,规定了农村社会养老保险(即"老农保")遵循的原则,即:保障农村老年人基本生活原则;养老资金个人缴纳为主、集体补助为辅、国家政策扶持原则;自助为主、互济为辅原则;社会保险与家庭养老相结合原则;各类人员养老保险一体化原则。在此基础上,该方案对养老保险的对象、资金筹集也做了具体规定。如对于资金的筹集,坚持个人缴纳为主、集体补助为辅、国家给予政策扶持的原则。个人缴纳要占一定比例,集体补助从乡镇企业利润和集体积累中支付,国家给予政策扶持,主要是通过对乡镇企业支付的集体补助予以税前列支来体现。乡镇企业职工的个人缴费、企业补助分别记在个人名下,建立职工个人账户。保险对象开始领取养老金时,首先计算其个人积累总额,再确定其领取标准,因此农民领取养老金的水平取决于自己的储备积累额的大小。

应当说,作为首个农民养老社会化方案,在具体执行中也取得了一些成绩。然而在具体实施过程中,也确实存在一些问题与缺陷。因为是个人缴费为主、集体补助为辅,实际上许多集体没有补助的能力,政府扶持政策又长期不到位,最后只剩下农民自己缴费给自己养老。实质上这是一种完全积累制的资金筹措模式,因其缺乏激励与扶持机制,自然就难以为继。

2009年9月,在全国范围内开始推行"新农保"试点工作。"新农保"实行的是个人缴费、集体补助和政府补贴相结合的筹资办法。不同于"老农保","新农保"明确了中央财政和地方财政对农村社会养老保险制度的投入,这种投入分为两个层次:一是基础养老金,中央财政保证最低限度的基础养老金;二是地方财政对农民的缴费进行适当的补贴。应该说,这是我国农村社会保障发展的历史性大跨越。中央财政对农村养老保险进行投入,是政府在现实国力条件下实施的一项重大惠民举措。"老农保"由于受当时制度的限制,虽说有集体帮助和政府政策的扶持,但在实施过程中,政府政策扶持并未落到实处。而在"新农保"中,政府在承担农村社会养老保险的责任方面发生了根本性变化。

在机制设计上,"新农保"采用基础养老金和个人账户相结合的模式。基础养老金部分实行普惠制,60岁以上的农民都可以在政府财政补贴基础上获得。个人账户的缴费机制,明确了农民在农村养老保险制度建设过程中自身应承担的责任。这种机制设计,既符合国际上社会保险资金筹措的基本趋势,也兼顾到我国的现实国情。我国还是一个发展中国家,建立农村社会养老保险体系,一方面,制度要具有一定的吸引力,这样才能实现"参与约束",政府对基础养老金的补贴恰恰赋予"新农保"制度有了很强的吸引力;另一方面,制度还应该具备"激励相容"特征,"新农保"的个人账户设计,即满足了这一条件。此外,"新农保"将基础养老金与个人账户有机结合的制度设计,和城镇现行的统账结合的养老保险模式也有相当的契合度。城乡养老保险制度设计上的这种契合性,无疑为养老保险制度最终走向全国一体化奠定了较好的基础。

"新农保"采取的"基础养老金加个人账户"形式,本质上是一种"社会统筹加个人账户"即"统账结合"的部分积累制筹资模式,也就是"DB 型"(Defined Benefit,即收益确定型)现收现付制的社会统筹部分"DC 型"(Defined Contribution,即缴费确定型)完全积累制的个人账户部分。它有助于将公平与效率结合起来,将社会再分配与个人激励机制结合起来,将社会共济与个人责任结合起来。这既符合我国社会保障体制改革的初衷,也是未来相当长的时期内,包括农村社会保险在内的中国社会保险资金筹措的主要模式与基本方向。

需要指出的是,部分积累制的实现形式已经不仅仅是统账结合,名义账户制的出现又多了一个部分积累制的新形式。在当前统账结合的架构下,城市社会保险体系已经遇到了空账运转等由于转型成本问题带来的困难,遇到了前所未有的投资增值问题。虽然农村社会保险体系并不存在空账运转的问题,但在当前的现实国情下,坚持部分积累制仍然是保证社会保险财政长效性的核心理念,至于其具体实现形式只是通向部分积累制的一个技术路线。

从长期来看,抵御老龄化的一个长效机制就是要维持一定的个人账户比例,换言之,个人账户比例的大小决定了抵御老龄化风险的财政能力的大小。在国际经验研究中,个人账户的大小并没有一定规律可循,而只能参考一国老龄化的程度和趋势、财政状况、宏观经济情况、人口增长速度、制度目标替代率等一些因素予以确定。

至于"新农合"制度,目前一方面是实行自愿参加的原则;另一方面实行现收现付制,这样不仅会产生"逆向选择"型的参与约束问题,还会面临制度激励性不强的可持续发展问题。虽然很多学者建议将自愿参加改革为强制参加,这会在一定程度上缓解前一方面的问题,但后一方面的问题并未得到根本性解决。

从国际经验看,引进积累制则有助于解决后一方面的问题,积累性越强,激励性就越好。

(二)缴费制是相当长时期内农村保险资金筹措的基本途径

从目前农村的情况看,保持缴费制既符合我国农村社会保障各项制度改革的初衷,也适合我国经济社会发展阶段与人口素质等现实状况。从多方面综合考虑,缴费的筹资方式更适合于发展农村社会保险,而税收则更适合于用来筹集农村社会救助与福利的资金,而且这一税收不必采用社会保障税的形式。

“费改税”将涉及到许多相关问题需要解决,如纳税人的定义是什么,即如何界定纳税人的范围和概念;又如税率的设定,即如何设定税率。从目前农村经济社会发展水平看,普遍实行社会保险税的结果必将导致在征管技术上的不可操作性、在征管结果上的不严肃性,最终可能无法实现及时足额征缴。

加强农村社会保障资金的征缴力度,扩大社会保险制度的覆盖面,并不是一定要靠“费改税”,还可以从其他方面入手,进行制度设计,提高农村社会保险的参保率、覆盖面。比如在“新农合”制度的运行中,由于强制机制的缺乏,逆向选择现象屡见不鲜。有的实证研究显示,目前农村合作医疗的单一合约制度确实导致了逆向选择,不能满足不同特征农民的需要,不利于扩大农村合作医疗的覆盖范围,很难实现“人人有保障”的目标。① 事实上,为了实现“新农合”制度的可持续发展,可以在自愿与强制之间,寻找一种化解逆向选择的隐性强制机制,比如建立以家庭为单位的健康医疗卡制度、滚动式预缴费制度、已参加大病统筹项目为进入条件的大病小病均保的捆绑式制度等。②

---

① 朱信凯、彭廷军:《新型农村合作医疗中的“逆向选择”问题:理论研究与实证分析》,《管理世界》2009 年第 1 期。

② 林闽钢:《新型农村合作医疗的制度缺失及其治理方略》,《中国社会科学》(内刊)2008 年第 2 期。

第 三 篇

农村社会保障发展的制度探索

第七章　农村养老保险制度

中国作为人口最多、农村老年人口又占绝对多数的发展中国家，人口老龄化的到来显然具有超前性，属于典型的“未富先老”型；尤其是老年人口分布的区域性差异，使得农村养老问题更为突出。农村养老事关整个国家的经济发展、政治稳定、社会进步，建立符合国情的农村社会养老保险制度，就成了国家和社会的重要任务。

一、我国农村养老保险制度的历史回顾

20 世纪 80 年代中期，在农村养老问题变得日益突出和紧迫的形势下，为了寻找合适的解决途径，我国政府开始探索建立农村社会养老保险制度。二十多年来的探索历程，大体可以划分为四个阶段。

（一）探索试点阶段：1986—1992 年

为了适应计划生育政策和家庭联产承包责任制的普遍推行，国家“七五”计划（1986—1990）提出“建立中国农村社会保障制度雏形”的任务。据此，民政部开始要求各地探索建立农村社会保障新制度。1986 年 10 月，民政部和国务院有关部委在江苏省沙洲县（现张家港市）召开全国农村基层社会保障工作座谈会。会议确定：根据农村的实际，在经济比较发达的地区，发展以社区（乡镇、村）为单位的养老保险。1986 年 12 月，民政部在沙洲会议的基础上，向国务院递交了《关于探索建立农村基层社会保障制度的报告》，就农村基层社会保障制度的构架、资金来源、家庭的作用以及农村社会保障主管部门等问题提出了粗线

条的构想。一些地区根据沙洲会议的精神，开展了社区型的养老保险工作，资金主要来源于乡、村的公共积累。1987 年 3 月，民政部下发经国务院批准的《关于探索建立农村基层社会保障制度的报告》，各地农村尤其是经济发达地区的农村加快了建立农村社会养老保险的步伐。1989 年，民政部选择北京大兴县、山西左云县进行县级农村社会养老保险试点，两县试点确立了以自我保障为主，辅之以集体、国家的必要支持，个人、集体、国家三方合理负担的基本原则。据不完全统计，到 1989 年全国已有 19 个省、自治区和直辖市的 190 多个县(市、区、旗)进行了农村养老保险方面的探索，800 多个乡镇建立了乡(镇)本位或村本位的养老保障制度，并积累了一定的资金。①

最初建立以乡镇、村为主体的社区型养老保险的经济富裕地区，主要集中在江苏南部、上海郊区等东南沿海地区，其做法实质上就是由村、乡镇企业或极少数很富裕的乡镇自办的退休养老。这种做法解决了一部分乡镇企业职工、乡镇村干部和农民的养老问题，但存在的问题也是显而易见的，主要包括：养老金的筹集，仍是以集体经济提供资金为主要形式，个人不承担缴费义务，经费受集体经济经营效益的影响非常明显，难以形成稳定可靠的经费来源；养老金的计发标准混乱，没有科学的、严格的计算；养老保险以村或企业或乡镇为单位管理，缺乏监督机制和制约机制，积累资金的管理安全性差，流失严重，到了农民领养老金时可能难以兑现。事实上，这种做法还不能算是社会养老保险制度。民政部正是从其不成功之处认识到，建立农村社会养老保险制度要由县(市)以上政府颁布办法、组织实施，资金的筹集要以个人缴费为主等。同时，城镇和农村的社会保险分别由劳动部和民政部负责管理。

1991 年 1 月，国务院授权民政部在有条件的地区，开展建立农村社会养老保险制度的试点。1991 年 6 月，国务院在《关于城镇企业职工养老保险制度改革的决定》中进一步明确了农村(含乡镇企业)的养老保险制度改革由民政部负责。同时，原民政部农村养老办公室制定了《县级农村社会养老保险基本方案》(草案)，确定了以县为基本单位开展农村社会养老保险的原则。同年 8 月，民政部在山东省组织了较大规模的试点，选定牟平、龙口等五县(市)为首批农村

① 侯海涛、李波：《最新社会保险工作实务全书》，企业管理出版社 1997 年版，第 1067 页。

社会养老保险试点单位，有30个乡镇、281个村、38个乡镇企业的近8万人参加了社会养老保险，收取保险费485万元，平均投保率为92.5%。其中，个人缴费占保险费总额的66.3%。① 试点地区根据民政部拟定的《县级农村社会养老保险基本方案》（草案）进行试点。1991年10月，民政部在山东省牟平县召开全国农村社会养老保险试点工作会议，确定了制定农村社会养老保险方案的基本思想：从农村实际出发，坚持以保障老年人基本生活为目的；坚持以农民的自我保障为主、社会互济为辅；坚持社会养老保险与家庭养老保障相结合；坚持农村务农、务工、经商等各类人员社会养老保险制度一体化的方向。到当年年底，牟平县所有的乡镇、村普遍开展了农村社会养老保险，近20万农村人口参保，积累资金1000多万元，成为全国第一个普遍建立农村养老保险制度的县。在总结山东省五县（市）试点的基本做法和经验的基础上，1992年1月，民政部将《县级农村社会养老保险基本方案》（以下简称《基本方案》）印发全国。1992年7月，民政部在湖北省武汉市召开全国农村社会养老保险经验交流会，总结推广武汉市农村社会养老保险加大推进力度、加快发展步伐的经验，推动了各地试点工作的迅速发展。1992年12月，民政部在江苏省张家港市召开全国农村社会养老保险工作会议，全面总结了近600个县（市）组织大规模试点的经验，提出"积极领导、稳步前进"的工作方针。自此，农村社会养老保险在全国逐步发展起来。到1992年底，农村社会养老保险工作在全国950多个县（市）展开，其中，160多个县（市）基本建立了农村社会养老保险制度；参加保险的人数有2600多万，收缴保险费8亿元。②

（二）制度化推广阶段：1993—1997年

1993年，国务院批准民政部成立农村社会保险司；1994年，组建了农村社会养老保险管理服务中心，健全了中央级管理机构。随后，20多个省级人民政府的民政部门相继成立了农村社会保险管理处，1100多个县（市、区）建立了事业

① 史探径：《社会保障法研究》，法律出版社2000年版，第261页。

② 王东进：《社会保障制度的改革与发展》，法律出版社2001年版，第294页。

性的农村养老保险管理机构。① 农村社会养老保险呈现出良好的发展势头，保险覆盖面不断扩大，基金积累初具规模。在扩大覆盖范围、增加基金积累的同时，各级农村社会养老保险管理部门切实加强和积极改善管理工作，促进农村社会养老保险事业稳步发展。这些工作包括：进一步理顺工作关系，改善外部环境；完善规章制度，规范业务操作；建立健全管理机构，努力提高干部素质等。

1995 年 10 月，民政部在浙江省杭州市又一次召开全国农村社会养老保险工作会议，强调在农民温饱问题基本解决、基层组织比较健全的地区，逐步建立农村社会保障体系，对于深化农村改革、保障农民利益、解除农民后顾之忧和落实计划生育基本国策、促进农村经济发展和社会稳定，都具有深远意义；明确了在有条件的地区积极稳妥地发展农村社会养老保险制度，并力争在 2000 年初步建立、2005 年基本建立农村社会养老保险制度。此后，民政部依照国务院部署与《国民经济和社会发展"九五"计划和 2010 年远景目标纲要》的要求，有计划地扩大试点，进一步在有条件的地区建立农村社会养老保险制度。从杭州会议开始，农村社会养老保险工作在各地推广开来，参保人数不断上升，到 1997 年底，已有 30 个省（自治区、直辖市）的 2097 个县（市、区）开展了农村社会养老工作，8288 万农村人口参保，基金累积 140 亿元；1997 年全国已有 55.79 万农民领取了养老金，养老金支出 3.15 亿元。与此同时，建立了农保机构 27797 个，形成了有专职农保人员 24163 人、兼职农保人员 28251 人和数十万代办员的队伍，基本形成了中央、省、市、县、乡、村多级工作网络和上下贯通的管理体系，基本操作程序比较规范，管理制度也在逐步健全，农村大部分地区初步建立了农村社会养老保险制度。②

（三）整顿规范阶段：1998—2002 年

1998 年政府机构改革，农村社会养老保险工作由民政部移交给劳动和社会保障部，实行社会保险的统一管理。1999 年，《国务院批转整顿保险业工作小组保险业整顿与改革方案的通知》要求对"农保"进行清理整顿，停止接收新业务，有条件的地区应逐步向商业保险过渡。劳动和社会保障部高度重视"农保"整

① 张左己：《领导干部社会保障知识读本》，中国劳动社会保障出版社 2002 年版，第 98 页。

② 王以才：《谁来赡养中国老农?》，《中外管理导报》1999 年第 2 期。

顿规范工作，广泛调查研究，充分听取各地对整顿规范“农保”的意见和建议，并于1999年12月向国务院上报了《关于整顿规范农村社会养老保险有关问题的请示》与《整顿和规范农村社会养老保险工作方案》。2001年5月，劳动和社会保障部下发了《关于开展农村养老保险基金调查摸底的通知》。根据各地调查摸底的数据汇总，截至2000年底，全国“农保”基金累积198.58亿元，其中存银行、买国债和由财政管理三者占基金总额的80.1%，非银行金融机构存款等占11.3%，其他投资占8.6%。可正常收回本息的占基金总额的92.9%，收回本息有困难的占6.4%，确定不能收回的占0.7%。2002年10月，劳动和社会保障部向国务院呈送《关于整顿规范农村社会养老保险进展情况的报告》，阐明了“农保”整顿规范既要考虑目前我国尚不具备普遍实行“农保”的条件这一总体判断，也要考虑这项工作已开展十几年，参保人数和基金积累已达到一定规模，上百万农民开始领取养老金，如果简单停办或退保可能引发农村社会的不稳定这一实际情况，提出“农保”工作要坚持在有条件的地区逐步实施；同时研究探索适合农民工、失地农民、小城镇农转非人员特点的养老保险办法。

从总体上看，经过十几年的试点实践，我国初步确立了农村社会养老保险制度的基本框架，逐步探索出一条适合国情和农村实际的社会养老保险的路子，农村社会养老保险工作对于保障农民老年基本生活、维护农村社会稳定、促进农村改革和经济发展，开始发挥日益重要的作用。但是，建立农村社会养老保险制度是一项全新的工作，在其发展初期，制度不够完善，管理不够规范，还存在一些突出的问题：一是对于要不要建立、有没有条件建立、怎样建立该制度等问题，有关方面长期存在不同意见，严重影响了政策的稳定性和事业的发展。二是国家政策扶持没有到位，集体经济补助难以落实，农民收入水平又较低，基金筹集较为困难。三是基金的投资渠道较少，难以保值增值。四是管理体制和运行机制还不够顺畅，基金管理层次过低，管理手段落后，社会化程度较低。五是原存入被关闭金融机构的基金债权至今没有得到清偿。六是农村社会养老保险工作没有行政法规，影响了政策落实效果和执行监督力度。

（四）创新发展阶段：2002年底至今

2002年11月，中共十六大明确提出：“在有条件的地方探索建立农村社会养老保险制度”,农村社会养老保险工作进入新的发展阶段。2003 年,国务院副总理回良玉批示:“建立全国农村社会保障体系是十分必要的德政之举。”国务院总理温家宝批示:“可在有条件的地方积极探索,注意总结经验。”按照 2006 年《劳动和社会保障事业发展“十一五”规划纲要》关于“探索建立与农村经济相适应、与其他保障措施相配套的农村社会养老保险制度”的要求,劳动和社会保障部选择北京市大兴区、山东省招远市等 8 个县(市、区),根据当地实际情况,启动了新型农村社会养老保险的试点工作,俗称“新农保”。新农保政策规定,养老金由个人、集体和政府三方共同筹资,各级政府和村集体应逐步加大对农村社会养老保险工作的支持和投入力度。

2007 年,胡锦涛总书记在党的十七大报告中明确指出:“加快推进以改善民生为重点的社会建设”,“加快建立覆盖城乡居民的社会保障体系,保障人民基本生活”,“探索建立农村养老保险制度”。① 2008 年,中共十七届三中全会颁布《关于推进农村改革发展若干重大问题的决定》提出:“健全农村社会保障体系。贯彻广覆盖、保基本、多层次、可持续原则,加快健全农村社会保障体系。按照个人缴费、集体补助、政府补贴相结合的要求,建立新型农村社会养老保险制度。创造条件探索城乡养老保险制度有效衔接办法。”②2009 年,中央一号文件《关于 2009 年促进农业稳定发展农民持续增收的若干意见》也指出,要建立新型农村社会养老保险制度,进一步增加投入,加强县、乡、村医疗卫生公共服务体系建设。③ 这些都表明,农村社会养老保险工作经过一段时间的整顿规范后,进入了创新发展的新阶段。

据统计,截至 2008 年末,全国参加农村养老保险的人数为 5595 万人,比上年末增加 424 万人;全年共有 512 万农民领取了养老金,比上年增加 120 万人;全年共支付养老金 56.8 亿元,比上年增加 42%;年末农村养老保险基金累计结

① 胡锦涛:《高举中国特色社会主义伟大旗帜 为夺取全面建设小康社会新胜利而奋斗——在中国共产党第十七次全国代表大会上的报告》,新华网:http://news.xinhuanet.com/newscenter/2007—10/24/content_6938568.html。

② 中共十七届三中全会:《关于推进农村改革发展若干重大问题的决定》,新华网:http://www.xinhuanet.com/politics/08szqh/。

③ 李曌:《苏南地区农村养老保险现状调查与思考》,《财政金融》2009 年第 6 期。

存499亿元。①

二、农村养老保险制度的试点模式

自1991年开始，农村社会养老保险试点广泛分布在北京、上海、江苏、山东、广东等省份（直辖市），经过多年的实践探索，形成了不同的制度模式，积累了成功的经验，也暴露了一些问题和缺陷。认真分析其中有典型意义的制度模式，总结经验，弥补缺陷，对于当下正在进行的“新农保”推广工作，具有重要的启迪作用。

（一）试点地区的制度模式

在全国各地农村社会养老保险试点中，涌现出以下一些颇具典型意义的制度模式：

1. 江苏苏南模式

苏南农村的老年保障模式呈现多形式并存的局面，其基本特征是“以家庭保障为基础，社区保障为核心，商业性保险为补充”。② 采用该模式的地区有江苏苏南的常熟、江阴、张家港、昆山、吴江、太仓等县级市以及上海市郊区农村。

社区保障是在社区范围内实行统筹的制度，社区成员一般都享有类似的保障福利，而不受其就业的那个企业经营状况的直接影响。它在资金上依赖于社区公共资金的投入，而社区公共资金又主要来源于乡镇企业的盈利。苏南是我国乡镇企业最为发达的地区，且这里的乡镇企业多属集体所有制，因此，集体有能力为社区成员的养老提供一定程度的保障。但是，随着市场经济的发展和乡镇企业改制的深入，这种社区保障由于统筹层次过低、风险过大等原因，有逐步向社会保险发展的趋势。特别是党的十六大召开以后，许多地方开始探索建立农村社会养老、医疗保险和最低生活保障制度，并出台了新的社会养老保险

① 中国国家统计局：《2008年度人力资源和社会保障事业发展统计公报》，中华人民共和国国家统计局网：http://www.stats.gov.cn/index.html。

② 彭希哲：《乡镇企业与苏南农村社会保障》，《上海金融》1996年第6期。

办法。

政府部门组织的农村社会养老保险在这里也有较高的覆盖面,但在资金筹集上,苏南模式有其独特之处:一是集体补助所占比例较高;二是基金筹集标准不是按照《基本方案》中的10个等级,而是被大大提高了,以适应当地较高的生活水平,切实保障老年农民的基本生活。

苏南的常熟、江阴、张家港三市从当地乡镇企业发达的实际出发,把"农保"工作的重点放在乡镇企业。

常熟市比照城镇养老保险制度制定了《常熟市农村养老保险暂行规定》,并于2001年10月在全市实施。该办法实行固定缴费基数、按比例缴费、统账结合、按月享受待遇、待遇标准由统筹和个人账户两部分构成。

江阴市加强了对乡镇企业职工参保的强制性,并明确了"农保"制度与城镇职工养老保险制度、农村最低生活保障制度的衔接关系。将原制度按固定数额收取保费修改为按收入比例缴纳,现在的缴纳标准控制在职工收入的8%左右,最低缴费为每人每月40元,并计划每年提高2%,逐步使农村养老保险缴费标准达到城镇企业职工最低缴费标准,为建立城乡统一的社会保险体系奠定基础。

张家港市按全市上年人均收入的4%—16%比例选择缴费,用人单位与个人各负担50%,缴费基数的最高标准不超过上年农村人均纯收入的300%。2000年3月31日前缴费储存额余额除以120,2000年4月1日后缴费积累额除以160,前后相加确定月养老金数额。

上海市嘉定区在实际操作中,将农民人年缴费标准分为240元、180元和120元三档。企业缴费则按企业不同性质区分不同的缴费标准:农村"三资"企业,按上月农村职工工资总额的25.5%缴费;农村私营企业按上年度计税工资标准的25.5%缴费;农村个体工商户户主按上年度计税工资标准的10%为本人和农民帮工缴费。①

近年来,苏州市也是新型农村社会养老保险的试点地区之一,其模式的典型特点有二:一是在同一体系下对农村劳动力分类实行两种社会养老保险办法。

---

① 邓大松、向运华:《社会保障问题研究——和谐社会构建与社会保障国际论坛》,人民出版社2009年版,第60页。

在统一的社会保险体系下，农村各类企业及其从业人员参加城镇企业职工基本养老保险，从事农业生产为主的农村劳动力则纳入农村基本养老保险，并对男满60周岁、女满55周岁及以上老年农民，建立社会养老补贴制度。二是各级政府提供强有力的财政支持，按照一般务农人员、享受农村最低生活保障或因各种原因丧失劳动能力的人员、老年农民等三类人员，实施不同的补贴标准。

2. 山东模式

山东是全国农村社会养老保险试点最早、发展情况较好的省份，也是全国投保绝对人数最多的省份。在资金筹集方面，山东省基本上是按照《基本方案》的规定实行以个人缴纳为主，集体补助的比例很小，只占已缴纳保险基金的15%；而且其中的绝大部分补助给了村干部、乡镇企业职工等“特殊职业”的人口。

山东模式的基本特点是：首先，实行完全个人账户储备积累制，积累期个人账户基金分段计息，计息标准根据国家政策规定的运营方式、收益水平确定。其次，养老金的给付标准按个人账户基金积累额在给付年限上实行分摊计算确定，按月发放，保证领取期为10年。第三，正常退保的，将个人账户积累本息一次性退还。第四，缴纳保险费年龄一般为20—60岁，领取年龄不分性别、职业，一般始于满60周岁的次月。① 总体来说，山东模式是全覆盖、分层次、政府主导、多元筹资。

山东模式中比较典型的是青岛模式和招远模式。青岛模式是根据国家政策和本地经济社会发展实际，推行“个人缴费、集体补助和政府扶持相结合”的新型农村养老保险制度。保险费按年或按季缴纳，以统计部门公布的各区（市）上年度农民人均纯收入为当年缴费基数，由个人、村集体和区（市）、街道（镇）财政共同承担。各区（市）可根据当地实际情况，合理确定分担比例。凡是征用农村土地的安置补助费，由征地机构直接拨付到所在区（市）政府设立的被征地农民基本生活保障专户，主要用于缴纳养老保险费。该制度因为缴费模式灵活、覆盖面广、保障程度高，引起了国家劳动保障部门的关注。目前青岛市新型农村养老保险制度已在市郊三区五市全面实施，全市有48万适龄农民参保，参保率达到

---

① 福建省农村社保模式及其方案研究课题组：《农村社会养老保险制度创新》，经济管理出版社2004年版，第13页。

90%以上。全市纳入养老保险的失地农民达46.4万人,其中10万符合条件的农民已经开始享受按月领取养老金的退休待遇。

招远模式把“对投保农民实行财政补贴”作为核心内容。该市财政拨出200万元专项资金,并确定今后每年递增10%对参加农村养老保险的农民实行补贴,打破了原来完全由农民自己缴费的模式。招远市还按照农村社会养老保险制度与农村最低生活保障制度对接的思路,确定参保人养老金领取标准应达到本市农村最低生活保障线以上的水平。为规范完善农村养老保险制度,招远市还加大了农村养老保险基金的管理和监督,建立起保费收取、养老金给付和稽核三大工作流程,保证了内部管理各个环节分工明确、责任清楚、高效运转,形成了科学规范的农村社会养老保险管理体系。①

3. 广东东莞模式

广东省东莞市的农民基本养老保险,实行社会统筹与个人账户相结合,社会保险与集体福利相结合,保险费由市、镇、村和个人共同负担。农民基本养老金与参保人的缴费基数和缴费年限挂钩,并随经济社会发展水平做适当的指数变动。农民的缴费基数按每人每月400元核定,从2002年起每年递增2.5%。2001—2005年,缴费比例为11%,集体负担6%,个人负担5%。缴费比例个人部分每年增加1%,2016年后保持在14%不变。个人缴费的全部加上集体缴费的3%记入个人账户,集体缴费余下的3%全部记入统筹账户,属于农民养老保险的全部参保人所有。养老金的领取标准按150元的基础养老金加上个人账户余额再除以120确定。

东莞模式具有政府主导、自愿参加、以统筹城乡发展为目标的特点:首先,在全面覆盖的基础上不断推进城乡养老社会保险制度统筹发展。从覆盖面来看,该制度实际上涵盖了所有20岁以上、具有本市户籍又未进入党政机关、社会团体和企事业单位的居民,由此实现了真正意义上的基本养老保险全覆盖。为统筹城乡社会养老保险制度的发展,东莞市现在正全面推动农村社会养老保险与城镇职工基本养老保险并轨。其次,政府财政支持与自愿参加。东莞市财政一

① 黄燕:《从山东模式看我国农村社会养老保险模式的选择》,《学习与实践》2008年第12期。

开始就出资10亿元作为制度启动的基础资金，随后又明确规定了市财政、镇（区）财政、村（居）民委员会三方的补贴比例和标准。此外，通过将缴费年限内的人自愿参保与达到领取年限的父母享受补贴待遇进行政策关联，使自愿参保规定达到了强制参加的效果。

在广东省深圳市等地，也存在其他类型的社区保障模式。它通过股份合作制乡镇企业中的“年龄股”和“集体股”来实现对农村老年人口的经济保障。所谓“年龄股”，就是个人拥有的股份数额会随着年龄的增长而增加，因此老年人能拥有较多的股份。“集体股”则属集体经济组织或企业所有者所有，其主要用途之一是作为公益金，而老年福利支出是公益金十分重要的组成部分。

4. 北京模式

北京模式的特点：一是通过政府财政补贴方式设立基础养老金。新型农村社会养老保险制度在个人账户的基础上，新增了基础养老金。基础养老金所需资金由市、区（县）财政共同筹集，分别列入市、区（县）财政预算。与传统农村社会养老保险制度相比，财政补贴由补在缴费期改为补在享受待遇期，由“前补”改为“后补”，为建立基础养老金灵活调整机制提供了可供操作的空间。二是适应参保人的多种需求，推行弹性缴费。在缴费方面，规定实行按年缴费的方式，设立最低缴费标准为本区（县）上一年度农村居民人均纯收入的10%，最低缴费标准以上部分由参保人员根据承担能力自愿选择。在待遇享受方面，允许达到领取年龄时继续按年缴纳保险费，最多可延长五年；缴费年限仍未达到要求的，可以按照相应年度本区（县）农村居民人均纯收入的10%，一次性补足差额年限的保险费。三是制定了城乡社会养老保险制度间衔接和转换的新办法。

5. 四川通江模式

四川通江模式的特点有二：一是通过“粮食换保障”试点，解决部分农民参保资金缺乏的问题。粮食换保障，即在农民自愿参保的前提下，从每年的售粮收入和其他收入中拿出适当的资金缴纳保险费，逐步建立农民参保补贴制度。二是探索建立农村社会养老保险缴费手册质押贷款新机制，即已参加农村社会养老保险的对象在缴费期间因特殊原因急需资金，可以向当地农村信用社依据一定程序和规定办理贷款。

6. 陕西宝鸡模式

陕西宝鸡模式的特点也有二：一是多元筹资的情况下实行完全个人账户积累制。宝鸡市规定个人按2006年度本县（区）农民人均纯收入10%至30%缴费，市、县（区）分别按照规定对农民参保给予补贴，鼓励村（组）集体补助。县（区）农村社会养老保险经办机构为每位参保农民建立养老保险个人账户，个人账户包括：个人缴费、村（组）集体补助、财政补贴及其他收益及利息，实行完全个人账户积累制。二是实行缴费补贴和待遇补贴两项财政补贴制度。在缴纳养老保险费时，财政补贴标准为市财政每人每年15元，县（区）财政每人每年不低于15元；在领取养老金时，市、县（区）财政每人每月补贴60元，养老金待遇的发放也由个人账户养老金和养老补贴两部分组成，"前补"与"后补"的结合以及较高的补贴标准，是对政府的财政补贴责任的落实，极大地激励了宝鸡市农民参保的积极性。①

（二）农村社会养老保险制度试点的成就和经验

对于一个有近八亿农村人口的农业大国来说，开展农村社会养老保险制度试点，本身就体现了政府对"三农"问题的重视及其在制度引导上的远见卓识。②经济发达地区在探索建立农村社会养老保险制度的过程中创新了许多可借鉴的模式，如苏南模式、山东模式、广东模式、北京模式等等，虽然各地的做法不尽相同，但其核心内容、基本制度框架具有诸多共性。通过分析比较各试点地区的制度模式，可以看出，至少在以下几个方面取得了显著的成就：

1. 试点地区参保范围大、覆盖面宽，保障全体农村居民

参保对象由原乡镇企业职工、农村干部、民办教师、复员军人等为主转变为以从事农业生产的劳动力为主。在新型农村养老保险制度实施前，由于纯农户没有相应的集体补助，因而纯农户参保的并不多。新型农村社会养老保险制度

---

① 邓大松、向运华：《社会保障问题研究——和谐社会构建与社会保障国际论坛》，人民出版社2009年版，第61—62页。

② 王国军、朱俊生等：《制度建设与政府责任——中国农村社会保障问题研究》，首都经贸大学出版社2009年版，第65页。

明确以从事农业生产的农村劳动力为主，要求农村各类企业的从业人员参加城镇企业职工基本养老保险。

2. 建立“个人缴费、集体补助和财政补贴”三方分担的筹资机制

这是试点地区农村社会养老保险制度最显著的特点。农村养老保险制度中，市（县）、乡镇、村分级补助补贴的资金约占一半左右，个人缴费的比例一般不超过50%，较好地体现了个人、集体、国家三者在养老保险制度中的责任，激发了农民参保的积极性。

3. 确立合理的缴费基数和筹资标准，确保老年农民的基本生活

试点地区农村养老保险制度一般参照城镇企业职工基本养老保险的办法，制定了较为科学的缴费基数和筹资标准。如东莞市缴费基数按每人每月400元核定，从2002年起每年递增2.5%，所缴的保险费为当年缴费基数的11%。如果累计缴费满15年以上，农民的养老待遇大约能达到40%—50%的替代率。这就克服了“旧农保”“保富不保贫”的弊端，从而保障了参保人退休后的基本生活。

4. 养老基金采用社会统筹与个人账户相结合的大账户小统筹模式

如东莞市规定当年所缴的保险费为当年缴费基数的11%，将其中8%记入个人账户。苏州市规定，国家、集体的补助补贴和参保人缴纳的基本养老保险费总额的90%左右记入个人名下，建立个人账户，10%左右建立统筹基金。

5. 开始考虑与城镇社会养老保险制度的衔接问题

试点地区的农村社会养老保险制度框架力图与城镇职工基本养老保险制度相一致，区别主要在于缴费基数不同。因此，这些地区新型农村社会养老保险制度是通向城镇职工基本养老保险制度的平台。如苏州市在实施新型农村社会养老保险制度过程中明确规定，具备条件的乡镇企业职工可直接加入城镇职工基本养老保险，暂不具备条件的，先加入农村社会养老保险，根据农村各类企业的实际情况，采取调节缴费基数的过渡办法，逐步实现并轨。虽然农村社会养老保险向城镇养老保险转轨的具体操作环节还未落实，但开始考虑二者的衔接，不能不说是我国养老保险的一大进步。

农村社会养老保险制度的试点也积累了一定的经验，主要表现在：第一，农村社会养老保险的试点实践为制度的改革和完善积累了宝贵经验。在制度建设

方面,中央政府和地方政府在农村养老保险制度方面进行了大量探索,这些探索与实践中成功和失败的经验都将为我国下一步农村社会养老保险制度的建设与完善起到借鉴作用。第二,农村社会养老保险成为农村社会的“稳定器”。不仅促进了农民家庭和睦,而且改善了干群关系,推动了和谐社会建设。第三,农村社会养老保险在部分地区起到了“经济助推器”的作用。农村社会养老保险的开展在一定程度上促进了乡镇企业的发展和“三农”问题的解决。第四,部分地区尝试用市场的手段来解决农民养老问题,探索了一些富有成效的经验。①

(三)农村社会养老保险制度试点中存在的问题和缺陷

在我国,为数亿农民建立社会养老保险制度是史无前例的,这在国际上也是无与伦比的。不可否认,在取得上述成就和经验的同时,也还存在着不少问题和缺陷。

1. 制度设计方面

首先,相关立法不完善,制度具有不稳定性。由于没有出台有关农村社会养老保险制度的专门法规,各地农村社会养老保险办法基本上都是以民政部下发的方案为基础,结合当地实际情况稍作修改后制定的。各地在制度试点的实践中存在许多困惑,在制定本地农村社会养老保险办法时找不到立法依据,只好各自为政,把办法确定为“暂行办法”,大大降低了地方立法的规范性、长期性和稳定性。正是这种不稳定的制度和屡见不鲜的违规行为,让农民感到“后怕”,积极性不高,从而造成开展农村养老保险工作困难重重。立法的不完善导致制度的不稳定,农村社会养老保险制度的建立、撤销,费用的筹集、运用以及保险金的发放,不是按照严格的法律程序,而是按地方政府部门制定的一些规章制度执行,并非农民与政府间的一种持久性契约。养老保险缴费是一个持续十几年甚至几十年的过程,缺乏严格的法律和稳定的制度,必然难以维系。

其次,各地试点制度设计差异性过大与长期制度整合的矛盾。各地不同的经济社会发展状况决定了制度设计的多样性,从试点情况来看,同一省份的各市

① 王国军、朱俊生等:《制度建设与政府责任——中国农村社会保障问题研究》,首都经贸大学出版社 2009 年版,第 69 页。

一般在制度设计上都有很大的不同，有的同一城市的各区（县）也制定了不同的试点办法。这不仅成为今后农村养老保险提高统筹层次时面临的一大难题，也对未来城乡社会保险制度的衔接与并轨提出了挑战。①

再次，新型农村养老保险与城镇养老保险的衔接问题。尽管一些地区已经确定新型农村社会养老保险与城镇基本养老保险衔接、并轨的目标，但并未形成合理的转轨成本筹集与分担机制，绝大多数地区只是单纯考虑探寻农村社会养老保险制度的建立与完善问题，在制度设计方面并没有考虑到未来的发展问题，尤其是未来如何与城镇基本养老保险制度进行衔接。各试点地区能否最终实现农村养老保险制度向城镇职工养老保险制度的平稳过渡，尚有待观察。

2. 养老基金的运行管理方面

首先，基金筹集的可持续性不强。在农村社会养老保险试点地区的基金筹集中，一半左右来自地方财政，特别是县、乡（镇）两级财政和村级集体积累。而农村社会养老保险制度是一种刚性的制度安排，在目前地方财政紧张，没有国家和省级财政支持的情况下，养老基金筹集和支付存在一定的风险。因此，试点地区农村养老金缺乏一个必要的动态平衡机制，可持续性不强。

其次，农村养老保险金运营的保值增值困难。目前，农村养老基金以县为单位统一管理，农保基金增值方式主要是存入银行、购买国债。以县为单位的基金管理模式在技术层面上难以使基金保值增值，基金增长速度跟不上养老金发放的增长速度。农村社会养老保险制度建立之初，国家债券利率和银行存款利率都很高，因而给农民承诺的保险给付率也高达12%；随着宏观经济形势的变化，债券和银行存款利率多次下调，致使基金增值缓慢。在目前银行低利息时期，养老基金保值困难，增值更无从谈起；加上缺乏稳定的投资渠道，农保基金入不敷出，出现负增长。

再次，农村养老保险基金管理手段落后。试点地区大都采取以县为中心的农村社会养老保险管理体制，导致基金分散、运行层次低，难以形成规模效益。同时，农村养老保险基金存在管理手段缺乏、易受当地行政干涉、容易发生道德

---

① 邓大松、向运华：《社会保障问题研究——和谐社会构建与社会保障国际论坛》，人民出版社2009年版，第66页。

风险等弊端。

3. 农村社会养老保险法制建设滞后

目前指导农村社会养老工作的有1992年民政部的《县级农村社会养老保险基本方案》和1995年民政部《关于进一步做好农村社会养老保险工作意见》等文件，缺乏全国人大的具体法律规范和各级人大立法的具体细则，没有形成法律体系。各地农村社会养老保险制度的建立、撤销，保费的筹集、运用以及养老金的发放都是按照地方政府部门制定的一些规章制度执行，具有很大的不稳定性。再加上政府对农村社会养老保险的态度时常发生变化，导致本来就心存疑虑的农民更加不愿投保。随着农村社会养老保险事业的不断发展，法律制度方面的缺陷会越来越明显。

三、农村养老保险制度的完善

未雨绸缪是智者的选择，对于一个国家也是如此。按照保险理论和国际经验，现代国家必须在人口老龄化高潮到来前20年建立社会保障制度，尤其是养老保险制度，才能经受住“白发浪潮”的冲击。经过20多年的实践与改革，我国虽然已经初步形成了农村社会养老保险制度的基本框架，但还不完善；尽管自2009年起加快了试点步伐，开始了大力推进农村社会养老保险的新阶段，但距离农民全覆盖、城乡一体化还相当遥远。为迎接21世纪30年代即将到来的人口老龄化高潮，必须从我国的基本国情出发，不断完善制度，适度加快推进步伐。

（一）尊重公民社会权利，明确政府在农村养老保险中的角色

《不列颠百科全书》对“公民资格”的解释是，“个人同国家之间的关系，这种关系是个人应对国家保持忠诚，并因而享有受国家保护的权利。”托马斯·马歇尔(Thomas Marshall)认为，公民资格是包括法律权利、政治权利、社会权利的集合体。法律权利是公民作为平等主体参与社会活动所享有的必不可少的权利——人身自由、言论和思想自由、财产权和获得公正的权利等，其制度保障是法院体系。政治权利是通过选举而进入决策过程的权利，如选举、投票等权利，与之相关的制度就是政治制度安排。社会权利是公民的经济福利与安全，以及

公民充分分享社会遗产和按社会一般标准过文明生活的权利，包括福利、保障、教育等权利，与之相关的制度是各种社会公共服务和公共物品体系。

社会权利被漠视无疑是社会发展的绊脚石。在一种有序的社会发展模式下，社会权利必然被认可并得到实现。对于公共管理来说，社会权利的实现手段必然是通过政府工具来完成社会权利。对于基本社会权利的漠视或某种程度的忽略，必然导致政府在公共物品供给方面存在缺位、失位与越位现象。公共服务的覆盖面受到其他背景因素的影响，会忽视掉社会权利中的基本权利，出现政策空缺；在某些权利方面政府却供给过多或过度介入，造成不必要的资源损失与浪费。于是，有效识别并尊重公民的基本权利要求，成为政府角色重塑的基本前提，也成为政府有效政策供给的基本保证。因此，约翰·罗尔斯（John Rawls）指出："正义是社会制度的首要价值，正像真理是思想体系的首要价值一样。一种理论，无论它多么精致和简洁，只要它不真实，就必须加以拒绝或修正；同样，某些法律和制度，不管它们如何有效率和有条理，只要它们不正义，就必须加以改造或废除。"①

毫无疑问，我国社会保障体系的建立，要从中国实际出发，同现阶段经济发展水平相适应。但是，从中国实际出发并不等同于从农村实际出发。社会保障的本质是以政府为主体的收入再分配，这种再分配应以维护社会公平为基本原则。在农村与城市的经济社会发展仍存在巨大差别的条件下，片面强调从农村实际出发，就意味着承认并将继续保留农村与城市居民在收入分配和社会福利上的差别。20 世纪 90 年代，农村社会保障试点工作的指导思想就是值得商榷的。以养老保险为例，城市实行社会统筹与个人账户相结合的制度，农村却实行个人账户制度，没有社会统筹部分，这意味着只有那些收入较高能够缴纳养老保险费的农村居民才能享受养老保险；在城市，不分地区全面推行社会养老保险制度，农村却是在有条件的地区（现阶段主要是沿海经济发达地区）才进行养老保险的试点与探索。这样做的结果，不仅不能缩小城乡之间的差别，也无助于缩小农村内部的差别。②

① 约翰·罗尔斯：《正义论》，何怀宏等译，中国社会科学出版社 1988 年版，第 1 页。
② 刘俊霞：《公民社会保障权与农村社会保障制度》，《中南财经政法大学学报》2005 年第 4 期。

进入新世纪以来，政府将社会保障的重点定位在基本养老保险、基本医疗保险和最低生活保障等三个保障项目上。政府在农村社会保障领域按市场经济的内在逻辑，重新定位政府职能，使自己成为制度建设的组织者、政策的制定者，负责制度的建立、完善和监督，并承担一定的资金责任。农村社会保障的责任主体是政府和社会，如果一定要将二者排出顺序，那么，政府是第一责任人，社会是第二责任人。这里的"社会"是指，农村社区中的村级集体、民间组织及其他各种社会力量。

（二）加大政府财政投入，优化农村养老保险支出结构

1. 提高财政投入比重

无论是从历史还是从现实方面看，国家都应该投入一部分资金，用于农村社会养老保险体系建设，以保障市场经济环境下农民的老年生活。各级政府应该从农村发展的大局出发，进一步提高认识，增强紧迫感和责任感，把完善农村社会养老保险体系列入重要议事日程，认真研究完善这一体系的政策措施，下大力气抓好建设。现阶段，受经济发展水平和财力所限，国家对农村社会养老保险的扶持，主要体现在加大财政投入，实施政策倾斜，如对基金运营规定一些减免税待遇等。

为确保政府公共财政对完善农村社会养老保险体系的投入，在预算资金安排上要注重调整财政支出结构。首先，要从增量上进行调整。财政支出结构的调整，关系到各方面的利益，难度是比较大的。对不合理的既得利益格局只能采取渐进的调整方式，即在增量上做文章，在新增财政收入中，先要考虑安排社会保障支出。通过这种调整，逐步稀释经济建设支出在财政支出中比重过高的局面，使财政支出结构真正体现公共财政的特征。其次，应当进一步深化行政管理体制改革，精兵简政，大力压缩行政管理开支。

2. 加大转移支付，优化各级政府的财政投入结构

一般来讲，农村居民收入水平越低的地区，地方政府财力往往也越困难，因而中央财政必须加大转移支付的力度，对收入较低农村居民提供社会养老保险方面的补贴。中央财政首先要明确各级政府间的职责权限，明确各级政府的事权和财权。加大对省级财政转移支付的力度，因为各省的转移支付资金主要来自于中央财政；同时由省级政府向市县乡进行资金转移，并依据地方转移支付的

目标，确定合理的转移支付模式。

对于农村社会养老保险制度而言，应采取以一般均衡拨款为基础、专项拨款为主的纵向转移支付模式。这种模式具有以下优点：第一，通过上下级政府间的纵向转移支付调节地区间的财力不均衡问题。上级政府对下级政府的转移支付是指当下级政府的标准收入-标准支出<0 时，上级政府拨款弥补其财政缺口，以及给予下级政府专项拨款；下级政府对上级政府的转移支付是指当下级政府的标准收入-标准支出>0 时，将其收支差额的一定比例上解。这种支付模式打破了地方既得利益的刚性。下级政府上解的资金，可以由上级政府宏观调配，用于解决地区间发展的失衡。第二，一般均衡拨款用于解决农村社会保障事业机构人员的工资以及基本公用经费开支，而专项拨款则专门用于提供农村社会养老保障各项服务。规范的专项拨款，可以保证省级财政按各地农村社会养老保障的需求程度来拨付资金，保证农村地区的社会养老保险制度得以顺利开展。第三，专项拨款可采用配套拨款的形式来发放。当然，贫困地区可以少出点配套资金，富裕地区则应该多出点配套资金，即配套资金提供的比例可以在一定限度内浮动。这样做既有利于提高公共服务的效率，又有利于公平原则的实现。

3. 建立健全农村社会养老保险的预算管理机制

农村社会养老保险资金是农民的“活命钱”，必须严格管理，确保安全。在国家还没有建立社会保障预算的情况下，农村社会养老保险基金应纳入财政专户，实行收支两条线管理；并要求农村社会养老保险业务经办机构编制基金预算，按规定程序和时间报送主管部门和财政部门，接受其监督。从长远来看，应建立农村社会养老保障预算，将农村社会养老保险、农村老年社会救助和农村老年社会福利等纳入预算管理。一方面全面反映农村社会养老保障的收支规模；另一方面加强政府财政部门对农村社会养老保障的管理和监督。

4. 倡导资金保值与法制理念，确保农村社会养老保险的制度稳定性

目前农村社会养老保险的一个最大障碍就是农民存在着“怕政策变、怕钱贬值、怕不兑现”的思想顾虑，消除农民顾虑的最有效办法就是加快立法，依法保险。应吸取发达国家通过立法保障基本社会养老保险的经验，尽快由全国人大出台社会养老保险法，把城乡公民参加社会养老保险的义务与权利以庄严的法律形式固定下来。可以在目前部门规章或地方法规的基础上，着手制定《农

村社会养老保险条例》，待条件成熟后，成为《社会保险法》的配套法律。同时建立健全农村社会养老保险法律的监督机制，以确保农村社会养老保险基金的收缴、支付、运营的规范性，防范社会保险基金的风险，使农村社会养老保险事业全面健康的发展。

为了实现基金的保值增值，应加强对基金的运营管理。可以把农村社会养老保险基金分成具有高度流动性的部分、具有相当流动性的部分和可用于中长期储备并投资的部分，建立起资金构成的梯形结构。具有高度流动性的部分，不能投入货币和资本市场，只能存入银行用于短期支付养老保险金；具有相当流动性的部分，可投入货币市场；对于可用于中长期储备并投资的部分，可由国家组建社会保险基金管理公司加以运作，确保资金的增值。必要时，国家应设立专项保证金，用来调剂余缺，以确保农村社会养老保险事业的健康有序发展。

（三）发挥家庭养老的优势，再造土地的保障能力

中华民族素有尊老、敬老、养老的传统，这为家庭养老制度的实行和巩固奠定了思想和文化基础。尽管由于人口老龄化的到来，计划生育政策的实施，以及农村剩余劳动力大量涌入城市，使农村的家庭趋于小型化，家庭养老受到一定的威胁；尽管从长远的观点看，随着农村生产方式的进步，养老方式必将由家庭向社会过渡。但现阶段，由于我国经济与社会发展中的许多原因，农民养老不可能完全依靠社会，家庭养老仍然是老年保障的重要的、甚至是主要的形式，必须充分发挥家庭养老的优势。政府可以从制度建设上鼓励农村家庭养老，例如给予税收政策的优惠和适当的收入补贴。

农民的土地保障基本上属于非正规保障，发展农民的社会保障，必须把增强土地的保障能力与发展土地外的保障结合起来，积极实现保障方式的转变，由传统的家庭保障转变为家庭保障与社会保障并举。发展农村的社会保障，就应有效盘活土地资产，实现土地增值，加快农村土地流转的进程，促进农业规模经营，实现土地保障功能的再造。

（四）理顺农村养老保险管理体制，提高基金统筹管理层次

农村社会养老保险基金是农民的血汗钱、保命钱，既要确保安全，又要合理

增值。基金的安全和增值既是资金的一般要求，又是社会养老保险良性循环的保证，也有利于激励参保者的参保意识，进一步推动农村社会养老保险工作的顺利开展。要达到这一目标，必须提高统筹层次，集中管理运营基金，改变现有县级统筹、县级管理的模式，以省为统筹管理单位（作为过渡办法，在暂不具备省级统筹的地区，也要由县级统筹上升为市级统筹）。国家制定基金运营管理办法，国家、省或市建立基金运营中心，运营管理农村养老保险基金并对统筹单位负责。

（五）以社会统筹部分为"突破口"，有效衔接城乡社会养老保险制度

目前，我国的社会保险制度仍处于"碎片化"状态。各种制度性质、制度模式、制度内容有着本质区别，城乡养老保障制度的衔接与融合存在很多体制性障碍。[①] 由于改革过程中的制度设计理念不一，造成目前农村社会养老保险制度按照不同地区和人群分类建立，分批推进；但社会养老保险的目的在于建立一种社会机制，以保障全体国民在年老后的基本生活。城镇社会养老保险经过几十年的发展，已经形成了较为规范和完善的制度；而农村的社会养老保险只是在少数发达地区刚刚建立，远未形成一套完整的体系，农村人口依旧面临着巨大的养老风险。同时，现行城镇社会养老保险因历史遗留问题而面临很多急待解决的难题，如社会统筹账户挪用个人账户基金，个人账户"空账"运行等等。

要从根本上走出上述困境，除了需要增加财政投入外，扩大社会保险的覆盖面也是举措之一。因此，在农村逐步建立社会统筹和个人账户相结合的养老保险制度，将农村人口逐步纳入统一的社会养老保险，有利于缓解城乡的养老压力，并最终实现社会养老保险制度的城乡一体化。按照社会统筹和个人账户相结合的养老模式，在较长一段时间内，城镇居民和农民由于在养老保险个人账户中的积累差别较大，以至于在养老金的支付方面也会表现出明显的差异，所以城乡养老保险的统一是一个渐进的过程，它伴随着城镇化过程中由农民向市民这一身份的变化。要实行统一的社会养老保险制度，必须对现行的户籍制度进行

---

① 杨翠迎：《农村基本养老保险制度理论与政策研究》，浙江大学出版社 2007 年版，第 203 页。

改革。[①] 近年来各地纷纷推出户籍改革措施，但改革力度都比较小。应当加快这方面的研究与改革，最终目标应当是取消户籍限制，消除城乡界限，使公民真正享有迁徙自由。只有这样的户籍制度才是与一体化的社会养老保险制度相协调的。

以农村养老保险基金中的社会统筹部分为“突破口”，随着实质相同的养老保险社会统筹基金在全国的普遍建立，劳动力流动的壁垒就可以逐步消除，即流动后其个人账户中的养老金积累可划拨过去而统筹不动，只要具备相应条件，劳动力在异地可自动享有获得统筹养老保险金的资格。伴随着工业化、城市化和市场化的深入，城乡劳动者的收入差距会逐步缩小，养老保险个人账户的基金积累差距也会逐步缩小，在此基础上随着全国统一的养老保险统筹基金的建立，城乡社会养老保险将最终实现融合与统一。

① 刘金华、杨军昌：《构建城乡一体化的养老保险》，《江苏农村经济》2005 年第 8 期。

第八章　农村合作医疗制度

新中国建立以后，为了解决广大农村地区缺医少药的问题，提高农民的健康卫生水平，农村合作医疗以及相应的农村保健站、"赤脚医生"应运而生，并取得了显著的社会效益。改革开放以后，农村家庭联产承包责任制的实行使合作医疗制度丧失了它的经济基础，由盛而衰。进入新世纪以后，党和政府又通过先试点后推广的方式，重建新型农村合作医疗制度，力图满足农民迫切的医疗卫生需求。

一、境外农村医疗保障制度的借鉴

（一）境外农村医疗保障制度简介

从世界范围来看，由于受不同的政治、经济和文化等因素的影响，各国选择的医疗保障制度也有所不同。当前世界上主要存在四种医疗保障模式，分别是国家医疗保险模式（以英国、加拿大为典型代表）、社会医疗保险模式（以德国、日本为典型代表）、商业医疗保险模式（以美国为典型代表）以及个人储蓄医疗保险模式（以新加坡为典型代表）。在四种医疗保障模式框架下，各国针对农村地区或者说满足农业人口医疗保障需求的方式又可分为两类：一类是专门针对农业人口建立相对独立的医疗保障制度，有专门的缴费水平、缴费手段和管理方法。这类国家以德国为典型，考虑到农业经营受自然因素的影响较大，农业收益不稳定，很难和其他人口实行统一的制度，因此为农民建立相对独立的医疗保障制度，由专门的医疗保险机构负责管理。另一类则不区分农业人口和非农业人口，建立全国统一的医疗保障制度，国家进行统一的管理，以增强整个医疗保障制度的公平性。这类国家通常属于福利国家或者经济转型国家,以英国为典型。鉴于我国地处东亚,政治、经济、文化都与西方发达国家存在着巨大的差别,而东亚的韩国以及我国台湾地区在农民医疗保障方面也积累了较成功的经验,值得我们借鉴和思考。

1. 德国的农民健康保险

作为世界上第一个建立医疗保险制度的国家,德国政府建立了专门的农民健康保险,起始时间比产业工人的疾病保险迟了 28 年。目前农民健康保险业务由分布在各州的 20 个农民医疗和照料保险公司负责经营,参保人包括全职农民及其家庭成员、退休农民和兼职的农民。在德国,根据法律规定,符合条件的农民必须参加健康保险并按照法定标准缴费。

缴费原则。德国农民健康保险按照高收入者多缴、低收入者少缴的原则征缴保费,一旦参加保险,所有参保人无论其缴费多少都有权获得同等的保险服务。这体现了德国健康保险“互助共济、风险共担”的社会团结理念。在征收保险费时,由于农民的收入往往难以确定,德国政府制定了相应的收入替代标准,根据每一块土地的肥力和作物单位面积平均产量确定积分体系,每个州的农场都依据其分值在州内进行排序,分为 20 个等级,农场主及农场工作人员根据每一等级制定的缴费标准进行缴费,最高级别的保险数额不得低于最低级别保险数额的 6 倍。① 同时,德国农民健康保险实行家庭保险原则,即农民缴纳保险费后,其配偶及其子女都不用缴费即可享受健康保险;对于那些每月劳动所得总收入不超过 345 欧元的家庭,无需缴纳保险费,即可享受农民健康保险。

待遇给付。德国农民健康保险项目比较完善,主要包括疾病预防、疾病治疗、病人生病期间的帮助和补助、母婴保健等,其中病人生病期间的帮助和补助是德国政府针对农业劳动者的特殊性而专门制定的。在疾病治疗中,农民去看门诊时以季为单位缴纳 10 欧元的门诊费,即看一次门诊就必须缴纳 10 欧元,以后该季度内所有的门诊都不用缴门诊费;②住院待遇方面,参保者住院所需费用

① 朱玲:《德国农民健康保险》,《瞭望》2000 年第 6 期。

② 陈兆霞:《德国农民医疗保险的保险对象及保险内容》,http://www.wuyuelaw.com/article/germanlaw/200608150109.html。

由农民医疗保险公司承担，但年过18周岁的病人在住院期间还得每天自己缴纳10欧元的住院费。病人需要缴纳住院费的时间在一个日历年内最长为28天；病人住院期在一个日历年里超过28天的，则只需要缴纳28天的住院费。门诊和住院过程中所有必要的药费以及辅材费都由保险公司负担，不属必要的部分则由病人自己负担。

制度管理。德国农民健康保险按地区合理管理基金会。目前全国拥有"农业者疾病基金会"19个，中央和州设有疾病基金联合会，负责同医院和保险医师协会确定医疗费用标准、服务范围等，基金会代表由农民直接选举产生，职责包括讨论基金会的章程、确定保险费率和选举产生基金会的常务委员会。基金会的日常工作由常务委员会负责。德国的基金管理委员会属于民间性的组织，政府不直接参与管理。

2. 英国的全民保健制度

与德国不同，英国自二战后就开始实施国家卫生服务制度（National Health Service，简称NHS），不分城市和农村，为所有居民提供建立在公共基金基础上的医疗服务。

筹资原则。英国的NHS资金主要来源于三个方面：公民以纳税人的身份向政府缴纳的一般税，公民以雇主、雇员的身份向政府缴纳类似工资税的社会保险缴费，全民医疗服务信托基金的资本积累。其中国家税收是整个NHS最主要的资金来源，如2006年整个NHS的资金中有80%来自于国家财政。雇员和雇主都根据雇员的收入来缴纳保险费，当雇员的收入低于国家颁布的最低收入标准（LEL）时，不用缴纳保险费；只有当雇员的收入高于起征点（EL）时，雇员负责缴纳从起征点到最高征收点的收入的1%作为其社会保险费，雇主则缴纳雇员收入高于起征点部分的1%作为保费，与雇员缴费相比，不存在缴费最高限制。①

待遇给付。英国NHS当初的建制理念就是无论居民的收入高低，均能按需获取医疗保健服务，因此凡是在英国拥有居住权的人就能注册成为NHS的成员，一旦注册成功，就能享受NHS提供的公费医疗。所有的医疗服务中只有牙

---

① Taxation in UK, http://www.businesslink.gov.uk/bdotg/action/detail?type=RESOURCES&itemId=1075433676。

科服务需要自己付费,且最高收费不能超过 198 英镑。

管理模式。NHS 的管理分为三个层次:卫生部、地区战略卫生局和地段卫生局。英国卫生部是 NHS 的最高行政机关,它的主要职责包括:设定 NHS 的所有战略计划,设定 NHS 的国家标准、政府基金的拨付,以及与相关伙伴合作确保 NHS 提供的服务是最好的;地区战略卫生局的职责是改善和监督地方服务,并设置和管理地方性的 NHS 战略咨询系统;地段卫生局主要负责评估本辖区内医疗保健需求情况,雇佣医疗服务人员及工作人员,在地区战略卫生局的指导下对辖区内医疗事业进行指引和管理。①

3. 韩国的农民医疗保险

作为新兴的工业化国家,韩国的农民医疗保险始于 20 世纪 80 年代。随着经济的起飞,韩国政府于 1981 年开始农民医疗保险的试点工作,1988 年扩大到全体农业人员,1989 年实行全民医保后,农民被纳入国民健康保险,属于地区参保者的行列。

缴费原则。韩国的农民医疗保险强制实行,保险经费由政府补贴和个人缴费组成。农民按户每月向保险机构缴纳保险金,保险金额根据农民的收入和财产状况分为不同的等级进行收取。以年收入 500 万韩元为基准,年收入超过 500 万韩元的家庭以税后所得和财产为基准;年收入不到 500 万韩元的家庭,按财产和生活水平(根据财产多少和有无汽车等来评价)以及参加经济活动的比例来进行计算。总共分为 100 个等级,②农民根据不同的等级缴纳不同的保费,个人和政府各负担 50%。保险机构虽然有一定权力调整收费标准,但不得超过政府规定的上限,韩国政府规定该国的医疗保险费一般占个人工资额的 3%—8%。

待遇给付。韩国政府规定居民就医时必须首先到初级医疗服务机构,例如公共卫生中心或者私人诊所,只有经过初级医疗服务机构医生的介绍才能到医院就诊。所有医疗机构被依法强制性规定为国民健康保险的服务提供者,为参保人员提供医疗服务,每月向健康保险审核评价员提出结算申请。民众就医时,

① 陈叶盛:《英国医疗保障制度现状、问题及改革》,《兰州学刊》2007 年第 8 期。

② 侯圣伟:《韩国的农村医疗保险制度》,《国际资料信息》2007 年第 2 期。

对于在综合性医院、小型医院或诊所的住院病人需自负住院总医疗费用的20%，但不管什么样的住院病人，一年内住院不得超过180天，超过的部分必须自己负担医疗费用。对于门诊病人则根据就诊医院性质的不同，个人自负的比例和金额也有所不同，居民在诊所门诊自付医药费的30%，如果到一般医院门诊部则自付50%，到综合性医院需自付55%，同时居民每看一次病必须自付4美元的挂号费。①

管理模式。在实行全民健康保险之前，韩国的农村医疗保险的管理采取社团管理模式，在行政管理和资金上都是独立的，全国共有156个农村医疗保险社团，每个社团都有自己的管理机构，自主经营。实行全民健康保险之后，国民健康保险实行单一的管理经营体系，由独立的国民健康保险公团代替政府管理，负责整个体系的运转和操作。韩国的国民健康保险管理体系包括3个部分，其中保险福利部为政府部门，主要负责制定政策、管理监督国民健康保险公团；健康保险审核评价员为中立机构，主要接受医疗服务提供者医保结算的申请，经过审核将结果报告国民健康保险公团；国民健康保险公团主要执行保健福利部的政策，根据健康保险审核评价员的审核结果将医保费用支付给医疗机构。

4. 中国台湾地区农民的健康保险制度

1985年，台湾开始实行农民健康保险制度，选定41个农会为首批投保单位，11万农会会员初次参保；到1990年，台湾地区的农民参保人群已经达到69万人。实行全民健康保险以后，台湾地区的投保人分为六种类型，农民被列为第三类被保险人。

投保对象。台湾地区将农民分为自耕农、佃农和雇农。全民健康保险法颁布以后，规定申请参加农民健康保险的资格条件为：年满15岁以上，全年从事农业工作，没有农业以外职业，自有农地林地人均0.2公顷以上或其余农地人均0.1公顷以上；承租耕地人均0.2公顷以上或林地人均0.4公顷以上；农产品销售人均收入达到投保金额两倍以上。一旦满足以上条件，必须参加农民健康保险。

① 李国鸿：《韩国医疗保险体制研究》，《国外医学》2009年（第26卷）第1期。

筹资原则。从保险基金筹集的方式来看，台湾地区农民健康保险按政府和农民双方缴纳原则进行征缴。目前根据全民健康保险法规定，农民及其眷属归为第三类保险对象，按月缴纳保险费，眷属超过 3 人时按 3 人标准缴费。保险费由农民负担 30%，政府补助为 70%。政府补助的保险费，在直辖市由“中央”主管机关负担 40%，直辖市负担 30%；在县市，由“中央”主管机关负担 60%，县市负担 10%。保险费率以 6% 为上限，费率的调整需报“行政院”批准。①

保险待遇。参加健康保险的农民缴纳保险费后可领取健保卡，发病后凭卡到特约医院、诊所以及特约药局、指定医疗检验机构接受医疗服务。台湾地区农民健康保险建立了分级转诊制度，规定患病必须先到基层医疗保健机构就诊，必要时由医师转到各级医院诊疗，农民自行负担门诊或急诊费用的 20%；如果未经转诊而直接到医院门诊就医的，按医院级别高低提高负担比例，从而使医疗资源得到合理利用。如果遇到紧急情况必须在非保险医疗机构立即就诊的，可先行垫付医疗费用，结束治疗后 6 个月内出具相关证明文件，向健保单位申请核退。

管理模式。台湾地区农民健康保险沿用主管部门垂直管理的办法，当前由台湾“卫生署”实行垂直行政管理。“卫生署”负责农民健康保险的政策规划、研制、推动以及业务的开展。具体的业务运作由下设的 4 个平行机构来负责：①健康保险局，负责执行各项保健的具体业务，下设的 6 个直属分局，直接办理承保业务、保险费收缴、医疗费用审核以及特约医疗机构管理等业务；②健康保险监理委员会，由有关机关、被保险人、雇主、保险医事服务机构的代表以及专家组成，负责监理健康保险各项业务，主要对保险政策提出建议、审议保险业务以及会计事项、稽核保险财务；③健康保险争议审议委员会，由主管机关代表、法学、医药以及保险专家组成，负责审议健康保险产生的受保人与特约医事服务机构之间的各项争议；④健康保险医疗费用协定委员会，由 1/3 医事服务提供者代表、1/3 保险付费者代表以及专家学者、1/3 相关主管机关代表组成，负责协定健康保险医疗费用，立定及复检医疗给付。②

---

① 刘丹、兰庆高：《台湾省农民健康保险制度及启示》，《农业经济问题》2006 年第 8 期。

② 参见刘丹、兰庆高：《台湾省农民健康保险制度及启示》，《农业经济问题》2006 年第 8 期。

（二）境外农村医疗保障制度的启示

通过对上述几个国家和地区的农村医疗保障制度的介绍，可以看出它们在满足农村人口的医疗服务需求方面存在一些成功经验，对于我国农村医疗保障制度的改革和发展有着借鉴意义。

1. 建立统一的医疗保障制度是大势所趋

当前西方发达国家绝大多数已实现了全民统一的医疗保障制度，一些新兴的工业化经济体如韩国、巴西、中国台湾地区等，也已实现了统一的医疗保障制度。一个统一的医疗保障制度并不意味着所有的人都享有待遇相同的医疗保障，但在整个制度的管理、基金的运行方面的一体化已经成为各国（和地区）在构建医疗保障体制中普遍采取的方式。并且随着经济的发展，医疗保障待遇上的一体化也正成为各国（和地区）医疗保障制度努力的目标。制度的一体化不仅可以增强整个保障制度的公平和效率，而且对于资源的合理配置以及整个制度体系的抗风险能力都有巨大的促进作用。在这种国际潮流下，我国也应该考虑实行统一的医疗保障制度。

2. 政府应在农民医疗保障制度构建中承担主体责任

无论哪种模式，国家的力量都是在农村医疗保障构建中最重要的力量，政府的重视和支持是农村医疗保障制度构建和发展的前提。以上介绍的几个国家（和地区）的政府主要从两个方面支持农村医疗保障制度的发展：首先，政府对农村医疗保障给予强有力的财政支持。财政补贴不仅是医疗保险资金的主要来源，同时负责为医疗保险基金兜底，从而保障整个农村医疗保障制度的平稳运行，如英国 NHS、韩国和中国台湾地区的农民健康保险的资金主要来源于政府财政，在减轻农民负担的同时，也增强了整个医疗保障基金的抗风险以及保障能力。其次，政府都肩负起农村健康保险的管理和监督责任。这些国家（和地区）在农民医疗保障方面之所以能够取得巨大的成就，与它们构建的科学的管理和监督体系是分不开的，如韩国的社团管理模式、中国台湾地区的垂直管理模式以及德国的农场分级制度等，这些制度是整个农村医疗保障制度健康发展的保障。

3. 农村医疗保障制度不断创新是其可持续发展的保证

随着时代的变化和发展，适时的制度变迁和升级是必需的。这对于正在设法构建农民医疗保障的国家来说尤为重要。西方发达国家较完善的医疗保障制度得益于其较完善的政治制度和强大的经济实力,它们的经验并不一定适用于发展中国家;广大发展中国家要敢于在结合自身国情的基础上进行制度的创新,在这点上韩国和中国台湾地区的经验值得借鉴。具体表现在管理制度上的创新,如为了更加合理的配置医疗服务资源,韩国农村医疗保险规定依据病人就诊医院性质的不同,个人自负医疗费的比例和金额也有所不同;中国台湾地区的农村医疗保险管理具有很强的开放度,从医疗保费标准的制定到医疗保障制度的监管都有社会力量的参与,极大地增强了整个制度的人性化以及透明度。为了保证整个农村医疗保障制度的可持续发展,适时的制度创新势在必行。

4. 鼓励私营部门、第三部门参与农村医疗保障制度的建设

农村医疗保险具有准公共物品的属性,存在着外部性等特征,必须坚持以政府为主导。但政府也存在失灵现象,有时政府失灵的后果比市场失灵更严重,而解决政府失灵的有效手段就是让其他非政府部门参与进来。因此在以政府为主导构建农村医疗保障制度的同时,可以考虑引入私营部门、第三部门的参与,以提高整个制度的灵活性和效率。例如德国农民健康保险按地区合理管理基金会,实行自治管理,政府并不参与进来;韩国的国民健康保险公团,不仅有效地减轻了政府的负担,也提高了农村医疗保险的效率。

二、农村合作医疗制度概述

合作医疗作为我国农村医疗保障制度的主要制度安排,在半个多世纪的变迁与发展过程中几起几落。它在计划经济时期曾较好地满足了大多数农民的基本医疗卫生需求。随着改革开放进程的加快和社会主义市场经济体系的逐步确立与完善,我国农村地区的经济和社会发展速度大大加快,但医疗卫生体系却不断恶化。长期以来,农民因负担不起高额的医疗费用,“小病扛、大病拖”已成为一种普遍现象。① 根据卫生部第四次国家卫生服务调查显示,2008 年农村地区

① 何忠伟、刘芳、夏龙等:《北京新型农村合作医疗制度实证研究》,《农业经济问题》2008 年第 8 期。

两周新发病例未就诊比例为35.6%，应住院而未住院的农民比重达到20%。未住院的主要原因是经济困难，占到70.3%。[①] 虽然与2003年的调查相比，农民未利用医疗服务的比例出现下降趋势，但总体来说仍然较高。中共十七大报告提出要改善农村医疗卫生条件，逐步推行新型农村合作医疗制度。因此，认真总结农村合作医疗制度的实践经验十分必要。

（一）历史演变

对于我国农村合作医疗制度的历史演变过程，学术界已做了较多研究，虽然具体的阶段划分有所不同，但总体上都以农村产权制度改革和新型农村合作医疗试点为主要分界点。这里分五个阶段回顾我国农村合作医疗制度的演变历史。

1. 萌芽时期（1938—1955年）

农村合作医疗最早可以追溯到20世纪30年代。在抗日战争时期，陕甘宁边区于1938年创办了“保健药社”，在1939年又创办了“医药合作社”（或称“卫生合作社”）。据史料记载，“1944年因伤寒、回归热等传染病流行，政府应群众要求委托大众合作社（当时的商业销售机构）办理，总社设在延安，资金由大众合作社和保健药社投资，并吸收团体和私人股金，政府也赠送药材等，是一种民办公助的医疗机构，采取‘中西医合作，人兽兼治’。到1946年，卫生合作社达到43个（内有两个兽医社）。”[②]在这之后，东北各省解放区为了缓和农村地区缺医少药的困难局面，也积极采用合作制，通过群众集体筹资举办基层医疗卫生机构。到1952年，东北地区1290个农村卫生所中，由合作社举办的有85个，群众集资举办的有225个，共计310个，占整个东北地区农村卫生所总数的17.4%。[③] 松江省和原热河的一些地区，还发动广大农民以粮食、鸡蛋和土豆等实物入股，建立了一批医药合作社。

---

① 中国疾病预防控制中心：《第四次国家卫生服务调查主要结果》，http://www.chinacdc.net.cn/n272442/n272530/n272742/29573.Html。

② 转引自国务院研究室课题组：《农村合作医疗保健制度研究》，北京医科大学、中国协和医科大学联合出版社1994年版，第34页。

③ 同上。（数据原文如此——引者注）

虽然这些保健药社和医药合作社等没有实行真正意义上的社会医疗保障制度,但这些机构所提供的医疗卫生保健已经具备了集体筹资和互助共济的特点,为合作医疗制度的形成与发展奠定了基础。在这个时期,一方面产权多元分散、组织体系不清晰和管理水平低等因素从客观上限制了该制度的效果;另一方面在当时的政治和战争形势下,特殊的医疗需求使群众的合作意愿强烈,农民的参合率较高。救死扶伤、控制传染病等成为制度安排的原始动力,该制度取得了超经济利益的社会效益。

2. 形成与发展时期(1955—1980年)

随着1955年农业合作化进入高潮,我国农村正式出现了具有医疗保险性质的合作医疗制度,山西、河南等省的部分地区率先建立了合作医疗。1955年初,山西省高平县米山乡建立了我国首个医疗保健站,主要做法是:①以自愿参加为基本原则。②采取农业生产合作社、医生和群众三方共同筹资的机制,其中农民缴费标准为每年人均0.2元。③参合农民免费享受预防保健服务,在就诊时只需要支付药费。④从农村选拔赤脚医生,并由卫生部门对其进行培训。⑤以预防为主,巡回医疗,上门服务。⑥保健站的日常经费来源由农业社公益金的15%—20%、农民缴费以及医疗业务收入三部分构成。⑦医生的报酬通过计工分和现金支付相结合的办法解决。这就是历史上著名的"合医、合防、不合药"的农村合作医疗制度,在当时有效地保证了农民"无病早防,有病早治,省工省钱,方便可靠"。①

1959年11月,卫生部在全国农村卫生工作现场会议上正式肯定了农村合作医疗制度,并在全国广大农村地区大规模推广。1960年2月,中央转发了卫生部《关于农村卫生工作现场会议的报告》,对合作医疗形式给予高度认可。然而,受到当时"大跃进"、"人民公社化"运动以及三年自然灾害的影响,农村合作医疗制度遭受严重的冲击。直到农村集体经济恢复之后,该制度才得以发展和完善。1965年6月,毛泽东做出了"把医疗卫生工作的重点放到农村去"的重要指示,并在次年12月亲自批复了湖北省长阳县乐园公社办合作医疗的经验,极

① 国务院研究室课题组:《农村合作医疗保健制度研究》,北京医科大学、中国协和医科大学联合出版社1994年版,第35页。

大地促进了农村合作医疗的发展。1976—1979 年间，农村合作医疗达到顶峰，覆盖率高达 90%。在如此显著的政策效果的推动下，合作医疗被载入 1978 年颁布的《中华人民共和国宪法》。1979 年，卫生部、农业部、财政部等部委还联合下发《农村合作医疗章程（试行草案）》。

农村合作医疗制度在这个时期取得了巨大的成功，“到 70 年代末期，医疗保险几乎覆盖了所有的城市人口和 85% 的农村人口，这是低收入发展中国家举世无双的成就”。[①] 合作医疗制度与农村保健站以及大量的“赤脚医生”一起，成为我国农村地区医疗卫生的“三件法宝”，被世界银行和世界卫生组织誉为“发展中国家解决卫生经费的唯一范例”。

3. 衰退时期（1980—1990 年）

20 世纪 80 年代初，我国开始全面实行经济体制改革。农村的集体经济解体，建立起以家庭联产承包责任制为主体、统分结合的双层经营模式，使得农村合作医疗失去了赖以生存的经济基础。同时，国家财政体制由“统收统支”变为“分灶吃饭”，给许多乡镇财政造成沉重的负担，乡镇财政无力为农村合作医疗提供强大的财政支持。面对经济基础和财政支持同时丧失的局面，农村合作医疗制度并没有进行及时的调整与改革，致使大部分地区的合作医疗系统迅速解体。1980 年，我国农村合作医疗行政村的覆盖率降至 58.8%，1983 年又降至 11.0%，到了 1989 年，合作医疗的覆盖率低达 4.8%。由图 8－1 可见，以参加合作医疗的行政村数量为主要表现形式的合作医疗的覆盖率，在 1976—1979 年间达到高峰之后，随着时间的推移而不断降低。到 90 年代初，合作医疗的覆盖率依然维持在很低的水平。

4. 恢复与重建时期（1990—2001 年）

进入 90 年代以来，我国政府对合作医疗制度开始了新的探索，将重建合作医疗制度作为农村医疗保障的主要政策导向。1990 年，卫生部、国家计委等部门提出了农村实现“2000 年人人享有卫生保健”的规划目标。之后相关部门陆续出台关于建立农村医疗保障制度的文件，具体见表 8－1，为农村合作医疗制

① 世界银行：《1993 年世界发展报告：投资于健康》，中国财政经济出版社 1993 年版，第 111 页。

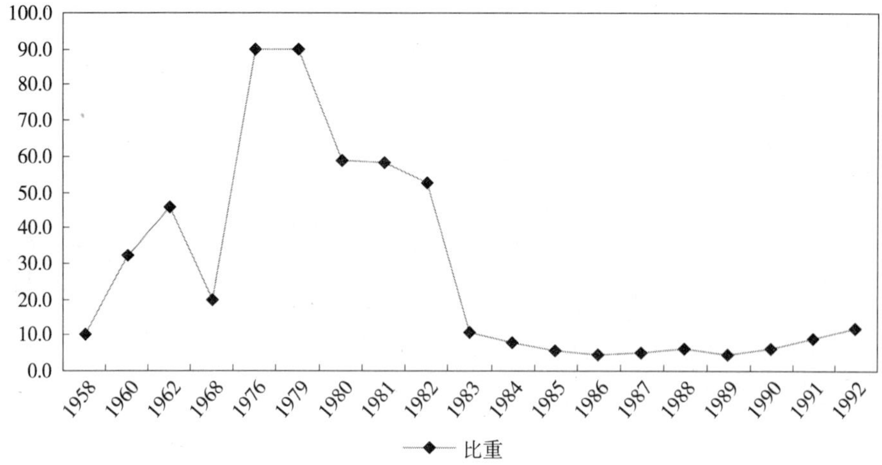

图 8－1　1958—1992 年参加合作医疗的行政村数变化趋势

资料来源：周寿祺、顾杏元、朱敖荣：《中国农村健康保健制度的研究进展》，《中国农村卫生事业管理》1994 年第 9 期。

度的发展创造了良好的政策环境。经过几年的努力，农村合作医疗制度在一定程度上得以恢复。但直到 1997 年，仅覆盖到全国 17% 的行政村，全国范围内只有 9.6% 的农村居民参加合作医疗，并且东部与中西部地区之间的不平衡现象严重。卫生部 1998 年第二次全国卫生服务调查结果显示，全国农村居民中只有 12.6% 的人口有医疗保障，其中合作医疗的比重仅为 6.5%。总体来说，农村合作医疗制度的恢复和重建未能取得预期的效果。

表 8－1　国家历年出台的关于建立农村医疗保障制度的相关政策法规

年月	发文单位	文件	相关规定
1990 年 3 月	卫生部、国家计委等	我国农村实现“2000 年人人享有卫生保健”的规划目标	明确提出：“2000 年人人享有卫生保健”的各种最低目标，包括在经济发达地区和经济不发达地区分别实现 60% 和 50% 的“集资医疗覆盖率”
1991 年 1 月	国务院转发	关于改革和加强农村医疗卫生工作的请示	明确提出要“稳步推行农村合作医疗保健制度，为实现人人享有卫生保健提供社会保障”

续表

年月	发文单位	文件	相关规定
1992 年 9 月	卫生部、财政部	关于加强农村卫生工作若干意见的通知	以自愿互利为原则，建立合作医疗，受益群众、全民、集体企业事业单位和社会团体多方筹集资金
1993 年	中共中央	关于建立社会主义市场经济体制若干问题的决定	提出："要发展和完善农村合作医疗制度"
1997 年 1 月	中共中央、国务院	关于卫生改革与发展的决定	提出："要积极稳妥地发展和完善合作医疗制度"，设立"力争到 2000 年在农村多数地区建立起各种形式的合作医疗制度"的目标，坚持民办公助和自愿参加的原则
1997 年 5 月	国务院转发	关于发展和完善农村合作医疗若干意见的通知	个人投入为主、集体扶持、政府适当支持，农民自愿缴纳合作医疗费用，属于农民个人消费性支出，不计入乡统筹、村提留
2001 年 5 月	国务院体改办、国家计委、财政部等	关于农村卫生改革与发展的指导意见	地方政府加强对合作医疗的组织领导，重申"自愿量力、因地制宜、民办公助"的原则，提倡在有条件的地方实施以县（市）为单位的大病统筹

资料来源：童星：《社会保障理论与制度》，江苏教育出版社 2008 年版，第 392 页；李和森：《中国农村医疗保障制度研究》，经济科学出版社 2005 年版，第 182 页。

5. 新型农村合作医疗制度建立时期（2002 年至今）

2002 年，中共中央、国务院颁布了《关于进一步加强农村卫生工作的决定》，明确提出："逐步建立新型农村合作医疗制度"；要求"到 2010 年，在全国农村基本建立起适应社会主义市场经济体制要求和农村经济社会发展水平的农村卫生服务体系和农村合作医疗制度"。这为农村合作医疗制度的创新与发展带来了契机。"新型农村合作医疗"即"新农合"的说法由此形成。

同年 12 月通过的《中华人民共和国农业法（修正草案）》规定："国家鼓励支持农民巩固和发展农村合作医疗和其他医疗保障形式，提高农民健康水平。"

2003年初，国务院办公厅转发卫生部等部委下发的《关于建立新型农村合作医疗制度的意见》，要求从2003年起，各省、自治区、直辖市至少要选择2—3个县（市）试点，取得经验后逐步推开。2003年7月，新型农村合作医疗制度试点工作在全国展开。经过两年多的试点后，2006年1月，卫生部等7部委联合下发《关于加快推进新型农村合作医疗试点工作的通知》，确定了扩大新型农村合作医疗试点范围，加快推进和不断完善新型农村合作医疗。“十一五”规划又把“新型农村合作医疗”作为发展农村社会事业的重要组成部分，纳入实施社会主义新农村建设的伟大工程中。①

新型农村合作医疗制度是由政府组织、引导、支持，农民自愿参加，个人、集体和政府多方筹资，以大病统筹为主的农村医疗互助共济制度。该制度与传统的农村合作医疗制度相比，主要具有以下几个特征：①政府是筹资主体。其指导思想就是“通过中央财政转移支付以及地方政府的筹集，对中西部地区和欠发达地区的合作医疗给予投资”，因此政府的财政投入受到严格的制度约束。②以大病（住院）为主要保障内容，兼顾小病（门诊）医药费用的补偿。③以家庭为参合单位，避免一人参合、全家享用的“搭便车”行为。④统筹层次提高到县（市、区），符合保险的“大数法则”，基金的保障能力和抗风险能力增强。⑤保险性质加强。参合农民和医疗机构不存在合作的产权经营关系，具有更显著的保险性质。

（二）新型农村合作医疗的现状

新型农村合作医疗目前在全国各地快速推进，但各地的具体实施情况存在差异。新型农村合作医疗是一项复杂的系统工程，不可能一蹴而就。下面通过筹资、管理和补偿三个方面概述新型农村合作医疗的现状。

1. 筹资

资金筹集是新型农村合作医疗制度运转的起点，及时足额的筹资为制度的顺利运行提供了重要保证。新型农村合作医疗实行个人缴费、集体扶持和政府资助相结合的筹资机制，并在筹资中加大了政府支持力度。在试点初期，中央政府对中西部地区除市区以外的参加新型农村合作医疗的农民每年按人均10元给予补助，

① 李华：《我国农村合作医疗变迁的制度分析》，《长白学刊》2006年第3期。

地方政府对参合农民每年按人均不低于10元给予补助,农民个人的缴费标准不低于10元。自2006年起,中央财政对中西部地区参合农民的补助提高到了20元,同时将中西部农业人口占多数的市辖区和东部部分省份困难地区的县(市)纳入中央财政补助范围;①地方财政也要相应增加10元。对于财政确实有困难的省(区、市),中央财政在2006、2007年分别增加人均补助5元,在两年内落实到位。② 2009年4月出台的《中共中央、国务院关于深化医药卫生体制改革的意见》指出,2010年各级财政对新型农村合作医疗的补助标准提高到每人每年120元。从图8-2中可以看出,新型农村合作医疗的筹资水平在逐年提高:2004年的筹资总额为40.3亿元,人均筹资为50.4元;经过几年的发展,到2008年,年筹资总额增至785亿元,人均筹资达到96.3元,人均筹资水平近乎提高了一倍。

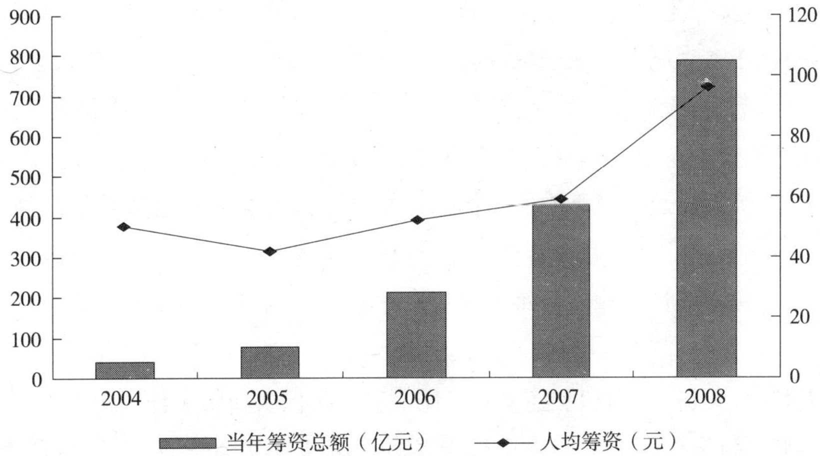

图8-2　新农合筹资标准(2004—2008)

资料来源:中华人民共和国卫生部:《2009年中国卫生统计提要》,http://www.moh.gov.cn/publicfiles/business/htmlfiles/zwgkzt/ptjty/digest2009/T7/sheet002.Htm。

由于各地农村经济社会发展状况很不平衡,相应地,东部、中部和西部地区新型农村合作医疗的筹资水平存在差异。东部地区以江苏省为例,2008年全省

① 程漱兰:《中国农民医疗现状与对策》,《参考消息》第12版,2005年10月27日。

② 张磊、贺雪娇:《剖析新型农村合作医疗制度的筹资意愿和能力》,《农村经济》2007年第5期。

新型农村合作医疗参合人数共4454万,筹资总额为54.75亿元,其中,省级财政补助资金16.38亿元,地方各级财政补助资金24.11亿元,农民个人缴费13.25亿元,其他渠道来源1.01亿元。政府补助资金占筹资总额的73.95%,农民个人缴费占筹资总额的26.05%,人均筹资水平近123元。① 湖北省作为中部地区的典型代表,2007年参合农民共计3246.5万人,筹资总额为17.60亿元,人均筹资水平仅有54.21元。② 西部地区由于地方政府财政和农民个人的筹资能力低,从总体上来说,新型农村合作医疗的人均筹资水平相比东部和中部地区则更低。

2. 管理

新型农村合作医疗的管理主要包括组织的管理和基金的管理两个方面。

从组织管理体制来看,新型农村合作医疗制度均采用乡办县统筹。《国务院办公厅转发卫生部等部门关于建立新型农村合作医疗制度意见的通知》规定:新型合作医疗制度一般采取以县(市)为单位进行统筹;在管理层级上,建立县级、乡镇级、村级等三级管理体系。县级人民政府成立由有关部门和参加合作医疗的农民代表组成的农村合管会,根据需要在乡(镇)设立派出机构(人员),并在省、地级人民政府成立农村合作医疗协调小组。县一级合管会下设经办机构,负责具体业务工作;并在各级卫生行政部门内设立专门的农村合作医疗管理机构,主要负责决策合作医疗每年的实施方案、监督基金管理组织及定点医疗服务机构、协调各部门开展工作。乡镇级合作医疗管理办公室一般设在当地的乡镇卫生院内,人员多为兼职,办公室主任一般由防保所所长兼任。

新型农村合作医疗基金由合管会及其经办机构负责管理,实行专户管理。县级合管办经同级财政部门批准,在具有资质的国有商业银行或农村信用社设立新型农村合作医疗基金收入户和支出户。收入户用于收缴农民个人上缴的合作医疗基金,乡镇集体经济组织、社会团体和个人对合作医疗的资助、捐赠等,并在规定的时间内向同级财政专户上缴所征收的基金。支出户用于按规定支付农

① 江苏省卫生厅:《江苏新型农村合作医疗简报》2009年第1期(总第45期),http://www.jswst.gov.cn/gb/jsswst/zxgz/yl/userobject1ai21523.Html。

② 湖北省卫生厅:《2007年湖北省卫生事业发展简报》,http://www.hbws.gov.cn/msg_detail.jsp?msg_info_id=20080226160359000001&mId=8&t_id=00070018。

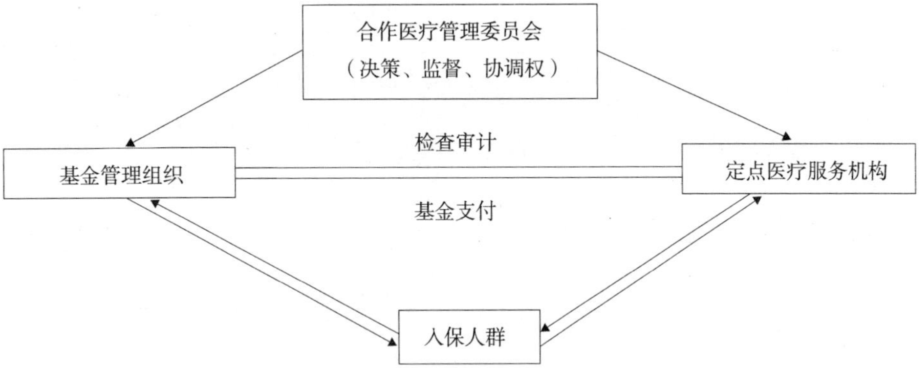

图8－3　农村合作医疗基本组织管理模式示意图

民的医疗补助费用。在基金的运作程序上，实行收支两条线管理。由县级财政部门在同级国有商业银行开设"新型农村合作医疗基金财政专户"，用于基金的筹集、拨付和使用，农民群众住院发生的医药费全部由收治的定点医疗机构直接报销，经合作医疗经办机构审核报财政部门复审后，将医疗机构的垫付资金由财政专户直接拨付到定点医疗机构。切实做到基金的安全、封闭运行。此外，各级纪检、监察、财政、审计等部门成立合作医疗监督委员会，对基金的筹集、使用和管理定期或不定期地进行监督检查，对挤占、挪用、贪污合作医疗基金的单位和个人做相应处罚，确保基金的安全。

3. 补偿

新型农村合作医疗在2003年启动之初，确立的是大病统筹的补偿原则；然而仅对大病进行保障难以在农村地区广泛实施，因此后来在试点中新型农村合作医疗增加了对小病的保障。截至2004年底，全国有28%的试点县实行住院大病补偿模式，有72%的试点县实行住院和门诊兼顾的模式。根据门诊费用补偿模式的区别，住院和门诊兼顾的补偿模式又分为设立门诊统筹基金和设立家庭门诊账户两种类型。其中有65%的试点县实行家庭门诊账户模式，7%的试点县实行门诊统筹模式。①

① 左延莉、胡善联、刘宝、江芹：《新型农村合作医疗门诊统筹模式与家庭账户模式的比较研究》，《中国卫生经济》2006年第12期。

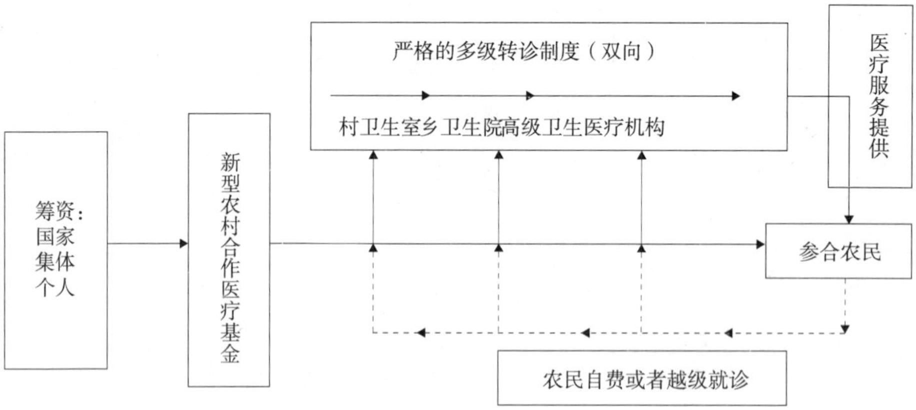

图8－4　农村新型合作医疗基金筹资、支付运行示意图

大病统筹模式有76%集中在东部地区，中部占16%，西部只占8%。[①] 这种模式的优点在于抗风险能力较强，同时便于管理，节省管理成本。但也存在不少缺点，主要表现在：①容易诱发逆向选择，不利于建立稳定的筹资机制。年轻和健康人群由于没有生大病住院的预期而低估参合的重要性，而高危人群却非常愿意参加。如果低风险保户（年轻和健康人群）首先退保，那么高风险者就成为合作医疗的参保主体；高额的医疗费用支出要求提高筹资标准，这就进一步促使低风险保户退保，逆向选择便会出现。这种逆向选择很可能会威胁筹资工作的持续开展以及整个政策目标的实现。②参合人群受益面窄，缺乏可持续性以及可推广性。据统计，单纯的大病统筹补偿只能覆盖3%—5%的患者，[②]仅保大病相当于放弃了对大多数人基本医疗需求的保障责任，导致参合人群受益面窄，其结果必然影响到新型农村合作医疗制度的可持续性和广泛推广。③保障程度低，补偿以外的自付费用依然较高，农民无法真正得到实惠。据统计，各地试点的住院费或大额医疗费用报销一般占总费用的30%左右，[③]在这种情况下，一方

① 张奇林、杨红燕：《中国医疗保障制度改革研究——以美国为借鉴》，武汉大学出版社2007年版，第116页。

② 邵海亚、孟国祥：《新型农村合作医疗补偿模式现状分析》，《医学与哲学》2006年第27期。

③ 邵海亚、孟国祥：《新型农村合作医疗补偿模式现状分析》，《医学与哲学》2006年第27期。

面农民生了小病得不到补偿；另一方面患大病者又因为起付线、封顶线的设置仅能获得有限的报销，自己仍然需要承担较多的费用。因此，农民无法真正得到实惠。

住院和门诊兼顾的补偿模式已被越来越多的地区所接受，国家卫生主管部门也鼓励这种补偿模式。主要原因在于其不仅能扩大受益面，提高农民参合的积极性，同时有利于参合农民及时就医，促进小病防治工作的开展。门诊统筹与家庭门诊账户这两种模式又各具特色和缺陷。住院统筹加家庭门诊账户模式有80%集中在中西部地区，①其优点在于吸引农民以家庭为单位参保，缓解逆向选择问题，并能扩大覆盖面。但类似于城镇职工医疗保险中的个人账户，也会造成基金沉淀，分散基金的抗风险能力；此外还增加了管理成本。住院统筹加门诊统筹模式有78%集中在东部地区，19%在中部地区，②其优点是培养农民互助共济的意识，鼓励及时就医，提高门诊服务的利用率和合作医疗的收益率，增强新型农村合作医疗制度的吸引力。但由于各地门诊量大，报销手续麻烦，在经办机构信息化程度较低的情况下，无法做到即刻报销；并且管理成本高，监管和控制道德风险的工作难度很大。

在补偿水平上，由于筹资水平存在差距，东部、中部和西部地区总体上也呈现高、中、低三个档次。东部地区仍以江苏省为例，2008年新型农村合作医疗住院补偿39.18亿元，门诊补偿10.62亿元，全年万元以上补偿人次5.18万人，基金使用率达到93.13%。从住院费用补偿情况看，全年人均住院医药费用4139元，补偿额达到1625元，接近住院总费用的40%，有效减少了参合农民因病致贫和因病返贫现象。③ 位于中部的湖南省，2007年上半年新型农村合作医疗基金共支出6.75亿元。其中，住院医疗补助90.34万人次，补助金额63567.9万元，人均补助为703.6元，费用补偿率为30.35%；家庭门诊账户补助40.89万人次，补助金额752.2万元，次均补偿额为18.40元；特殊慢性病门诊4.05万人

① 张奇林、杨红燕：《中国医疗保障制度改革研究——以美国为借鉴》，武汉大学出版社2007年版，第116页。

② 同上书，第116页。

③ 江苏省卫生厅：《江苏新型农村合作医疗简报》2009年第1期（总第45期），http://www.jswst.gov.cn/gb/jsswst/zxgz/yl/userobject1ai21523.Html。

次,补助金额963.9万元,次均补偿额为238元。全省的统筹基金使用率为35.73%,其中一些较晚开始试点的县(区、市)统筹基金使用率仅为24.5%,实际住院补助率为29.41%,补偿水平一般。[①] 西部地区经济发展水平最低,新型农村合作医疗的补偿水平也最低。如云南省几个试点县龙陵、会泽和香格里拉等地在2003年试点之初,次均门诊提供的补偿水平仅有4至8元,次均住院提供的补偿约400至600元,补偿水平非常低,对于保障农民医疗需求发挥的作用十分有限。[②]

(三)新型农村合作医疗制度运行中存在的问题

新型农村合作医疗从2003年下半年开始试点至今,取得了较为明显的成果。到2008年底,全国开展新农合的县(区、市)数量为2729个,参合人数达到8.15亿,参合率为91.5%,当年的补偿受益人次多达5.85亿次,[③]在一定程度上减轻了农民的医疗经济负担,同时在保证医疗卫生机构获得经济效益的基础上,为其创造了良好的社会效益。然而,在各地的实践中也存在一些问题。

1. 筹资水平低

虽然新型农村合作医疗的筹资水平在逐年提高,但总体上仍然维持在较低的水平。由北京大学医学部、中国社会科学院、农业部农村经济研究中心等机构在2006年对新型农村合作医疗制度运行情况所做的评估研究结果显示,仅有5%的农民认为目前筹资水平过高。和国外农村医疗保障相比,我国新农合筹资标准明显偏低。如实行全民免费医疗的英国,雇员需缴纳其收入高于起征点到最高征收点部分的1%作为其保险费,而雇主缴费更是没有封顶点;韩国农民健康保险缴费也通常在农民年收入的3%—8%。而我国以经济较发达的江苏省为例,2007年的人均筹资达到76元,以该年江苏省农村居民人均纯收入6561

① 湖南省卫生厅:《湖南省合作医疗工作动态》第15期,http://www.hnhzyl.cn/hzyl_wz.asp?wzid=758。

② 张奇林、杨红燕:《中国医疗保障制度改革研究——以美国为借鉴》,武汉大学出版社2007年版,第125页。

③ 中华人民共和国卫生部:《2009年中国卫生统计提要》,http://www.moh.gov.cn/publicfiles/business/htmlfiles/zwgkzt/ptjty/digest2009/T7/sheet002.Html。

元计算，筹资只占人均纯收入的1%，更遑论经济发展水平更低的中西部农村地区了。在如此低的筹资水平下，要想建立待遇水平较高的农民医疗保障制度显然是不可能的。因此当我们的补偿比例逐渐与国际看齐的同时，筹资比例也应该逐步提升。

2. 保障范围窄、补偿水平低

目前，一些地区的新型农村合作医疗的保障范围仍局限于大病，即只对住院费用给予报销。这在一定程度上造成了逆向选择、参合人群受益面窄以及保障程度低的问题。即使部分地区将门诊纳入了保障范围，但由于在报销时要以《新型农村合作医疗药品目录》为依据，相比城镇职工医疗保险和城镇居民医疗保险所参照的《城镇职工医疗保险药品目录》，该目录收录的药品种类较少、高档药不多，因此有些参合农民仍然享受不到报销优惠。

补偿水平低也是新型农村合作医疗的一个突出问题。2008 年全国新型农村合作医疗基金支出总额为 662. 0 亿元，补偿受益人次为 5. 85 亿人次，次均补偿额度仅有 113. 16 元。① 而同年卫生部门综合医院门诊病人次均医药费用为 146. 5 元，住院病人人均医药费用更是高达 5463. 8 元，②报销的部分对于如此高额的医疗费用来说是杯水车薪。新型农村合作医疗的最终目标就是帮助农民从根本上缓解因病致贫、因病返贫的问题，但一方面该制度补偿水平低的问题客观存在；另一方面作为补充安排的农村医疗救助制度所能提供补偿的资金有限，相关研究显示，仅有 15% 的救助对象能够获得 60% 以上的医疗费补偿。③ 因此，农民一旦患了大病住院，仍然需要自付较高的医疗费用。补偿水平低严重制约了农民参合的积极性。

3. 经办资源短缺

经办资源短缺是阻碍新型农村合作医疗经办效率提高、各项工作顺利开展的一个难题。经办资源短缺的突出表现是专业人员严重缺乏。很多地方工作人

---

① 中华人民共和国卫生部：《2009 年中国卫生统计提要》，http://www. moh. gov. cn/publicfiles/business/htmlfiles/zwgkzt/ptjty/digest2009/T7/sheet002. Html。

② 中华人民共和国卫生部：《2008 年我国卫生事业发展统计公报》，http://www. moh. gov. cn/publicfiles/business/htmlfiles/mohwsbwstjxxzx/s8208/200904/40250. Html。

③ 张冉燃：《在挑战中“扩面”》，《瞭望》2007 年第 19 期。

员的编制没有落实，而且长期超负荷工作影响了工作质量。随着经办工作的不断增加，有些地方依靠临时借调或聘用人员开展工作，虽然在一定程度上缓解了工作压力，但由于缺乏专业背景和专门培训，造成工作人员综合素质参差不齐，影响了工作质量和管理队伍的稳定性。经办经费不足也是不容忽视的。由于大多数地方的合作医疗经办经费缺乏明确标准，随意性较大，大部分经费靠卫生局自己解决，难以满足日常经办支出的需要，进而导致很多工作无法按照计划正常开展。此外，信息化程度低下的现象在大多数地方普遍存在。在257个首批试点县中，有80%的县使用了计算机管理，但其中46%的县尚未实行网络管理。

4. 基金监管不到位

在新型农村合作医疗部分试点地区的实践工作中存在着基金监管弱化的问题。虽然县级政府已加大监督力度，成立合作医疗监督委员会，并建立审计监督、社会监督及群众监督等制度，但这些监督只属于事后的或外在的监督，缺乏直接的制约机制和有效的监督措施，新型农村合作医疗基金支出存在失控的潜在风险，尤其是对定点医疗机构的监管不到位，给基金造成了不必要的流失。县医院、乡镇卫生院和村卫生室作为新型农村合作医疗主要的定点医疗机构，是新型农村合作医疗制度发挥保障作用的重要平台，同时也是发生医疗费用、需要基金支付的重要环节。然而，由于新型农村合作医疗实行第三方付费机制，定点医疗机构为追逐经济利益故意作为的空间增大，可能利用专业优势和垄断地位诱导需求，提供过度服务，造成新型农村合作医疗基金的不合理支出，影响基金的使用效率和制度的可持续性。一些地方的定点医疗机构存在不合理使用药物、不遵循诊疗规范和常规、不合理化验与仪器检查、病历书写和病历管理不规范、不坚持出入院标准、随意提高复诊率和重复住院率等不规范服务诊疗行为，以及重复收费和分解收费、乱计费和升级收费、自立项目和巧立名目收费、无医嘱计费、不按医嘱提供服务却收费等不规范收费行为。① 定点医疗机构的监管缺乏制度和体制保障，客观上形成了医疗服务提供方对新型农村合作医疗基金的潜在威胁，同时也在一定程度上限制了参合农民的医疗需求得到有效满足。

---

① 杨金侠、李士雪:《对新型农村合作医疗定点医疗机构不规范行为监管的思路探讨》,《中国卫生经济》2006年第1期。

三、新型农村合作医疗制度发展的思考

新型农村合作医疗制度作为农村医疗保障的重要制度安排，是当前或未来时期里对我国农村地区健康人力资本的一种有效投资，其运行效果的好坏对于我国农村经济社会的发展有着深远的影响。要实现新型农村合作医疗制度的可持续发展，不仅要针对制度本身的缺陷，完善制度设计，还要关注来自经济社会等外部环境的变化，从而保证系统内部高效运转，并与外部环境协调统一。

（一）新型农村合作医疗制度可持续发展的外部影响因素

随着试点和推广工作的不断深入，新型农村合作医疗制度本身的弊端日益凸显，一些外部因素也对新型农村合作医疗制度的可持续发展产生影响。

1. 全球化进程加快

当今，全球化进程加快成为世界发展的新趋势，其核心表现形式为经济全球化。在20世纪80年代中期以后，经济全球化在发展的速度、深度和广度上都超越了以往，具体表现为商品、服务、资本、劳动力和观念的跨国流动，不同国家之间的经济关联性和依存性增强，且为解决全球问题而采取集体行动。

从整体和长远看来，全球化能够推动经济的快速发展，提高对农产品的需求，也有助于农业内部资源的合理配置，提高生产和流通的效率。但是，全球化短期内对农业和农村部门的发展还是有一定负面影响的，其中最显著的是降低了该部门的重要性，也减少了该部门在国民经济中的份额。① 如今我国已进入全球化的国际大环境，广大农民也面临着全球化的不利影响：一方面，目前世界市场在很大程度上已被发达国家占领，同时产业结构也以资金密集型为主导，我国的就业和劳动力结构的转换空间有限。另一方面，我国的大部分农民都是依靠小规模的农业生产维持生计，然而全球化使得拥有生产、流通和金融领域规模经济和成本优势，并享受高额政府补贴的进口农产品大量涌入我国，大大加剧了我国农产品市场竞争的激烈程度，导致农业劳动力和农村人口的收入面临急剧

① 钟甫宁、樊胜根、温思美：《全球化与小农》，中国农业出版社2005年版，第43页。

下降的风险。此外,就业和收入的压力、资源退化、生活环境的恶化等,可能会在不同程度上威胁到农民的健康。因此,新型农村合作医疗制度能否适应全球化的发展,满足新时期农民的医疗需求,是摆在我们面前的一个重要课题。

2. 城市化进程加速

美国经济学家刘易斯(A. Lewis)于1954年提出了著名的二元经济结构理论,他认为:发展中国家在发展过程中普遍存在二元经济结构,即“现代的”部门与“传统的”部门并存,前者依靠自身的高额利润和资本积累,从后者获得劳动剩余并不断发展;在工业发展到一定程度以后,通过市场调节,使后者向前者转化,最终形成一元化的经济结构,实现经济现代化。随着经济的发展,城市化在我国逐步展开。2006年底,我国城市人口为5.77亿,农村人口为7.37亿,城镇化水平为44%,即城市人口与农村人口的数量比约为4.4∶5.6;若平均以每年1.2%的速度推进城市化进程,到2020年这一数量比将达到6∶4。

随着城镇化进程加速,农民工成为一个新的社会群体。2008年末,全国农民工总量为22542万人,其中外出农民工数量为14041万人。[①] 这个群体为城市的建设和快速发展做出了重要贡献,他们中的许多人已经与城市无法分割,应当享有普通市民所享有的社会保障,尤其是最基本的医疗保障。然而到2008年末,参加城镇职工医疗保险的农民工人数仅为4266万,不到农民工总数的20%,大部分农民工都无法享受医疗保障。新医改方案指出:对于签订劳动合同并与企业建立稳定劳动关系的农民工,要明确用人单位缴费责任,将其纳入城镇职工基本医疗保险制度;除此之外的农民工参加户籍所在地新型农村合作医疗或务工所在地城镇居民基本医疗保险。在现在各地的试点实践中,新型农村合作医疗大多实行“原籍参合、原籍报销”的办法,即外出农民工要在户口所在地参合并享受补偿,这就给农民工的异地就医结算造成麻烦。因此,探索方便外出务工农民就医、简化报销程序的有效方式,以及在农民工务工城市确定新农合定点医疗机构等,都是现阶段新型农村合作医疗制度亟待解决的问题。

① 人力资源和社会保障部:《2008年度人力资源和社会保障事业发展统计公报》,http://www.stats.gov.cn/tjgb/qttjgb/qgqttjgb/t20090519_402559984.Html。

3. 人口老龄化加剧

人口老龄化是指60岁及以上的人口在总人口中的比例超过10%，或者65岁及以上的人口在总人口中的比例超过7%。由于生育率下降和预期寿命延长，20世纪世界上大多数发达国家和发展中国家老年人口的绝对数量和相对比例都有了较大幅度的增加，逐步迈入老龄化社会。进入21世纪后，人口老龄化浪潮将进一步席卷全球。历次人口普查数据显示，1953年、1964年、1982年、1990年和2000年，我国65岁及以上人口在总人口中的占比分别为4.40%、3.56%、4.91%、5.57%和6.96%。根据2005年1%人口抽样调查所得数据，我国60岁及以上人口在总人口中的占比达到11.03%，其中65岁及以上人口占到总人口的7.69%。① 按照上述的标准判断，我国已正式进入老龄化社会。图8－5清晰地显示出我国老龄化程度加剧的过程和趋势。

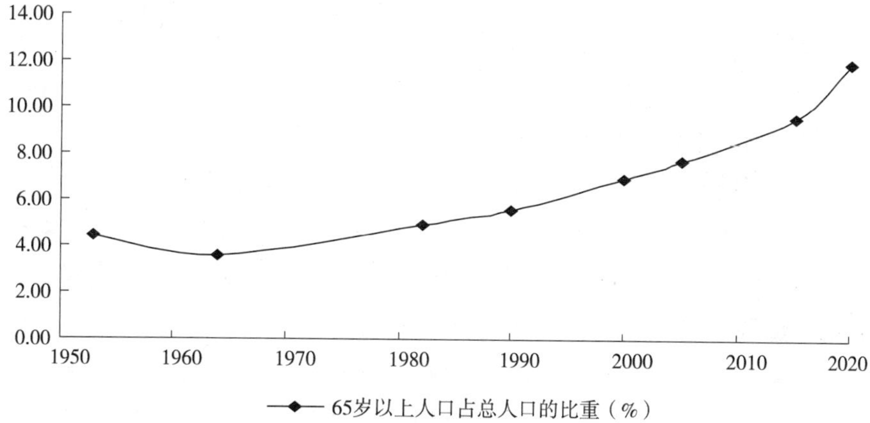

图8－5　我国65岁及以上人口在总人口中的占比（1950—2020）

国外的统计数字表明，免疫力相对较低的新生儿和老年人是对医药需求量比较大的两类人群，其中又以80岁以上的老年人需求为最大。青壮年的医药需求则相对较少，尤其是5—15岁的青少年，其对医药的消费量最低。据测算，在

① 中华人民共和国国家统计局：《2005年全国1%人口抽样调查主要数据公报》，http://www.stats.gov.cn/tjgb/rkpcgb/qgrkpcgb/t20060316_402310923.Html。

医疗服务价格不变的条件下，人口老龄化导致的医疗费用负担年递增率为1.54%，未来15年人口老龄化造成的医疗费用负担将比目前增加26.40%。[①]当前，我国老龄化趋势日益严重，这必将导致对医药的需求逐渐增加，进而造成医疗费用的快速上涨。诚然，人口老龄化给所有医疗保障制度都带来了挑战，但新型农村合作医疗制度作为一项惠及数亿农民的公共服务，由于其保障的人群在老年后一般都没有固定的收入来源，在疾病风险增加的情况下，对该制度的依赖性更强，因此该制度面临的挑战将更加严峻。

（二）促进新型农村合作医疗制度可持续发展的对策建议

保障新型农村合作医疗制度的可持续发展，完善农村社会保障体系，是农村改革的重要组成部分，是实现农村腾飞的重要保证。那么，新型农村合作医疗如何针对制度设计和制度运行中存在的问题，并结合外部环境的变化做适当的改革和调整呢？可以从以下五个方面进行努力。

1. 加大财政投入，拓宽筹资途径

新型农村合作医疗制度具有准公共产品的性质，客观上要求财政支付部分成本。福利经济学也指出，国民收入分配愈是均等化，社会经济福利就愈大。医疗保障作为社会再分配机制的一部分，应当协调医疗保障制度和医疗卫生资源配置方面的城乡差距，加大对农村医疗保障的转移支付力度，提高社会弱势群体尤其是农民、贫困者的福利，从而提高社会总体经济福利。由此可见，加大对新型农村合作医疗的财政投入是政府的必然选择。一方面要提高参合农民的财政补助标准，增加制度的吸引力；另一方面可以尝试财政预付模式，即先根据各地实有农村人口总数将各级财政补助资金全部纳入合作医疗基金专户，然后与参合农民的实际缴费汇总，成立合作医疗基金。在向参合农民支付医疗费用时，仅使用财政投入部分。这样做可以淡化“谁参加合作医疗就补助给谁”的观念，引导农民主动参合。[②]

在加大财政投入的同时，还应当积极拓宽筹资途径。由于新型农村合作医

① 张媛：《人口老龄化对医疗保险的影响》，《中国卫生经济》2006年第4期。

② 张立承：《新型农村合作医疗制度的公共政策分析》，《中国农村经济》2006年第5期。

疗在实际运行中只有政府和个人两个筹资主体，相比城镇职工医疗保险缺少了企业这一主要筹资渠道，既增加了农民缴费负担，也不利于基金规模的扩大。因此应充分发挥集体经济的作用，在经济发展较好的地区，村可以适当对新型农村合作医疗给予资助。此外，可以鼓励和引导民营资本和其他社会资本特别是各种非政府组织进行投资，如引进一部分慈善组织的资金。

2. 扩宽保障范围，提高保障水平

我国农村合作医疗在实施之初，曾坚持防治结合、预防为主的原则，然而时至今日，仅局限于疾病保障的范畴，保障的范围仅仅包括与疾病治疗直接相关的项目，甚至有些地区只对住院大病进行保障。目前国际上大多数国家的医疗保障都属于健康保障的范畴，保障的范围不仅包括疾病治疗，还包括预防保健、健康护理等项目。疾病保险与健康保险的区别不仅是保障范围的大小，而且还体现了健康观念的不同以及对医疗保障政策和策略的选择问题。预防疾病带来的效益大于建设医院以及治疗这些疾病所带来的效益。① 因此，将医疗保险与预防保健紧密结合，从目前的疾病保险制度逐步发展到健康保险制度，这才是新型农村合作医疗制度的可持续发展之路。那么，在新型农村合作医疗的日常管理经费紧张的情况下，如何开展预防保健工作呢？各地可以尝试从合作医疗基金的利息收入中提取一部分作为预防保健工作的专项资金，在维持合作医疗基金平稳运行的前提下，为预防保健工作的顺利实施提供资金保障。具体的工作则可以以乡镇卫生院为平台来开展，如定期为参合农民进行体检，举办健康讲座，增加农民的基础保健知识，强化农民的保健意识等。

如果在筹资水平不变的情况下，同时扩宽保障范围并提高保障水平，必然会造成新型农村合作医疗基金的大量支出，给基金的稳定运行带来风险。然而，提高保障水平又是从根本上发挥新型农村合作医疗作用的途径。实际上，筹资水平低是导致补偿水平不高的直接原因。因此，现阶段应根据当地的经济发展水平逐步提高筹资水平，在此基础上，降低起付线、提高封顶线、增加报销比例，为参合农民提供较高水平的保障。

① 转引自程晓明：《卫生经济学》，人民卫生出版社 2007 年版，第 2 页。

3. 加强经办机构建设

新型农村合作医疗经办机构在医患保三方关系中具有控制全局和保障各方利益的协调功能，并且是直接面向参合农民的服务机构。随着新型农村合作医疗覆盖面日益增大，群众对经办管理水平的要求不断提高，但目前各地经办机构的建设却存在滞后的现象，因此加强经办机构建设、提升经办能力是一项迫切而艰巨的工作。首先，政府对经办机构的投入是基础。经办机构作为向社会提供公共服务的机构，政府应当充分保证其正常运转的经费，并将工作人员纳入编制，激发其工作热情。其次，经办人员的业务素质是关键。要在专业人员的选拔和培养方面有所创新和突破，积极引入懂经济、懂管理、懂医学、懂保险精算及计算机操作管理的高素质人才，同时加强对现有人员的业务培训，提高其专业技能。再次，高度的信息化是保障。通过实现信息化操作，为广大农民的参合、缴费、结算等服务提供方便快捷的平台，从而提高经办效率和参合农民的满意度。最后，先进的服务理念是核心。应真正做到"以参保者为导向"，改善服务态度，树立服务意识，提高经办服务的效能。

4. 完善基金监管

首先，坚持和完善多元化的监督主体。经办机构既负责筹集资金，又负责审核支付，可能使基金得不到合理运用，因而要实行多方共同监督的机制。鼓励参合农民、相关社会成员、新闻媒体等定期或不定期地，以正式或非正式的渠道对基金的使用情况加以监督，还可以尝试由专业的商业保险机构对基金进行监管。其次，要加强基金的事中监控。所有合作医疗资金都要进入财政专户储存、管理，从而建立农税或乡镇卫生院等部门单位代收、代理银行专户储存、经办机构审核费用、财政部门复核开单、代理银行直拨医疗机构的收、管、审、核、付相分离的基金监管新模式。统一基金代理银行，在各省范围内确定合作医疗基金代理银行，银行网点要从省一直延伸至县、乡，从而实现省级合作医疗管理机构和财政部门网上适时全面了解全省合作医疗基金的收支情况，提高合作医疗基金监管水平。再次，在加强对定点医疗机构外部监督的同时，要激励其主动规范医疗行为，控制医疗费用。如在结算方式上，探索实行以总额预付制为基础的多元化结算方式，促进定点医疗机构自觉降低医疗服务成本；加强对定点医疗机构的合同管理，规定定点医疗机构的权利和义务，为具体工作提供明确的标准；建立定点医疗机构的准入和退出机制，使得医疗机构在良性的竞争中不断提高服务质量，将医疗费用控制在合理的水平。最后，还要加强对基金监管的法律约束。所有的监管只有在法律的严格控制之下才具有强制性，才能对基金运行的各个环节加以全程的、有效的控制。

5. 探索城乡医保统筹

目前新型农村合作医疗补偿水平低、缺乏小病保障，既不能真正解决农民因病致贫、因病返贫问题，也难以满足富裕起来的农村居民的医疗保障需求。同时，城乡分治、割裂运行的二元医保管理体制弊端颇多，主要表现为：①多头管理、条块分割问题突出，既不利于医保管理资源的整合和有效利用，也不利于政策之间的衔接以及城乡人员的合理流动。②医疗保障统筹层次低，抗风险能力差。目前三项医疗保险基本上都是以市、县一级统筹为主，由于统筹层次较低造成地区差别较大，并且由于各地的人口结构特征难以满足医疗保险运行的大数法则，不利于医保基金安全和可持续发展。③随着城乡一体化进程加速，城乡之间、工农之间界限日渐模糊，劳动力岗位变换、就业结构和个人社会身份变更频繁，两部门分割管理体制不利于医保关系衔接，使医疗保险异地转移、个人账户和参保年限接续等问题愈发突出。

既然医疗保障的城乡二元结构迫切需要改变，那么现阶段我们应该如何探索实现城乡医保统筹呢？我国台湾地区实现全民医保的过程有直接的借鉴意义。台湾地区自1950年“劳工保险办法”颁布后，陆续实施了公务人员健康保险、劳工保险、农民健康保险等13种医疗保险；但到1994年仍然有近700万人口尚未纳入健康保险体系，占总人口的42%。1985年，台湾地区推动实施“筹建医疗网计划”，使医疗机构得到整合，有力地推进了全民健保制度的实施。首先，设置“健保局”为保险人统一承保业务，大大增进了管理效率，降低了行政成本。其次，由于各种医疗保险在制度上存在差异，一方面增加了保险的行政成本，同时也造成保险人之间的权利与义务不对等，影响了医疗服务的效率。针对这一问题，台湾地区建立了单一的健康保险体制，将参保人划分为六类，强制所有居民参保。根据民众经济能力，划分不同的健保保险费负担比例，有钱人自己多负担保险费，没钱人少负担或者不负担保险费，但享受到的健保医疗待遇是完全一样的。到2005年，台湾健保投保率已达99%，真正实现了全民健康保险制度。

城乡医保统筹是医保工作现阶段的迫切要求,也是未来的发展趋势。我们在完善和发展新型农村合作医疗制度的同时,还要高瞻远瞩,学习国内外成功实行城乡医保统筹地区的经验,根据各地的实际情况,积极地探索实现城乡医保统筹,创造城乡医保统筹的各项条件,提高农民的医疗保障水平,从更高的层次上实现新型农村合作医疗制度的目标。

第九章　农村最低生活保障制度

在相当长的时间里，我国对农村贫困人口实行的是临时性社会救济。如在建国之初，灾民、难民、散兵和孤老残幼群体是这一时期社会救济的主体。1950—1954年间，国家共发放10亿元农村救灾救助款和大量的救济物资；开展捐"一把米"、"一件衣"、"一元钱"活动，支援困难群众；同时，减免困难农户的农业税，减免军烈属和贫困农民的公粮。① 但这种社会救济是不定期、非连续的。后来所实施的五保户供养的模式也不是大量解决农村贫困问题的最优选择。从20世纪80年代开始，一些地方政府开始了农村社会救助工作改革的探索，这些改革为后来建立农村居民最低生活保障制度提供了启发和借鉴。

一、我国农村最低生活保障制度的演变

农村最低生活保障制度（以下简称"农村低保制度"）从1994年在山西省阳泉市初创，至今已历时16年，大致可分成以下几个阶段（见表9－1）。

① 吴小武：《中国农村社会救助及最低生活保障制度研究》，2004年武汉大学硕士学位论文，第24页。

表9－1　我国农村最低生活保障制度的发展

	试点、探索阶段	推广阶段	全面建立和完善阶段
时间	1994—2001 年	2002—2007 年	2008 年至今
主要任务	农村低保制度的探索	农村低保制度的全面推广	完善和落实低保制度，摸清低保对象，做到应保尽保，规范低保工作
主要成就	①1994 年，山西省阳泉市率先开展建立农村社会保障制度的试点 ②自 1997 年开始，部分有条件省市已逐步建立农村最低生活保障制度。到 2001 年底，已有河北、广西、陕西、山东、江苏、浙江、广东等 16 个省、直辖市、自治区全部建立了农村最低生活保障制度。全国除重庆市以外的 30 个省（市、区）有 1993 个县（市、区）建立了农村最低生活保障制度，占县（市、区）总数的 73%	到 2007 年底，全国 31 个省（自治区、直辖市），2777 个涉农县（市、区）已全部实施了农村低保制度，农村低保保障人数达到 3566.3 万人（1608.5 万户），平均低保标准 70 元/人·月，全年共发放农村最低生活保障资金 109.1 亿元。这表明我国低保体系已基本城乡统筹起来，“全民低保”进入攻坚阶段	保障对象逐年增加，保障标准逐步提高，基本实现应保尽保。农村最低生活保障制度在全国范围内普遍建立。截至 2008 年底，已有 1982.2 万户、4305.5 万人得到了农村最低生活保障；平均低保标准 82.3 元/人·月。全年共发放农村最低生活保障资金 228.7 亿元，人均补差 50.4 元/月。
重要会议及文件	①1994 年国务院第十次全国民政会议，提出到 20 世纪末，“在农村初步建立起与经济发展水平相适应的层次不同、标准有别的社会保障制度”，并确定山西、山东、浙江、河北、湖南、河南、广东等省首先开展农村社会保障体系建设试点运作 ②1996 年初全国民政厅局长会议，首次明确提出了改革农村社会救助制度，积极探索农村居民最低生活保障制度的任务，并印发了《关于加快农村社会保障体系建设的意见》和《农村社会保障制度建设指导方案》，要求把建立农村最低生活保障制度作为农村社会保障体系建设的重点来抓，开始在全国开展试点工作，并确定了山东烟台市、河北平泉市、四川彭州市和甘肃永昌县等发达、中等发达和欠发达三种不同类型的农村社会保障体系建设的试点县市	①2002 年党的十六大提出：“有条件的地区探索建立农村低保制度” ②2004 年中央 1 号文件提出：“有条件的地方，要探索建立农民最低生活保障制度” ③2005 年中央 1 号文件提出：“有条件的地方，要积极探索建立农村最低生活保障制度” ④2006 年中央农村工作会议要求，积极探索建立覆盖城乡居民的社会保障体系，在全国范围建立农村最低生活保障制度，鼓励已建立制度的地区完善制度，支持未建立制度的地区建立制度 ④2007 年中央 1 号文件明确提出：“在全国范围建立农村最低生活保障制度”	2007 年 7 月国务院发出《关于在全国建立农村最低生活保障制度的通知》，对建立农村最低生活保障制度的重要意义、目标和总体要求、标准和对象范围以及管理等问题做出了明确规定

二、农村最低生活保障制度的五种模式

在农村低保制度的探索和实施过程中，各地方政府结合当地实际情况与特色，积极探索以不同的方式来保障经济困难农户的生活，各地形成了不同的模式，其中又以上海、烟台、长沙、平泉、浙江五种模式较有特色，[①]也得到了较多的认同。

（一）上海模式

上海模式主要以上海市为代表，包括浙江省萧山、东阳和江苏省无锡等地。这些地区位于东部沿海，是全国经济较为发达的地区，农村社会保障水平也相对较高。上海农村低保模式的特点主要体现在：①市民政部门不发专文，不统一制定保障线；②各区（县、市）自行制定保障标准，自行承担救助经费，自行操作，有较大的自主权；③保障标准较高，保障力度较强，以资金保障为主；④将农村最低生活保障工作纳入扶贫工作体系，作为扶持新农村建设的一个重要组成部分；⑤缺乏相关法律制度等约束，管理相对松散。这种模式主要适用于发达地区，保障起点较高。

（二）烟台模式

烟台模式主要以山东省烟台市为代表，包括青岛市、威海市等地。这些地区也位于东部沿海，是山东省经济比较发达的地区，农村经济发展水平较高。其实施农村最低生活保障制度的特点是：①保障标准起步较低，保障面逐步铺开；②全市确定保障线底线，各区（县、市）结合实际情况，自行调节保障标准；③保障资金由市、县（市）、乡（镇）、村四级分担，体现了权利与义务相统一的原则；④以家庭保障为主，政府资金保障和集体实物保障互相结合、互相补充：⑤低保操作规范，管理初步形成体系。这种模式适合于农村经济发展较好的地区。

---

① 谈志林：《关于我国农村最低生活保障工作的分析探讨》，《中国社会报》2000 年 6 月 21 日。

（三）长沙模式

长沙模式主要以湖南省长沙市为代表，包括宁乡县等地。这些地区位于我国中部地区，经济发展水平略落后于东部地区，农村的建设也落后于东部地区。该模式的农村低保制度体现的特点是：①以县为单位确定保障线底线，各乡镇自行调节；②以实物保障为主，保障标准按当地人均年需口粮折算，缺乏科学性，但有较强的针对性；③资金承担比例视各乡镇经济状况而定，超出底线部分的救助经费县财政不予承担。这种模式比较适合经济发展水平中等的地区，但制度很不完善，保障水平也比较低。

（四）平泉模式

平泉县位于河北、辽宁、内蒙古三省（区）交界处，属于欠发达地区，是民政部农村最低生活保障工作试点县。主要以河北平泉为代表的平泉模式，其农村低保制度所表现出的特点是：①保障标准统一，有明确的规定；②资金承担比例统一，县、乡（镇）、村承担的比例分别为 4 ∶ 2 ∶ 4；③物质保障与服务保障相结合，既提供资金上的扶持，同时又结合当地农村发展的实际情况相应实施脱贫致富；④工作组织健全，管理规范，具有较强的操作性。这种模式相对比较规范、也比较明确，但是保障水平比较低。因为在资金支出中，基层组织承担的比例过大，但基层组织的收入来源有限，这会影响到制度运行的持续性。

（五）浙江模式

主要以浙江省各市、县（区）的农村为代表。浙江省从一开始就选择了城乡一体化的"低保"方针，提出："统筹考虑城镇居民和农村居民基本生活的需要，实行城乡联动，整体推进，抓紧建立面向城乡居民的最低生活保障制度"的总体要求，并采取分步推进的办法，逐步摸索，积累经验，对农村贫困人口基本上做到了不同水平的应保尽保。2001 年，该省颁布并实施《浙江省最低生活保障办法》，该办法规定："凡家庭人均收入低于其户籍所在县市最低生活保障标准的城乡居民，除本办法有特别规定的外，均有从当地政府获得基本生活物质帮助的权利"。该规定给予城乡居民以平等的生存救助权，被国内誉为农村低保的"浙江模式”。浙江省能够采用城乡一体化的低保模式，主要原因是其地方经济较为发达，各级财政能够承担城乡一体化的居民最低生活保障的费用支出。浙江模式的特点是：①城乡居民享有平等的生存救助权；②所需资金由县（市、区）级政府财政承担，省级财政对有财政困难的县（市、区）酌情提供补助；③救助方式灵活多样；④管理程序科学规范。

从各地试点的情况来看，农村最低生活保障制度的建立和实施在总体上说是比较成功的，由于各地农村状况不同，在具体操作过程中的实施方式也各不相同，其中最为突出的是要考虑与当地的经济发展水平紧密相连。当然，这些模式在运行过程中还有很多不完善的地方，主要表现在：保障标准的制定存在着一定的主观随意性，而不是根据当地贫困农民的物质生活实际需求来制定；管理未能实现程序化，相关的配套措施不够健全；保障资金来源不稳定等。①

三、农村最低生活保障制度的制度设计

（一）制度目标

农村低保制度作为一项社会救助制度安排，其功能目标可以概括为两个方面：基本目标和扩展目标。

1. 基本目标

建立农村低保制度的基本目标是：通过在全国范围建立农村最低生活保障制度，将符合条件的农村贫困人口全部纳入保障范畴，稳定、持久、有效地解决全国农村贫困人口的温饱问题，满足农村居民的最低生活需要。基本目标的主要作用还是在于“保底”，即解决农村当中部分极端贫困群体的基本生存需要，解决其衣食问题，使得这部分群体能够通过国家的救助而获取维持基本生存需要的物资。这种目标的出发点是基于消除绝对贫困。

2. 扩展目标

第一，缩小城乡收入差距，维护社会稳定。实行改革开放以来，由于收入分

① 朱明芬：《浙江省农村最低生活保障制度的现状分析与思考》，《中共杭州市委党校学报》2005 年第 4 期。

配制度和相关法制不健全，收入分配不公所导致的贫富分化现象日趋严重。近年来，城乡收入差距不断扩大，据国家统计局提供的资料显示，2007 年，城镇居民人均可支配收入为 13785. 81 元，农村居民人均纯收入为 4140. 36 元，两者之比为 3. 3 ∶ 1。① 城乡收入差距过于悬殊就会影响社会稳定。建立农村最低生活保障制度是政府对农村居民作出的经济上的"保底"承诺，它通过财政转移支付的形式，从而缩小贫富差距，实现社会公平。

第二，促进农村经济的健康持续发展。目前，我国农业正由传统农业向现代农业转变，要加速这一转变必须使大批劳动力向非农产业转移，使土地合理流动起来。然而，现阶段对于广大农民来说，土地既是从事农业生产最基本的生产资料，又是最大的生存保障。农村最低生活保障制度的建立，使那些面临着失业、经营等诸多风险而不愿转让土地的农民有了基本的生活保障，解决了他们的后顾之忧，从而有助于这部分农民转让土地，转向非农产业，并促进乡镇企业的发展。

第三，完善社会保障体系。构建农村最低生活保障制度是建立和完善农村社会保障体系的突破口。只有优先推进农村最低生活保障制度建设，才能加强农村社会保障体系的基础，进而带动其他保障项目的完善，推动社会保障整体水平的提高。因此，农村最低生活保障制度的建立不仅关系到农村社会保障体系的建设和完善，而且关系到我国整个社会保障体系的建设和完善。②

（二）保障标准

国务院《关于在全国建立农村最低生活保障制度的通知》明确规定，农村最低生活保障标准由县级以上地方人民政府按照能够维持当地农村居民全年基本生活所必需的吃饭、穿衣、用水、用电等费用确定，并报上一级地方人民政府备案后公布执行。农村最低生活保障标准要随着当地生活必需品价格的变化和农民生活水平的提高，适时地进行调整。

在制定保障标准时，各地主要根据当地经济发展水平、财政承受能力和农民

① 中华人民共和国统计局：《中国统计年鉴 2008》，中国统计出版社 2008 年版。

② 何菊芳：《构建农村最低生活保障制度的设想》，《当代经济研究》2005 年第 9 期。

的实际生活水平，本着“低标准起步”的原则制定。按照这一原则，一般由县（市、区）级人民政府确定一个保障标准的幅度，各乡镇再根据当地情况确定本地标准，并随当地情况的变化不断调整；有些地方则由县级人民政府统一制定保障标准，各乡镇按统一标准实施。各地县乡两级政府努力做到既与本地区经济社会发展水平相适应，又考虑当地财政的承受能力；既保障低收入农村居民的基本生活，又有利于克服依赖思想、调动劳动生产积极性。在具体制定保障标准时主要参考以下几点：一是维持农民基本生活的物质需要；二是当地经济水平和财政承受能力；三是当地基本生活消费品的价格水平；四是农民的自我保障能力。

经过30多年的改革开放，我国农村发生了翻天覆地的历史性变化，广大农民群众的生活水平有了显著提高，农村低保的标准也伴随着经济水平的发展而稳步提高：2007年，全国农村平均低保标准为70元/人·月，2008年上升为82.3元/人·月，截至2009年第三季度，已达到98.1元/人·月。[①] 然而，由于地区经济发展水平的差距，不同地区的农村低保标准有着很大的差异，东部地区明显高于中西部地区（详见表9－2）。

表9－2　截至2009年第三季度全国各主要省份农村低保平均救助标准

地区	元/人·月	地区	元/人·月
北京市	236.22	福建省	118.91
天津市	264.83	江西省	89.78
河北省	87.16	山东省	96.39
山西省	79.89	河南省	78.15
内蒙古自治区	113.07	湖北省	81.19
辽宁省	121.75	湖南省	71.80
吉林省	103.75	广东省	154.74
黑龙江省	96.32	广西壮族自治区	76.90
上海市	283.26	海南省	153.57
江苏省	199.03	重庆市	121.67

① 中华人民共和国民政部规划财务司：《历年民政事业发展统计报告》，http://cws.mca.gov.cn/article/tjbg/200906/20090600031762.shtml。

续表

地区	元/人·月	地区	元/人·月
浙江省	211.99	四川省	74.06
安徽省	94.76	贵州省	73.25
陕西省	68.28	云南省	65.38
西藏自治区	62.15	甘肃省	64.25
青海省	78.04	新疆维吾尔自治区	68.98
宁夏回族自治区	54.14		

资料来源:民政部规划财务司:《2009 年第三季度保障标准》。见民政部网站:http://files.mca.gov.cn/cws/200910/20091023195712640.html。

(三)保障对象

农村低保对象是农村最低生活保障制度的目标群体,各省市一般规定凡常年居住在当地、且具有当地户口,上年度家庭年收入低于户籍所在县(市、区)当年农村最低生活保障标准的农村居民,均纳入当地农村最低生活保障范围。①

2007 年 7 月,国务院《关于在全国建立农村最低生活保障制度的通知》明确规定,农村最低生活保障对象是家庭年人均纯收入低于当地最低生活保障标准的农村居民,主要是因病残、年老体弱、丧失劳动能力以及生存条件恶劣等原因造成生活常年困难的农村居民。具体包括:家庭成员均无劳动能力或基本丧失劳动能力的无劳户;家庭主要成员在劳动能力年龄段,但因严重残疾丧失劳动能力,家庭保障确有困难者;家庭成员虽在劳动能力年龄段,但因常年有病基本或大部分丧失劳动能力,家庭保障确有困难者;家庭主要成员因病、因灾死亡,其子女均不到劳动能力年龄段,生活特别困难者。

在具体实施进程中,各地也相应出台了一些实施细则和限制条件,例如江苏省就规定了四类人暂不纳入低保范围:①具有正常劳动能力,无正当理由拒绝劳动的;②依法具有赡(抚、扶)养关系,赡(抚、扶)养人有能力,但未履行赡(抚、扶)养义务的;③家庭生活水平明显高于当地最低生活保障标准的;④有赌博、

① 贺大姣:《农村低保制度的操作程序及组织机构探析》,《求实》2008 年第 2 期。

吸毒、嫖娼等违法行为之一的。其他地区在政策上的规定也大同小异，基本上都有着较为具体的可操作化的细则。至于农村“五保户”是否纳入农村低保范围？各地做法不同：有的地区如北京、大连、青岛、长沙等市，已经将“五保户”纳入农村低保范围，实行全额保障；有些地方正逐步地将“五保户”纳入低保范围，如甘肃省；也有的省市实行“五保户”与农村低保相分离的政策，已实行“五保户”纳入低保范围的地方也出现了一些“五保户”退出低保范围的现象。原因是农村低保对象与五保供养对象有政策上的区别，农村低保对象的保障标准一般要比五保对象的供养标准低一些。

随着我国农村低保制度的逐渐完善和发展，参加农村低保的人数呈现逐年上升的趋势（见图9－1）。

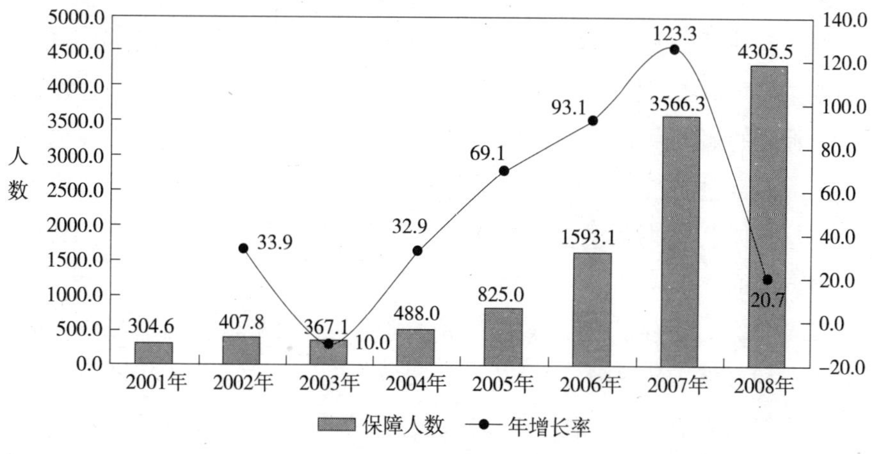

图9－1　2001—2008年我国农村最低生活保障人数变化情况

资料来源：根据中华人民共和国民政部规划财务司《历年民政事业发展统计报告》数据制图。民政部网站：http://cws.mca.gov.cn/article/tjbg/。

（四）保障方式

农村低保制度的保障方式分两种：一种是以现金和实物救助相结合；另一种是经济条件比较好的地方全部发放现金。保障资金一般每季或每半年由乡镇通过村发放，实物由村来发放；个别地方按每月或每年发放一次。各地在实施农村最低生活保障制度的同时，还相继出台了一些优惠政策，如对保障对象减免提留款、统筹款和各种集资款,减免其医疗费、子女上学的学杂费等,以减轻他们的负担。

当前有些地区实行农村低保资金的社会化发放,提高了发放的工作效率。如福建省龙岩市以及浙江省的25个县市均已实现了低保资金的社会化发放。但是全国大部分地区还是采取现金发放的方式。例如北京市规定:对享受农村低保待遇的家庭由乡镇人民政府委托村委会,以货币形式每月发放一次,交通不便地区也可每季度发放一次。此外,很多地方发动社会力量开展了多种形式的社会互助活动,形成了社会各界都来积极扶助保障对象的良好社会风气,使保障对象的基本生活得到了较好的保障。

(五)资金筹集

各级政府是最低生活保障制度的组织者和资金的提供者。在资金筹集上,现行制度主要采取市、县、乡(镇)三级财政和村集体组织按比例分担,省级财政给予适当补助的筹集模式。具体分担比例视当地经济发展状况而定,各地做法不一。一般而言,乡村经济条件好则分担比例大,乡村经济较差则由县级财政负担大头。从总体上看,保障资金主要由地方各级财政承担,中央财政在农村最低生活保障方面的投入较少。①

2007年7月,国务院下发了《关于在全国建立农村最低生活保障制度的通知》,规定农村最低生活保障资金的筹集以地方为主,地方各级人民政府要将农村最低生活保障资金列入财政预算,省级人民政府要加大投入,地方各级人民政府民政部门要根据保障对象人数等提出资金需求,经同级财政部门审核后列入预算;中央财政对财政困难地区给予适当补助。一般认为,农村最低生活保障的主要筹资责任在于政府,尤其是基层地方政府。鉴于各地的经济水平和实施农村最低生活保障制度实际情况的差别,主要形成了以下几种资金筹集方式:②

1. 东部经济发达地区的资金筹集渠道

目前,在东部经济发达地区,农村最低生活保障制度的筹资模式主要是:在

① 谢东梅:《农村最低生活保障的制度特征与筹资机制》,《未来与发展》2009年第3期。

② 肖云、李亮:《农村最低生活保障制度筹资研究》,《合作经济与科技》2009年第8期。

县(市)一级,由县(市)、镇(乡)财政负担;在设区的市,由市、区、镇(乡)财政负担。在浙江省,农村最低生活保障制度的资金起初是由县(市)、镇(乡)、村三级承担,其中,乡镇的比例达到了50%左右。在税费改革之后,浙江省取消了原村集体承担的部分,同时也调整了乡镇的负担部分,其额度一般不超过资金总量的30%。江苏省农村低保资金的县、乡镇、村三级负担比例最初为3∶3∶4或者3∶4∶3,现在调整为县、乡(镇)两级财政按5∶5或者4∶6分担。① 上海市自2002年取消了农村集体经济承担的部分之后,改为县(市)、镇(乡)财政各分担50%,而且市财政还对经济实力较为薄弱的区县(奉贤区、南汇区、金山区、崇明县)给予30%的补贴。②

在一些村集体经济较为发达的农村地区,实行的则是县、镇、村三级负担的模式。如广东省东莞市按照4∶4∶2的比例由市、镇(区)、村分别负担农村低保所需资金;③《天津市最低生活保障办法》也明确规定,村民最低生活保障资金由区、县人民政府以及乡、镇人民政府和村民委员会共同承担,分担比例由区、县人民政府确定。

相比之下,福建省的筹资模式较为复杂多样,大体可分为三种方式:①县级财政负担全部的低保资金,乡镇不承担任何费用,如宁德市、龙岩市等。②县(市)、镇(乡)两级财政分担,其比例大致为县(市)级负担60%—70%,镇(乡)级负担30%左右;在设区的市,市、区两级的分担比例为5∶5。③除了县(市)、镇(乡)两级财政以外,村集体经济也要负担一部分,其所占比例为10%左右,比如晋江市、南安市、泉港区等。④

2. 经济欠发达地区的资金筹集渠道

在中西部的大多数县(市),原先的县(市)、乡镇、村三级支付模式曾经取得了一定的成果。然而在农村税费改革后,中西部地区的乡镇负债覆盖率最广,有60%以上的乡镇负债,其中以农业为主的乡镇没有不欠债的。⑤ 因此,乡镇负担

① 民政部救灾救济司:《中国农村最低生活保障制度文件资料汇编》,2003年。
② 民政部最低生活保障司:《农村特困户社会救助与农村最低生活保障资料汇编》,2004年。
③ 东莞市人民政府:《关于提高我市弱势群体生活保障标准的通知》,2004年。
④ 民政部最低生活保障司:《农村特困户社会救助与农村最低生活资料保障汇编》,2004年。
⑤ 财政部科研所课题组:《乡村政府债务化解对策研究》,《财经论丛》2004年第4期。

的农村低保资金难以落实，导致大多数县停止了农村最低生活保障工作，基本回到了20世纪90年代的“救济”状态。在这种情况下，中西部地区的部分城市开始积极探索，原村承担的资金部分改为由中央财政转移支付来解决，县乡两级承担的部分基本保持不变。

（六）服务输送

1. 管理体制

目前，农村最低生活保障制度采取政府宏观管理、基层社区组织直接参与的共同管理方式。在这种模式下，政府不仅要负责社会政策的宏观管理，还要承担政策执行的部分具体业务工作。总体来说，民政部门负责本辖区内低保工作的组织和实施，财政、劳动、统计、物价、卫生、审计等部门协助、配合好该项工作的完成，基层组织机构参与到申请受理等具体管理中来。这种“政府领导、民政主管、部门协助”的管理模式，对于农村最低生活保障制度的安全、平稳与顺利运行起着至关重要的作用。①

具体来说，民政部门负责制定农村最低生活保障制度的规范性文件和具体政策，提出该项工作的发展规划和具体实施步骤，负责管理辖区内的最低生活保障金并制定年度保障资金的预算、决算报告，负责保障对象的审批和保障金数额的确定；财政部门负责落实、检查保障资金的预算和筹集情况并按用款计划拨款，审查民政部门编制的每期报表及年终决算，检查和监督保障资金的使用管理，建立健全保障资金财务制度，确保会计核算的准确性；统计、物价、审计等部门负责农村最低生活保障标准的测算、调整和农村家庭收入计算等工作；社区组织主要的工作职责是处理拟救助对象的申请表格，检验申请条件的真伪并进行动态管理。

为了确保社会福利的准确送达，部分省份的民政部门在原有组织机构的基础上，增设了社会保障事务所这样新型的社会保障机构。例如，2002年，上海市对负责农村低保工作的部门人员编制作出明确规定：社会保障事务所的编制为3—5人，村委会配备1—2名社会救助协理员，基本上形成了区县、乡镇、村三级社会救助工作网络体系，使得农村最低生活保障制度有了可靠的组织载体。

① 多吉才让：《中国最低生活保障制度研究与实践》，人民出版社2001年版，第170页。

2. 审批、申领程序

在实施农村低保制度的过程中,各地普遍对低保对象的申请、审批程序作了具体规定,坚持遵循“公开、公正、透明”等基本原则。从各地做法来看,一般都是由户主向乡(镇)政府或者村民委员会提出申请,村民委员会开展调查,组织民主评议,提出初步意见,经乡(镇)政府审核,由县级政府民政部门审批。乡(镇)政府和县级政府民政部门对申请人的家庭经济状况进行核查,了解其家庭收入、财产、劳动力状况和实际生活水平,结合村民民主评议意见,提出审核、审批意见。申请人需要如实提供关于本人及家庭的收入情况等信息,并积极配合有关的审核、审批部门按规定进行的调查或评议;有关部门也应及时反馈审核、审批结果,对不予批准的应当说明原因,并定期或不定期地对低保家庭的人口和收入状况进行复审。

核定低保申请人家庭的收入等情况,是审核、审批低保对象的一个重要程序。各地根据本地实际,对于核定低保申请人的收入等情况采取了因地制宜的方法,主要可以分为两种类型:一类是个别的东部经济发达地区,由于已经实现了城乡低保一体化运行,城市化水平高,工作基础较好,可以做到在较准确地核定低保申请人家庭收入的基础上,原则上按照申请人家庭年人均纯收入与保障标准的差额发放低保金;另一类是在广大的中西部地区,由于农村居民收入渠道比较多,生产经营活动形式多样,家庭收入难以准确核算,但困难家庭的情况左邻右舍都清楚,通常是在初步核查申请人家庭收入的基础上,更多地依靠民主评议等办法进行。① 总之,通过对家庭收入的定期核算,有效防止了保障资金被挪作他用,切实保障资金能真正发挥救助农村贫困人群的作用。

四、当前农村最低生活保障制度存在的问题

(一)低保标准制定不科学

目前,各地就农村低保标准制定的依据和程序作出了一些制度上的规定,但

① 赵黔宁:《我国农村最低生活保障制度建设回眸与反思》,《贵阳市委党校学报》2009 年第 1 期。

是落实到具体的制度实施中,很大程度上带有一定的主观随意性。有些地方基本上是在原先特困户救济标准的基础上,参照当地生活水平和财政负担能力制定的,"以钱定人"的情况比较普遍。这就导致农村低保标准普遍偏低。事实上,有些地区的保障标准过低还有认识方面的因素,也就是认为农民多少可以利用土地自我保障,象征性地给点补助就可以了。

低保保障标准制定的不科学,与低保资金的筹集困难有着较强的联系。部分基层政府部门对农村低保工作的重要性认识不足,造成资金的挤占挪用;此外,低保资金来源渠道单一,完全依赖财政投入。不少欠发达地区的财政收支状况尚属"吃饭财政",依靠财政解决城市低保问题已勉为其难,对面更广、量更大的农村低保工作,供需矛盾突出,资金缺口难以弥补。这是制约农村低保工作整体推进的一个客观难题。① 在这样的背景下,很容易导致"以钱定人"、"量入为出"的状况,导致"应保未保"的现象,影响制度的目标定位效率。

(二)城市和农村低保标准差距不够合理②

目前,城市居民和农村居民低保工作的管理是以户籍为标准的,有时城乡居民虽然朝夕相处,却享受截然不同的社会保障待遇。很多地方城乡低保标准相差3倍左右,如城市低保标准每月300元的地方,农村低保标准每月只有100元或者更少。这样做的理由常被说成是"城市生活成本高于农村"。但在目前完全的买方市场条件下,城乡之间的粮油、肉蛋、蔬菜、服装等主要生活消费品价格并无实质性差别,有时还会出现城市价格低于农村价格的情况。既然作为低保标准主要构成的生活消费品价格相差无几,那么城乡低保标准也就不应该过分悬殊。特别是这样做对于城乡结合部的农村贫困居民很不公平,他们与身边的城市居民生活成本几乎相同,低保待遇却非常悬殊。

从全国来看,2008年,城乡低保月平均补助水平分别为141元和49元,城乡之间相差92元。2007年,全国各地农村与城市低保标准的比较如表9-3

① 姜春兰:《论我国农村低保制度的缺陷与完善》,《当代经济》2009年第1期。

② 林闽钢等:《我国城乡最低生活保障制度实施绩效评估研究报告》,联合国儿童基金会、民政部社会救助司资助项目研究报告,2009年12月。

所示：

表 9－3　2007 年农村与城市低保平均救助标准的比较

地区	2007 年农村低保平均标准（元/月）	2007 年城市低保平均标准（元/月）	2007 年农村低保平均标准/2007 年城市低保平均标准（%）
全国	70.0	182.0	39
北京	168.17	330.0	51
天津	167.06	330	51
河北	61.75	159	39
山西	59.67	164	36
内蒙古	68.42	172	40
辽宁	95.83	193	50
吉林	57.75	153	38
黑龙江	66.67	178	37
上海	213.33	350	61
江苏	120.00	245	49
浙江	160.00	262	61
安徽	67.25	201	33
福建	110.83	199	56
江西	71.75	153	47
山东	77.75	217	36
河南	58.33	152	38
湖北	62.50	163	38
湖南	68.75	168	41
广东	168.00	218	77
广西	56.92	161	35
海南	67.25	161	42
重庆	65.92	178	37
四川	62.08	175	35
贵州	61.92	156	40
云南	59.17	170	35

续表

地区	2007年农村低保平均标准(元/月)	2007年城市低保平均标准(元/月)	2007年农村低保平均标准/2007年城市低保平均标准(%)
西藏	66.67	226	30
陕西	60.00	158	38
甘肃	56.67	156	36
青海	70.33	177	40
宁夏	57.67	182	32
新疆	58.33	138	42

资料来源:中华人民共和国民政部:《中国民政统计年鉴》,中国统计出版社2008年版。

近几年,有的地方在提高城市低保标准的同时,虽然也提高了农村低保标准,但二者的差距却越来越大。例如,城市低保标准每月提高30元的情况下,农村低保标准每年提高100元,每月只有8元。城乡低保标准"双轨运行"、差距逐步扩大的问题,尚未引起政府和学术界足够的重视。

(三)农村低保补差水平太低,直接影响了救助效果①

最低生活保障金原则上按照申请人家庭年人均纯收入与保障标准的差额发放,也可以在核查申请人家庭收入的基础上,按照其家庭的困难程度和类别,分档发放。实际上,与城市低保制度类似,农村低保对象实际领取的低保金是年人均纯收入与当地低保标准的差额,也就是说,月人均补助水平才是低保对象真正获得的救助。农村低保人均月补差2007年为39元,2008年为49元,救助水平还很低。今后,在逐步提高农村低保标准的同时,进一步提高农村低保补差水平也是一项重要任务。

(四)农村低保管理存在"进低保难、退出低保更难"的现象

低保制度的救助对象是生活水平低于贫困线的贫困群体,一旦受助者的收

① 林闽钢等:《我国城乡最低生活保障制度实施绩效评估研究报告》,联合国儿童基金会、民政部社会救助司资助项目研究报告,2009年12月。

入水平高于低保线就应退出低保。目前在农村低保对象的动态管理中,“进低保难、退出低保更难”已成为各地普遍存在的突出问题。

首先,低保对象动态管理率低,意味着应当纳入(或退出)制度的困难人员无法及时纳入(或退出),保障待遇需要调整的不能及时予以调整(调高或调低)。在实际操作中还衍生出了“分户保”、“合户保”、“一户保一人”、“平均发放”、“轮流坐庄”等诸多不规范现象,有违政策的初始设计。

其次,更为重要的是,由于退出低保制度不易,新出现的困难人员唯有通过不断扩大制度覆盖面而受益,由此形成以下不可持续的怪圈:为纳入新出现的困难人员,低保制度唯有扩大覆盖面;一旦新出现的困难人员纳入低保,他们很快就成为长期甚至终身享受低保待遇的人员;此后不断出现的新困难人员,不得不通过持续扩大低保制度覆盖面来解决。如此循环往复,必将导致制度扩面无止境,保障人口无边界。

(五)农村最低生活保障制度目标定位存在问题

社会救助制度的目标定位主要是找寻最需要救助的人群,实现制度的可及与可得的统一。由于福利资源的有限性,迫切需要通过合理而准确的目标定位,提高制度的瞄准率,使得制度救助的对象是最需要救助者。当前农村低保制度的目标定位过程,主要还是通过家庭收入核查的办法来进行。但是在农村最低生活保障制度的实施过程中,存在着诸多的困难,主要表现在:①农村居民的收入主要以粮食等实物为主,不便以货币形式计算,随意性较大;②农民收入不稳定,除农作物收成的季节性及受自然灾害的影响较大等因素外,外出务工人员的增加,也增大了收入的不稳定性;③农村养老金制度落实不好,丧失劳动能力和经济来源的老年人口其生活、就医、子女求学等方面的困难加大,支出增多。[①]诸多的因素导致农村家庭收入核查存在一定的困难,难以准确核实,这直接影响了农村低保制度目标定位的效率。

影响农村低保制度目标定位效率的因素还包括当前农村低保制度的退出机

---

① 赵黔宁:《我国农村最低生活保障制度建设回眸与反思》,《贵阳市委党校学报》2009 年第 1 期。

制不健全。基于农村最低生活保障标准的确定难度大、低保户家庭收入动态监测困难、信息化滞后等原因，一些农村低保户人均收入超过了低保标准线后不能及时被退出，或不愿意退出。在目前的农村低保对象中，实际上有劳动能力的约占50%左右，由于农村最低生活保障制度的“含金量”日增，使一部分人形成了“福利依赖”，受助者不愿放弃福利待遇，宁可不就业或少就业。该制度虽不能使他们摆脱贫困，但至少可以不劳而获。①

五、农村最低生活保障制度的发展趋势

（一）政策理念：对公民基本权利的尊重与满足

农村最低生活保障制度关系到农村贫困群体的生存发展和整个社会的稳定，在其实施过程中，应该渗透对人的生命、尊严的真切关心、尊重和爱护。因此，各级政府应当注重对贫困者的人文关怀，积极实现从施舍、怜悯、排斥的不平等救助向尊重公民的基本生存权的救助理念转变；②逐步从以“反绝对贫困”为目标向以“反社会排斥”为目标递进。对贫困群体以及贫困群体的致贫原因要有正确的认识。必须明确接受低保救助是公民的权利，而提供低保救助则是政府的责任与义务。在制度的实施过程中，要充分发挥政府的主导作用，体现出对公民基本权利的保障。

（二）目标定位：科学界定农村最低生活保障对象

随着制度的不断完善，农村最低生活保障标准的制定必将更具科学性和实用性。从长远角度看，最低生活保障制度应当既保障农村贫困家庭的基本生活，又不至于造成“养懒汉”的现象而导致福利资源的浪费。因此，对农村低保救助对象的核定，需要在家庭收入核查的基础上运用综合型目标定位方式，例如引入道德定位、行为定位等。要注重分析贫困群体致贫的原因，实施分类救助。重点应对那些无劳动能力、无收入来源、无依无靠的孤老、孤残、孤儿、弱智低能户和

---

① 李恩广：《我国现阶段农村最低生活保障问题研究》，《大庆师范学院学报》2009年第4期。

② 张春晖：《我国最低生活保障制度研究》，2006年江西财经大学硕士学位论文，第25页。

意外事故、恶性重病或因自然灾害造成生活水平低于最低生活保障标准的对象实施保障；因农产品市场竞争生产经营不善而生活面临困境，或由于乡镇企业破产倒闭，在乡镇企业工作的农民工一时生活陷入困境，也可享受低保；对尚有一定收入，但家庭人均年收入低于当地农村最低生活保障标准的，实行差额补助；而对那些由于游手好闲、超计划生育或因奢侈浪费造成生活困难的，则不予保障。为准确核定保障对象，在具体操作中应采取调查摸底与群众评议相结合的办法进行。① 通过各种渠道，提高农村低保制度的目标定位效率。

（三）救助模式：政府主导与多元复合

1. 加强政府在农村最低生活保障制度中的主导作用

今后，在农村低保制度的发展过程中，各级政府的主导作用主要体现在资金、政策支持等方面。

（1）资金保障。稳定、可靠的资金渠道是建立社会救助制度、形成对农村低收入群体的长效救助机制的关键。对一个地区间经济发展极不平衡的国家来说，完全依靠地方政府和集体经济组织负责筹集救助资金的结果必然是政府缺位或不到位。一方面，在地方财政能力无法维持自身行政支出的情况下，贫困群体很难从政府得到有效的救助；另一方面，在经济相对落后的地区，社会救助的资金渠道极其有限，而依靠子女赡养或土地保障也是不能完全解决贫困问题的。因此，为保证农村低保制度等社会救助制度的运行具有稳定而可靠的资金来源，中央政府必须扮演更加积极的角色，通过建立农村低保专项资金，使各地特别是经济相对落后地区的农村低保资金得到保障。

（2）地区平衡。目前我国各地不仅经济发展不平衡，社会保障水平也出现了两极分化的局面，在广大农村地区尤为突出。其中一个重要原因就是农村社会福利和社会服务事业多年来一直由地方政府承担，缺少在全国范围内的再分配调节机制。因此，中央政府今后的发展方向就是需要对以往由地方政府承担社会服务和社会福利的财政体制加以调整，通过在中央建立各类农村社会救助和社会服务的专项资金，加大对中西部地区的财政转移支付力度，从而努力降低

① 何菊芳：《构建农村最低生活保障制度的设想》，《当代经济研究》2005 年第 9 期。

地区间的经济和社会发展差异。

(3)政策激励。建立有效的、能够覆盖所有政策对象的农村低保制度,单纯依靠部门文件、法律法规是不够的。中央政府应当通过积极的财政政策和经济激励政策,调动地方政府推进农村低保制度的积极性和主动性。应该看到,农村税费改革和取消农业税后,村提留被取消,县乡两级财政收入减少。在这种情况下,对贫困人口的生活救助必然与地方的其他发展目标形成资源竞争的局面。显然,地方政府在这一资源配置或权衡过程中,如不能把对贫困人口的救助列入优先需要满足的议事日程,贫困人口将会处于更加不利的局面。因此,发挥国家政策的激励作用显得尤为必要。

2. 重视民间团体,发挥民间作用

农村低保工作并不仅仅是政府的事情,还应该使之成为一项全民参与的社会行动,充分发挥民间力量,形成政府和民间互动、互补的多元救助模式。这将成为今后农村低保工作的发展方向。

目前,社会上有不少以慈善为目标的社会团体,它们在解决特殊困难和重大困难方面具有灵活、针对性强的特点。在开展农村低保工作的过程中,引入这类社团组织,能够有效配合政府多方面的工作,实现良好的效益。一方面,政府可以出面指定一些信誉好、效益佳的社会公益组织,专门承担为特定低保对象、项目进行社会募捐及实施救助,同时广泛开展社会捐赠活动,这样可以使低保资金的筹集渠道更趋多元化,避免各级政府的财政压力;另一方面,可以尝试以社会团体、社会知名人士和学术界专业人士建立民间性质的农村低保制度社会监督委员会,对现行农村低保制度进行评估、建议,从而完善农村低保制度的社会监督机制。

(四)救助方法:运用专业技术手段,规范管理操作

1. 推进农村最低生活保障制度的法制化

目前,我国绝大多数农村的低保工作,既没有相应的法律保护,也没有地方性条例的支撑。全国仅有浙江省在 2001 年实施《浙江省最低生活保障办法》,以法规形式把农民纳入社会保障的保护范围。法律法规及配套制度建设的滞后,使各地的农村低保工作缺少统一的指导,再加上操作的不规范,农村低保工

作难以实现整体上的积极效应。因此,健全农村低保制度的法律法规体系势在必行。

首先,要加强农村最低生活保障制度的法制建设,实现农村最低生活保障制度的法制化、规范化管理。为加强农村最低生活保障制度建设,可以考虑在制定《社会救助法》中,明确建立农村最低生活保障制度的基本原则,规范国家的责任与义务,规定农村低保工作的组织机构与人员编制、保障对象、保障标准、申请与审核程序、资金筹措与管理等相关内容。只有这样,才能从根本上保证农村最低生活保障制度的权威性和连续性,才能使农村最低生活保障工作步入有法可依的法制化轨道,从而确保每一个农村居民的基本生活权益不受侵害。农村最低生活保障制度的法制化为保障农村贫困居民的生存权撑起了保护伞,使农村居民在行使自己的最低生活保障权时有法可依。

其次,出台农村最低生活保障制度监督法规。由于缺少相应的农村低保法制规范,农村最低生活保障资金常出现被挤占、挪用以至贪污的问题。因此,只有出台农村最低生活保障制度监督法规,才能使农村低保资金的监督趋于法制化,才能从根本上杜绝农村低保资金的流失。

2. 加强农村低保对象的动态管理

建立健全低保退出机制是加强低保对象动态管理的有效途径,重点在于做好以下三个方面的工作:一是客观、科学、及时地监测农村贫困人群家庭收入的变化情况,一旦受助家庭人均收入超过低保线标准或有违享受低保待遇的相关规定,则自动取消其享受低保的资格。如《浙江省最低生活保障办法》中就规定:家庭有就业能力的成员无正当理由拒绝就业,不自食其力的;家庭拥有闲置的生产性设施或除住房等基本生活必需品外的非生产性设施、物品,按变现后计算,人均值为当地最低生活保障标准6倍以上的;家庭实际生活水平明显高于当地最低生活保障标准的,不予批准享受农村最低生活保障。二是实行人性化管理,让农村贫困人口感受到"进入低保不受歧视,退出低保光荣"。必须实施低保制度促进就业机制,实行最低生活保障与就业、再就业有机结合,提高救助对象的就业能力,以最终达到就业脱贫。① 三是拓宽就业渠道,实施救助渐退政

① 贺大姣:《农村低保制度的操作程序及组织机构探析》,《求实》2008年第2期。

策。对有劳动能力而无劳动意愿的低保人员,基层组织以介绍两次工作为限。一次介绍后,若因劳动者故意而丧失工作机会,则在随后的半年内对其本人享受的低保金进行逐月抵扣;二次介绍工作又因自身过错而失业,则取消其本人的低保资格。与此同时,对就业者实施就业奖励,即当地最低工资标准与低保标准的差额不计入家庭收入。若扣除就业奖励后,家庭收入超过当地低保标准的,则实行救助渐退政策。此项工作的重点就是要让有劳动能力和就业愿望的人员重新就业,帮助零就业家庭成员至少一人实现就业或再就业。从而实现低保制度在保证困难群众基本生活的同时,又能促进困难群众积极就业,逐渐形成低保渐退的机制。①

3. 完善农村低保制度的组织管理体系

农村最低生活保障工作最初作为地方的行政行为,从一开始就没有专门的机构和人员来从事这项服务工作。随着农村最低生活保障制度的推广和发展,建立健全组织机构,配备专门的工作人员,加强农村低保工作的规范化和制度化建设,就对完善农村最低生活保障制度有着重大的意义。社会救助管理的专业化、职业化,是现代社会救助工作的发展方向,也将成为农村低保工作管理体系的发展方向。

(五)救助内容:进一步丰富、更新积极救助措施

1. 不断创新和丰富救助内容

农村最低生活保障的实现形式,目前仅仅以现金支付为主要实现途径,这既不利于资金的管理,又限制了贫困人口享受其他社会福利。因此,不断创新农村最低生活保障制度的实现形式,使农村贫困人口不仅享受到日常基本生活的保障,而且能够获取医疗、教育、住房、法律等各方面的援助,将成为农村低保工作发展的一个方向。

2. 鼓励自主就业,强化就业脱贫

农村低保制度在农村反贫困中的作用极其重要。但是,它只有在人们已经

---

① 《计时华委员代表民革浙江省委会的发言——加强动态管理,进一步落实完善最低生活保障制度》,浙江省政协网站(http://www.zjzx.gov.cn/Item/9022.aspx)。

陷入贫困时才施以援手,这种被动的保障方式不利于救助对象最终摆脱贫困的困扰。因此,将来的出路就是要通过低保制度促进就业机制,实现最低生活保障与再就业的有机结合,实施公助、他助和自助相结合的积极救助措施,提高救助对象的人力资本和就业能力,促进其再就业,以最终达到就业脱贫。

第十章　农村社会福利制度

福利是同人的生活幸福相联系的概念。在英文中,“福利”称 welfare,是由well 和 fare 两个词合成的,意思是“好的生活”。它既可以指物质生活的安全、富裕和快乐,也可以指精神上、道德上的一种状态。从一般意义上说,福利就是能使人们生活幸福的各种条件,既包括人的身体应得到的保护和照顾,也包括影响人的智力和精神自由发展的各种因素。而作为“社会福利”就更超出了个人的范畴,要求人们在“社会”的层面上来考虑和解决如何使人能够过一种“好的生活”,它涉及社会根据什么来帮助人们生活得幸福,需要通过什么样的制度和政策安排来保证他们生活得幸福。

社会福利有广义和狭义之分。广义的社会福利是指提高广大社会成员生活水平的各种政策和社会服务,旨在解决广大社会成员在各个方面的福利待遇问题。狭义的社会福利是指对生活能力较弱的儿童、老人、母子家庭、残疾人、慢性精神病人等的社会照顾和社会服务。社会福利所包含的内容十分广泛,不仅包括生活、教育、医疗方面的福利待遇,而且包括交通、文娱、体育、欣赏等方面的待遇。这里所谓的社会福利特指狭义的农村社会福利。作为社会保障体系的重要组成部分,它是在劳动报酬和其他社会保障之外,由国家、农村经济组织和社区组织为农村有困难的特殊群体提供和组织实施的带有福利性的收入保障和服务保障。

一、农村社会福利制度的回顾

(一)农村社会福利制度的演变和发展

社会福利制度的内容非常繁杂,按福利项目的内容可分为教育福利、卫生福利、住房福利、个人生活福利以及各种社会津贴；按享受福利的对象可分为妇婴福利、老年人福利、残疾人福利、儿童福利、青少年福利和单位职工福利；按福利的给付形式可分为货币形式的福利、实物形式的福利和服务形式的福利，等等。从一般意义上说，社会福利包括了除社会保险、社会救助以外的其他所有的社会保障内容。此外，为特殊群体举办的社会福利事业和社会福利企业也属于社会福利制度的内容。①

在我国，由于城乡二元结构造成的城乡壁垒，使得农村居民与城市居民享有的社会福利有着很大的距离。从解放后到现在，农村的社会福利经过了以下几个发展阶段：

1. 互助合作福利

20 世纪 50 年代初，政府在农村掀起了合作化运动。合作化有三种形式，即互助组、初级社和高级社。互助组的互助层次最低，福利功能很弱。初级社通过对生产要素如劳动力、耕畜、农具进行结构性调整和适当的组合，形成公共积累，从而具备一定的扩大再生产和举办社区公共福利的能力。高级社则是按照社会主义原则，把社员私有的主要生产资料转为合作社集体所有，组织集体劳动，实行“各尽所能，按劳取酬”，其积累能力大大增强，从而其福利功能也更加明显。高级社中的主要福利措施有：①五保供养制度初步建立。②优抚政策。对于军人家属、烈士家属和残废军人社员，合作社按照国家规定的优待办法给予优待。③劳动保护。合作社注意社员在劳动中的安全，不使孕妇、老年和少年担负过重和过多的体力劳动，使女社员在产前产后得到适当的休息。合作社对于因公负伤或者因公致病的社员要负责医治，并且酌量给予劳动日作为补助；对于因公死亡社员的家属给予抚恤。④利用公益金举办文化福利事业。如组织社员在业余时间学习文化和科学知识；利用业余时间和农闲季节开展文化、娱乐和体育活动；开展公共卫生工作和社员家庭卫生保健工作。⑤集体救济。对于遭到不幸事故、生活发生严重困难的社员，合作社酌量给予补助。⑥集体粮食储备。要求各合作社组织社员逐步做到储备 1—2 年的粮食，以备紧急时的需要。② 高级社

① 童星：《社会保障与管理》，南京大学出版社 2002 年版，第 301 页。

② 全国人大常委会：《高级农业生产合作社示范章程》，1956 年。转引自徐道稳：《农村社会福利的制度转型和政策选择》，《广东社会科学》2006 年第 4 期。

中的这些福利措施标志着农村集体福利制度的基本成形，也确立了农村社会福利的发展方向。合作化运动改变了千百年来农民家庭保障和自我保障的状况，对农村的社会福利体制产生了重要影响。

2. 人民公社体制下的集体福利

在公社化高潮时期，人民公社实行“工资制+供给制”的福利制度。工资制就是按照劳动的繁重程度和个人体力技能差异，由群众评定每个劳力的不同工资等级，按月发放。供给制就是由公社无偿为社员提供一定的实物和福利待遇，其中对农民最具吸引力的是“吃饭不要钱”。工资制意在表明由集体所有制向全民所有制过渡，供给制意在表明由社会主义向共产主义过渡。正当社员们为吃饭不要钱而欢欣鼓舞、满怀希望向共产主义迈进的时候，三年自然灾害造成的大饥荒使这一理想破灭。面对严峻的现实，中央于1961年颁布《农村人民公社工作条例》，开始修正平均主义福利体制。“条例”正式宣布取消人民公社分配中的供给制部分，同意解散公共食堂，允许社员发展家庭副业，活跃农村市场。1962年，人民公社的基本核算单位由生产大队降为生产队，即“三级所有，队为基础”，这种体制一直延续到家庭联产承包责任制的推行。如果说在“一大二公”的公社体制下，集体福利的分配方式是“工资制+供给制”的话，那么在“三级所有，队为基础”的管理体制下，福利的分配方式就是“工分制+家庭副业”。“工分”是根据劳力的身体状况和劳动技能对劳动力进行评分，一个健康的成年劳动力参加一天由生产队指派的劳动，记10个工分，其他劳动力酌情减分。实际劳动中，生产队根据劳动的强度和劳动的复杂程度也可酌情加分。工分是年终参与集体分配的依据。“家庭副业”是指社员在参与集体劳动之余，还可以耕种自留地、自留山，饲养家禽家畜，做手工编织，积肥种菜等，以补贴家用。人民公社期间，农民为解决看病难问题还创立了合作医疗制度。“工分制+家庭副业”保障了农民的基本生活，合作医疗制度为农民提供基本的医疗保健服务。农村的这种社会福利模式大大提高了我国社会发展水平，它不仅改善了农村的生活水平，提高了农民的健康水平，而且还“创造了中国转向市场化之后可以投入动态运用的社会机会”。①

① 徐道稳：《农村社会福利的制度转型和政策选择》，《广东社会科学》2006年第4期。

到了“文化大革命”期间，由于忽视生产建设，农村社会福利事业也受到了严重挫折，几近停顿。

3. 市场经济体制下的社会化福利

在改革开放后的30多年中，农村经济发展的成就有目共睹，但由于集体经济的日渐式微，农村的社会福利未能得到发展。目前农村社会福利事业还很落后，尚未形成一个完整的体系和制度。农村家庭仍然是完成社会成员生、老、病、死等职能的主要单位，只有那部分没有经济能力自我照顾的公民，才由集体提供资源、兴办福利机构，来解决他们的生活和福利需要。农村社会福利，其内容是残缺的，体系是不完善的。

（二）农村各项社会福利制度的状况

农村社会福利制度主要包括以下几个方面：

1. 老年福利项目

它的主要对象是“五保户”和特困户，福利保障方式由集体保障为主，民政部门给予适当的补助。农村中的鳏寡孤独人员由社区（乡镇或村）提供“五保”供给的政策得以延续。资金的筹措采取由乡或镇统一募集的办法，由社区中的所有农户一起分担。为集中供养农村中的“三无对象”而设立的福利设施是社区敬老院，2006年，全国4.3万个乡镇中70%都有敬老院，共有床位38万张。近年来，很多地方的敬老院也开始对一些依靠家庭进行生活照料有困难的老人开放。此外，农村一般人员的养老问题则主要以家庭为主来解决，通过土地耕作的收入来维持，基本上是谁家的老人谁家养。①

2. 卫生、医疗福利项目

伴随着人民公社的解体和社会主义市场经济体制的建立，家庭经营成为农村的主要生产方式，这一局面抽空了人民公社时期农村合作医疗制度的基础。到1998年，全国农村的“合作医疗”在经济发达地区只达22.2%，在经济不发达和中等发达地区，仅达1%—3%，绝大多数的农村人口失去了原有的集体医疗

① 盛琳：《我国农村社会福利发展目标模式选择》，《湖南行政学院学报》2006年第2期。

保障。[①] 面对农村卫生资源的严重不足和大多数农村人口没有疾病医疗保障的状况，政府发挥公共财政职能，进一步加大对农村卫生事业的支持力度，采取了一系列政策：①完善农村卫生财政补助政策，加大对农村医疗卫生公共事业的投入，2003 年，中央财政新增教育、卫生、文化支出 67 亿元，2004 年，中央财政安排教育、卫生、文化等支出 955 亿元，比上年增加 100 亿元，主要用在农村，促进农村社会事业的发展。[②] ②支持新型农村合作医疗制度和农村医疗救助制度的建设。③加强农村公共卫生建设。中央财政专门增加公共卫生专项经费，如 2003 年就追加 10 亿元，加强中西部地区农村公共卫生能力建设，做好血吸虫病、艾滋病的防治工作，以及降低孕产妇死亡率，消除新生儿破伤风等重大疾病。

3. 教育福利项目

改革开放以后，我国推行了“九年义务教育”，并通过实施“燎原计划”和“希望工程”等教育福利，使农村的孩子与城市的孩子一样、家庭困难的孩子与其他孩子一样能完成学业。当前，农村普遍实行“县、乡、村三级办学，县、乡两级管理，以县为主”的体制，把发展教育、提高劳动者素质同发展地区经济、提高人民生活水平结合起来，促进了农村教育和当地经济的发展。

4. 以土地为纽带的就业福利项目

农村实行的是以土地为纽带的全员就业福利模式，只要是农村人口，就可以获得土地的集体拥有权，保障了农民的生存能力与生活水平。实行家庭联产承包责任制以后，家庭成了基本生产单位，不再是集体共同劳动，这一方面调动了农民的生产积极性，促进了生产力的发展；另一方面，集体经济实力被削弱，给农村社会福利提出了新的挑战，家庭的福利功能进一步被强化。[③]

（三）农村社会福利发展中存在的问题

1. 城乡二元福利服务结构不适应整个社会结构变化的需要

从宏观上看，城乡二元福利服务结构开始于计划经济体制，曾为我国经济在

---

① 党国英：《中国农业农村农民》，五洲传播出版社 2006 年版，第 98 页。

② 路和平：《要让生病的农民都能看得起病》，《中国财政》2004 年第 6 期。

③ 盛琳：《我国农村社会福利发展目标模式选择》，《湖南行政学院学报》2006 年第 2 期。

短期内快速发展做出了贡献;但随着时间的推移,这种福利结构开始不利于城乡一体化发展,特别是不利于农村和农民的发展,不能体现社会公平。随着经济的发展和农村生活水平的提高,正常农民家庭的福利服务需求也开始出现并越来越多,需要社会的支持;工业化、城市化的持续推进更是要求实现城乡统筹发展。对此,传统的城乡二元福利结构已无能为力。

2. 多部门分割的福利服务管理体系不利于社会福利的统一规划

城乡社会福利服务有众多部门参与,如组织部门对离退休老干部的服务,工会组织对退休老职工的服务,妇联对妇女的服务,共青团对青少年的服务,以及文化部门提供的文化娱乐服务,卫生部门提供的医疗卫生服务等。就一般意义上的福利服务而言,还有单位对职工及其家庭提供的福利服务,民政系统代表政府对民政对象(三无对象、低保对象等)提供的福利服务,街道乡镇集体对特殊对象(三无对象、五保户等)提供的福利服务。管理部门如此众多,导致福利服务的零散与缺乏系统性。

3. 农村社会福利待遇水平低,覆盖面窄,严重滞后于经济社会发展水平

社会福利机构匮乏,结构不合理。2002 年,全国已建有 4.3 万个乡镇、732400 多个村,而乡村社会福利机构却只有 258532 所,还有不少乡村未办敬老院等社会福利机构。以县为单位统计,绝大多数县没有兴办专门的儿童福利机构,多数县也未设残疾人康复训练中心。农村中的社会福利企业寥寥无几,农村中残疾人的隐性失业严重。①

二、农村社会福利制度的改革与探索

在城乡二元分治的大背景下,目前广大农村地区的社会福利还相当薄弱。但是在一些先发展起来的地区(如"长三角"地区、"珠三角"地区等),特别是其中的发达城市,按照城乡统筹以及社会福利社会化的发展思路,开始探索郊县农村社会福利制度的改革与发展之路。这里主要介绍上海与广州两地的改革与探索。

① 方金祥:《发展农村弱势群体社会福利事业》,《社会福利》2002 年第 3 期。

(一)上海市社会福利社会化改革与实践:以老年服务为例

1979 年,上海在全国率先进入老龄社会。上海市人口老龄化和家庭小型化趋势,对传统的社会福利模式提出了挑战。截至 2004 年底,上海的老龄人口达到 260. 78 万人,占总人口的 19. 28%;其中 80 岁及以上的高龄老人有 40. 70 万人,占老年人口的 15. 6%。户均人口减少至 2. 3 人,家庭护理照料功能弱化。[①]依靠政府统包统揽的社会福利事业远远不能适应社会需求,老年人的护理照料需求成为突出矛盾。同时,计划经济向市场经济的转变,使得单位日益简化为单纯的工作场所,"单位人"逐渐转变为"社会人"、"社区人",单位的社会福利功能越来越多地转移到社区。随着经济的发展,人民对福利服务的需求也有了快速的增长。在这样的背景下,计划经济体制下形成的社会福利模式必然跟不上时代发展的要求。它表现在社会福利事业的经费不足、设施不足,工作人员的数量不足、素质不高,更关键的是体制、机制和法制的不相适应。凡此种种,推动了上海市改革社会福利制度,以实现社会福利社会化发展。在这一改革发展过程中,上海统一了农村与城市的福利政策,政策触角延伸到乡镇一级。在养老福利事业方面,努力构建以国家兴办的社会福利机构为示范,其他多种所有制的社会福利机构为骨干,社区福利服务为依托,居家供养为基础的社会福利服务体系。其主要制度安排有:

1. 养老机构设施

截至 2003 年底,上海市共有养老机构 444 家,养老床位 37993 张,养老床位占老年人口的比例达到了 1. 5%;养老床位比 1997 年增长了 88. 5%。其中,市、区(县)办 28 家,养老床位 6136 张,占养老床位总数的 16%;街道(乡镇)办 265 家,养老床位 17721 张,占养老床位总数的 47%;社会力量办 151 家,养老床位 14136 张,占养老床位总数的 37%。[②] 从 1994 年起,上海市政府把每年建成 25 家养老机构列入市政府为民办实事项目工程;从 1998 年起,又将每年建成 25 家养老机构扩大成每年新增 2500 张养老床位。1994—2003 年的 10 年间,上海市

① 易松国:《社会福利社会化的理论与实践》,中国社会科学出版社 2006 年版,第 104 页。

② 易松国:《社会福利社会化的理论与实践》,中国社会科学出版社 2006 年版,第 105 页。

政府为民办实事项目共下拨经费3000多万元,新增养老床位1万多张。从2001年起,民政部在全国开展以建设社区老年人福利设施为内容的"星光计划"项目,上海市在三期"星光计划"实施过程中共有185家薄弱养老机构列入改扩建项目,又将增加养老床位9000多张。

积极鼓励社会力量创办养老机构。社会力量创办的养老机构床位已占全市养老机构床位总数的37%。从1984年上海出现全市第一个社会力量创办的养老机构以来,社会力量创办的养老机构床位占全市养老床位总数的比例逐年上升,1997年仅为7.7%,1999年达到23.5%,2003年上升到37%,2007年接近70%。上海市政府还从政策上、经费上鼓励社区创办养老机构。1993年,全市街道(乡镇)养老床位只有2000多张,1995年达到7500张,1999年发展到13000多张,至2004年底已接近全市养老床位总数的一半;而且每个养老机构的平均床位也从不满10个发展到50个以上。一大批条件好、设施新、标准高的养老机构遍布全市各街道和乡镇,满足了城乡老年人就近养老的需求。①

2. 社会福利事业管理体制

成立老龄工作委员会,加强对老年工作的协调领导。实行政事分开,对社会福利管理机构进行改革,将原来市民政局福利事业管理处兼有的行政管理职能和市属福利机构的事务管理职能一分为二,新建了上海市社会福利中心,负责建设、管理和运作上海标志性的市属福利机构和设施,并使市属福利设施起到了窗口、示范和教育培训基地的作用。对福利事业管理处的职能进行彻底转变,主要负责制定发展规划,拟定有关政策法制,制定设施和服务标准,履行设置和执业审批职能,开展执法监督等面向全市社会福利机构的管理工作。

为了配合机构改革和政府职能的转变,在2003年成立了上海市社会福利行业协会,将过去政府管理部门包揽的一些具体事务交给行业协会来承担,发挥行业协会的行业管理、行业自律和行业监督功能,加强行业内部的交流,促进社会福利机构提高管理水平和服务质量。政府的一部分职能正逐步转移给行业协会,并委托行业协会承担一部分新增的职能。行业协会组织有关人员协助政府部门制定养老服务的服务标准、养老服务的需求评估标准,并组建了全国首家社

① 易松国:《社会福利社会化的理论与实践》,中国社会科学出版社2006年版,第106页。

会福利评估事务所,对全市养老服务机构的服务质量进行专业化、中立性的评估,对提升养老服务水平做出了积极的努力。行业协会作为全市社会福利行业自律管理的社会中介组织,在政府与会员单位之间发挥桥梁作用,为政府与会员单位提供双向服务。目前,行业协会会员主要是养老服务机构、精神残疾服务机构、孤残儿童服务机构等。会员单位占社会福利机构的70%左右,拥有的床位数占全市社会福利机构床位总数的80%左右,分布于全市各区(县)。

逐步推进养老机构的改制和转制。上海市积极开展街道(乡镇)办养老机构的改制和转制工作,主要方式有:公建民营,租赁转让,委托经营,整体拍卖等。截至2004年底,全市转换机制的养老机构达47个,进行民(间)非(营利组织)登记的街道(乡镇)养老机构已拓展到280多个,两项合计共占全市养老机构总数的75%。

3. 社会福利事业运作机制

全面调整养老机构收费标准,使养老机构建立良性运转机制。上海市物价局在1999年8月发文,确定了养老机构收费的标准,使收费体现成本。对于市、区(县)和街道(乡镇)办养老机构,将拨款改补贴,在现有财政拨款基数和正常递增的基础上,将原先拨付到养老机构的款项改为直接补贴到入住老人头上,既确立了供养老人的主体地位,又推动了公办养老机构整体机制的改革。并且建立政府购买服务的机制,对于需要服务但是无力承担全部服务费用的贫困老人,通过街道社会救助管理所对申请人进行评估后给予补贴。随着对困难老人补贴机制的不断规范,上海市逐步建立起统一的养老福利服务评估机制,市民政局委托中介组织开展评估工作,目前已成立了评估机构,培训了一批评估员,对需要居家养老服务的困难老人实施补贴前的评估工作。

推动社团与民办非企业单位的介入与合作,把社区中的社会福利单位转变为规范化的民间组织,鼓励一些发展较好的公益性社团参与政府办福利机构的管理运作,发展民营公助的福利模式。鼓励社区中的福利机构与居委会、民间组织合作,共同开展社区福利服务工作。

此外,上海市还建立了孤儿安置的社会化机制。自1997年以来,上海市民政局探索社会化方式安置孤儿,对于低龄孤儿,通过开展"孤儿家庭寄养",按照"政府出资、社会支持、家庭寄养、统一监护"的原则,使他们获得温暖的家庭环境；对于成年孤儿，落实“成年孤儿回归社会”的安置措施，把他们分散到 19 个区（县），由市、区（县）两级财政出资为他们解决就业和住房等问题。目前有 477 个家庭收养了低龄孤儿，成年孤儿回归社会的有 81 人。

4. 居家养老服务模式

根据国情，养老机构只能满足很少一部分老年人群体的服务需求，更多的老年人还得采取居家养老的方式。上海市民政局要求各区（县）在继续加强养老机构建设的同时，大力发展居家养老服务，形成机构养老和居家养老相结合的服务体系，在社区逐步形成多层次、多形式、广覆盖的居家养老服务网络，使社区居家老人能够获得就近、便捷、专业化的护理、照料和其他服务。为困难的和有贡献的老人实施补贴，并将居家养老服务与社区再就业紧密结合。为了保证服务质量，上海市对居家养老服务人员实行培训和持证上岗制度。各级民政部门对居家养老服务进行宏观调控，制定有关政策和进行综合协调，并负责居家养老服务资金的拨付。市、区（县）、街道（乡镇）三级居家养老服务（指导）中心受相应层级政府部门的委托，具体组织实施居家养老服务。截至 2004 年底，上海市 19 个区（县）已全部建立居家养老服务中心，创建街道（乡镇）居家养老服务社 225 个，80% 以上的街道（乡镇）开展了居家养老服务，为 2.3 万个老年人提供居家养老服务。同时加强对社区老年人日托机构的管理，各社区创建老年人日间服务中心 83 个，日托老人达 1000 多人。

5. 财力保障

为了改变社会福利事业政府统包统揽，投入主体、投入渠道单一的状况，上海市采取了几项颇有针对性的措施。一是挖掘社会资源，以法制化方式鼓励社会力量参与举办养老机构。二是政府扶持。进一步提高社会福利设施的建设水平，大力鼓励发展社会力量办养老机构。三是加强福利彩票募集资金的功能。福利彩票的销售形式、销售数量、市场培育均取得了大的突破。福利彩票销售的大幅度增加，为社会福利事业的发展提供了强有力的资金支持。根据民政部关于福利资金使用的相关规定，上海市福利彩票募委会进一步细化了一个分配方案，将社会福利资金的 40% 用于民政福利设施建设，30% 用于社区老龄化等社区建设项目，30% 用于其他社会公益事业。上海市标准型的福利设施、街道（乡镇）敬老院以及社区困难老年人的居家服务，都得到了福利资金的有力支持。

上海市还建立了福利资金评审委员会，实行福利资金使用的透明化、公开化。

6. 法规体系

为了促进养老机构的建设，进一步加强养老机构的管理，规范养老福利事业的发展，1998 年 10 月，《上海市养老机构管理办法》经市政府批准，正式颁布实施，为上海养老福利事业的社会化发展奠定了法制基础。在此基础上，上海市民政局会同有关部门又先后颁发了《上海市养老机构设置细则》、《上海市养老设施建筑设计标准》、《上海市养老机构年度验审办法》、《上海市养老机构处罚暂行办法》、《上海市养老机构补办执业登记规定》等一系列规范性文件，对养老机构的设置、建筑标准、年审、处罚、管理和服务等做出了具体的规定和要求，初步形成了鼓励、规范、引导养老福利事业不断发展的法规框架。2001 年 7 月，上海市政府办公厅转发了民政局、发展计划委员会等 22 个部门共同签发的《关于加快实现本市社会福利社会化的意见》，对创办公益性养老福利事业和社会福利事业在建设用地、小区规划、公用事业收费、税收等有关的 16 个方面给予了政策优惠，为促进养老福利事业社会化创造了更好的社会环境。

为了规范社会福利机构的管理，提高社会福利服务行业的整体水平，民政部于 2001 年 2 月颁布了《老年人社会福利基本规范》（以下简称《规范》）。此后，上海市民政局根据该《规范》的精神，结合本地实际，制定了《上海市养老机构管理和服务基本标准》（以下简称《基本标准》），从人员、管理、服务等方面对养老机构的管理和服务进行规范。2004 年，以《规范》和《基本标准》为依据，又颁发了《关于进一步加强养老机构管理》的文件，从十个方面进一步加强对养老机构的管理和服务，提高养老机构的管理和服务水平。同时开展了 ISO 质量体系认证工作。2000 年，上海市第三社会福利院在全国率先通过 ISO 质量体系认证；2004 年以后，又在街道（乡镇）办养老机构这一层级中开展了 ISO 质量体系认证工作。①

（二）广州市四位一体的社会福利制度

广州市作为改革开放的先行者，经济发展一直走在全国前列。在社会福利

① 易松国：《社会福利社会化的理论与实践》，中国社会科学出版社 2006 年版，第 105—117 页。

方面，广州市在过去十多年里一直进行着社会福利社会化的改革，着眼于打破原有国家统包的形式，调动社会力量参与社会福利服务，并在此基础上扩大社会福利服务的对象和范围，完善社会福利服务机制。

广州市行政管理架构分市—区（县）—街道（乡镇）—社区居委会（村委会）四个层次。市政府的很多工作都是通过区（县）、街道（乡镇）、社区居委会（村委会）去落实；社会福利工作也不例外，主要分上述四个层次，按以下四位一体，来构建社会化的福利服务体系。

1. 公办福利机构

目前，广州市民政局直属的社会福利事业机构有市老人院、市社会（儿童）福利院、市精神病院。三个院收养的对象中有2/3是社会上无经济来源、无劳动能力、无法定赡养人（或抚养人）的“三无”救济对象，日常经费由市财政拨付。

广州市老人院是国家二级福利院（目前还没有国家一级福利院），建于1965年，占地面积80565平方米，建筑面积29000平方米，现有床位900张。院内空气清新，绿树成荫，建有别墅式养老楼14座、平房8座，痴呆老人综合服务大楼、医疗楼和康复大楼各1座；住院老人按身体状况和生活自理能力分八个区养老，配有较完善的生活服务保障设施和现代化的医疗康复设备。2002年10月，获广东省质量认证中心颁发的ISO9001：2000标准质量管理体系认证合格证书。这是市政府开办的一所规模大、档次高、管理规范、环境幽雅、服务功能齐全的社会福利服务机构。

广州市社会（儿童）福利院是省一级福利院，前身是创建于1933年的加拿大天主教无原罪女修会圣婴院，有床位850张，挂三个牌子——广州市社会福利院、广州市儿童福利院和广州市残疾儿童康复中心，由一套班子管理。主要收养广州市区失去双亲、又无法定抚养人的孤儿，被父母遗弃的婴、幼儿，以及难以完全康复的智残、肢残和其他重残儿童。院内设康复区、矫形区、婴幼儿区、青少年区、医疗区。以“养、治、教”为办院宗旨，为孤残儿童及残疾青少年提供较好的生活照顾、医疗、康复和教育等服务。近年来，广州市社会（儿童）福利院充分利用和整合各种社会资源，积极探索新的形式，从单纯机构集中供养向收养、助养、机构代养、家庭寄养、模拟家庭等多种模式并举转变，让孤残儿童进入家庭、进入社区，为孤残儿童提供更为个性化的照顾，既减轻了院内收养床位紧缺和人才不足的压力，又有利于孤残儿童的健康成长。

广州市精神病院也是省一级福利院，有床位950张，主要收养“三无”人员和救济对象中的精神病人，也接收部分社会自费病人入院治疗。院内设有康复区和七个病区，建有医疗大楼、康复大楼和训练工场，实施医疗、文娱、劳动和教育相结合，收养与康复并重的办院方针，为出院病人回归社会提供过渡性安置服务的场所。

公办的社会福利机构，除了市一级直接兴办的三院以外，各区（县）也积极兴办了一批。

2. 民办福利机构

广州市对民办福利机构实行“鼓励发展、政策扶持、规范管理、加强监督、提供服务”的方针，引导其健康发展，使之成为广州市社会福利事业的重要组成部分。据统计，广州市民间组织投入资金3亿多元，现有民办福利机构56所，实际床位数有9604张（经市批准的床位数有7736张），占全市总床位数的57.6%。在这些福利机构中，有独资、合资、合作、股份制、个人承包等多种形式，服务范围主要是托老服务。目前入住民办福利机构的老人中，大多数是生活不能自理或只能半自理的老人、残疾人，其中70岁以下的老人占23%，70岁及以上的高龄老人占77%；生活能够自理的老人占27%，生活能半自理的老人占24%，完全不能自理的老人占49%（2006年统计数据）。

从总体上看，广州市民办社会福利机构的特点是：以小型、私营的营利性养老服务机构为主，实行作坊式管理和准专业化服务；机构的经营状况处在小规模微利经营阶段，自我积累和自我发展的能力较弱；机构之间的竞争开始由价格竞争向综合素质竞争转变，强势机构的整合兼并行为开始出现；未来几年，广州市民办福利机构将出现市场调节下的优胜劣汰和政府干预下资源整合的发展格局。

政府对民办福利机构的管理主要是委托社会福利服务协会进行。近年来，政府首先制定了《广州市民办社会福利事业机构管理办法》、《广州市民办社会福利机构年度检查具体办法》、《广州市托老服务工作守则》、《广州市托老服务机构医生、护士、护理员岗位职责》、《广州市托老服务机构照顾护理标准及内容》等一系列规范性文件，对民办福利机构的性质宗旨、开办条件、申办程序以及托老机构的服务内容和标准都做了明确规定,鼓励、扶持、引导社会力量通过改制、承包、合伙联营、股份经营等形式举办民办福利机构。其次,委托社会福利服务协会严格按照国家民政部颁发的《老年人福利机构基本规范》、《残疾人社会福利机构基本规范》、《儿童社会福利机构基本规范》及广州市的一系列规范性文件,对民办福利机构进行前期审批、年检、监督、管理,保证民办福利机构的服务质量,使民办福利机构在市场运营中自我约束、自我管理、自我提高。最后,由社会福利服务协会每年定期组织民办福利机构的“养老护理员”进行上岗培训,提高专业护理水平,维护托养对象的权益,从而促进民办社会福利机构的健康发展。

广州市在积极扶持民办福利机构发展的同时,还更新管理理念,创新管理体制,进行“公办民营”营利模式的探索。对一些区(县)、街道(乡镇)办的老人院、福利院有计划地采取公开招标的方式,由一些有管理经验、服务质量比较好的民办机构来经营,提升了公办福利机构的竞争力。

3. 社区服务

广州市的社区服务工作以街道(乡镇)社区服务中心为依托,以社区志愿服务和便民利民网点为基础,从原来仅为老、幼、孤、残、贫等弱势群体提供民政救助服务,延伸到以人为本的为社区居民提供多种形式的福利服务、卫生服务、便民利民服务、家政服务和就业服务等。市、区(县)财政共投入资金2亿多元,用于改善社区服务中心和居委会办公用房条件。

广州市于2001年颁布实施《广州市老年人优待办法》,具体内容有:①年满60周岁、不满65周岁的老年人凭《优待证》进入公园、体育馆、文化展览馆,乘坐市内公共汽车、过江轮渡和地铁享受半价优惠,65周岁及以上的老人以上各项服务均享受免费;②老人凭《优待证》进入健身场所活动、观看电影,享受半价优惠;③100岁以上的老人每月发给200元的长寿保健金;④老人凭《优待证》免费使用收费公共厕所;⑤老人凭《优待证》到医院看病免收普通门诊挂号费;⑥孤寡老人免交房租等。广州市还制定了老龄事业发展规划,设立老年人法律援助部,成立老年人协会,全方位地为老年人提供各项服务。

2001年,国家民政部在全国实施“社区老年福利服务星光计划”。为了落实“星光计划”,广州市政府决定以福利基金资助为主,大力挖掘并利用社区资源,在每个社区居委会建设一所100—200平方米的服务站(点),每条行政街建设一所300—350平方米的老人服务中心,每个镇的敬老院要达到省一级敬老院的标准,为社区老人提供寄养、入户服务(家务整理、生活照料、送餐服务、陪护服务)、紧急援助、日间照料、保健康复、文化娱乐(健身房、阅览室、棋艺室、歌舞厅、书画室)等多项服务,并适当兼顾服务残疾人和孤残儿童。

4. 居家养老服务

自2005年起,广州市在5个区、16个街道开展社区居家养老服务的试点工作。服务内容主要有以下四个方面:

(1)开展以政府购买服务为导向的居家养老服务

依托街道养老服务机构和组织,组建服务队伍,对有特殊困难并需要生活照料的救济对象老人、独居老人、特困家庭老人、对社会有重大贡献的老人等,依照特定评估程序提供数额不等的政府购买服务,对其他老人则提供自费购买服务。政府购买服务的内容主要有两项:一是支付服务机构承担上门照料特殊服务对象的服务费用;二是支付服务机构开办日间照料老人等服务项目的补贴。

(2)提供多层次、多种形式的社区生活照料服务

一是对高龄和生活不能自理的老人,以上门照料服务为主,提供医疗、康复、护理、家务等全方位服务;二是对生活能基本自理的中高龄老人,运用日托中心、康复站等形式开展服务;三是对救济对象、特困、独居、高龄和对社会有重大贡献等特殊老人,提供低保救助、政府购买服务、义务服务、互助服务等多种形式相结合的服务;四是为低龄、健康老人,特别是"空巢"家庭老人提供文体娱乐、医疗保健、家务料理等社区服务,并鼓励和支持他们参与社区公益活动。

(3)为老年人家庭成员提供辅助性服务

积极协助和鼓励家庭成员承担对老年人的照料责任。社区服务中心和社区卫生服务中心积极为老年人家庭成员进行护理等方面的相关培训和指导,提供方便家庭照料使用的设施。通过帮助家庭成员来满足老年人在家被照料的需求,巩固和加强家庭养老功能。

(4)有效利用并整合现有社区服务资源,最大限度地发挥养老服务的作用

市、区(县)级福利机构发挥示范作用,完善各项服务功能;街道(乡镇)社区服务中心设置为老服务窗口;区、街两级福利机构以及街道级"星光老年之家"

为老年人开设日托、上门照料、送餐、陪护等服务项目；社区级“星光老年之家”则强化文娱、保健等服务功能，并搭建开展居家养老服务的义务工作基地。①

三、农村社会福利制度的发展与展望

农村和城市的社会福利制度应该是一个整体，在许多发达国家（包括中国的香港特别行政区），并没有区分农民和城市居民，也没有社会福利待遇方面的城乡差别。在我国发达地区的城市，如上述的上海市和广州市，在新的社会福利体系创建过程中，已经逐步将农村和城市的社会福利统一规划。鉴于我国目前地区发展不平衡的现状，要将城乡统筹的社会福利制度一步到位地建成也是不太可能的；但是，在构建农村新型社会保障体系过程中，其福利制度的框架应当尽量与城市相一致，以便于将来与城市接轨，最终建成城乡统筹的一体化的社会福利体系。

农村新型社会福利制度涉及三个层面：①国家福利制度，指国家的相关政策和法规；②正式的社会福利制度，指农村社会福利制度的具体内容；③非正式的社会福利，指在正式福利制度之外、也产生福利效应的一些习惯、传统。

（一）国家福利制度

国家负责承担收入和服务的转移，这种收入和服务的转移是通过税收完成的。国家对保障福利提供起到强制而有效的干涉作用。在这一层面，国家福利制度意味着国家的主体责任。国家在社会福利体系中负责制定全面福利计划（包括农村社会福利发展规划），协调非营利组织、就业机构、非正式的和私人的福利，并直接提供某些福利服务。国家福利已经和宏观经济发展结合成为一种宏观经济福利政策，和公民权结合成为一种理想社会的模式，和国家管理结合成为现代国家的一个构成因素。

国家在制定社会福利制度时要兼顾公平与效率，兼顾高层与社会底层，兼顾

① 易松国：《社会福利社会化的理论与实践》，中国社会科学出版社 2006 年版，第 124—134 页。

地区差异、城乡差别,还要兼顾公民对福利的自主选择。社会福利社会化,并不意味着政府责任的消失,而是在政府主导下社会福利责任的合理分配。“在社会福利社会化改革过程中,政府部门虽不再是唯一的福利部门,但是作为主要部门和主导部门,在政策制定、制度设计、费用资助、资源整合、人员培训等方面发挥主要或者主导作用,减少其对福利服务运作过程的过度干预,由直接介入福利服务的具体业务转向间接规划、引导、支持和监督。”①

具体而言,政府的责任有:

1. 主导责任

主导责任,是指政府在社会福利社会化中负有主要责任和导向引领作用。政府要立足当前,着眼于未来,把握全局,统筹兼顾,使福利事业社会化、监督民主化。将有关的社会福利机构、社会福利事业纳入国民经济发展的整体轨道;政府率先扩大资金投入范围,多投入、办实事,支持社会福利事业顺利发展;激励和号召社会各界从事社会福利社会化活动。以政策扶持为保障,采取多种形式,开拓多种渠道,形成社会福利社会化的纵横网络,鼓励和动员社会团体、个人、企业和海外华侨组织等,踊跃投资兴办社会福利事业;设计出台具体的监管方案,保证社会福利工作沿着健康正确的道路发展;建立防范机制,预防并杜绝社会福利管理人员的不法行为。

2. 政策制定与完善的责任

政策是推进社会福利社会化的有力手段。好的完善的政策能有效地促进社会福利社会化;不完善的政策会滋生诸多问题,甚至阻碍社会福利的良性发展。因此,政府制定政策要周密思考,反复论证,尽量避免负面的不良效应。社会福利的政策也不是一劳永逸的,在政策实行过程中要进行追踪调查,发现问题要及时对其进行修订完善。否则,容易出现政策与资源不匹配、政策与监督不同步等现象。

根据国情,社会福利制度应当分地区设立不同标准,分层次不断稳步推进。不同地区的经济社会发展水平不同,不同消费层次的人群对福利的要求不一样,满足感也不一致。各个地区在国家宏观政策的指导下,要根据自身特点,因地制

① 田北海:《社会福利社会化的困境与出路》,《学习与实践》2008 年第 6 期。

宜，利用不同的地区政策来调节。经济发展水平较高的地区，可将福利项目作为产业产品来发展福利产业，税收用于落后地区福利事业的发展。事实上，政策制定与完善的过程，就是政府利用政策规划将财富重新分配的过程。随着社会的进步与发展，福利产业成为不少投资者希望进入的领域，政府应当进行反复论证，利用政策规划规范社会福利事业科学健康地发展。

3. 监管责任

社会福利事业的投资，已由政府单一主体扩大为多元投资主体。投资主体多元化和管理机构多样化，并不能代表福利服务机构都能从社会福利最大化的角度出发，以维护社会公平为主要责任。相反，在部分私营福利机构中出现了以谋取私利代替提供福利的现象。比如儿童福利院本应发挥其社会救助、保障的功能，然而少数儿童福利院却演变为营利机构；不仅如此，有些以营利为目的的所谓福利机构，还向国家诈领抚养资金。这些问题的存在，反映了政府监管责任的缺失，不仅损害了社会福利事业的形象，而且给国家带来了不应有的损失。

监管责任即监管职能，主要涵盖两个方面：第一，管理职能，主要包括管理制度、管理措施和运行程序。第二，监督职能，政府出台的政策要由政府监督社会团体和市场条件下的企业贯彻、落实、执行。政策落实的好坏，直接影响到政府的形象，如果出台的政策监督机制不健全，则会使该政策受益者得不到利益或不能完全得到实惠，从而对社会福利社会化事业造成负面效应。①

（二）正式的社会福利制度

正式的农村社会福利制度应包括：

1. 老年人福利

它是满足老年人的特殊需要而举办的社会福利设施和服务项目，是国家和社会为了发扬敬老爱老美德，安定老年人生活，维护老年人健康，充实老年人精神文化生活而采取的政策措施和提供的设施、服务。主要包括：老年人的生活及护理服务、老年人的保健及医疗服务、老年人的娱乐及发展服务。它主要通过敬

---

① 宫天文：《社会福利社会化中政府责任探析》，http://www.chinareform.org.cn/cirdbbs/dispbbs.asp? boardid=6&Id=248671&page=2&star=1。

老院、居家养老、社区照顾等方式实现。

目前在农村大部分地区,敬老院主要设在乡镇一级,与城市相比,敬老院数量少,收住能力有限;由于资金不足,敬老院基础设施建设薄弱,条件通常较差;服务水平低,对老人的服务仅限于吃饱、穿暖等基本生活需要。因此,加强农村敬老院建设,增强其收住能力,提升其服务水平是当务之急。

2. 残疾人福利

它是国家和社会为保障残疾人的生活和身心健康,改善残疾人的生活条件,帮助残疾人就业而举办的社会福利事业。主要包括促进残疾人劳动就业、特殊教育、职业培训、康复医疗、文化体育活动、社会救济、特殊用品研制等。

目前在农村地区,没有或甚少有为残疾人就业而办的社会福利企业;在取消农业税后,农村残疾人和健全人都不用缴纳农业税,导致农村原有针对残疾人的最主要的优惠措施消失;健全人还可以得到政府的生产性补贴,没有劳动能力的残疾人却享受不到任何补贴;村集体由于不能继续提取社会和自然灾害减免资金,补贴残疾人的资金链条断裂。以上种种原因导致农村残疾人与健全人之间的收入差距进一步拉大。针对这一问题,国家没有出台优惠残疾人的政策;少数地方尽管出台了一些优惠政策,但优惠内容太少,优惠力度太小,不能充分弥补农业税取消后残疾人与健全人之间的收入差距。为了改善农村残疾人的生存条件,可以采取下列措施:①按照农村残疾人的残疾程度的不同给予定额不等的补贴,经费来源由中央与省级财政共同承担。②提高农村低保标准,并对残疾人有制度性的照顾和政策上的倾斜。社会救助制度应当制定针对残疾人的救助标准和救助措施。③解决农村贫困残疾人的住房问题,继续加大"彩票公益金农村贫困残疾人危房改造项目"资金投入,并鼓励和引入社会力量参与。④有子女但子女系未成年人、有父母但父母无经济来源的丧失劳动能力的农村残疾人,应纳入"五保"供养范围。⑤对于有就业能力和就业需求的农村残疾人应当进行有针对性的培训,培训内容和培训方式应当能最大程度地促进残疾人就业。

3. 青少年福利

它是国家和社会为保障青少年的身心健康发展、改善儿童的生活条件而提供的福利服务。广义的儿童福利涉及儿童的保护、养育、教育、卫生保健等各个方面;狭义的儿童福利是指对孤儿、弃婴、伤残儿童的收养、教育和康复等。举办这类社会福利的目的是对儿童从出生到成长的各个阶段都给予保护、关怀和照顾，达到优生、优育、优教，使儿童身心健康、全面发展。

目前农村"留守儿童"的问题严重。在工业化、城镇化的过程中，有1.5亿农民工离开农村进入城市，由此形成了近6000万的农村留守儿童。调查统计显示，在农村儿童中，留守儿童的比例高达28.29%。大量的留守儿童与父母天各一方，处在一种极不人道的亲子关系模式里。由于缺乏来自父母的亲情呵护与家庭教育和监管，许多儿童过早地承受着成人社会的各种压力，在思想道德、心理健康等方面出现严重问题。在新型农村福利体系构建过程中，应将留守儿童纳入福利体制，采取完善寄宿制中小学、创办托管中心、建立"代理家长"制度等方式，对家庭生活困难者给予补助，照顾他们的学习和生活，建设农村文化娱乐设施，有针对性地搭建各种平台，满足他们精神上的需要等，让留守儿童享有同样美好丰富的童年生活。

4. 妇女福利

它是指国家和社会为保障妇女生理和职业的需要而开展的社会福利事业。主要包括以生育津贴为主的特殊津贴与照顾、妇女劳保福利，以及为妇女提供的福利设施和福利服务等。

在农村，目前很少有专门的妇女生育、劳保方面的福利。2009年5月，陕西省实施了农村孕产妇住院分娩免费补助政策。这项政策规定，只要是陕西户籍、农业户口、持有准生证，并在取得助产服务许可的医疗机构住院分娩的孕产妇均可享受补助，二级医院也即县级医院的最高限价为2700元；只要是本地户口、并参加了新型农村合作医疗的孕产妇，就由政府和新农合报销全部费用。经济较为落后、财政实力较为薄弱的陕西省能够做到的，其他大多数省级行政区凭借自己的财力应当也能够做到。对于确实有困难的省级行政区，中央可以通过财政转移支付的方式予以补助。这对于提高中华民族未来的生理素质极为重要。总之，在新型农村社会福利制度中，应重视妇女权益的保护，应对妇女的生育、节育、劳动等进行相应的补贴。

5. 教育福利

它是以免费或低费的方式向国民提供教育机会和教育条件的社会福利事业。教育福利经费的主要来源是国家财政预算拨款、企业和社会捐赠，以及收取低费等渠道。教育福利的主要内容包括:普及义务教育;向学生提供助学金、奖学金;向学生提供无息贷款;学生假期购票优惠制度;国家或地方政府以及教育部门设立各种教育机构,面向社会提供免费或低费教育。教育社会福利的主体为国家义务教育。

由于教育的社会化,目前该项福利待遇农村与城市居民差别不大,不同的主要是农村与城市教育资源配备的差别。由于优秀师资的缺乏、教学条件的简陋,农村的教育效果与城市相距甚远。为了解决这一问题,需要国家、省、市、县各级制定的政策进一步向农村教育倾斜,进一步加大农村基础教育的资金投入,进一步解决师资配备上的城乡不平等,从根本上解决农村教育的深层次矛盾。

6. 社区服务

它是指社区组织和福利机构为满足全体社区成员、特别是一些重点对象和特殊需求者的需要而提供设施与服务的福利项目。它以自愿、自治、自助、互助为原则,具有明显的地区性与针对性。社会服务的内容和项目主要包括:为老年人提供的服务,如举办老年人活动中心、老年人公寓、老年人综合服务站、老年人婚姻介绍所、老年人康复中心等;为残疾人和精神病患者提供的服务,如举办残疾人康复中心、残疾人活动中心、精神病人医疗站等;为社区居民提供的心理咨询和家庭辅导服务;为社区居民提供的家务劳动方面的社会服务等。

2002 年,吉林省在全国率先开始农村社会福利服务中心建设工作,建成后的农村社会福利服务中心具备七大功能:①五保供养。为集中供养的五保老人提供吃、穿、住、医、葬等基本生活保障,为享受义务教育的孤儿提供所需费用,为分散的五保对象提供生活上的照顾和生产上的帮助。②为城乡老人提供自费养老服务,发展居家老人服务业。③建立低保户、灾民、重点优抚对象、残疾人等困难群众档案,准确掌握困难人口情况,为困难群众提供生活上的照顾和生产上的支持。④医疗卫生服务。定期为老人检查身体,治疗常见疾病。五保对象纳入农村新型合作医疗体系;对患大病的,要给予必要的医疗救助。⑤在有条件的地方,组织辖区内群众开展多种形式的文化娱乐活动。⑥提供婚介服务、开展家政培训,向社会提供中介服务。⑦为所辖区域内的老年人、困难群众提供法律咨询和维权服务。从 2006 年起,利用两年时间,共投入资金 6 亿元,改造建设了覆盖吉林全省的 668 所福利中心,总建筑面积达到 136 万平方米,总床位达到 8.4 万张，分别是改造前的2.3倍和3.2倍，五保老人的生活条件和居住环境得到了根本改观。全省集中供养的五保对象由2.5万人增加到3.5万人，集中供养率由33%提高到46%。各福利中心在保障好集中供养对象生活的同时，为15万人（次）分散五保老人提供生活上的照顾和生产上的帮助，吸纳近7000名城乡社会老人自费颐养，为村屯“空巢”老人提供帮助等。农村社会福利服务中心对整合农村社会福利资源，加强服务管理，提高农村居民生活质量，改善社会福利效应起到了很好的作用。各地农村均可借鉴、推广。

（三）非正式的社会福利

1. 以土地为纽带的福利

农村以土地为纽带的全员就业福利模式，保障了农民的生存能力与生活水平，从某种意义上说，土地就相当于农民的低保。新型农业技术与高效农业使得农民从土地获得的收入得到了很大提高，也使农民的生活得到了很大改善。但由于农民没有土地的产权，只有使用权，不能将土地抵押、买卖，不能享用土地本身的增值收益，这就使得土地的资产福利效应未能有效发挥。

2. 家庭福利

家庭福利靠感情维系。家庭成员之间共同承担责任和义务，共享利益和福利，互相照顾，形成最早的收入和福利在代际之间即父母和孩子之间的转移。家庭养老包括经济上的赡养、生活上的照顾和情感上的交流等三个方面，它以家庭的存在为必要条件。传统的农业社会以小生产为主要生产方式，家庭既是生活单位又是生产单位，具有多方面功能。在这种社会条件下，家庭养老是一种最主要、最普遍、最根本的养老方式。随着大工业的出现和城市化的发展，生产的功能逐渐从家庭中分离出来，家庭的其他一些功能，如养老功能逐步为各种社会机构所代替。家庭养老已经不再是主要的养老方式，其内容也有了明显的变化。在发达国家，普遍实行了社会保障制度，老年人的收入和医疗保障基本上由社会提供。大部分生活服务由社会各类专业部门或志愿组织来承担。

我国有悠久的家庭养老传统，积累了丰富的家庭养老经验。当前，家庭养老仍然是一种主要的、普遍的养老方式。农村的家庭养老包含着经济上赡养、生活上照顾、情感上交流等方面的全部内容。虽然部分经济较发达的地区已开始为老年农民发放一定数量的退休金,但为数极少,只能作为家庭养老的补充。家庭养老及家庭福利作为非正式福利中的最重要一项,是新型农村社会福利体系中不可缺少的一环。

第十一章　农村五保户制度

农村五保户供养是具有显著中国特色的弱势群体保障制度，是指对农村居民中无法定赡（扶）养人、无劳动能力、无生活来源的老人、残疾人和未成年人在吃、穿、住、医、葬和未成年人义务教育等方面给予生活照料和物质帮助。农村五保供养制度于1956年建立，并在1994年由国家以政府法规的形式予以确定。2006年新修订的《农村五保供养工作条例》出台，五保供养被正式纳入国家救助体系之中。在农村社会救助制度中，五保供养被认为是唯一具有相对连续性的农村社会救助项目。①

一、农村五保户制度的演变

2006年3月，新修订的《农村五保供养工作条例》开始施行，标志着五保供养实现了从农民集体内部的互助共济体制向国家财政供养为主的现代社会保障体制的历史性转变。根据五保供养经费的来源和国家在其中所起的作用，可以将五保供养的历史发展分为两大阶段：集体供养的互助共济阶段和国家财政供养的公共救助阶段。

（一）集体供养的互助共济阶段（1956—2006年）

在2006年之前，五保供养被认定为“农村的集体福利事业”，国家包括地方

① 高鉴国、黄智雄：《中国农村五保救助制度的特征——兼论国家与社区的关系》，《社会科学》2008年第6期。

政府通过行政和法规形式促使农村集体履行五保供养责任，而自身并不对五保供养承担财政转移义务。其间又可分为以下三个小阶段：

1. 人民公社阶段（1956—1978年）：依靠集体公益金，由生产队实施

五保供养制度产生于农业合作化时期，深深打上了集体经济的烙印。为解决农村中特殊困难群众的生活问题，中央政府出台了农村五保供养政策。这项政策的形成标志主要体现在1956年出台的两项法规性文件：《1956年到1967年全国农业发展纲要（草案）》（1956年1月）和《高级农业生产合作社示范章程》（1956年6月）。

《1956年到1967年全国农业发展纲要（草案）》第三条规定："农业合作社对于社内缺乏劳动力，生活无依靠的鳏寡孤独农户和残废军人，应当在生产上和生活上给以适当的安排，做到保吃、保穿、保烧（燃料）、保教（儿童和少年）、保葬，使这些人的生养死葬都有指靠。"①《高级农业生产合作社示范章程》第五十三条规定："农业生产合作社对于缺乏劳动力或者完全丧失劳动力、生活没有依靠的老、弱、孤、寡、残疾的社员，在生产上和生活上给以适当的安排和照顾，保证他们的吃、穿和柴火的供应，保证年幼的受到教育和年老的死后安葬，使他们生养死葬都有依靠。"②这两个文件是最早提出关于农村五保供养工作的法规性文件，构建了农村五保供养制度的雏形。

依据《高级农业生产合作社示范章程》第十四条规定："对于完全丧失劳动力，历来靠土地收入维持生活的社员，应该用公益金维持他们的生活"。而"用来发展合作社文化、福利事业"的公益金（第二十二条）不能超过农业生产合作社"扣除消耗以后所留下的收入"的2%（第四十三条）。③ 为统筹解决五保户、

① 《1956年到1967年全国农业发展纲要（草案）》，《农业科学通讯》1956年第2期。1960年4月10日，第二次全国人民代表大会第二次会议通过《1956年到1967年全国农业发展纲要》，该条款内容有所改动："农业合作社对于社内缺乏劳动力、生活没有依靠的鳏寡孤独的社员，应当统一筹划，指定生产队或者生产小组在生产上给以适当的安排，使他们能够参加力能胜任的劳动；在生活上给以适当的照顾，做到保吃、保穿、保烧（燃料）、保教（儿童和少年）、保葬，使他们的生养死葬都有指靠。"参见《1956年到1967年全国农业发展纲要》，《中华人民共和国国务院公报》1960年第13期。

② 《高级农业生产合作社示范章程》，《中华人民共和国国务院公报》1956年第29期。

③ 同上。

困难户的生活困难,河南省规定粮食分配按照“人四分五一照顾”的原则,即在集体粮食总产中拿出40%按人头平均分配,拿出50%按工分分配,留下10%全部用于五保户和困难户。对有病和生活不能自理的五保人员,由生产队采取记工分的办法派专人护理或逐户轮流护理。① 这就决定了合作社以及后来的人民公社是五保供养的责任主体,生产队成为五保户口粮的实际供应者。1958年12月,中共八届六中全会通过的《关于人民公社若干问题的决议》指出:“要办好敬老院,为那些无子女依靠的老年人(‘五保户’)提供一个良好的生活场所。”②此后,敬老院成为一些地区集中供养五保老人的场所。1958年,全国农村享受五保的有413万户、519万人;全国办起敬老院15万所,收养了300余万老人,集中供养率接近60%。③

可见,这一时期的五保供养工作是农村高度集体化的产物,用于五保供养的款、物主要来源于集体分配或公益金补助。作为一项救助制度,在国家财政投入缺位的条件下,五保供养是以公社内部剩余和积累为基础的互助共济。由于高度依赖农村社区,所以当农村社区的经济发展不佳时,五保供养也随之陷入困境。特别是三年自然灾害(1959—1961年)和“文革”(1966—1976年)期间,许多地方的五保供养都曾因集体力量的严重削弱而难以为继。例如,1958年大跃进时山东省共建敬老院2.81万处,入院人数(包括孤老烈属)达80.54万人。1960年后因集体经济困难,敬老院大部分解散,五保老人回村(队)分散供养。到1963年底,山东省敬老院仅剩300处,在院老人2000余人。④ 到1962年,全国敬老院总量也仅剩下7175所,收养人员仅为10余万人,敬老院工作损失严重。⑤

2. 家庭联产承包责任制阶段(1978—2002年):经费依靠村提留和乡统筹

1978年12月,中共十一届三中全会以后,农村掀起了以家庭承包为主的多

① 鲁献启、彭国平、李怀建:《关于南阳市农村五保供养工作情况的调研报告》,河南民政厅网站,http://www.henanmz.gov.cn/system/2006/12/27/010018073.shtml。

② 《关于人民公社若干问题的决议》,《中华人民共和国国务院公报》1958年第36期。

③ 崔乃夫:《当代中国的民政》(下),当代中国出版社1994年版,第106—107页。

④ 高鉴国、黄智雄:《中国农村五保救助制度的特征——兼论国家与社区的关系》,《社会科学》2008年第6期。

⑤ 邹文开:《我国“五保”供养制度的沿革及其前景分析》,《求索》2004年第1期。

种形式的生产责任制改革，人民公社这种政社合一的组织形式已不能适应新的发展形势，也被纳入改革的议程。到 1984 年底，全国实行家庭联产承包责任制的农户占农户总数的 90% 以上，人民公社体制瓦解。农村实施土地承包责任制以后，随着人民公社体制和集体经济的瓦解，村级公益金的提取面临根本性的困难，严重威胁了五保供养的物质基础，使农村五保供养工作面临着巨大的挑战。

随着人民公社解体，以社区为依托的农村救助保障体系失去了它所依存的经济基础。1978 年，在研究五保工作立法时，虽然把五保户条件进一步修改成无法定扶养义务人、无劳动能力、无生活来源的老年人、残疾人和未成年人，形成了“三无人员”的完整概念，但其供养经费来源仍以五保户的代耕收入为主。

1982 年 1 月，中共中央批转的《全国农村工作会议纪要》指出：“包干到户这种形式……有一定的公共提留，统一安排烈军属、五保户、困难户的生活。”①但是并没有明确规定供养保障的来源，使得五保供养工作在一段时期内处于“群众互助”的范畴，相当一部分五保户生活困难。1985 年，《中共中央、国务院关于制止向农民乱派款、乱收费的通知》又对解决五保对象的问题做出了明确的规定：“乡和村……供养五保户等事业的费用，原则上应当以税收或其他法定的收费办法来解决，在这一制度建立之前，应按照中共中央一九八四年一号文件的规定，实行收取公共事业统筹费的办法。”②1991 年 12 月，国务院 92 号令发布的《农民承担费用和劳务管理条例》第二章第八条规定：“乡统筹费可以用于五保户供养。五保户供养从乡统筹中列支的，不得在村提留中重复列支。”③

1994 年 1 月，国务院第 141 号令发布的《农村五保供养工作条例》，规定了五保的性质、对象、确定对象的程序、供养的内容和标准、经费的来源与筹集办法等，强调：“五保供养所需经费和实物，应当从村提留或者乡统筹费中列支，不得重复列支；在有集体经营项目的地方，可以从集体经营的收入、集体企业上交的利润中列支”。④ 这是我国第一部关于“五保”工作的法规，对完善五保供养制

① 《全国农村工作会议纪要》，《中华人民共和国国务院公报》1982 年第 8 期。

② 《中共中央、国务院关于制止向农民乱派款、乱收费的通知》，《中华人民共和国国务院公报》1985 年第 31 期。

③ 《农民承担费用和劳务管理条例》，《中华人民共和国国务院公报》1991 年第 41 期。

④ 《农村五保供养工作条例》，《中华人民共和国国务院公报》1994 年第 1 期。

度具有重要的意义。该"条例"的颁布实施,标志着五保供养立法进入了一个新时期。

为了规范和发展敬老院,推动集中供养,1997年民政部颁布了《农村敬老院管理暂行办法》,进一步明确了五保供养的筹资渠道,并将这一制度纳入了法制化轨道。该"办法"规定:"敬老院所需经费实行乡镇统筹,并通过发展院办经济和社会捐赠逐步改善供养人员的生活条件。村办敬老院所需经费由村公益金解决。"①据统计,集体用于供养五保户的生活费,1994年全国人均达670元,其中在敬老院集中供养的五保对象人均达1070元,超过了1993年全国人均收入水平,②五保老人的平均生活水平有了一定程度的提高。但是,此后由于分税制的实施,基层财政吃紧;特别是乡镇统筹费用被打包用来安排计划生育、优抚支出、五保供养、村级干部报酬及办公经费等,五保老人的供养资金很容易受到挤占。

3. 农村税费改革阶段(2002—2006年):国家救助作为辅助

2002年,全国全面推开农村费改税改革,取消了过去的"村提留、乡统筹"以及所有其他针对农民征收的行政事业性收费和政府性基金、集资。但是1994年制定的《农村五保供养工作条例》并没有得到及时的调整,原有的条款仍然适用。

为了确保农村税费改革后五保供养的资金来源,2004年8月,民政部、财政部、国家发展和改革委员会发出《关于进一步做好农村五保供养工作的通知》,要求加强资金管理,确保五保供养资金落实,并针对农村税费改革后五保供养资金发生的变化提出了相应的解决办法:"除保留原由集体经营收入开支的以外,从农业税附加收入中列支;村级开支确有困难的,乡镇财政给予适当补助。免征、减征农业税及其附加后,原从农业税附加中列支的五保供养资金,列入县乡财政预算。地方在安排使用农村税费改革转移支付资金时,应当确保五保供养资金的落实,不得截留、挪用。"③可以看到,不再强调五保供养的"集体福利事

① 《农村敬老院管理暂行办法》,《中华人民共和国国务院公报》1997年第12期。

② 李本公、姜力:《救灾救济》,中国社会出版社1996年版,第199—200页。

③ 《民政部、财政部、国家发展和改革委员会关于进一步做好农村五保供养工作的通知》,《江苏政报》2004年第17期。

业”性质，而强调县乡财政转移支付的责任，对于改进五保供养工作有一定意义。截至 2005 年底，全国已纳入五保供养的有 328.5 万人，年人均供养水平为 989.7 元，全国建有农村敬老院 32572 所，集中供养五保对象 63.2 万人。①

但由于大多数地区，农业税正税 20% 的附加税总量普遍比原来的“三提五统”资金要少得多，因而虽然在理论上五保供养的资金更加有保障，但五保供养水平却无实质性的上升。而且，税费改革后的农业税附加中包括三部分支出：村级办公经费、村干部报酬以及五保户的供养。在很多地区，农业税附加用于其中的一项都不够，上级财政转移支付是个一揽子计划，在总额不够的情况下，经过层层转移，由省到市、由市再到县，其中用于五保供养的经费是最容易挤占的。从实践来看，税费改革使得五保供养经费在迅速变化的乡村公共财政体系中没有得到制度性的保障，导致五保对象应保尽保难、五保供养标准落实难、全面落实五保内容难、实施敬老院集中供养难等突出问题。② 民政部救灾救济司提供的数据显示，截至 2002 年底，全国农村五保供养对象有 570.37 万人，真正获得保障的只有 296.82 万人，约占应保对象的 52.04%。也就是说，有接近一半的五保对象没有获得保障，应保未保的问题很突出。③ 与此同时，敬老院集中供养标准从 2001 年的 2173 元下降到 2002 年的 1691 元，同期，居家分散供养标准从 1262 元下降到 958 元，下降幅度分别达 22.2% 和 24.1%。④

（二）国家公共救助阶段（2006 年— ）

2004 年，我国开始实行减征或免征农业税的惠农政策，并于 2006 年 1 月起废止《农业税条例》。2006 年 1 月，国务院公布新修订的《农村五保供养工作条例》，并自 2006 年 3 月起实施。条例以改革资金渠道为重点，将农村五保供养纳入公共财政的范畴，并创新了与之相配套的管理制度和措施办法，资金标准、权

① 苏大鹏：《农村五保供养体制实现历史性转变》，《经济日报》2006 年 3 月 2 日第 2 版。

② 洪大用、房莉杰、邱晓庆：《困境与出路：后集体时代农村五保供养工作研究》，《中国人民大学学报》2004 年第 1 期。

③ 同上。

④ 顾昕、降薇：《税费改革与农村五保户供养融资体系的制度化》，《江苏社会科学》2004 年第 3 期。

益保护等条款更加合理,更加规范。新《条例》实现了农村五保供养从农民集体内部互助共济体制向国家财政供养为主的现代社会保障体制的历史性转变,成为我国第一部规范农村社会保障工作的行政法规。①

1. 五保户的国家财政供养

2006年《农村五保供养工作条例》第十一条明确规定:“农村五保供养资金,在地方人民政府财政预算中安排。有农村集体经营等收入的地方,可以从农村集体经营等收入中安排资金,用于补助和改善农村五保供养对象的生活。”“中央财政对财政困难地区的农村五保供养,在资金上给予适当补助。”第十九条规定:“财政部门应当按时足额拨付农村五保供养资金”。② 新《条例》最大的变动就在于五保供养的资金来源。

“从村提留或者乡统筹费中列支”改为“在地方人民政府财政预算中安排”,意味着农村五保供养体制的根本变化,由过去那种建立在“村提留”、“乡统筹”基础上的村民互助自养式的供养体制,转变成为由政府公共财政负担的财政供养体制,集体经济、土地保障以及亲友帮扶居于辅助地位。国家成为五保对象供养的责任主体,适应了农村经济社会的发展;尤其是政府实际承担了供养的职责,解决了资金筹集的难题,进一步完善了农村五保供养制度。

新《条例》不再强调五保供养的“集体福利事业”性质,而是强调财政的转移支付责任,使得五保对象被纳入了国家保障的制度体系中,他们的身份已不再只是村民,而是被国家的社会保障体系所覆盖的一个特殊群体。换言之,五保对象对其所居住的村及乡镇的依赖程度明显降低,且依赖关系发生改变,居住地对他们来说只是政府确定其供养标准的一个参照环境。这一变化,实际上是在资金的稳定与供养标准的规范化、受供养权利的法制化以及各级政府的问责制度三个方面对制度化提出了新的要求。对五保对象来说,他们所对应的责任主体超出了村和乡镇;他们所享受的供养,已经不是原来意义上的互济,他们的权利可以在更大程度上得到保障。③

① 王亦君:《五保户从由村民供养到吃皇粮》,《中国青年报》2006年3月2日第7版。

② 《农村五保供养工作条例》,《中华人民共和国国务院公报》2006年第7期。

③ 张秀兰、徐月宾:《农村五保供养制度化的框架分析》,《江苏社会科学》2004年第3期。

2. 五保供养标准的自然增长机制

2006 年《农村五保供养工作条例》第十条规定："农村五保供养标准不得低于当地村民的平均生活水平，并根据当地村民平均生活水平的提高适时调整。"①这项规定创建了五保供养标准的自然增长机制，为五保供养对象共享国家改革发展的成果提供了制度保障。

农村五保供养标准是指供养五保对象所需的基本生活费用标准，是确定农村五保供养水平的依据，对于保障五保供养对象的基本生活具有重要的作用。此前的 1994 年《农村五保供养工作条例》规定："五保供养的实际标准，不应低于当地村民的一般生活水平。具体标准由乡、民族乡、镇人民政府规定。"②原"条例"对供养标准的规定比较笼统，且由乡镇政府确定标准，不利于政策落实和地区间五保供养工作的均衡发展。新《条例》提高了供养标准制定机关的行政级别，规定可以由省级人民政府制定，也可以由设区的市级或者县级人民政府制定，但需报省级人民政府备案。同时规定，供养标准根据当地村民平均生活水平的提高适时调整，建立起了供养标准的自然增长机制。

3. 按行政区划分级负责的五保供养管理体制

2006 年《农村五保供养工作条例》第三条强调："国务院民政部门主管全国的农村五保供养工作；县级以上地方各级人民政府民政部门主管本行政区域内的农村五保供养工作"，"乡、民族乡、镇人民政府管理本行政区域内的农村五保供养工作"，"村民委员会协助乡、民族乡、镇人民政府开展农村五保供养工作"。③

传统的五保供养主要由村集体承担，因此，乡镇一级政府居于五保供养实施和管理体制的基础或首要环节；新《条例》强调国家、县级以上政府民政部门和乡镇地方政府分工负责本区域内的五保供养。五保供养制度管理层面从村或乡镇行政管理的范围和模式扩大到了县、省乃至中央政府，相应加强了县级以上政府民政部门在五保供养中的直接责任；村及乡镇的角色从帮助提供者变成了传

① 《农村五保供养工作条例》，《中华人民共和国国务院公报》2006 年第 7 期。

② 《农村五保供养工作条例》，《中华人民共和国国务院公报》1994 年第 1 期。

③ 《农村五保供养工作条例》，《中华人民共和国国务院公报》2006 年第 7 期。

送者，它们对五保对象的直接责任相对减弱。作为现代国家保障体系的一部分，新《条例》明确规定各级政府要把五保供养服务机构（敬老院等）建设纳入经济社会发展规划，县和乡镇政府提供必要的设备、管理资金并配备必要的工作人员。责任主体的变化和行政责任的强化标志着五保供养的实施更具强制性色彩，这对于扭转五保供养的困局起到了明显积极的作用。

在新《条例》推动下，五保供养开始呈现良好发展势头。2005 年，全国接受救助的五保人数为 349.7 万人；2006 年，跃升至 503.3 万人；2007 年底，全国农村五保供养人数为 531.3 万人，比上年同期增长 5.5%。① 2008 年底，全国农村五保对象有 543.4 万人，全年共支出农村五保供养资金 76.7 亿元。② 截至 2009 年底，全国农村五保供养人数达到 556 万人，基本实现了应保尽保。③

二、农村五保供养的模式创新

（一）传统的农村五保供养形式

传统的农村五保供养形式分为集中供养和分散供养两大类。第一类为集中供养，是指通过农村敬老院、幸福院、养老院、福利中心等农村五保供养服务机构，对农村五保供养对象进行集体供养，吃、穿、住、医、葬由政府统包统揽。第二类为分散供养，是指散居在家（即原居住地）的农村五保供养对象实行分户供养，政府发给一定数量的供养金和粮食，自我管理。

分散供养在实施过程中一般有四种情况：④一是村供村养。即五保对象的基本生活由所在村组统一保障。二是村供亲养。即五保对象所在的村组每年给其一定的生活补助费，口粮则从五保对象所分的责任田中解决，或自己耕种，或

① 肖林生：《农村五保供养变迁的制度嵌入性分析》，《南京人口管理干部学院学报》2009 年第 7 期。

② 陈丽平：《一部五保条例难载农村社保之重》，《法制日报》2009 年 5 月 9 日第 2 版。

③ 卫敏丽、余晓洁：《救助：让困难群众心里越来越有底》，《中国社会报》2010 年 1 月 15 日第 1 版。

④ 杨团、张时飞：《当前我国农村五保供养制度的困境与出路》，《江苏社会科学》2004 年第 3 期。

委托亲友代种，或出租给他人耕种后收取一定的租谷。三是亲供亲养。方式又有两种：①亲友代养，即五保对象家中有宅基地，或有一间好点的房子，亲友想继承，主动要求把他/她代养起来；②以田代保，即五保对象所在的村组同样分给其一份责任田，不论有无耕种能力，一切尽在责任田中。四是临时救助。即五保对象所在的村组每年度将其列为救助对象，使他们依靠救济金度日。

一般来说，集中供养在供养标准、服务质量、精神文化供养等方面具有比分散供养较为明显的优势。在保障水平上，集中供养标准一般要高于分散供养标准。从辽宁省来看，集中供养标准和分散供养标准之间相差在40%左右（见表11－1）。投资大、管理成本高成为集中供养率难以提高的重要制约因素。另一方面，敬老院、福利院属集中供养，虽然解决了五保户生存的基本物质需要问题，但是由于五保供养对象背井离乡，与原有的生活习惯相差较大，因此，敬老院、福利院的入住率不高。据民政部救灾救济司统计，截止到2002年底，全国农村分散供养五保人员（缺甘肃、广西两省区的数据），占全部五保供养人数的78.3%，集中供养的五保对象不到四分之一。①

表11－1　辽宁省2000—2003年分散供养与集中供养标准对照表

年度	分散供养标准	集中供养标准	相差数量
2000	1256元	2013元	757元
2001	1274元	2146元	872元
2002	1278元	2153元	875元
2003	1355元	2267元	932元

资料来源：赵庆国、孔令文：《农村五保供养机构的建设与管理》，中国农业出版社、农村读物出版社2008年版，第33页。

与集中供养相比，分散供养具有投资少、管理成本低的优点。但由于受居住分散、管理服务难度大、村集体保障功能减弱等因素的制约，五保户的基本生活往往很难得到保障。在现实生活中，农村五保对象中年龄偏大、生活处于半自理

---

① 杨团、张时飞：《当前我国农村五保供养制度的困境与出路》，《江苏社会科学》2004年第3期。

或完全不能自理的人员较多,他们的日常生活照料问题比较突出。集中供养的五保老人尚可以由工作人员或其他院友勉强提供一定的照料与护理,而分散供养的五保对象的日常生活照料几乎被忽视。税费改革后,分散供养又因为集体经济的弱化而使救济水平明显偏低,出现了应保未保等很多问题。

(二)农村五保供养的模式创新

集中供养和分散供养的现实困境,要求探索农村五保供养的管理体制和运行机制的创新,以适应各地的经济发展水平和生活实际,切实保障新时期农村五保供养的可持续发展。在各地五保供养的改革实践中,广西壮族自治区的五保村模式和湖北省的恩施模式具有一定程度的模式创新。

1. 广西五保村模式

"五保村"并非真正意义上的村庄,而是在比较大的自然村,或者在设村委会的自然村,专门建设供五保老人集中居住的院落,就近对分散供养的农村五保户实行"有家不离村,有家不离土"的"就村集中供养"。从 2001 年起至 2006 年 6 月,广西全区已建成五保村 5589 个,集中供养农村五保对象 8 万多人。① 为此,广西五保村建设获得 2005—2006 年"中国地方政府创新奖",被民政部和海内外舆论称之为"中国农村社会福利新模式"。②

五保村这一农村五保供养的新模式可以概括为:"国家扶持,政府指导,村委负责,就村而建,一户一家,自我管理,自我服务"。③

第一,政府拨款,多方筹资。为解决资金困难,广西推进了社会福利资金的社会化,采取多方筹资的办法建设"五保村",其切实可行的经验大致可以概括为"五点"、"五结合"。"五点"即"上级拨一点,乡镇投一点,村集体出一点,社会捐一点,群众投工投老助一点";"五结合"即"自治区福利金投入与市县地方财政投入相结合;涉农部门支持与挂钩联系点单位扶持相结合;企业赞助与个体

① 陈文庆:《广西五保村建设刍议》,《边疆经济与文化》2007 年第 4 期。

② 李春根、赖志杰:《新时期我国农村五保供养制度存在的问题与完善对策》,《山东财政学院学报》2008 年第 2 期。

③ 邓大松、刘昌平:《新农村社会保障体系研究》,人民出版社 2007 年版,第 128 页。

老板资助相结合;社会各界募捐与施工方垫支相结合;村集体投入与村民义务投工献料相结合”。比如,临桂县临桂镇凤凰五保村在建设中,由村委会无偿提供土地,占地约3.2亩;广西民政厅以及各级党委政府从资金上对五保村的建设给予大力的支持,其中,区民政厅投入5万元,市县政府配套2万元,群众自筹献工献料和社会捐资1.5万元,共投资8.5万元。由于五保村规模小,各方面积极参与,因此建设速度非常快。

第二,规范管理,持续发展。为健全完善五保村建设管理服务机制,广西先后制定了《五保村管理办法》、《五保村村民生活保障制度》、《五保村卫生制度》、《五保村村民规则》、《村民委员会的职责》、《县级民政部门在五保村管理中的职责》、《乡(镇)人民政府在五保村管理中的职责》等规章制度,统一规范各地五保村的管理,逐步建立和完善了村委会、入住五保对象、五保对象亲属三方协管的机制。

另外,在村里兴建五保村,其财产归村委会所有。五保老人入住后,其原有房屋不再需要修补,老人过世后,五保村仍可安排其他老人入住,一次投资,重复使用。这就实现了公有资产的良性循环,避免了以往用有限的民政救济金和统筹款修缮五保老人住房的不足,从而提高了民政资金的使用效率

第三,集中供养,不离乡土。统一生活、集中管理的敬老院虽然解决了五保户生存的基本物质需要问题,但由于五保户背井离乡,与原有的生活习惯相差太大,入住率并不高。而五保村虽然是集中供养农村五保户的场所,但五保村建在本村,不离乡土,五保户住在本村,不远亲情;既十户为邻,集中居住又一户一家独立生活。这种就村集中供养的方式既彻底解决了五保户的住房问题,使五保户们“离家不离村,离户不离土”;同时也满足了五保户对乡土的血肉联系之情和风俗民情习惯,五保户也不需要改变自己的生活方式和生活习惯,从物质和精神两个方面提高了五保老人的生活质量。

第四,自我管理,自我服务。五保村的集中规划建设,并没有采取一般城市福利院和乡镇敬老院“大锅饭”的做法,而是实行“一户一室一厨”的家庭生活方式,实行大集中和家庭化供养相结合,五保村的公共利益和家庭利益相结合。一方面,由村干部、村民代表、五保村老人代表组成管理小组,对五保村实行自我管理;另一方面,五保村不设专职管理人员,以入住人员自理为主,在五保老人中民

主选举年龄较轻、素质较高者或村委会派一名村干部担任，负责管理老人们的生活起居、公共财产。老人们互相照顾，同时实行村委协管，村民帮助，民政引导，极大地减轻了政府在管理上的负担。

五保村就其社会作用来看，与乡（镇）敬老院、福利院是一致的，但二者在建设、管理和运作方式上存在着本质的不同。五保村建设的内涵并不单指为村中的五保户建设集中生活的居所和安装相关设施，而是指解决农村五保对象有效供养问题的一项系统工程，包括住所、饮食、医疗、娱乐等系列生活问题。以五保村这种方式对五保户实行集中供养，是对过去以乡镇敬老院集中供养和居家分散供养模式弊端的改革和创新，为有效解决五保户供养问题提供了崭新的思路。

2. 湖北恩施模式

湖北省恩施土家族苗族自治州地处湘鄂渝黔四省（市）边界交接地带，经济社会发展水平相对落后，下辖的6县2市均为国家级重点贫困县（市）。但是近几年来，该州利用乡镇闲置资产，争取社会力量扶持，在大山深处建起了110所农村福利院，使全州农村五保对象集中供养率达到81.77%，部分县（市）达到了90%以上，形成了富有特色的恩施模式。① 2008年12月，恩施自治州农村五保集中供养经验被民政部授予"社会救助工作探索创新奖"。

恩施模式进行五保供养的主要做法是：对分散居住在深山峡谷中的以孤寡老人为主的五保对象，在适宜集体生活和本人自愿的前提下，集中到农村福利院并有组织地开展生产、安排生活。政府给每人每年拨1200元以上的生活费，福利院通过开展生产经营使五保供养基本自给。具体来看，恩施模式具有以下特点：

第一，充分利用闲置资产，加强政府支持与整合。恩施自治州对乡镇机构改革后闲置下来的政府办公楼、学校校舍、国有或集体企业厂房、七站八所行政事业单位工作用房等固定资产实行无偿或有偿划拨；而后由州、县、乡三级财政预算拨付一部分资金，福利彩票公益金安排一部分资金，向上级争取一部分资金，社会各界募集一部分捐款，对划拨资产进行适当维修和改造，并根据需要新建一

① 陈华等：《鄂西山区五保老人的幸福大院——湖北省恩施土家族苗族自治州农村五保供养模式探秘》，《中国社会报》2008年12月3日第1版。

部分住房和配套设施。大多数县市还都给福利院预算了5—7个工作人员经费。2008年,恩施州110所福利院中85%都是由“七站八所”改造而来的,集中供养着9798名五保对象,人均使用建筑面积达19平方米;全州划拨资产达到3587万元。①

第二,自治互助,实行院务公开和民主管理。实行集中供养后的福利院,一般都有50—100个五保对象,管理任务很重。各县市及农村福利院普遍实行自治互助的管理方式。在配强院长和配齐工作人员的基础上,建立了一套行之有效的管理程序。包括对院民实行分工、编组,主要有生产组、保卫组、卫生组、文娱组、互助组等,每个组都由院民任组长;对行动不便的残疾人指定专人结对子在生活上帮扶;为了鼓励院民以院为家,学会过集体生活,每月对院民的表现开展以评红旗、黄旗为主要形式的评比先进活动,调动了院民的积极性;适时适度组织院民进行经常性学习。院民之间互相帮助;福利院建立院务委员会,除管理人员外,在院民中推选一批参与其中,实行院务公开和民主管理。宣恩等县还在每所福利院挑选一名优秀院民任副院长,参与院务管理,促使院民之间更加融洽。

第三,发展循环经济,实现持续发展。为更好地解决院民的“吃、穿、住、医、葬”问题,院里组织身体好、劳动能力强的老人参加劳动,形成了集种植、养殖、加工于一体的院办经济实体。这是农村福利院建立长效发展机制最基础的工作。恩施州给福利院设计了一种循环经济模式:每个福利院至少养10头猪、有10亩田,在满足院民生活的同时,创造了“厂(场)—猪—沼—菜—厂(场)”的循环生产经营方式。海拔1400多米的鹤峰县中营乡福利院,短短的几年时间里,院办经济实体总产值达到400万元,年利润20多万元,走出了“以厂补院”的成功之路。院民每年用于生活补助、医疗费用、水电取暖、房屋维修和改造、添置床铺和必备用品的15万元,均由院办经济实体利润列支。

第四,科学管理,提升人文关怀。为了加强福利院的日常管理,福利院建立了24小时值班制度、工作人员考勤制度、定时查房制度、消防安全制度、突发事

---

① 陈华等:《鄂西山区五保老人的幸福大院——湖北省恩施土家族苗族自治州农村五保供养模式探秘》,《中国社会报》2008年12月3日第1版。

件预警制度、食品安全制度、卫生保洁制度等一系列制度。福利院也通过发展文化大院，经常开展棋类、吹拉弹唱等丰富多彩的文娱活动，激发五保对象的潜能，丰富了院民的精神文化生活。

3. 农村五保供养模式的适用性分析

对比广西五保村模式和湖北恩施模式可以发现，在一定程度上，两种五保供养模式都是强调对农村散居五保老人实行相对集中供养，区别主要在于集中供养的载体不同。广西的集中供养载体是五保村，湖北恩施的集中供养载体是乡镇福利院。

广西之所以采用五保村模式，与其需要供养的五保对象较多、且经济发展水平较低有直接联系。由于历史的原因，广西的五保户数量较多。2003 年，全区共有农村五保户 27.2 万多人，约占全区农业人口总数的 7%，而且呈增长的趋势。虽然广西多年来一直极力提倡建设乡镇敬老院，以提高五保户集中供养的比例；但受多种因素特别是经济实力所限，集中供养的仅有 1 万多人，只占五保户总数的 4%，低于全国平均水平。①

五保村供养方式强调政府主导、整合全社会力量参与的公共服务行为，具有设施投资小、管理成本低、集中居住、利于管理、便于服务等优势。兴建五保新村花费少，见效快。修建五保村，平均到每位入住五保老人身上，只有 5000 元，仅相当于乡镇敬老院供养模式的四分之一。由于五保村规模小，各方面积极参与，建设速度非常快。它既吸收了集中供养和分散供养两者的长处，又克服了两者的短处，成为经济不发达地区立足当地经济发展实际、保障五保供养对象的成功典范，也获得了其他地区的关注。重庆市的五保家园建设等就是对广西五保村的运用和发展。

湖北恩施虽然也属于经济发展落后地区，但该州五保对象较少且居住分散。福利院在政府加大财政支持的基础上，大力发展院办经济，形成持续发展的长效机制。一般来说，以乡镇福利院和敬老院为主体的供养方式，是中国东部沿海经济较发达地区主要采用的集中供养模式，需要当地政府有较强的财政支持。如在 2003 年启动的五保集中供养的改革中，浙江省所确定的 80% 的集中供养率

① 朱勇、赵鸿文：《五保村：五保供养方式的创新之举》，《中国民政》2003 年第 11 期。

目标,[①]就是与该省农村五保户人数较少(共有农村五保户 56542 人)以及经济承受能力较强相适应的选择。

恩施州作为经济落后地区兴办福利院实现五保对象的集中供养,政府的财政支持只是其启动运行的基本条件。福利院通过开展生产经营使五保供养实现基本自给,打破了乡镇敬老院、福利院依靠财政拨款的传统路径,开创了福利院适应社会化方式的自我生存与持续发展,为经济落后地区适应新时期农村经济社会发展进行五保供养提供了新的选择。

三、农村五保供养的制度展望

(一)五保供养制度的属性界定

五保供养是农村社会保障体系的重要组成部分,但对农村五保供养的性质,究竟是属于社会救助还是社会福利,一直存在着争论。这直接影响到五保政策目标的价值取向,对五保供养的政策实施层面也会产生重要的影响。

概括起来,对农村五保供养性质的认识可以分为三种:

第一种观点坚持农村五保供养属于社会救助范畴:目前我国针对农村贫困居民的生活救助大致包括五保供养、农村居民最低生活保障和农村特困户救助等三类;[②]五保供养制度是一项适合中国国情的乡村社会救助制度。[③]

第二种观点认为农村五保供养属于社会福利:从 1978 年到 2001 年,五保供养工作的性质可以定位在"国家规定下的社区福利事业"。农村税费体制改革后,五保供养由社区福利转变为国家福利;[④]对五保供养应坚持低水平的福

① 朱勇、黄元龙、陈建议:《农村五保供养的重大突破——浙江省农村五保户将基本实现集中供养》,《中国民政》2004 年第 12 期。

② 洪大用:《转型时期中国社会救助》,辽宁教育出版社 2004 年版,第 17 页。

③ 郑功成:《社会保障学——理念、制度、实践与思辨》,商务印书馆 2000 年版,第 197 页。

④ 顾昕、降薇、张秀兰:《社会安全网的再编织——农村五保供养工作的困境与转型》,载巫永平:《公共管理评论》(第二卷),清华大学出版社 2004 年版;张秀兰、徐月宾:《农村五保供养制度化的框架分析》,《江苏社会科学》2004 年第 3 期;顾昕:《五保供养工作困难的制度约束及改革设想》,《社会福利》2003 年第 12 期。

利性。[①]

第三种观点认为农村五保供养既是一种社会福利制度，同时又带有社会救济的性质：将五保供养工作定位为农村的集体福利事业，又承认农村五保供养工作也带有救济的性质；[②]农村五保供养名为福利、实为救助，是一种"救助性社会福利"。[③]

由于社会救助与社会福利的概念在中国模糊不清，在民政部门主管的社会福利事业中，福利实际上是与救济混合在一起的，甚至可以说更像一种社会救济。[④] 1994 年的《农村五保供养工作条例》虽然规定五保供养是农村的集体福利事业，但根据五保户的定义和五保供养的保障内容来看，五保供养政策有非常严格的资格审查，其内容是保障农村居民中无法定抚养义务人、无劳动能力、无生活来源者的吃、穿、住、医、葬（孤儿保教），即向处于绝对贫困状态中且无生存能力的农村居民，提供稳定的基本生存资料的救助。而一般意义上的社会福利应该属于最高层次的社会保障，具有发展性、享受性的特点，与社会救助着眼于解决生活困难者的基本生活问题有重大差别。

基于农村五保户供养的实践，2006 年的《农村五保供养工作条例》强调五保供养应定位于社会救助，保障农村五保供养对象的正常生活。从政策文件本身来看，该《条例》是一个完全的"物质导向型"政策，其关注的重点仅仅是五保老人的基本物质生存。[⑤] 社会救助的制度定位虽然符合五保供养实践，但是将五保的概念与需求同一化，视野局限于政府制定的衣、食、住、医、葬范畴而忽视五保户的其他需求，这种性质界定是否恰当，仍然是学界不断探讨的重要议题。

（二）农村五保供养的制度困境

从 1956 年的《1956 年到 1967 年全国农业发展纲要（草案）》到 2006 年的《农村五保供养工作条例》，农村五保供养已经形成较为成熟完整的制度建设。

① 贡森、王列军：《农村五保供养工作的政策分析与建议》，《社会福利》2003 年第 12 期。

② 李本公、姜力：《救灾救济》，中国社会出版社 1996 年版，第 202—203 页。

③ 多吉才让：《中国最低生活保障制度研究与实践》，人民出版社 2001 年版，第 269 页。

④ 郑功成：《中国社会保障制度变迁与评估》，中国人民大学出版社 2002 年版，第 333 页。

⑤ 吴晓林：《中国五保养老的制度转型与科学发展》，《人口与发展》2009 年第 3 期。

但是从整体来看，五保供养的制度建设仍不能满足现实需要，在实践中的操作性尤显不足。

1. 五保供养制度的设计问题

(1) 五保供养制度难以操作化

农村税费改革之前，五保供养经费的紧张使得对五保供养资格的审核往往限制严格，出现很多村民符合五保供养条件，按规定应该享受五保供养待遇，但在现实中没有被纳入五保供养体系的现象。这种应保未保的问题，一方面与供养经费不足有关；另一方面也与五保供养对象认定资格的设计弹性有关。

2006 年的《农村五保供养工作条例》，对五保供养制度的运行作了一些修订，但这些规定很多还只停留在原则性层面，并不具备实际操作性。其中五保供养对象界定的操作性不够仍是一个突出的问题。该《条例》以"无劳动能力、无生活来源、无法定赡养、抚养、扶养义务人（或者其法定赡养、抚养、扶养义务人无赡养、抚养、扶养能力的）"作为五保供养对象的界定条件。基于此规定，五保供养体系是一种权利基准型社会救助，只要申请者符合条例规定的标准，就可以享受五保供养的相关待遇。由于目前我国还没有相关的关于农民劳动能力鉴定的专门法律法规或技术性规范，该《条例》中规定的"无劳动能力"只能参考使用其他一些制度性文件的规定，将 60 周岁以上的老年人、16 周岁以下的未成年人和残疾人视为无劳动能力人，①由各地根据实际情况予以贯彻实施。"无生活来源"、"无赡养、抚养、扶养能力"等条件在现实审核中也存在类似的主观弹性界定。

难以操作化的政策设计使得五保救助工作随意性大，救助对象的认定缺乏明确的标准。在五保供养的实践中，有的地方曾出现"政策搭车"现象，把特困户、困难户等都挤到五保户中来，有的只因为是"双女户"也给予救助。② 五保供养所涉及的对象和概念界定不够准确，直接损害了五保供养体系的运作，导致五

① 赵庆国、孔令文：《农村五保供养机构的建设与管理》，中国农业出版社、农村读物出版社 2008 年版，第 14 页。

② 杨团、杨刚：《对中国农村社会救助政策的框架性思考》，载高鉴国、展敏主编：《资产建设与社会发展》，社会科学文献出版社 2005 年版，第 309—310 页。

保供养制度实施困难，出现偏离政策目标的情况。

(2)五保供养资金不足

2006年《农村五保供养工作条例》关于五保供养资金筹集的规定是："农村五保供养资金，在地方人民政府财政预算中安排"。"中央财政对财政困难地区的农村五保供养，在资金上给予适当补助。"①这一规定虽然明确了五保供养的经费来源于政府的公共财政，但却并没有从根本上改变五保供养资金不足的局面，其主要原因有五：一是五保供养人数逐年上升；二是农村敬老院开支缺口大；三是在五保人数的统计和人均标准等信息的收集和传递方面产生的误差，导致财政拨款总额和五保供养所需经费不相符，从而造成财政拨款的总额不足；四是五保拨款采取中央财政对乡村总体转移支付的下拨方式，部分地区在实际执行中常常以各种名目侵占款项，最后发放到五保对象手中已所剩无几；五是五保供养资金由上级拨款和乡级政府配套两部分组成，但在经济不发达地区，往往是上级政府已经划拨了供养资金，但乡级政府却无力划拨相应的供养资金，其供养资金事实上只有上级政府划拨的那一部分。②

在构建和谐社会和建设社会主义新农村的背景下，为了强化五保供养服务机构建设，民政部启动了"农村五保供养服务设施建设霞光计划"。从2006年至2010年，五年总投入力争达到五十亿元左右，用于资助农村五保供养服务设施的建设。但是"霞光计划"在实施中，对集中供养率未达到50%的地区，民政部本级资金只资助新建和利用乡镇其他资源改建农村五保供养服务机构，不用于对现有农村五保供养服务机构的修缮或者改造，这在很大程度上很难缓解现有敬老院的运行困难状况。例如由于资金匮乏，湖南省湘潭市姜畲镇棋盘村规定只有65岁以上的老人才能进入敬老院，而湖南省双峰县规定入住敬老院的要求是无后裔、家里无住房、年龄达到60岁以上，老人入住后要求村上每年每人提供600斤谷。③

---

① 《农村五保供养工作条例》，《中华人民共和国国务院公报》2006年第7期。

② 邵芬、赵进维：《我国农村五保供养法律制度研究》，《昆明学院学报》2009年第4期。

③ 周继坚：《老龄化冲击农村传统养老，专家称集中供养是趋势》，《公益时报》2009年2月10日第3版。

2. 五保供养的政策执行问题

（1）过度追求集中供养

2008 年，全国农村五保集中供养人数达 144 万人，集中供养率从 2007 年的 23%提高到 2008 年的 27%。[①] 2009 年第三季度，全国农村五保供养对象中在机构集中供养的有 159.2 万人，集中供养率达 28.9%。[②] 2009 年，民政部安排本级福利彩票公益金 1 亿元用于"霞光计划"，支持全国 575 所五保供养服务设施建设。[③] 在民政部"霞光计划"的带动下，各级地方政府纷纷提高供养标准和加大敬老院的建设力度，一些省份层层下达集中供养人数和集中供养率指标，并纳入年度考核指标，期望在较短的时间内将农村五保集中供养率提高到一个较高的水平。例如 2008 年太原市提出要在全国率先实现农村五保户全部集中供养；2009 年济南市提出农村五保对象实现集中供养 80% 的目标。

五保集中供养有利于现有敬老院资源的充分利用和优化，使五保供养对象能够获得较好的全面保障和精神慰藉。但是，用一个绝对化的集中供养率指标来考核农村五保供养工作，显然欠妥。一方面，集中供养的财政支出远远超出分散供养。统计数字显示，2009 年全国农村五保平均供养标准中，集中供养年人均为 2500 多元，而分散供养年人均为 1800 多元；[④]天津市集中供养的五保供养对象每人每年 4000 元，而分散供养的五保供养对象每人每年 2500 元。过高的集中供养容易导致财政紧张地区的五保供养经费更加拮据，使得分散供养的人均资金被摊薄。另一方面，五保供养形式应该秉持自愿选择的原则。由于身体状况和私有财产的差异，加上对集中供养生活方式的适应程度不同，并不是所有的五保户都适合集中供养，应该由五保供养对象根据自己的实际情况自主选择供养形式。

（2）五保供养内容的落实困难

根据 2006 年《农村五保供养工作条例》的规定，农村五保供养包括下列内

① 李菲：《农村五保供养制度逐步落实，初步实现应保尽保》，《农村百事通》2009 年第 5 期。

② 卫敏丽：《我国农村社保体系建设稳步推进》，《新农村商报》2009 年 12 月 30 日第 21 版。

③ 卫敏丽、余晓洁：《救助：让困难群众心里越来越有底》，《中国社会报》2010 年 1 月 15 日第 1 版。

④ 同上。

容:供给粮油、副食品和生活用燃料;供给服装、被褥等生活用品和零用钱;提供符合基本居住条件的住房;提供疾病治疗,对生活不能自理的给予照料;办理丧葬事宜。农村五保供养对象未满16周岁或者已满16周岁仍在接受义务教育的,应当保障他们依法接受义务教育所需费用。但五保供养的实际内容远比制度规定要少,除了“保葬”外,其他“四保”都不同程度地存在问题,在一些地区,五保实际上已经减变为两保(保吃、保葬)甚至一保(保吃)。

五保供养工作条例中规定的“保医”内容是最难落实的。由于五保对象多是各种疾病的高发人群,医疗费用花费较高,在一些地区五保户就医看病难问题比较突出。加上五保供养经费的紧张,无论集中供养还是分散供养,五保户的医疗需求问题都很突出,几乎所有的五保老人都对医疗费用非常担忧。

2006年新《条例》中规定,农村五保供养对象的疾病治疗,应当与当地农村合作医疗和农村医疗救助制度相衔接。在实践中,各级民政部门资助农村五保供养对象参加新型农村合作医疗,纳入农村医疗保障体系,同时对患大病经合作医疗补偿后仍有困难的农村五保供养对象,主要是通过农村医疗救助制度实行二次救助。但五保供养对象是各种疾病的高发人群,也给新型农村合作医疗制度带来冲击。此外,五保老人生病住院的护理费用无法从新型农村合作医疗和农村医疗救助中补偿,也无法在敬老院的日常开支中获得列支渠道。因此,如何彻底解决五保供养对象“保医”的难题,依旧需要进一步探讨。①

3. 五保供养制度与其他农村社会救助制度的碎片化

现行的农村社会救助制度除五保供养外,还有特困家庭救助、临时救济、灾害救助、最低生活保障等平行救助项目。不断推出的新的社会救助制度,使得五保供养工作在农村社会救助体系中的地位逐渐边缘化。② 与此同时,由于各种救助制度间缺乏沟通,各项政策的责任主体、资金来源、救助目标和标准都有很大差别。各项制度既有重叠交叉,也有覆盖不全,没有整合成为一个完整统一的社会救助体系。

---

① 赖志杰、赖永锋:《五问题困扰农村五保供养》,《社会工作》2009年第1期。

② 顾昕、降薇、张秀兰:《社会安全网的再编织——农村五保供养工作的困境与转型》,载巫永平:《公共管理评论》(第二卷),清华大学出版社2004年版。

首先，五保供养政策与其他政策之间存在保障对象的交叉覆盖现象。数据显示，在2005年享受最低生活保障的农村家庭中，有五保户46.5万户，占享受农村低保家庭总数的12.1%，比2004年增加25.3%。①

其次，五保供养标准与当地农村低保标准的不平衡。按照2006年新《条例》的规定，农村五保供养标准不得低于当地村民的平均生活水平，并根据当地村民平均生活水平的提高适时调整；但农村低保的标准则与此差距很大。例如，根据《威海市人民政府关于调整城乡最低生活保障和五保供养标准的通知》，2007年威海市农村居民最低生活保障标准由每人每年800元调整为不低于1000元；与此同时，农村五保对象集中供养标准由每人每年不低于2100元调整为不低于2400元，分散供养标准由每人每年不低于1300元调整为不低于1400元。

政策对象的交叉和救助目标的差别，需要把五保供养问题纳入农村社会保障的整体视野中进行系统考虑。如何协调不同的救助项目以避免出现五保供养保障过剩和福利的浪费，如何确定五保供养政策在农村社会保障体系中的位置，五保供养政策是否有独立存在的必要等等，都是今后需要进一步关注的问题。

（三）农村五保供养的制度展望

1. 加强五保供养的制度化建设

五保供养工作的制度化建设是开启并突破农村五保供养“瓶颈”的关键。为此，需要明确划分政府的角色：上级政府应该承担经费提供者的角色，基层政府应该承担服务递送者的角色。五保供养体系制度化的关键是确定各级政府合理分担财政负担的比重。五保供养及相关社会问题可纳入农村社会保障体制改革的框架内，加以通盘考虑。

2006年的《农村五保供养工作条例》强调五保供养资金应由政府融资，从财政中划拨。但在供养经费具体到各级政府的承担比例问题上，意见并不统一。结合我国实际，把农村五保供养经费的主要承担者界定为县级政府较为合适。一方面，将五保供养服务由目前的村级组织转移给县级以上政府，是因为县级以

① 赖志杰、赖永锋：《五问题困扰农村五保供养》，《社会工作》2009年第1期。

上政府有条件集中管理风险，更好地为五保对象提供服务。如五保资金集中使用，可平衡县、乡镇、村组的区域差异，减少层层扣减现象，强化管理能力，提高资金的配置效率。[①] 目前，城市最低生活保障、城乡医疗救助和农村最低生活保障的管理主体都是县级人民政府民政部门，五保供养工作以县为主管理，可以为做好各项社会救助制度的衔接奠定良好的制度基础。另一方面，乡镇政权的设置一直处于改革变动之中，未来走向也是一个变数；相反，县级政权设置稳定，比较适合作为五保供养工作的责任主体。同时，县域内敬老院统一安排，可以增加五保对象的选择度，促进敬老院改善服务和提高效率。[②]

2. 建立农村综合性社会救助体系

五保供养并非简单的生活救助问题，而是一个综合性的社会救助体系。它不仅包含最基本的吃穿住等基本救助，还应包括看病、养老、教育等辅助救助内容。由于目前各种农村社会救助制度没有进行综合性设计，农村五保供养与农村居民最低生活保障政策、农村新型合作医疗政策、农村养老保险政策等在制度设计和实施上存在大量不衔接、不规范的问题，而且救助对象划分复杂，救助工作行政成本很高。所以，目前最为紧迫的工作是把农村各种救助制度整合为一个综合性的社会救助体系。

要把农村五保供养工作纳入当地经济社会发展的全局，统筹规划，以现有的基本生活救助作为基础和重点，将现有的医疗、养老、教育等辅助性救助项目适当加以整合归并，使整体制度更加简约和易于操作。通过整合各部门资源，进行优化配置，实现扶危解困的效益最大化。

毫无疑问，一个综合有效的农村社会救助体系将直接解决农村五保户的供养问题。而随着综合性社会救助体系的逐渐建立与完善，五保供养体系也将最终完成其历史使命。

3. 培育五保供养的多元主体格局

在社会救助体系中，政府虽然是五保供养的供给主体，但仅靠政府是不够

---

① 杨团、张时飞：《当前我国农村五保供养制度的困境与出路》，《江苏社会科学》2004 年第 3 期。

② 贡森、王列军：《农村五保供养工作的政策分析与建议》，《社会福利》2003 年第 12 期。

的,一个完善的救助制度需要政府和社会的共同参与。在目前的五保供养中,社会力量参与不足是一个重要的缺陷,加上缺乏有效的宣传和激励机制,社会主动为五保对象捐款捐物的人和机构并不多,这在一定程度上也影响了五保供养的发展与有效实施。

为促进社会保障的社会化发展,在政府提供最基本的、制度性保障的同时,要积极动员与引导社会力量支持五保供养工作,探索建立多元筹资体制,扩大救助资金的来源渠道;鼓励社会组织和个人为农村五保供养对象和农村五保供养工作提供捐助和服务,整合服务资源,协调公益行动;推进非政府力量和社会成员之间的社会互助,形成以政府为主导、以非政府力量为补充、立体交叉、纵横交错的多元化社会救助系统。

第十二章　农村扶贫制度

贫困是一种复杂的社会现象,人类社会针对贫困的努力一直没有停止过。在发达国家,从最初的侧重减少贫困(Poverty Reduction)到重点减轻贫困(Poverty Alleviation),再到试图消灭贫困(Poverty Eradication),这一过程不仅表达出发达国家反贫困的阶段性,还反映了对反贫困的不同理解。在发展中国家,贫困治理融合了实现经济社会发展和减轻贫困的双重目标。在这一过程中,发展中国家的反贫困目标、战略、组织管理体系、相关政策成为一个整体。中国是世界上最大的发展中国家,也曾是贫困问题最突出的国家。改革开放30多年来,随着国民经济的持续快速增长和政府采取强有力的扶贫措施,贫困现象得到了大幅度、大面积的缓解。例如在农村地区,绝对贫困人口由1978年的2.5亿人降至2007年的1479万人,贫困发生率相应地由30.7%降至1.6%。[①] 因此,研究中国的贫困治理的实践经验具有重要意义。

一、我国农村地区反贫困政策演变与治理经验[②]

(一)农村地区反贫困政策演变分析

反贫困政策作为政府政策供给的重要部分,其演变过程也是政府贫困治理

① 王明峰:《中国为世界减贫事业做出积极贡献》,《人民日报·海外版》2008年7月25日第1版。

② 林闽钢、陶鹏:《中国贫困治理三十年回顾与前瞻》,《甘肃行政学院学报》2008年第6期。

理念变化的表征。从1978年以来,我国贫困治理经历了几个主要阶段,在不同阶段贫困的致因和特点也不尽相同。

1. 体制改革推动扶贫阶段(1978—1985年)

20世纪70年代中后期,我国贫困问题在农村表现得十分突出。1978年,全国乡村人口占总人口的82.08%,当年农民家庭人均纯收入仅为133.6元,农民年人均消费水平为138元。按照当时的农村贫困标准,8亿农村人口中,超过30%属于贫困人口。这一时期农村严重贫困难以消除的重要原因,就是僵化的计划经济体制制约了生产力的发展。

中共十一届三中全会以后,以家庭联产承包责任制和统分结合的双层经营体制为特征的农村经济体制改革,为农村快速脱贫起到了关键作用;同时国家大幅度提高农产品收购价格,增加农民收入。由于体制改革和农产品价格的提高,1978—1985年间,我国农业出现了持续的高增长率,农民人均纯收入的年增长率高达16.5%。此外,中央政府将全国连片最为贫困的甘肃定西、河西和宁夏西海固地区作为"三西"专项建设并列入国家计划,进行了区域性的专项扶持工作。这些综合性措施使得我国农村贫困状况发生了巨大的变化。农村贫困人口迅速从1978年的2.5亿人减少到1985年的1.25亿人;贫困发生率则从农村改革初期1978年的30.7%下降到1985年的14.8%。① 虽然还存在着贫困线标准过低的问题,但是毕竟帮助占半数的贫困人口基本解决了温饱问题。

2. 开发式扶贫阶段(1986—1993年)

在体制改革推动下,中国农村经济整体发展很快。一部分农村地区由于区位和资源优势而得到较快发展;另一部分农村地区受到自然条件的限制,发展相对滞后,难以摆脱贫困。在这种背景下,国家扶贫战略由"救济式"转变为"开发式"。1986年,国务院专门成立了"贫困地区经济开发领导小组"作为专门的反贫困机构,统一规划和指挥全国的农村反贫困工作,开始了有计划、有组织的大规模开发式扶贫。以县为单位确定国家的扶贫重点,开始实施"重点扶贫"政策,即对集中连片的贫困人口重点区域划出331个国家重点扶持贫困县,由国家投入资金,实行"开发式扶贫"。"八五"计划期间(1991—1995年)又新增236

① 中国国家统计局:《中国统计摘要》,中国统计出版社2005年版,第104页。

个县，使国家实施重点扶贫的贫困县达到567个。在重点扶持农村贫困地区发展的过程中还提出了“对口帮扶”的措施，号召社会各界积极参与到农村贫困地区的发展建设中来，重点解决绝对贫困人口的温饱问题，提高农村贫困地区的“造血功能”。这些有针对性的政策有力地促进了农村贫困地区经济的发展和人民生活水平的提高。从1986年到1993年，国家重点扶持贫困县的农村居民家庭人均纯收入从206元提高到483.7元，年增长率在13%左右；到1993年，全国农村贫困人口进一步减少到7500万人，贫困发生率相应下降到8.2%。①

3. 扶贫攻坚阶段(1994—2000年)

1994年，中央政府的《国家“八七”扶贫攻坚计划》提出，用20世纪最后7年的时间，集中人力、物力、财力，动员全社会力量，基本解决全国农村八千万贫困人口的温饱问题。重新划定了贫困县的标准，按照“四进七出”的原则进行调整，即凡在1992年农村人均收入小于400元的县都纳入贫困县，凡在同年农村人均收入高于700元的县都退出贫困县。调整后纳入国家“八七”扶贫攻坚计划的贫困县增加到592个。1996年以后，中央政府又将扶贫的对象从贫困县进一步调整到贫困村和贫困户，同时较大幅度地增加了扶贫资金，并得到了世界银行、亚洲开发银行等国际组织扶贫资金的支持。

“八七”扶贫攻坚计划取得了显著成效，使1994—2000年这七年成为中国自改革开放以来贫困人口减少速度最快的时期。全国592个国家重点扶持的贫困县，农民人均纯收入由1995年的824元提高到1999年的1347元。2000年底，我国已基本解决了农村贫困人口的温饱问题，特别是一些集中连片的重点贫困地区从整体上解决了温饱，沂蒙山区、井冈山区、大别山区、闽西南地区等革命老区群众的温饱问题基本得到了解决。农村绝对贫困人口从1994年的8000万人，减少到2000年的2600万人，贫困发生率下降到3.5%。② 而在同一时期，世界贫困人口平均每年增加1000万人。

4. 综合扶贫阶段(2001—2010年)

中央政府制定了《中国农村扶贫开发纲要(2001—2010)》，将扶贫开发工作

① 中国国家统计局：《中国统计摘要》，中国统计出版社2005年版，第104页。

② 中国国家统计局：《中国统计摘要》，中国统计出版社2005年版，第104页。

任务从解决温饱调整为解决温饱与巩固温饱并重,工作对象从绝对贫困人口调整为绝对贫困加低收入人口;针对贫困人口分散化的特点,扶贫的区域对象从592个重点县进一步细化为14.8万个重点村,使之覆盖80%左右的贫困人口。将扶贫瞄准对象由贫困县下移到贫困村以后,确定了以贫困村为重点的"整村推进"专项扶贫工作重点,通过制定和实施参与式村级扶贫规划,启动了大规模参与式社区综合发展与扶贫的实践。2005年以来,国务院扶贫办与有关政府部门、国际金融机构及NGO合作,在一些贫困地区进行了"扶贫互助社"、"村级互助资金"、"社区主导型发展"等以增权(Empowerment)为基本理念的扶贫模式试点,就如何解决村级扶贫实践中面临的挑战进行了新探索。

2008年5月,国务院扶贫办与农业部、国家林业局等13个部门联合下发了《关于共同促进整村推进扶贫开发工作的意见》。在全面实施整村推进扶贫开发工作的基础上,加大对以下三类地区贫困村的整村推进工作力度,并确保在2010年底前完成其规划:一是人口较少民族中尚未实施整村推进的209个贫困村;二是内陆边境48个国家扶贫开发工作重点县中尚未实施整村推进的432个贫困村;三是307个革命老区县里尚未实施整村推进的24008个贫困村。

通过完善国家扶贫战略和政策体系,坚持开发式扶贫方针,重点提高农村贫困人口的自我发展能力,实现农村最低生活保障制度和扶贫开发政策的有效衔接。近几年来,中国在农村贫困人口减少方面有了进一步发展:农村贫困总人口从2000年的3209万下降到2007年的1479万;贫困发生率从2000年的3.5%下降到2006年的2.3%。① 但是此后,我国农村贫困人口下降速度已经出现明显放缓,个别年份甚至出现贫困人口数量的回升。

(二)农村地区反贫困治理基本经验

中国是世界上最大的发展中国家,也曾是贫困问题最突出的国家。改革开放30多年来,随着国民经济的持续快速增长和政府采取强有力的反贫措施,贫

---

① 中国国家统计局社会经济调查司:《中国农村住户调查年鉴》,中国统计出版社2006年版,第45页。中国国家统计局:《2007年国民经济和社会发展统计公报》2008年2月28日,http://www.stats.gov.cn/tjgb/ndtjgb/t20080228_402464933.html。

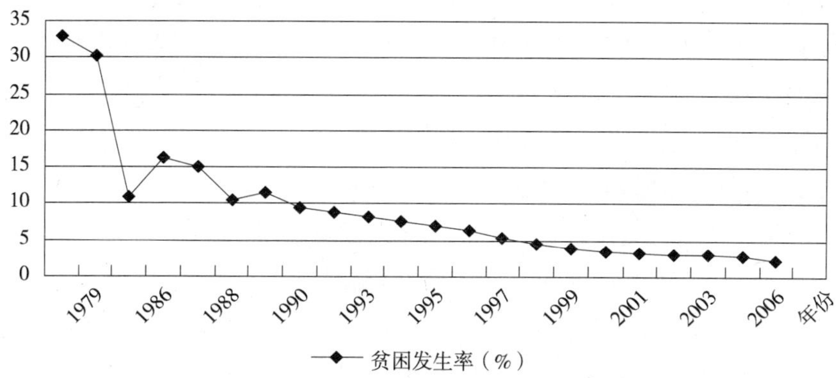

图 12－1　1979—2006 年我国农村地区贫困发生率

资料来源：中国国家统计局农村社会经济调查司：《中国农村贫困监测报告》，中国统计出版社 2007 年版，第 148 页。经作者整理。

困现象得到了大幅度、大面积的缓解，因而，中国贫困治理的经验具有重要的理论和现实意义。具体来看，中国贫困治理尤其是农村贫困治理的主要经验包括以下几点。

1. 政府主导型的贫困治理

我国拥有完整的反贫困政府组织机构与管理体系，一直把反贫困作为政府的一项重要工作和职责。在国家层面上，国务院成立了扶贫办公室，贫困的省、区也逐级成立了相应的组织机构，一直延伸到县。通过建立健全从中央到地方的扶贫工作领导机构，实行责任、任务、资金和权力“四个到省”的扶贫工作责任制和各级政府扶贫工作首长负责制。通过这种组织安排，可以保障扶贫机构的权威性和有效性，提高了扶贫政策和具体措施贯彻落实的效率，特别是能够集中力量在短时间内取得明显的扶贫效果。

2. 渐进式的贫困治理方略

反贫困的目标设定决定着反贫困战略的选择和政策的调整，从而也规定着扶贫开发的基本方针、途径和主要形式。中国的改革是一种渐进式的改革，加之存在的基本国情，这就决定了中国的反贫困目标体系和战略也必须是渐进式的，要从实际出发制定贫困标准和范围，逐步实现反贫困战略目标。

第一，制定符合中国国情的贫困线，并根据经济的发展和综合国力的提升逐步提高标准。我国贫困地区集中在西部地区，这些地区基础设施薄弱，人口增长过快，教育、卫生等基本社会服务水平低；农业生产条件差，财政收入水平低，公共投入相对不足。这些现状决定了我国的贫困标准只能是一个仅维持基本生存的最低标准，以确保贫困人口最基本的生存需要。

第二，贫困标准适时调整，从初期的区（片）到县，再逐步推进到村。我国的贫困标准主要依据农村贫困人口的分布特征进行确定，并随着扶贫开发的进程适时调整。20 世纪 80 年代初，我国政府曾经打破行政区域确定了 18 个连片贫困地区。1986 年第一次确定了国家重点扶持的贫困县，这是农村扶贫开发实践的一个突破。90 年代实施“国家八七扶贫攻坚计划”时，根据贫困人口主要集中于中西部的特点，中央政府再次调整和重新确定了 592 个国家扶贫开发工作重点县。进入新世纪以后，依据贫困人口分散化（46% 的绝对贫困人口和 43% 的低收入贫困人口分布在非上述重点县）的新情况，全国又确定了 14.8 万个重点贫困村，使贫困人口覆盖率达到 80%。这种扶贫瞄准的适时调整和反贫困手段的适时变化，能够保证贫困人口从反贫困政策中直接受益。

第三，渐进式的贫困治理战略规划和相关政策的制订。中国政府坚持将扶贫工作作为国民经济和社会发展中长期规划的重要内容，并放在突出位置，通过制定实施中长期规划来解决贫困问题。如国务院下发《关于帮助贫困地区尽快改变面貌的通知》（1984 年）和《关于加强贫困地区经济开发工作的通知》（1987 年）；制定并发布了《国家“八七”扶贫攻坚计划》（1994 年），通过了《中共中央、国务院关于尽快解决农村贫困人口温饱问题的决定》（1996 年）；2001 年颁布了《中国农村扶贫开发纲要》；2008 年 10 月，中共十七届三中全会又提出 2020 年农村改革发展基本目标，其中明确提出到 2020 年基本消除绝对贫困现象。这些重大战略规划和相关配套政策，是根据全国贫困治理、特别是农村扶贫工作在各个时期的突出问题而加以制订的，为缓解我国贫困状况产生了巨大的推动作用。

3. *以宏观经济的平稳发展来确保贫困治理的长效性*

世界银行通过对多个国家的研究认为，宏观经济内外部的平衡是保持持续长期增长和减缓贫困的前提条件。中国的经验则说明避免通货膨胀可以有效地抑制贫困发生。通货膨胀对于贫困的发生存在着负面影响，高通胀意味着高贫困率的发生。20 世纪 80 年代后期，我国通货膨胀率发生了明显的增长，从 1987

年的7.3%急升至1988年的18.8%和1989年的18.0%。根据陈少华(Shaohua Chen)和拉瓦利恩(Martin Ravallion)的研究显示,如果按照人日均收入/消费2.15美元的贫困线标准,中国贫困发生率从1987年的68.64%突增到1990年的72.16%,贫困人口出现了不降反升的现象。[①] 我国贫困发生率出现的短期逆升趋势从反面警示我们,保持宏观经济稳定对于持续减贫具有重要意义。

就业乃民生之本,经济发展成果通过"滴漏效应"(Trickle-Down Effect)机制传递到贫困人口中的一个重要渠道就是增加就业机会。只有让贫困人口有工作的机会,才有希望真正减少贫困。我国的一些劳动力密集型产业以及中小型民营企业的发展提供了大量的就业岗位。通过提高农村人口受教育水平、人力资本,来适应工作的需要,分享经济增长给他们带来的机会。其中,特别是非农就业的增长,为农民提供了获取更高收入的机会。贫困人口的就业情形也是如此,农村的贫困状况迫使他们离开土地,从事非农就业,从而获得提高收入的机会,也就使他们获得了摆脱贫困的机会。在图12-2中,除了1990、1992和1999年农村贫困下降速度对非农就业增长率有较大的偏离外,其他年份的非农就业增长与农村贫困下降具有基本一致的变化趋势。这说明非农就业的增长极大地推动了农村贫困的减少。

4. 引导社会力量参与,构建多元化的贫困治理主体

中国反贫困经验证明,构建贫困治理多元化主体模式,对于提高反贫困效果有明显作用。它可以打破依靠单一行政组织扶贫的格局,充分利用政府机制、社会机制和市场机制,把一切可用资源整合到反贫困中来,同时有效解决政府反贫困的效率不高和投入不足等问题。

积极引导和支持社会力量共同参与来解决贫困问题,充分动员发达地区各级党政机关、民主党派、社会团体、民间组织、私营企业和志愿者个人参与贫困地区的扶贫开发,已成为我国贫困治理的突出特点。目前影响较大的有民主党派开展的"智力扶贫"、共青团中央组织的"希望工程"、全国工商联主办的"光彩事业"、全国妇联组织的"巾帼扶贫"和"连环扶贫"、中国扶贫基金会创办的"天使

① Shaohua Chen and Martin Ravallion, *Absolute poverty measures for the developing World: 1981—2004*, Proceedings of the National Academy of Sciences, 2007. (104): 16757 - 16762.

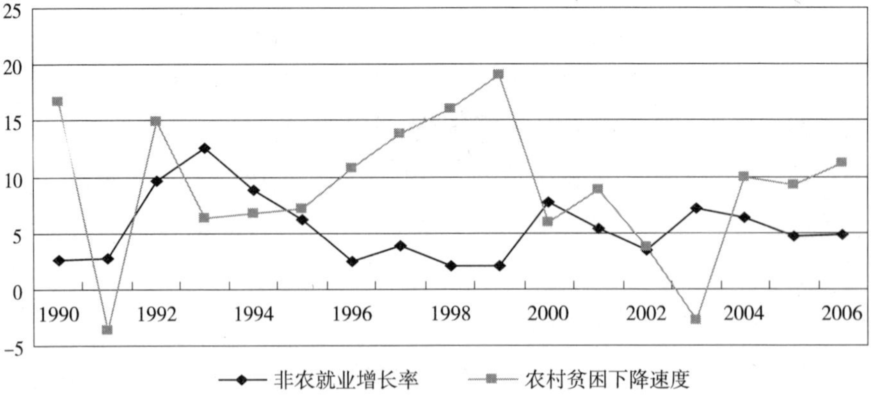

图 12－2　1990—2006 年非农就业增长率与农村贫困下降速度

资料来源：中国国家统计局：《中国统计年鉴》，中国统计出版社 2007 年版，第 130 页；中国国家统计局社会经济调查司：《中国农村住户调查年鉴》，中国统计出版社 2006 年版，第 45 页。经作者整理。

工程”等。形式多样的社会扶贫方式和手段，为缓解和消除我国的贫困问题以及促进贫困地区发展都做出了突出贡献。2006 年4 月，随着6 家 NGO 的工作人员分别进驻江西省乐安、宁都、兴国等 3 个县的 6 个扶贫开发工作重点村，我国首个“NGO 与政府合作实施村级扶贫规划项目”正式启动；其运作方式是江西省扶贫办出资金，NGO 出人、出力到村里实施扶贫工作；2008 年 9 月，该项目如期完成，标志着中国扶贫从政府“包办”向“政府—非政府组织”合作转变的第一步，也是政府、非政府组织和企业共同携手扶贫的一次新尝试。

同时，中国政府在加强反贫困合作的实践中，逐步认识到国际社会的大力支持与合作的重要性，强调建立健全以国家为主导的全方位、多层次的伙伴关系，积极整合国际合作组织和团体加入到我国的贫困治理中。

5. 从“救济式扶贫”转向“开发式扶贫”是贫困治理的根本途径

20 世纪 80 年代中期以前，我国扶贫主要实行救济方式，即中央政府直接通过各地方政府把粮食、衣物或现金等分配给贫困农户，帮助贫困人口渡过难关。这种方式也被称作“输血”式扶贫，主要用于生活救济和家计补贴。随着扶贫工作的推进，这种救济式扶贫的弊端越来越明显，许多脱贫户因为“输血”中断而再度陷入贫困状态。也就是说，救济式扶贫无法从根本上解决贫困问题。

1986 年,中国政府确定以开发式扶贫作为农村扶贫政策的核心和基础,要求以经济建设为中心,支持、鼓励贫困地区农户改善生产条件,开发当地资源,发展商品生产,增强自我积累和自我发展能力。《国家“八七”扶贫攻坚计划》为开发式扶贫做出了具体规定:国家要扶持贫困户创造稳定解决温饱的基础条件,有条件的地方,人均建成半亩到一亩稳产高产的基本农田;户均一亩林果园,或一亩经济作物;户均向乡镇企业或发达地区转移一个劳动力;户均一项养殖业,或其他家庭副业;牧区户均一个围栏草场,或一个“草库仓”。据统计,1980—2003 年间,各级政府累计投入扶贫资金达 1026 亿元。其中 65% 重点支持改善农村基本生产条件和实用技术培训;另外 35% 左右主要用于贫困地区建设基本农田、解决人畜饮水和乡村道路建设。此外,扶贫贴息贷款也向支持农户发展种植业、养殖业和小型加工业以及其他增加收入的项目倾斜。在开发式扶贫方针的引导下,1986 年至 2000 年,中国农村贫困地区修建基本农田 9 千多万亩,解决了 7 千多万人和 8 千多万头大牲畜的饮水困难。到 2000 年底,贫困地区通电、通路、通邮和通电话的行政村分别达到 95%、89%、69% 和 67%。开发式扶贫是从我国国情出发所确立的,符合目前我国农村贫困人口的实际构成情况。根据国家统计局的分析研究,在目前农村 2000 多万尚未解决温饱的贫困人口中,只有 7% 是丧失劳动能力需要救济救助的,而 93% 是有劳动能力、可以通过开发式扶贫脱贫致富的。同时,这 2000 多万人并不是一个固定的群体,其中 87% 在 1 亿多人的群体中波动出现。只有逐步提高这 1 亿多人的自我发展能力,才有可能稳定地解决贫困问题。

二、农村扶贫政策安排与问题分析

2001 年,“八七”扶贫攻坚计划的战略目标基本实现,总体上解决了贫困人口的温饱问题。由于贫困问题的长期性以及部分刚刚解决温饱问题的贫困人口生计的脆弱性依然严重,中国政府专门制定了《中国农村扶贫开发纲要(2001—2010)》(以下简称《纲要》),明确在 21 世纪头十年内解决剩余绝对贫困人口的温饱问题,并巩固现有的扶贫成果。为了保证上述目标的完成,中央政府每年在贫困地区进行大规模的扶贫投资,持续出台相关扶贫政策。

(一)农村扶贫政策架构与政策效果分析

我国反贫困政策架构如下:①专项扶贫政策,包括整村推进政策、劳动力转移培训政策、产业化扶贫政策、自愿性移民政策;②资金保障政策,包括生产性扶贫贷款、以工代赈、财政专项扶贫政策;③其他有关政策,主要包括农村居民最低生活保障政策、新型农村合作医疗政策、农村税费减免政策、退耕还林政策等。

1. 整村推进扶贫政策

整村推进是新世纪以来我国农村开发式扶贫的三大重点内容之一。其目的是利用较大规模的资金和其他资源,在短时间内以村为单位,改善农村的基础和社会服务设施、生产和生活条件以及产业发展,试图使各类项目间能相互配合以发挥最大的综合效益。从而使贫困人口在整体上摆脱贫困,同时提高贫困地区和贫困人口的综合生产能力和抵御风险的能力。

首先,从整村推进的实施过程上看,以"村"为扶贫单位力图提高贫困标准精度。确定贫困村是整村推进政策成功的首要前提,因为它关系到政策的范围和效率。以贫困村为对象和村级扶贫规划为基础的整村推进,是新时期我国开发式扶贫的重要举措。这种方式改变了以往以贫困县为对象的分散扶贫模式,使贫困村的农户能在短时间内因获得大量投资而在生产生活上得到改善,收入水平也因产业发展和生产率的提高而增加。在提高贫困瞄准精度的同时,以村为单位还减少了贫困救助资金的"漏出现象"。

其次,从整村推进的项目选择上看,借助参与式方法改善扶贫效率。公民参与是社会政策的基石,是连接政策与资源提供的桥梁。项目实施方式直接影响谁能从项目中受益或收益程度的大小。整村推进工作中另一项有意义的举措就是参与式项目确定方式,即在项目选择上强调村民的主观意愿,自下而上地进行项目选择,借助参与式的方法倾听来自农村的声音。在项目选择上,以道路建设、饮水条件改善、沼气、学校、移民搬迁和产业开发等六大类为主。

整村推进扶贫政策的实施带来了贫困农村地区的一系列变化,最主要的表现就是农村贫困人口的纯收入增加。《中国农村扶贫开发纲要(2001—2010)》中期评估报告显示,2001—2004 年间,贫困村和整村推进村的收入增长率都超过了非贫困村和非整村推进村的收入增长率。全国所有样本贫困村的人均收入总增长率比非贫困村高6个百分点,年均增长率高2个百分点;贫困县内的贫困村人均收入总增长率比非贫困村高3.4个百分点,年均增长率高1.1个百分点。整村推进村农户的收入增长率又明显高于一般的贫困村,贫困县内的整村推进村的收入增长速度最快,年均达到8.36%,比贫困县内的非整村推进村高2个百分点,比所有样本的非整村推进村高3.4个百分点。当然,也需要考虑到整村推进村由于基数低而使得增长率高的特殊状况。但总体而言,从农村居民收入的相对增长来看,无论是贫困村还是整村推进村,都在以更快的速度增长。

表12-1　2001—2004年贫困村、整村推进村与非贫困村、非整村推进村农户的收入增长

	纯收入增长额(元/人)	总增长率(%)	年均增长率(%)
所有贫困村	367.79	20.58	6.86
所有非贫困村	467.76	14.54	4.85
贫困县内贫困村	292.42	22.10	7.37
贫困县内非贫困村	321.46	18.68	6.23
所有整村推进村	455.51	23.72	7.91
所有非整村推进村	455.23	14.90	4.97
贫困县内整村推进村	367.21	25.08	8.36
贫困县内非整村推进村	300.85	19.23	6.41

资料来源:世界银行和国家农调队,转引自刘坚:《新世纪扶贫开发的成就与挑战——中国农村扶贫开发纲要(2001—2010年)中期评估报告》,中国财政经济出版社2006年版,第136页。

2. 产业化扶贫政策

产业化扶贫方式是指强调积极推进农业产业化经营,对具有资源优势和市场需求的农产品生产,按照产业化发展方向,连片规划建设,形成有特色的区域性主导产业。通过建立利益联结机制,积极发展"公司+农户"和订单农业。引导具有市场开拓能力的大中型农产品加工企业到贫困地区建立原料生产基地,为农户提供产前、产中、产后系列化服务,形成贸工农一体化、产供销一条龙的产业化经营,为贫困地区的生产结构调整、增加贫困农民的收入做出贡献。①

① 刘坚:《新世纪扶贫开发的成就与挑战——中国农村扶贫开发纲要(2001—2010年)中期评估报告》,中国财政经济出版社2006年版,第177页。

产业化扶贫带来的直接正面影响主要有两个方面，即贫困人口收入与发展能力的增加，以及促进当地农业产业结构的调整优化。

第一，贫困人口直接得到信贷、技术和营销支持。首先，在贫困地区培养支柱产业是产业化扶贫的主要内容。与此相应，产业化扶贫的扶持对象除了推动贫困地区支柱产业发展的扶贫龙头企业外，还包括参与支柱产业发展的贫困农户。扶贫到户是产业化扶贫的重要组成部分。因此，部分贫困农户得到了有效的信贷支持，这对其经营成长起到良好的推动作用。其次，贫困农户还得到多种多样的技术服务，技术培训、种苗、销路甚至由企业无偿提供。例如，湖北省结合产业化扶贫基地建设，建立起以技术为核心，以乡镇技术服务推广组织、企业技术中心为骨干的技术服务推广体系和技术培训体系，采取科技专家下乡、培训和推广运用电脑、开展科普专题活动等形式，每年培训农户10万人次以上，使大多数农户掌握一到两门实用技术。同时围绕主导产业，建立连片的高效农业示范区，大力推广覆膜技术、生物技术、工程技术等，不断提高产品的科技含量。最后，政府为贫困农户提供风险基金支持。虽然支柱产业的培育是建立在贫困地区资源比较优势基础上，但并不能保证实际结果都能与发展预期完全一样，为了规避可能的风险，政府为参与支柱产业建设的贫困农户提供风险基金与发展基金。另外，贫困农户获得了市场营销网络的支持，庞大的营销和流通网络引导农民积极参与市场竞争，促进农民增收。

第二，产业化扶贫促进农村产业结构的调整优化。首先，贫困地区家庭以土地为家庭收入的重要来源，但是贫困农民掌握的技能比较有限，掌握的市场信息更少，地方政府提供的技术培训和市场信息支持同样不足，造成农民很难根据市场需求结构变化做出准确判断。由于缺乏主动调整生产结构的能力，只能是去年种什么今年就种什么，邻居养什么自己就养什么。扶贫龙头企业介入以后，由于企业天生具有逐利特性，且掌握较多的市场信息，由于利益联结机制的建立，使其能积极引领贫困地区的产业结构调整，促进种养业的结构调整和农产品的加工增值。其次，促进了农业产业布局专业化。从产业化的本质特性来看，生产基地建设试图实现规模经济。产业化的组织方式不仅追求生产规模，而且追求产品的同质性，生产的过于分散不仅难以满足产品同质性要求，而且会提高产品收购的成本，所以，建立生产基地是主导产业确立后的必然选择。另外，基地的规模化也能够促进优质品牌的形成。

3. 贫困地区劳动力转移培训政策

贫困地区劳动力转移培训政策，旨在对贫困地区的劳动力在专业培训和推荐就业等方面给予优惠照顾。按照传统的经济理论，经济增长与就业增长之间存在着相互促进的关系，即一国的经济增长往往可以带动就业的增加。农村土地家庭承包责任制的改革使越来越多的农业人口从过去的农业生产中解脱出来，成为农村剩余劳动力；随着经济的增长，更多的就业机会被创造出来，从而为农村剩余劳动力的转移提供了机会。改革开放以来，我国已有超过1.5亿人、近2亿人的农村剩余劳动力向工业、建筑业、交通运输等行业进行转移。

贫困农户的重要特征就是家庭收入来源单一，大多以第一产业为其主要收入组成。低收入以及收入的不稳定性造成其容易受到贫困的侵袭。从图12－3中可以看出，相对于非农户，纯农户家庭贫困发生率更高，2006年纯农户家庭贫困发生率为3.5%，兼业户家庭贫困发生率为2.1%，而非农户家庭贫困发生率仅为0.3%。可见，非农就业已经成为农村地区家庭改善生存状态的重要方式。

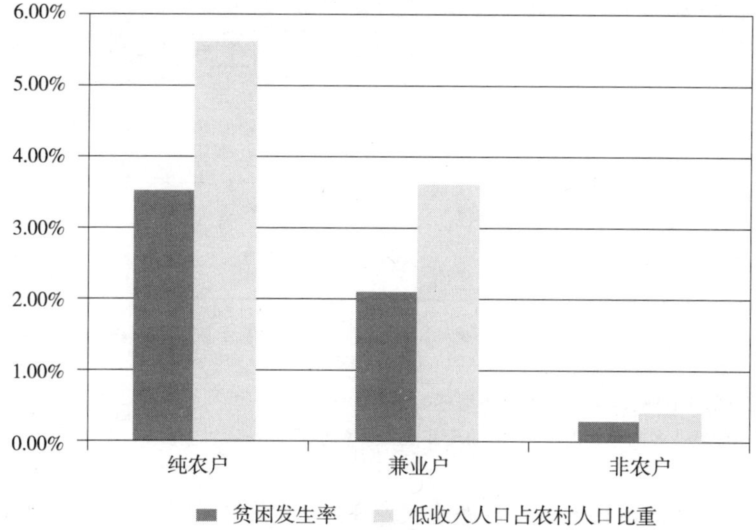

图12－3　2006年农村不同家庭经营类型与贫困发生率

资料来源：中国国家统计局：《中国农村贫困监测报告》，中国统计出版社2007年版，第10页。

拥有劳动技能对于个人或家庭的长远减贫意义明显，而在考察这项政策的效果时，主要需从宏观政策“成本—收益分析”和个体案例效果两个角度来评价。

首先，从“成本—收益分析”来看，受训者个人家庭支付275—1500元，国家给受训者每人补贴600—1000元，从培训之日起1—2年后，就可以使一户贫困家庭脱贫。从1998—2001年四年平均来看，519个贫困县每万元扶贫资金才能扶持1.34个贫困人口，而劳动力转移培训项目每万元能扶持40个贫困人口，后者是前者的30倍，其效果十分明显。从表12－2中的数据可知，非农就业家庭的人均纯收入要明显高于纯农业家庭。包括非农就业者时，非农就业家庭的人均收入为1200元，而纯农业家庭的人均收入只有698元，后者是前者的58.2%；不包括非农就业者时，非农就业家庭的人均收入是1067，是纯农业家庭人均收入的1.53倍。显然，非农就业大大地提高了农村家庭的收入水平，从而对农村贫困的减少具有推动作用。

表12－2　非农就业家庭与纯农业就业家庭收入比较

	非农就业家庭	纯农业收入家庭
家庭人均纯收入（包括非农就业者）	1200	698
其中：农业收入 　　　非农收入	318 883	494 204*
农户人均纯收入（不包括非农就业者）	1067	698
其中：农业收入 　　　非农收入	482 586	494 204**

资料来源：都阳、朴之水：《迁移、收入转移及贫困变化》，中国社会科学院人口与劳动研究所工作论文，2001年。

* 纯农业家庭的非农业收入主要来源于本地打零工获得的收入。

** 不包括非农就业者的非农收入主要来自于非农就业者的收入转移。

其次，劳动力转移培训的效果还表现在与未经过培训的外出劳动力相比，其工作更稳定，福利待遇较好，以及自身权益更有保障。同时，更有利于长期在企业就业，最后成为真正意义上的工人。通过劳动转移培训，产生带头致富效应，提高了农民对培训的认识，转变了“培训无用”、“固守乡土”、“增收无望”等旧观念。

4. 自愿移民扶贫开发政策

移民搬迁扶贫是指将生活在农业生产条件极差、生存条件极端恶劣、发展投入成本高、难度大的地区的贫困人口，转移到生产生活条件相对较好的地区，从而实现脱贫的扶贫开发模式。一般需要移民搬迁的地区有如下特点：生存条件极端艰苦，基本不适合人类生存；社会经济条件落后，发展缓慢；就地脱贫的成本明显过高。移民搬迁可以改变贫困农户的生存环境和生产条件，有利于推动农业生产结构的调整，并促进生态保护及可持续发展。因此，对于生活在这些地区的贫困农户，通过异地搬迁进行扶贫开发是一种较好的选择。

移民搬迁可以从根本上解决处于极端恶劣的生产和生活条件下贫困人口的温饱问题。移民搬迁扶贫模式对于贫困地区的发展可以产生经济、社会和生态三个方面的效果。

首先，迁出地生态改善，人地矛盾缓解。移民政策实施带来的一个直接成绩就是生存环境的改善，过去由于土地产出不足，为了生存，农户想方设法开发利用土地，造成了生态的进一步破坏。迁出一部分居民后，可以使自然资源得到重新分配，从而缓解生态环境的进一步恶化。通过退耕还林、退耕还草等措施，可以有效缓解人地矛盾，实现植被恢复、水土流失减少、土壤肥力增加等改善生态环境的目标。①

其次，移民搬迁经济效益明显，农民收入水平提高。移民改善了贫困农户的生产条件和生活环境，可以在很大程度上提高农产品产出水平，从而增加农民的收入。表12－3为移民搬迁前后家庭年收入的对比，从中可以看出，搬迁后的家庭年收入水平明显好于搬迁之前。

表12－3　移民搬迁前后家庭年收入

收入水平（元）	搬迁前（户）	搬迁后（户）
1000以下	24	5
1001—2000	50	21
2001—3000	14	31

① 杨军昌：《贵州农村特困人口移民搬迁及扶贫开发》，《人口与经济》2003年第4期。

续表

收入水平(元)	搬迁前(户)	搬迁后(户)
3001—4000	6	21
4001—5000	3	15
5001 以上	3	7
合计	100	100

资料来源:刘坚:《新世纪扶贫开发的成就与挑战——中国农村扶贫开发纲要(2001—2010 年)中期评估报告》,中国财政经济出版社 2006 年版,第 237 页。

最后,移民搬迁社会效益明显,社会公共服务的可及性大大提高。移民搬迁扩大了社会效益,包括道路、电力、通讯、教育、医疗、卫生以及农田水利等在内的基础设施建设极大地方便了群众,提升了农民的生活满意度。移民搬迁明显增强了农民对各项社会公共服务的可及性。

(二)农村扶贫政策的问题分析

我国农村反贫困政策在取得巨大成绩的同时,其制度设计的理念、政策的可及与可得性、政策的协调与整合等方面也面临着许多问题。

1. 农村扶贫政策的可得性问题分析

扶贫资源的可得性低,即政策的受益面偏窄,扶贫项目中受益程度最大的不是绝对贫困人口,因而存在不公平现象。如产业化扶贫方式中农民的参与成本问题,劳动力转移培训政策中农民因时间和货币成本而放弃培训问题,扶贫移民政策中迁入地社会公共服务的可得性差等问题。

第一,在整村推进扶贫项目实施过程中,资金管理较乱,扶贫资源可得性低。2001 年以来,中央投入的三项扶贫资金每年都在 300 亿元以上,并且逐年增加。按照当前的扶贫资金总规模完全可以满足每个贫困村平均 200 万元的资源需求。但是当前整村推进工作推行的还是项目制,资金管理也是遵循分散多头管理的原则,加之管理体制与部门利益驱动,大量的扶贫资金并不能用于贫困村的扶贫开发,其中相当一部分甚至没有用于扶贫。这就造成贫困村的资金投入量大大低于实际需求量。扶贫政策供给充足而财政保障不足,使得扶贫资源的低可得性现象凸显。

诚然，整村推进项目的实施确实起到正面作用，贫困人口参加此项目之后，受益很大，效果也很显著。但是，从贫困人口的分层角度来看，贫困村中收入处在中等或者较高的那部分群体是受益最大的，而那些未解决温饱问题的绝对贫困人口的受益面和受益程度都相对较低，扶贫开发带来的经济增长效益并没有滴漏到绝对贫困阶层。这主要是由于扶贫开发的参与项目门槛较高，一般都需要农户自己配套部分资金，配套资金往往超过项目总成本的一半，加之多数银行还是以还贷能力为放贷考量依据，这就造成绝对贫困人口被排斥在扶贫项目之外。

第二，在劳动力转移培训政策实施过程中，培训费用和时间成本让绝对贫困家庭放弃培训。从劳动力培训的个人支出货币成本来看，平均费用在 275—1500 元之间，一些初高中应届毕业生中的受训者完全依赖家庭帮助支付。对于家庭经济条件处在绝对贫困状况的人来说，这笔费用较大，一些家庭甚至为此背上了相当的债务。加之培训需要的时间成本，在农村劳动力就业多元化的今天，一些贫困家庭的孩子为了不给家庭增加负担，会放弃培训机会直接外出打工。

第三，在贫困搬迁移民政策实施过程中，由迁出农民承担搬迁成本，这就增加了农户负债，从而影响农民的搬迁意愿。贫困农户搬迁转移出现负债来源于生活方式转变带来的现金支出增加。搬迁前移民们的生活中现金支出很有限，水、菜、燃料、粮食等都能自给；但搬迁后，水、电、蔬菜、燃料、粮食等消费品都需要用钱来买，这使很多人感到不适应。负债情况严重使得很多农户陷入“贫困陷阱”中，除了解决温饱外，仅有的收入积累都要用来偿还债务，没有后续发展资金，移民要脱贫致富也就变得非常困难。

2. 农村扶贫政策的效率性问题分析

政策的效率性问题，即扶贫的瞄准精度不高，覆盖不完全和资源漏出现象严重。如整村推进工作中贫困村瞄准精度差，产业化扶贫中农户配套的项目、龙头企业扶贫带动的项目、劳动力转移培训项目等的瞄准偏离问题。

第一，贫困瞄准精度不高，低覆盖率与扶贫资源漏出现象并存。与以往贫困县为扶贫单位相比，整村推进可以将贫困县以外的村列入扶贫范围，这就提高了贫困人口的覆盖率；同时，贫困县能够集中资源去解决县内整村推进村的扶贫问题，减少了扶贫资源的漏出。但是，整村推进的前提是能有效确定贫困村即贫困瞄准的精度要高，而当前由于缺乏全国系统完整的村级统计资料，贫困村的确定采用亚洲开发银行推荐的参与式贫困指数法，即专家小组列出贫困村识别指标，通过小组讨论和参与式的方法给指标赋权重，以此计算该村的贫穷指数。① 但是各地各自为政，导致的现实后果是截止到2005年，贫困村只覆盖了61%的贫困人口，45%的低收入村没有被确定为贫困村，11%的贫困村被归入高收入组，这不仅没有提高扶贫瞄准的准确性，同时覆盖不完全和漏出问题并存且比较严重。②

第二，劳动力转移培训瞄准目标偏离。监督机制的缺乏以及各种裙带关系的作用，使培训项目的招生瞄准失效。培训项目的招生工作由扶贫办和乡政府、村委会负责，招生指标层层下达，在这个过程中，一些干部拦截指标留为己用是没有外部制衡的。另外，贫困户证明的核实更多的是依赖村干部的判断，因此，尽管确实村有卡、乡有册、县有簿，并要求依据这些核实贫困户，但在实际操作中大多流于形式。劳动力转移培训项目受训者中真正来自绝对贫困家庭的并不多。根据《中国农村扶贫开发纲要中期评估报告》显示，该课题组在四川省南充市仪陇县第二批（共约223人）在校培训生中随机抽取5名，令人吃惊的是其中有4名都是县、乡、村干部的子女或亲戚朋友，这些受训者的家庭不可能是贫困家庭。劳动力转移培训中存在瞄准目标偏离现象，使宝贵的机会和资源没能用在最需要扶持的贫困户家庭。

3. 农村扶贫政策的整合与协调问题

制度整合问题，即项目、资金、相关政策缺乏整合，如整村推进中面临的资金难题，项目选择上的单一、缺乏弹性调整的问题，产业化扶贫、劳动力转移培训中相关政策的整合问题；扶贫政策与其他政策的协调问题，如扶贫搬迁政策与迁入地环境保护政策，扶贫开发政策与农村金融支持政策之间的协调问题等。

---

① 汪三贵、Albert Park、Shubham Chaudhuri、Gaurav Datt：《中国新时期农村扶贫与村级贫困瞄准》，《管理世界》2007年第1期。

② 刘坚：《新世纪扶贫开发的成就与挑战——中国农村扶贫开发纲要（2001—2010年）中期评估报告》，中国财政经济出版社2006年版，第36页。

第一，扶贫政策项目缺乏弹性，且项目趋同性与短期性风险共存。整村推进的项目选择缺乏弹性，千篇一律，没有考察项目的潜力和农民自身经济条件与社会资源，扶贫项目的成功率不高，这些都是扶贫“滴漏效应”不明显的重要原因。首先，对于贫困农民来说，持续收入增加的机会毕竟要比短期收入增加的机会更为重要，大规模脱贫目标就成了产业政策制定的初衷。但是地区内或是地区间的产业趋同又会给贫困农户带来致命打击。我国贫困地区主要集中在西部，而西部地区的自然资源、区位条件、气候条件差异不大，客观上就容易造成扶植的产业趋同。如不少贫困县大多选择发展茶叶、板栗、药材种植和山羊养殖为扶贫产业。[①] 培育产业趋同现象造成产品单一，供给过剩，最终受损失的还是扶贫企业和贫困农户。其次，扶贫产业易受到官员追求政绩的影响而陷入短期化。产业化扶贫的初衷是利用产业发展的长期性来保障贫困农民收入长效增长。产业发展需要一个过程，需要经历培育、发展、调整等相关环节，而某些地方官员出于短期政绩动机，不断变更产业发展方向，出现“张书记栽树，李书记挖坑，一个书记一个样”的现象。扶贫产业受到地方官员任命周期的影响，产业规划的严肃性面临挑战。

第二，产业化扶贫的金融政策支持不足。农业产业化是一种集约型运作模式，需要大量资金保障，而贫困地区自身的资金筹集能力较弱，农村金融体制对产业化扶贫的支持受到多重阻碍。究其原因，主要有以下两个方面：其一，观念误区。如认为企业是以市场逐利为目标，将扶贫资金投给龙头企业有可能会使扶贫的目标瞄准发生偏离。又如就扶贫资金分配来说，扶贫龙头企业与贫困农户之间是竞争性关系。这种看法忽视了他们之间的互补性，通过利益联结机制联系在一起的农民和企业是可以达到共同发展的。其二，金融服务主体单一。中国农业银行是产业化扶贫信贷的发放机构，而它作为商业银行，实行商业化操作，重点考量贷款单位的还贷能力；也不愿一家一户地向贫困户发放贷款，致使贫困农民难以在农行贷到扶贫信贷资金。

第三，扶贫企业承担的社会责任与优惠政策不相称。扶贫龙头企业承担了较多的社会责任而得到的优惠政策较少。贫困地区的企业主要职能是提升产品

① 高友清、余琴：《产业扶贫的五重冲突》，《瞭望》2004 年第 43 期。

市场占有率,追求内外部规模经济。在其发展的初期应该享受更多的优惠政策来加入市场竞争,而它却承受了较多的社会职能,既不利于企业的长期发展,也不利于贫困地区的发展。如在广东省清远县,国家规定对重点农业龙头企业进行农产品初加工减免企业所得税的政策就很难落实,主要原因在于企业所得税是地方税,减免企业所得税与地方财政增长的目标相矛盾。①

第四,扶贫搬迁政策与迁入地相关环境政策冲突,生态承受力面临挑战。土地能够承载的人口数目并非是无限度的。如在河西走廊这样的特殊地带,土地生产力的发达完全依赖于灌溉工程的发达,因而也就间接地受到水资源的限制。水的供应同样是有限的,人聚集多了,每家每户田地里能够获得的水资源也就随之会打折扣。许多老的住户都会抱怨新来的移民挤占了他们原有的水资源,使得他们单位面积土地的用水成本提高。在一些地方自从移民来了之后,浇灌土地的用水费用从原来的每亩地 30 元提高到了 60 元,因而许多原住民表现出对新移民的极大不满。这也预示着再广的地域、再充裕的水资源,都可能因为新移民数量的增加而相对减少,甚至最终出现资源枯竭的状况。②

第五,移民安置地的配套政策不完善,使得移民生活陷入了困境。基础设施是社会发展的物质基础,对一个新建的村庄来说,水、电、交通是生活的必备,也是可持续发展的前提。然而,由于资金不足,许多移民村的基础设施没有配套建设。如青海省德令哈市戈壁乡希望村的移民搬过来之后,该移民项目就算结束了,移民迁入以后的基础设施后续建设问题无人问津,项目实际上只是负责完成了移民群众空间位置上的变动而已。

三、政府农村贫困治理政策的优化

基于对我国主要专项扶贫政策的分析,针对这些政策实施中出现的种种问题,可以从如下几个方面对反贫困治理政策进行优化。

---

① 刘坚:《新世纪扶贫开发的成就与挑战——中国农村扶贫开发纲要(2001—2010 年)中期评估报告》,中国财政经济出版社 2006 年版,第 205 页。

② 同上书,第 240 页。

（一）以贫困社区发展为中心的整合扶贫模式来取代部门分散扶贫模式

建立在项目基础上的条块分割管理体制，使得扶贫工作出现扶贫资金跟着项目走，项目又归属于不同的部门去进行管理，众多部门之间合作的不足造成扶贫工作的重复性和资源的浪费，影响了扶贫效果。同时，资金在源头上缺乏整合，资金管理使用缺乏统筹规划，资金使用的监管也出现了难题。

1. 整合扶贫开发的管理体制，理顺扶贫管理机制

在开发式扶贫战略指导下，其基本假设是通过经济快速发展带来经济总量的增加，试图通过就业和农业投资带动农村经济增长和农民收入的提高。但是，经济发展和扶贫政策的效益由于受到贫富差距、自然环境的影响，难以涓滴到绝对贫困阶层，农村绝对贫困户的境遇仍难以转变，扶贫资金的减贫效益呈现边际递减。这势必需要考虑经济开发式扶贫战略的合理性。所以，当前必须确立以穷人生计安全为中心的理念，促使缓贫战略坚持保护与开发相结合。这就在客观上要求将社会发展的内容作为扶贫开发工作的主要内容，意味着由民政部主导的农村低保工作，由教育、卫生、水利、交通等部门主导的涉及扶贫工作的农村发展工作，都必须与国务院扶贫办所执行的扶贫开发工作相结合。

2. 创新扶贫项目，从源头上整合扶贫资金

将农村的开发式扶贫转化为以社会发展为中心的缓贫，以往的整村推进项目、劳动力转移培训项目、产业化扶贫项目等必须加以改进，在这些项目的基础上，建立诸如农村贫困户低保计划、贫困农户教育计划、贫困农户医疗安全计划、贫困村基础建设计划、贫困村农业技术服务计划、贫困农户小额信贷计划等类似的缓贫方案。中央统筹安排扶贫资金的管理和使用，所有扶贫资金由民政部门统一管理，集中使用。如在中央扶贫资金、中央财政扶贫专项资金中专门设立“整村推进扶贫资金”，直接按规划下达到贫困村。其他部门按其专业性质和职能，对资金的使用行使技术指导和行政监督的权力。

（二）强化绝对贫困人口扶贫资源的可得性以保障政策的公平性

如上所述，农村地区反贫困治理中存在着绝对贫困人口受益面窄、受益程度低的现象。为了提升扶贫资源的可得性，有必要完善资格享受的准入、退出机

制,完善项目监测与评估系统,通过扶贫立法,利用法制刚性来解决扶贫中出现的扶贫资源被挤占、挪用等现象。

1. 建立扶贫项目监测评估系统,完善准入退出机制

真正的贫困人口之所以难以受益或者受益相对较少,主要原因在于各种外部因素造成的贫困群体难以进入项目,以及项目与他们的需求难以对接;所实施项目的缓贫效果和影响不理想,这可能源于对扶贫项目的设计缺乏科学性;地方扶贫管理部门缺乏对扶贫资源投入进行监测评估的系统方法。扶贫资源的投入涉及到产出、结果和影响三个方面,而地方扶贫管理部门除了进行一部分项目验收活动以外,均无法提供系统的有关产出、结果和影响的分析报告。这些都为确保扶贫资源的投入真正受益于贫困群体造成了管理层面上的障碍。

由于缺乏这样一个系统,扶贫资源投入过程无法做到及时的反馈和纠正,很多项目实施了但效果如何,产生了什么影响,均无法及时准确了解。村级扶贫规划过程应引入项目逻辑框架管理法,对各种产出、效果和影响给出指标,然后由扶贫部门按照指标的实现与否进行监测与评价,对项目实施效果进行监控,对于扶贫资源的享受资格进行核定,建立准入和退出机制,保障扶贫资源能达到边际效益最大。

2. 树立法治观念并利用制度刚性走向制度扶贫

政策扶贫具有灵活性的优点,但也具有非刚性的弱点。目前,滥用职权挪用扶贫资金,夸大虚报扶贫成绩,甚至贪污腐败和利用裙带关系享受扶贫资源等现象时有发生;在贫困治理缺乏法律保障的情况下,相关主体的权利和义务、责任不明晰。制度性扶贫用法律的形式来界定贫困标准、反贫对象、反贫主体、反贫方式,并按照法律制度实施反贫,这对于减少目前政策扶贫过程中的人治因素、责任不清和腐败等问题有着刚性的约束力。制度扶贫的核心是要制定《反贫困法》,通过《反贫困法》明确反贫困的宗旨、主体、对象、标准、目标、内容、途径、方式、措施,以法制的强制力推进反贫困活动,同时辅以相应的政策以弥补法律的不足。从而使贫困治理逐步走向依法治理和可持续治理的道路。

(三)改进贫困瞄准机制,提升扶贫政策效益

扶贫工作中的目标瞄准偏离已经不是一个道德范畴的问题,而是一项制度

性的缺陷。目标瞄准偏离具有多层次性。首先是贫困群体识别中存在偏离，由于缺乏统一的全国村级统计资料、简单易操作的识别方法和贫困村识别的监督机制，仍然有很多贫困村被排除在外，也有很多非贫困村被纳入到扶贫范围。其次在每一个具体的扶贫项目中都存在着目标瞄准偏离的问题，并且偏离的主要形式是非贫困农户排挤贫困农户，从而受益于扶贫资源。

1. 完善参与式村级贫困瞄准机制

为了确定贫困村，地方政府使用的是参与式方法来搜集信息，以便在县内对全部村进行排序。由于选取的指标以及用这些指标计算出来的贫困指数，在县际之间不可比，这将可能导致潜在的错误瞄准。此外，各县先通过一些样本村获得权重，然后再将其应用到其他村，这意味着在同一县内全部的村都使用相同权重，而在不同县内的村，相同指标却使用不同的权重。这种做法的缺点是，村民对各指标分配权重时，可能会对本村的条件过于主观或敏感，如没有公路村的居民可能会给是否通公路赋予最高的权重，而未通电村的居民可能会给是否通电赋予最高的权重。

为了让类似行为对贫困瞄准精度的影响降到最低，必须完善如下三项工作：其一，建立贫困确定结果的公示制度，要求将识别出的贫困村全部名单在县内公布，以便监督。其二，迅速改善村级统计信息系统，为下一轮贫困村的确定提供更加准确可靠的信息基础。其三，通过扶贫机构和人员的能力建设，解决村级瞄准的非技术性偏差，提高村级瞄准的准确性和效率，从而覆盖更多的贫困人口。

2. 东部和中部地区逐步探索贫困家庭（小户）瞄准方式

调查分析表明，西部地区更为有效地识别出了覆盖更多贫困人口的贫困村，贫困瞄准较之中、东部地区高。在西部地区，贫困人口可能更为集中，西部地区和贫困县的扶贫部门的能力更强，并且有更多的贫困村瞄准的经验。而沿海和东北等东部地区不仅贫困人口覆盖率基数较低，而且以更快的速度下降，这些区域的贫困识别差错率较高。由于发展条件的差异，东、中部和西部地区的贫困程度也发生变化，贫困在东、中部地区通常不会整村或集中出现，如果依然采用参与式贫困指数法来确定贫困村已经不合时宜。当前，沿海、东、中部地区应当逐步探索贫困家庭（小户）瞄准方式。小户瞄准是指以农户或个体贫困人口为扶贫对象，目的是直接改善贫困人口的生活质量和生存状况，提高贫困人口的发展能力,结合贫困个体的实际情况,充分利用扶贫资金发展个体所需的项目。扶贫资金更多地分配到能够直接改善个体生存状况的小型经济项目和需要长期投入的领域,如医疗卫生和教育培训等。①

(四)大力引入NGO扶贫模式,构建多元扶贫主体新格局

1989年,世界银行在讨论非洲的发展时首次提出了“治理危机”,此后,“治理”(Governmence)概念被人们广泛使用和理解。联合国全球治理委员会(Commission on Global Governmence)于1995年发表了一份题为《我们的全球伙伴关系》的研究报告,认为“治理即是指公私机构管理其共同事务的诸多方式的总和。它是使相互冲突的或者不同的利益得以调和并且采取联合行动的持续过程”。② 治理概念的提出意味着贫困治理不再仅仅是政府的责任,非政府组织甚至包括私人部门在内的一系列公共行为主体也必须承担起对贫困治理的责任。

贫困治理网络不同于单纯依靠市场机制或政府机制,就在于其强调主体的多元化和合作管理理念。有效的反贫困政策是不同社会系统包括政府、市场、非营利组织以及家庭等共同作用的结果。资源是有限的,政府没有办法掌控所有资源,非政府组织为代表的社会力量在组织社会资源、专业化以及规范化方面具备优势。非政府组织强调的是一种以贫困人口为主、自下而上的多元参与主体的“民主型”贫困治理的社会机制。

在政府扶贫机制中,自上而下的动员结构和体制,在多年的扶贫工作中发挥了重要的作用,但也产生了一系列问题,如扶贫效率问题、贫困人口的“等、靠、要”现象等。从扶贫实践中,可以发现作为主要工作对象的贫困户对项目的了解和参与程度远远不足。多数扶贫项目往往都是由地方政府请专家调研、论证,制定项目可行性报告及实施细则;项目结束后,扶贫效果的评估则由扶贫办或其他承担扶贫职能的机构自行组织评估。农民对项目的较低的参与率直接导致扶贫资源的分配不能体现贫困农民的需要。当前很多地区试行整村推进的参与式

① 林闽钢、陶鹏:《中国贫困治理三十年回顾与前瞻》,《甘肃行政学院学报》2008年第6期。

② 全球治理委员会:《我们的全球伙伴关系》,牛津大学出版社1995年版,第23页。转引自俞可平:《治理与善治》,社会科学文献出版社2000年版,第4页。

扶贫计划，即以贫困村为基本单元，制定参与式扶贫规划，但基本上还是地方政府自行决定资金和项目的安排。从利益相关的角度来看，在治理网络中，政府应积极鼓励贫困人口主动参与到贫困治理中，政府的定位应当从“主导包办”转向“积极辅助”，包括对扶贫效果的追踪与及时反馈。将脱贫的主动权交还给贫困对象，引导贫困对象从目前的“被动接受”政府的给予，转向“积极自救”，使贫困人口在扶贫开发中充分行使知情权、主动权、管理权和受益权。同时，还应该为NGO以及相关国际组织建立参与平台，完善合作模式，充分发挥这些专业性的组织和机构的能力和经验，从而大大提高贫困治理的效果。

在新型合作模式中，“社区主导型”(Community Driven Development，CDD)最为世界银行所推崇，它也代表了今后的一个发展方向。CDD旨在拓宽当地居民参与发展活动的权利范围，其超越以往的参与式发展模式之处，则在于将决策和资源的控制权交给社区群体。CDD试点项目有两个主要的特点：一是当地社区可集体决定需要采取哪些努力来改善当地的生活条件；二是当地社区自我管理项目发展基金和项目实施过程。按照CDD试点项目的组织与实施架构，政府、NGO、基层社区是项目运作过程中的基本力量。社区享有主导权，政府也具有形塑社区行为的强大能力，这种能力主要建立在其所掌控的资源上。社区为了获取政府资源，需响应政府要求，主动进行内部动员，培育和提升集体行动能力，并且把这种能力自觉转化为推动社区发展的力量，转化为社区按国家期待调整自身行为的力量，NGO则发挥了服务和平衡的作用。总之，CDD比较好地解决了农村贫困与发展问题，可以提高扶贫资源响应农民需求的效率；可以增强农民和基层社区的发展意识和反贫困能力，形成一种反贫困的长效机制。①

---

① 陆汉文：《社区主导型发展与合作型反贫困——世界银行在华CDD试点项目的调查与思考》，《江汉论坛》2008年第9期。

第十三章　失地农民社会保障

法国学者孟德拉斯(Henri Mendras)曾说:“所有的农业文明都赋予土地一种崇高的价值”,①这在有着乡土特色的中国也是一样。费孝通曾说:“从基层上看去,中国社会是乡土性的。我说中国社会的基层是乡土性的,那是因为我考虑到从这基层上曾长出一层比较上和乡土基层不完全相同的社会。土字的基本意义是指泥土。乡下人离不了泥土,因为在乡下住,种地是最普通的谋生办法。靠种地谋生的人才明白泥土的可贵。”②当城市文明兴起之后,又赋予土地一种新的“极高”的价值,这在当前的中国表现得十分明显,并衍生出诸多的问题,如政府征地、农民失地,因此必须关注失地农民的社会保障问题。

一、农民获得与失去土地的过程

(一)农民获得土地的过程

1. 解放前农民获得土地的过程

1921 年 7 月,中国共产党成立,在其纲领中明确规定:消灭资本家私有制,没收机器、土地、厂房和半成品等生产资料。1922 年 7 月,中共第二次全国代表大会确定了农民革命的路线,认为农民因为缺乏土地,同时又受天灾人祸的迫害,以致日趋穷困;如果农民要解除穷困和痛苦,就非起来革命不可。但对于如何解决中国的土地问题,尚没有具体的主张。1923 年 6 月,中共第三次全国代

① [法]H. 孟德拉斯著:《农民的终结》,社会科学文献出版社 2005 年版,第 51 页。

② 费孝通著:《乡土中国　生育制度》,北京大学出版社 1998 年版,第 6 页。

表大会决定采取"联合战线"扩大斗争，但也未提出土地问题的议题。1924年11月，中共中央执行委员会发表《第四次对时局的主张》，其中包括："规定最高限额的租额，取消田赋正额以外的附加捐及陋规"的主张，已具体触及土地问题，但未深入讨论土地所有权这一核心问题。1925年1月，中共第四次全国代表大会的议题重心仍在加强农民运动，提出："普遍组织农民协会，建立农民自卫军"等主张。可见在1921—1925年间，中国共产党只重视农民运动，尚未形成全面的农村土地政策。

1927年4月，中共第五次全国代表大会接受第三国际第七次执行委员会扩大会议关于中国问题的提纲，通过"实行急进的土地改革"的决议，并将其列为《农民政纲》。至此，中国共产党对于土地问题开始有了全面而具体的政策。1927年8月7日，中共中央政治局在江西省九江召开紧急会议，在《八七会议告党员书》中，明白指出要以武装暴动为手段，推翻国民政府；对于土地问题，则重申要领导农民进行土地革命，没收大、中地主的土地，减轻小地主对佃农的租额，耕地归农，一直到土地国有。① 至此，中国共产党已形成明确的土地政策：先实行土地农有，给农民土地，最后实行土地国有。

1929年4月，红军到赣南后，毛泽东根据党的六大决议，结合赣南地区革命斗争的实际，制定了兴国《土地法》，将《井冈山土地法》中"没收一切土地"的规定，改为"没收公共土地及地主阶级的土地"。这是一个原则性的更正。1930年，在中华革命委员会颁布的《土地法》中，取消了"禁止土地买卖"这一条款。1931年2月，毛泽东明确提出土地归农民所有的政策，"得田的人，即由他管所分得的田，这田由他私有，别人不得侵犯。"②1931年春，逐步形成了适应中国农村情况的土地革命路线和具体办法，其基本精神是：依靠贫雇农，联合中农，限制富农，保护中小工商业者，消灭地主阶级，变封建半封建的土地所有制为农民土地所有制；分配的方法和原则是以乡为单位，按人口平均分配土地，在原耕地的基础上，抽多补少，抽肥补瘦。1933年初，在中国共产党政权领导的区域内，苏维埃政府发布了开展查田运动的命令，其目的不是再次分配土地，而主要是为了

① 毛育刚：《中国农业演变之探索》，社会科学文献出版社2001年版，第60—61页。

② 《毛泽东文集》（第一卷），人民出版社1993年版，第256页。

稳定和发展经济。据毛泽东的统计,这一运动到当年9月已成功地收回能生产307539担粮食的土地(当时在江西某些地方是通过粮食产量来计量土地的),并没收价值606916元的财产。① 抗日战争期间,中国共产党放弃了土地改革,赞成更有节制的减租减息政策,其目的是促进所有反对日本侵略者的阶级的统一战线。② 正确的土地政策极大地调动了农民的生产积极性,农村生产力得到进一步的解放,解放区农业收成比革命前增加10—20倍,社会经济基础不断稳固,为工商业的发展提供了条件,极大地支持了革命。

毛泽东说:"'耕者有其田',是把土地从封建剥削者手里转移到农民手里,把封建地主的私有财产变为农民的私有财产,使农民从封建的土地关系中获得解放……在中国条件下,只有我们共产党人把这项主张看得特别认真,不但口讲,而且实做。"③农村这场土地关系的大变动与中国革命有着极为密切的互为促进的关系:一方面,中国共产党领导的革命为贫苦农民从地主手中分得田地提供了可能;另一方面,农民为了夺取土地以及保卫分到手中的土地,也积极地参与、支持了中国共产党领导的革命,直至夺取了全国的胜利。

2. 解放后农民获得土地的过程

1949年9月,《中国人民政治协商共同纲领》规定,要"有步骤地将封建的土地所有制,改变为农民的所有制"。④ 1950年6月,中国人民政治协商会议第二次会议通过了《土地改革法》,并提经中央人民政府讨论通过后正式公布。由国家政权实施的土地改革,成功地把43%的耕地所有权易手,重新分配给约60%的农村人口。旧的社会精英被剥夺了经济财产,旧秩序已经被证明毫无力量,农民现在可以满怀信心地支持新制度。⑤ 由于在土改期间中共显示了它既是一支令人生畏的力量,又是较好生活的提供者,它大大地提升了自身将来在农民中的

① [美]费正清、费维恺:《剑桥中华民国史》(下卷),刘敬坤等译,中国社会科学出版社1994年版,第194页。

② 同上书,第747页。

③ 《毛泽东选集》第三卷,人民出版社1991年版,第1074—1075页。

④ 毛育刚:《中国农业演变之探索》,社会科学文献出版社2001年版,第74页。

⑤ [美]R.麦克法夸尔、费正清:《剑桥中华人民共和国史》(上卷),谢亮生等译,中国社会科学出版社1990年版,第78页。

说服力。

20 世纪 50 年代初，从小农经济的现状出发，个体经济的积极性应是不可避免的，而中共中央则认为应杜绝由此而产生的农村“两极分化”和“资本主义”。毛泽东强调发展初级合作社，邓子恢则认为应注意打好互助组和常年组的基础。然而，中共中央《关于发展农业生产合作社的决议》最后认定：“建社一般应经过但不一定都经过互助组和常年组”，表现出急于集体化的思维方式。这一思维方式主要来源于恩格斯和列宁关于合作的思想，建立合作社成了马克思主义的一个原则。[①]

（1）土地所有权从私有走向集体所有的阶段和形式。①农业生产互助组（1951—1952 年）。农业生产互助组是以生产资料私有为基础，农民按照自愿、互利、等价交换的原则，组织起来的农业生产互助合作的最初形式。②初级农业合作社（1953—1954 年）。初级农业生产合作社是在互助组的基础上发展起来的，在生产资料私有制的基础上，实行土地入股、统一经营、按土地和劳动力比例分配收益。农民土地的入股与统一经营，导致他们的劳动成果分配形式的变化，也使得农民不能出售自己的土地，而国家的目的正在于此。毛泽东在 1953 年说：“互助组还不能阻止农民卖地，要合作社，要大合作社才行。”“个体所有制必须过渡到集体所有制。”“这样才能提高生产力，完成国家工业化。”[②]③高级农业合作社（1955—1957 年）。高级农业生产合作社是以生产资料折价归公、共同占有、集体生产、按劳分配为特点的社会主义农业生产合作制的组织形式。中央原计划用 15 年时间完成农业社会主义改造，结果只用 4 年时间就完成了（从 1953 年 2 月中共中央通过第一个互助合作决议算起），并实现从半社会主义合作化到完全社会主义合作化的转变，远远超过了预期。不过，这并非社会自然演化而成，而是政治高压下的产物。[③] ④人民公社（1958—1982 年）。为了加快社会主义建设的速度，国家加强了对土地的控制，土地集体化程度越来越高，农民的社会行动越来越受制度的约束。人民公社在制度安排上就是肯定农业的重要

---

① 庄孔韶：《银翅》，生活 · 读书 · 新知三联书店 2000 年版，第 110 页。

② 同上书，第 110—113 页。

③ 毛育刚：《中国农业演变之探索》，社会科学文献出版社 2001 年版，第 16 页。

性,并用农业支持工业。毛泽东说:“中国的主要人口是农民,革命靠了农民的援助才取得了胜利,国家工业化又要靠农民的援助才能成功。”①而要使国家更方便地占有农民的劳动成果,将农民的土地从他们自己手里转移出来,并将农民固定在被更高级地组织起来的土地中,就成了最好的办法。至1958年11月初,全国的农业生产合作社合并为28500个人民公社,平均每个公社有4450户,参加公社的农户占总农户数的99.1%。全国用不到3个月的时间,就实现了人民公社化。②

(2)土地所有权集体所有基础上的家庭联产承包责任制阶段和形式。1978年底,安徽省凤阳县小岗村18户农民在人民公社制度框架下,冒着坐牢的危险对土地制度进行了秘密的、最大胆的“破坏”:在全县实行“大包干到组”的同时,他们决定背着公社和大队秘密实行“包产到户”,从而拉开中国农村改革的序幕。1979年9月,中共十一届四中全会通过《关于加快农业发展若干问题的决定》明确提出:“确定农业政策和农业经济的首要出发点,是充分发挥中国八亿农民的积极性。”③党和政府认可了农民自发的家庭承包经营形式,并在全国进行推广,到1980年1月,全国有84%的生产队实行了各种责任制,但这时的责任制与今天普遍实行的包产到户和包干到户还有很大的不同。当时主要采取的是定额包干责任制和联产承包制,这两种形式的责任制普及率分别为55.7%和29%,而双包(包产到户、包干到户)的形式所占的比重仅不足1.1%。不过,在此之后短短的两三年里,包产到户、包干到户迅速成为各地农村的首选形式,在全国范围内普及开来。到1983年,实行“双包”责任制的生产队比重达97.8%。

农村土地承包制始于1978年,承包期开始为15年,之后续期到30年。2008年10月,中共十七届三中全会通过《中共中央关于推进农村改革发展若干重大问题的决定》,高度肯定了家庭承包经营形式,决定“赋予农民更加充分而有保障的土地承包经营权,现有土地承包关系要保持稳定并长久不变”;并要求

① 陆学艺:《“三农论”——当代中国农业、农村、农民研究》,社会科学文献出版社2002年版,第115页。

② 毛育刚:《中国农业演变之探索》,社会科学文献出版社2001年版,第17页。

③ 转引自许经勇:《改革的目标是为了满足农民生存权和发展权》,《福建论坛》2002年第5期。

完善土地承包经营权权能，允许农民流转土地承包经营权，同时规定："土地承包经营权流转，不得改变土地集体所有性质，不得改变土地用途，不得损害农民土地承包权益。"①

（二）城市的发展与农民失去土地的过程

本章开始时就提到"所有的农业文明都赋予土地一种崇高的价值"，实际上，城市文明也赋予土地一种"极高的价值"，这在我国城市用地方面表现得极为明显。

我国《宪法》第十条规定："城市的土地属于国家所有。农村和城市郊区的土地，除由法律规定属于国家所有的以外，属于集体所有；宅基地和自留地、自留山，也属于集体所有。只要遵照合法的土地征用程序，政府可以把集体土地所有权转变为国家土地所有权。"②

新中国建立以来，国有土地使用制度的改革及城市土地市场的运行大体经历了以下六个阶段：①无偿使用阶段（1949—1982 年）；②有偿使用尝试阶段（1982—1987 年）；③引进市场机制阶段（1987—1988 年）；④步入法制轨道阶段（1988—1990 年）；⑤规范土地市场阶段（1990—1998 年）；⑥市场规范与强化宏观调控阶段（1999 年—现在）。③ 虽然国有土地由无偿使用转变为有偿使用，但近些年来城市用地不但没有因政策转变而减少，相反却迅速扩张。在 1981—2000 年的 20 年间，全国城市建设用地面积从 7415 平方公里增加到 22439 平方公里，增长了 200% 以上。④ "2006 中国地交会"上国土资源部透露，从 1997—2004 年，我国年均新增建设用地达 570 万亩，平均每年占用耕地 304 万亩；目前我国城市人均用地面积已达 133 平方米，超过国家规定标准近 1/3。⑤ 2009 年，

① 《中共中央关于推进农村改革发展若干重大问题的决定》，《人民日报》2008 年 10 月 20 日。

② 何・皮特：《谁是中国土地的拥有者？——制度变迁、产权和社会冲突》，林韵然译，社会科学文献出版社 2008 年版，第 36 页。

③ 沈晖：《论我国城市土地使用制度的完善》，《南昌大学学报（人文社会科学版）》2006 年第 1 期。

④ 张波：《中国城市成长管理研究》，新华出版社 2004 年版，第 6 页。

⑤ 参见人民网新闻，http://finance.people.com.cn/GB/1037/4473961.html。

全国31个省(区、市)共81个城市申报了用地,核减后,国务院批准81个城市用地总面积为34422.37公顷,其中新增建设用地25265.69公顷,较2008年增加16.7%。批准用地中,涉及农村集体土地27618.54公顷,占用地总面积的80.2%;经济适用住房、廉租住房和中低价位、中小套型普通商品住房占居住用地的81.1%。[①]

大多数国家的宪法包括有对公共活动范围的约束条款,具体规定政府可以或不可以做什么。[②] 按照宪法和关于土地的相关法律,我国政府可以配置城市国有土地,也可以根据需要征收或征用农村土地再进行配置。在对我国土地的管理中,按照《土地承包法》,农民有30年长期的(现政策改为"长久的")、有保障的土地使用权。但同时《土地管理法》第一条第四款规定:"国家为了公共利益的需要,可以依法对土地实行征收或者征用并给予补偿。"第四十三条规定:"任何单位和个人进行建设,需要使用土地的,必须依法申请使用国有土地。……前款所称依法申请使用的国有土地包括国家所有的土地和国家征收的原属于农民集体所有的土地。"可见,我们对农用地适用一套法律,对非农用地却适用另一套法律,这两套法律不衔接、相互矛盾。土地问题的核心是政权对农村集体土地所有权进行变更过程中产生的巨大利益的配置问题,是在土地级差收益上涨过程中谁有权及谁应该分享多大收益的问题。这一看似简明的问题,却因已经形成的利益格局而变得复杂化。

改革开放以来,我国宏观经济的增长一直依靠工业化推进;到了20世纪90年代末,又出现了另一个更有力的"引擎",那就是由政府主导的城市化。自80年代中期,我国就开始了城市土地使用制度的改革,将长期以来实行的城市土地无偿划拨、无限期使用的行政划拨制度,逐步改革为有偿出让、有限期使用的土地有偿使用制度。1987年,深圳市敲响了我国城市国有土地使用权拍卖的第一槌,终于将沉睡的土地引入了政府垄断的土地市场。随着建设规模的扩大和市场经济体制的逐渐形成,靠转户口、安排就业等计划经济手段

① 《2009年报国务院批准城市建设用地审批工作完成——我部核减新增建设用地逾千公顷》,《中国国土资源报》2009年8月12日。

② 布伦南、布坎南:《宪政经济学》,冯克利等译,中国社会科学出版社2004年版,第6页。

征地越来越困难了。因为城市经济发展占地规模越来越大,不仅公用设施要占地,房地产业和其他工商业也要大量占地,土地迅速升值,征地同农民利益的冲突越来越尖锐。在这种情况下,各级政府相继设立了土地管理部门,加强土地管理。

洪堡(Wilhelm von Humboldt)指出,对于任何新的国家机构的设置,人们必须注意两件事。其中任何一件被忽视都将会造成巨大的危害:一方面,界定在民族中进行统治和提供服务的那一部分人以及界定属于真正的政府机构设置的一切东西;其次,政府一旦建立,界定它的活动的扩及和限制范围。后者会真正地干涉公民的私人生活和决定他们自由而不受妨碍地发挥作用的程度,这实际上是真正的、最后的目标,前者则仅仅是达到这种目标的手段。① 我国新设立的土地管理部门的职能本是负责执行和监督、监察国家土地政策,但后来却逐渐演变为直接经营土地。不仅国家建设用地由政府出面征收,商业用地也由政府先征收再转卖。由于政府同时又控制了城市规划和投资审批,在某些条件下可以"营造"城市化需求。法律规定政府以农用土地之价"补偿"农民,而政府征得的土地却可以按非农用地取得市值。结果,城市化就在某种程度上变成一场剥夺农民土地使用权及其收益的"圈地运动"。从圈地、定价到交易,都交国土管理部门一家经手完成,成了名副其实的政企不分、垄断经营。法律规定的对失地农民和集体的补偿,是根据土地产值确定的,其主要依据是土地在作为农业用地时的价值。这就意味着政府给农民土地补偿时,只承认农民把土地作为农用地时的产值,而认为土地作为非农用地以后巨大的级差地租与农民无关。这个过程的核心就是土地价值几十倍、几百倍的升值,地方政府则在此过程中成了真正的地主和土地级差收入的合法所有者,农民则被完全排除出利益的分享。而且,农民在失地过程中没有任何谈判和讨价还价的余地。② 所以,在征地过程中才会

---

① [德]洪堡:《论国家的作用》,林荣远等译,中国社会科学出版社 1998 年版,第 23 页。

② 通过分析一些土地纠纷案例,我们发现自然村——它的范围和功能就相当于公社时期的生产大队——在土地方面并不拥有实权,尽管从理论上说它掌握着土地的所有权。相反,拥有土地实权的是乡(镇)人民政府,或更高级别的行政单位(县及县以上的行政机关)。这意味着一旦上级征用土地,自然村就无法捍卫其拥有的土地权益。(参见何·皮特:《谁是中国土地的拥有者?——制度变迁、产权和社会冲突》,林韵然译,社会科学文献出版社 2008 年版,第 20 页)

出现那么多的纠纷和那么多的集体上访事件。各地普遍存在圈占农民集体土地过多、农转非土地征用补偿费过低、直接给予农民过少、侵害农民权益过分的状况。一些地方在工业优先、城市优先的发展战略思想下,土地增值收益(如土地出让金、新增建设用地有偿使用费、耕地开垦费等)收归县级以上政府后,大部分投向城市开发建设,农地征用制度演变成"城市从农村攫取利益的抽血机"。① 据专家估算,在全国范围内,1953—1978 年计划经济时期的 25 年中,通过价格"剪刀差"使农民受到的损失大约是 3000 亿元左右;从改革开放之初到 2001 年,通过征地从农民手中剥夺的利益超过 20000 亿元。改革开放后农民利益损失比之前高 6 倍之巨,不能不说是触目惊心。② 众所周知,进入新世纪以后,各地通过"圈地"来"经营城市"之风又愈刮愈强劲。

哈耶克(Friedrich August Hayek)认为,在现代社会,对个人自由的最大威胁来自政府的行政权力。政府要履行自己的职责,就不可能不拥有相当的支配权和强制权。但公民的人身和财产绝不能成为政府权力支配的对象。只有在例外的情况下,政府才能干涉公民这方面的权利。这就要求一方面立法机构应用一般法律规则严格限定这些例外情况;另一方面,独立的法官要对每个具体的例外情况进行司法审核,以判定该例外是否是绝对必要的。③ 面对失地农民利益受损的情形,有学者提出要依法保护农民基于土地的权利。除了法律所赋予的农民集体土地所有权和农地的承包经营权之外,农民在土地上还有以下权利:首先,农地所有权中还有农民生存权;其次,农地所有权中的农地发展权;第三,耕地的国家粮食安全战略权利;第四,农民在集体土地所有权中的成员权。④

应该承认,国家政权在将农村集体土地转变成城市国有土地时是考虑到农民的生存权、农村集体成员权的,而且在总体上也非常重视国家的粮食安全战略。问题的症结是:在政府征地过程中涉及到农地发展权的归属问题,这实际上

---

① 高珊:《江苏省失地农民权益保障研究》,《南京财经大学学报》2005 年第 3 期。

② 万朝林:《失地农民权益流失与保障》,《经济体制改革》2003 年第 6 期。

③ 杨玉生:《译者的话》,载[英]哈耶克:《自由宪章》,杨玉生等译,中国社会科学出版社 1999 年版,第 12 页。

④ 周建春:《从耕地流失谈农民土地权益的保护》,《中国发展观察》2005 年第 3 期。

就是对土地的利益进行政治配置的过程。土地发展权是土地产权的重要组成部分，是基于土地的所有权，从使用权和收益权中分离出来的一种物权，是指组织或个人变更土地用途而获得额外收益的权利。农地发展权是土地发展权的下位概念，是农村集体和农民参与土地增值收益分配的权利。众所周知，土地具有三方面的属性：即资源的稀缺性、用途的多样性和收益的差异性。土地的这些属性必然导致其不同用途之间的竞争。当农地从低收益用途转向高收益用途时，农民分享农地发展权的动机就产生了，这就出现了"小产权房"①等不被政府认可的参与经济发展、分享经济利益的农村土地利用形式。在农地向建设用地的转化过程中，土地利用方式发生改变，土地增值明显，各方当事人的利益争夺最为激烈，而政府更多的是将利益配置到自己手中、倾斜到城市建设。虽然在此过程中农村从总体上说也是受益的，但失去土地的农民确是利益绝对受损者，这正是征地过程引发社会矛盾的根源之所在。

（三）农民失地引发的问题

失地农民面对着很大的经济风险，具体表现为：第一，失去土地实际上是失去最基本的就业岗位；第二，失去土地实际上是失去了一种低成本的生活方式；第三，不高的征地补偿款也难及时足额发放到农民手中。

根据国内的调查，每征用一亩地，就伴随着 1.5 个农民失业。据不完全统计，近 7 年来全国有近亿亩耕地被征用，其直接后果是造成了 4000 多万徘徊在城市边缘的"失地大军"。② 他们有着一个共同特点——务农无地、上班无岗、低保无份。"农民失去土地以后，他当不成农民了，而领到的那点补偿金，也当不

① "小产权房"是在集体土地上建的商品房。因为其产权只有乡镇或村承认，法律上不承认，于是才有"小产权房"一说。1956 年中国完成农业合作化，建立了集体土地所有制。1978 年改革开放后，随着进城农民工越来越多，城乡结合部的农民就在自家院里、村内搭建廉租房，发展"房东经济"。这是"小产权房"的一个来源。在一些地方，政府为弥补征地补偿过低的弊病，出台了所谓"留地安置"政策，即在征地的同时，划出 10%—15% 的土地，由农民自己来开发，取得开发收益。有的集体就在这些土地上建了商品房、廉租房。这是"小产权房"的另一个来源。后来，更出现了由乡村组织投资建设的"小产权房"。

② 《全国有被征地农民 4000 万"三农"问题有"三难"》，http://news.xinhuanet.com/politics/2005—10/27/content_3688805.html。

成市民。既不是农民,又不是市民,那就会成流民。"①据统计,在全国各地的土地上访案件中,有70%以上是因征地引发的,而且这种上访具有明显的群体性、组织性、对抗性和持久性。② 来自国土资源部提供的数字显示:2002年上半年群众反映征地纠纷、违法占地问题,占信访接待部门受理总量的73%,其中40%的上访人诉说的是征地纠纷问题,这里面又有87%反映的是征地补偿安置问题。国家信访局2004年受理土地征收的初信初访4116件,大部分聚焦在失地失业问题上。③ 这些事实表明:国家政权在将农村集体土地转变为国有土地过程中,对由此产生的巨大经济利益的配置还需重新进行考量。

被征地农民问题的核心是对农地发展权的归属也即征用农村集体土地获取利益的配置问题,目前学术界有两种不同的观点。一种主张"涨价归公",主张农用地征用后所带来的巨大增值收益应归国家所有。二是"涨价归私",认为被征地农民要率先分享城市化的好处。还有学者提出,以土地入股分红方式实现的"涨价分享"办法。④ 由于被征地农民在征地过程中自身的生存和发展受到很大的影响,理应比其他社会成员多"分享"涨价的一部分才是。这种分享除了获得应有的征地补偿之外,就是享有相应的社会保障。

二、失地农民社会保障建设的理论和国内外实践

(一)失地农民获得补偿的理论基础

按照马克思的观点,由于土地具有稀缺性和垄断性,因而具有价格。在城市化和工业化过程中,一方面对土地的需求会增加,进而会提高土地的价格;另一方面会产生大量的失地农民。在土地增值的过程中,土地对农民的保障性也在逐渐提高。当地价高到一定程度,或者经济发展到一定程度的时候,土地就具备

① 陈锡文:《关于我国农村的村民自治制度和土地制度的几个问题》,《经济社会体制比较》2001年第5期。

② 卢海元:《土地换保障:妥善安置失地农民的基本设想》,《中国农村观察》2003年第6期。

③ 谭静:《江苏省失地农民基本生活保障立法研究》,南京农业大学公共管理硕士(MPA)毕业论文,2007年6月。

④ 朱启臻等:《新农村建设与失地农民补偿——农地发展权视角下的失地农民补偿问题》,《中国土地》2006年第4期。

了对农民进行保障的物质基础。这个时候出让土地，就可以保障失地农民未来的生计。①

现代法治国家将保障人民的自由权和财产权当作国家存在的主要目的。因此，土地征用补偿是因国家或政府征用权的行使，对于特定人发生经济上的特别损失，而由国家或政府对受损失的人负担金钱给付的义务。不同的社会经济发展阶段具有不同的补偿理论，历史上土地补偿的理论主要有既得权说、恩惠说、公用征收说、社会职务说、公共负担平等说、特别牺牲说等。

"既得权说"以自然法思想为基础，认为人民的既得权既然是合法取得的，就应当得到绝对的保障，即使是由公共利益的需要使其遭受经济上的特别损失，也应当基于公平的原则给予补偿。这种学说比较陈旧。"恩惠说"强调国家统治权与团体利益的优越性，主张绝对的国家权利，以及法律万能和公益至上。国家侵害个人权利给予补偿，完全是出于国家的恩惠。这种学说具有专制色彩，难以说明现代的土地征用补偿制度。"公用征收说"认为国家法律既保障个人的财产权利，同时也授予国家征收私人财产的权力，对于因公共利益的需要而作的合法征用，国家可以不承担法律责任，但仍应给予个人相当的补偿，以求公平合理。"社会职务说"摈弃权利天赋观念，认为国家为了使个人尽其社会分子的责任，首先应承认个人的权利，这是实现社会职务的手段；所有权具有自由和义务的双重性，但人民的财产被征用后，国家酌量给予补偿，才能使其社会职务得以继续履行。"公共负担平等说"和"特别牺牲说"均认为，政府的活动是为了公共利益而实施，其成本应由社会个体成员平均分担。

随着经济的发展，人民财产权利意识的增强，特别牺牲学说日渐被广泛接纳，该学说源于公共负担平等说，由19世纪末德国学者奥特·玛雅(Otto Mayer)提出。此说基于法的公平正义观念，认为国家合法征地行为，对人民权利所造成的损失超出了行使所有权的内在社会限制，与国家课以人民一般的负担不同，它是使无义务的特定人对国家所作的特别牺牲；这种特别牺牲具有个案性质，因此应当由全体人民共同分担给其以补偿，才符合公平正义的精神。如林纪东基于

① 参见潘久艳：《土地换保障：解决城市化过程中失地农民问题的关键》，《西南民族大学学报》2005年第5期。

特别牺牲学说认为土地补偿的本意在于“对于因公益之必要，经济上蒙受特别牺牲者，为调节之补偿，以实现正义公平之理想，而期法律生活之安定”。①

近现代，基于特定补偿理论确定的补偿原则主要有完全补偿原则、不完全补偿原则和相当补偿原则。完全补偿是指以被征用人完全回复到与征用前同一的生活状态所需要的代价为补偿标准，这种补偿不仅包括直接损失，还包括因此而造成的间接损失，甚至还包括非经济上的损失。目前发达国家的征用补偿以完全补偿居多。而按照不完全补偿的原则，补偿范围仅限于被征用的财产的价值；可以量化的财产上的损失、迁移损失、营业损失以及各种必要的费用等具有客观价值而又能举证的具体损失，也给予适当的补偿。相当补偿原则则认为“特别牺牲”的标准是相对的、活动的，因此对于土地征用补偿应视情况不同采用完全补偿或不完全补偿的标准。一般情况下，本着宪法对财产权和平等原则的保障，特别的财产征用侵害，应给予完全补偿；但在特殊情况下，可以准许给予不完全补偿。

（二）国外的失地农民补偿和社会保障概况

在多数国家和地区，土地征用方都给土地所有者以较为满意的补偿，征用补偿通常由两部分组成：土地征用费和土地赔偿额。其中土地征用费相当于土地价值，一般按照征用时的市场价格给足补偿；土地赔偿额是对土地权利人因征用而造成的经济及其他损失的补偿。

在很多国家，法律给予被征地者的补偿往往要超过土地的市场价值，这既有利于保证被征地者原有的生活水准不至于降低，也有利于土地资源的优化配置。失地农民社会保障的内容包括失地农民最低生活保障、失地农民养老保障、失地农民医疗保障、为失地农民提供受教育和培训的机会、为失地农民提供法律援助等。

设立失地农民社会保障基金是各国对失地农民所采取的通行做法，这有助于降低他们面临的风险，促进社会稳定发展。依照国际经验，多数国家社会保障

① 参见陈江龙、曲福田：《土地征用的理论分析及我国征地制度改革》，《江苏社会科学》2002年第2期。

基金一般交由私营机构而非政府机构经营管理，且由多家经营而非独家垄断。世界银行的一份研究报告显示：在全世界范围内除美国、马来西亚、新加坡等少数国家外，在大部分国家，由私营机构经营的社会保障基金收益率普遍高于由政府部门经营的收益率。① 之所以如此，主要是因为：第一，政府部门自身的运行效率往往不高，甚至会出现腐败问题；第二，政府部门管理的基金通常不能投资于股权、不动产或国外资产，而是被迫购买政府债券或以很低的名义利率向亏损的国有企业贷款，从而使风险过分集中。

将社会保障基金交由私营机构管理，这种基金经营方式值得借鉴。失地农民社会保障体系设计也必须考虑基金投资运营问题，确保未来有足够的支付能力。当然，未必要像西方国家那样全部交由私营机构经营管理，结合国情，可以交由银行和非银行金融机构经营管理，并引入竞争机制，来促进基金的保值增值。

从资金监管角度看，建立健全社会保障领域的法律法规体系刻不容缓，还必须有依法赋予监督职责的监督主体。借鉴西方国家的经验：失地农民社会保障基金管理机构与经营机构分开设置，前者负责对后者的监管和对社会保障市场的调控，后者负责基金的筹集、投资运营和保险金的发放等，并保证监管机构的权威性、公正性、科学性和独立性。

美国、日本等国家都非常重视教育和职业培训在社会保障中的作用，以发挥非物质性的社会保障对现代社会的重要作用。从 20 世纪 60 年代开始，美国颁布了许多关于职业培训和职业教育的法令。通过职业培训，提高了劳动者素质，有利于劳动者就业，在一定程度上缓解了失业问题，成为美国社会保障不可缺少的重要组成部分。②

（三）我国各地失地农民社会保障的实践

我国失地农民社会保障有一个非常明显的特点，即缺乏全国性的失地农民

---

①　参见《国外失地农民补偿办法》，人民网 2003 年 9 月 22 日，http://www.people.com.cn/GB/2101182.html。

②　《国外失地农民补偿办法》，http://peopledaily.com.cn/GB/2101182.html。

社会保障法律或政策,各地方政府都因地制宜地出台了失地农民社会/生活保障政策。因此,就出现了有些地方失地农民社会保障的项目较全、水平较高,有些地方则项目不全、水平不高的情况。这里先介绍国内一些地方失地农民社会保障工作的经验。

1. 浙江省在全国首创失地农民社会保障制度

1998 年底,嘉兴市颁布《土地征收人员分流办法》,为失地农民开办了基本养老保险。紧接着,宁波市为失地农民建立养老风险准备金制度和湖州市从土地补偿费中列支养老保险费的做法,为在浙江省范围内建立失地农民社会保障制度奠定了基础。2002 年,浙江省委、省政府出台《关于加强和改进土地征收工作的通知》,对失地农民的基本生活保障的功能定位、参保对象、资金来源、享受标准等作了明确规定。2003 年 5 月,浙江省劳动和社会保障厅、国土资源厅、财政厅、民政厅、农业厅等五个部门联合颁发《关于解决被征地农民基本生活保障问题的指导意见》,对失地农民的养老、就业、医疗、低保、培训等提出了明确要求。至此,以制度安排的办法解决失地农民的社会保障问题在浙江省全面启动。到 2003 年底,全省已有 10 个市 50 多个县(市、区)建立了失地农民基本生活保障制度,有 52 万名失地农民参加了基本生活保障,共筹资金 37 亿元。其中约 15 万名达到条件的参保对象已经开始领取基本生活保障金。目前,浙江省所有县(市、区)均已出台被征地农民基本生活保障的政策性文件,制定了相应的实施方案,被征地农民基本生活保障工作开始走向制度化和规范化。截止 2006 年 11 月底,全省有 227.64 万名被征地农民纳入社会保障的覆盖范围,约占全国失地农民参保总数的 1/3,累计筹集保障资金 243.49 亿元,其中 86.16 万名符合条件的参保对象已按月领取基本生活保障金或基本养老金。①

谭静将浙江省各地建立的失地农民社会保障制度大体上分为三种类型:②

(1)生活保障型。这种类型是参照城镇最低生活保障制度设计的,结合当

① 浙江省劳动和社会保障科学研究院课题组:《浙江被征地农民社会保障制度的现状、问题及对策研究》,http://www.qikan.com.cn/Article/zclw/zclw200703/zclw20070314.html。

② 谭静:《江苏省失地农民基本生活保障立法研究》,南京农业大学公共管理硕士(MPA)学位论文,2007 年 6 月。

地的经济发展和承受能力，一般设置多个档次，缴费水平与保障待遇挂钩，实行个人账户与统筹账户相结合的模式。该类型待遇水平控制在低保标准上下或失业救济金标准上下，比如宁波市对纳入保障人员的缴费，划分为2万元、3.3万元、4.6万元三档，每月支付水平也相应地分为200元、250元、300元三档。同时建立未来支付风险准备金，基金来源是：从土地出让金纯收益中提取2%，从地方财政收入中安排1%，从国有资产变现中提取10%。保障对象去世后，其个人账户中的本息余额可以由法定继承人或指定受益人继承。宁波、湖州、绍兴、舟山、金华、丽水等地采取该种类型。

（2）社会保险型。这种类型是参照城镇职工基本养老保险办法设计的，较多强调了享受保障权利与缴费义务对等的原则，实行个人账户制，享受待遇与保障对象的缴费时间和缴费指数挂钩，保障水平相对较高，目标是同城镇基本养老保险制度相衔接，将失地农民直接纳入城镇职工基本养老保险体系，享受城镇居民同等待遇。但是，许多地方政府也考虑到失地农民的收入水平较低，按照城镇职工低缴费低享受的“两低”水平设计保障办法，即一次性缴费为15年，待遇水平高于城镇职工的失业保险、低于城镇职工的基本养老保险。比如杭州市规定参保人员一次性缴费4.6万元，支付标准为月人均410元；嘉兴市的支付标准为398元，台州市的支付标准为520元。

（3）社会保险加生活保障型。这种类型按照失地农民的不同年龄段，失地程度及就业状况等区别对待，不同的情况实行不同的制度。其待遇水平介于社会保障型和生活保障型之间，衢州等地主要采用这种办法。

杨翠迎等依据风险保障功能，将浙江省失地农民基本生活保障制度分为两大类：①

（1）全面保障型。该类型注重保障失地农民由征地所引发的生活、失业、医疗及养老等各方面风险，其保障水平一般略高于当地城镇最低生活保障制度标准，缴费水平与保障待遇挂钩，与当地经济发展水平和承受能力相适应。浙江省多数地区采取该种类型。如湖州市针对不同征地时间、不同年龄段的失地农民，

① 杨翠迎等：《失地农民基本生活保障制度建设的实践与思考——来自浙江省的案例分析》，《农业经济问题》2004年第6期。

分别实行不同标准的保障制度，即对该制度实施之日(2003年1月1日)以后因土地征用而"农转非"的农民实行基本养老保障制度，按规定缴足保险费后，进入领取期，每月可享受生活保障费220元；对该制度实施之日以前(特指1992年8月26日至2002年12月31日之间)的失地农民实行生活补助金制度，按规定缴足保险费后，进入领取期，每月可享受生活补助费150元；对劳动年龄段以下的失地农民，一次性发给生活补助费13000元；对劳动年龄段内的农民失地后未就业的，发放不超过两年的阶段性生活补助，补助期满后仍未就业并符合城市最低保障条件的，进入城市最低保障制度安排，就业后失业的，纳入失业保险渠道。

(2)养老保险主导型。该类型是在为失地农民提供全面风险保障的基础上，更多地强调失地农民的养老风险保障，目标是同城镇基本养老保险制度相衔接。依其保障水平的高低可分为两种形式：一是参照城镇职工基本养老保险办法设计的基本养老保险型，较多地强调了权利与义务对等原则，保障水平相对较高。如嘉兴市规定参加养老保险的失地农民，按上一年浙江省社会平均工资的60%作为缴费基数，农民缴费比例为24%，缴满15年以上的，本人缴费工资平均指数不低于0.6的，基本养老金低于公布养老金最低保障数的，按最低保障数执行；低于0.6的，其退休后基本养老保险金也应同比例减少，按月发给；缴费不满15年的，个人账户本息一次性发给本人。对于高年龄段人员(45岁以上)一次性缴费15年，到法定退休年龄时按城镇职工最低养老金标准398元享受。二是基于失地农民的收入水平较低，以及要与城镇职工基本养老保险制度相衔接两方面因素的考虑，按照城镇职工养老保险低缴费低享受水平进行设计的"双低"养老保障型。如杭州市规定，征用土地"农转非"人员低标准缴费基数按照上年浙江省职工平均工资的100%确定，缴费比例为20%，一次性缴费15年，人均缴费46000元，到达领取养老金年龄时，其养老金由基础养老金和个人账户养老金组成，基础养老金月标准为退休时上一年浙江省职工月平均工资的20%乘以缴费系数(0.7)；个人账户养老金月标准为个人账户储蓄存款额的1/120。月享受最低养老金额为410元。

以上两种类型的制度，具有以下共同特点：①与相关制度既独立又关联。浙江省失地农民基本生活保障制度是一个相对独立的制度。其与农村社会养老保险、城镇职工基本养老保险及城乡最低生活保障等相关制度是有区别的，但在一定条件下又能同农村社会养老保险、城镇职工基本养老保险及城乡最低生活保障等相关制度转化与衔接。②保障内容的系统性与完整性。浙江省失地农民基本生活保障制度立足于推进城市化、实现基本现代化的战略目标，以长远解决失地农民的基本生活为目的，着重从失地农民的失业、贫困、医疗、养老等方面提供全面的保障，体现了保障范围的全面性、系列性和完整性。③保障对象的宽泛性。与其他相关制度不同，浙江省失地农民基本生活保障制度将劳动年龄段以上（男 60 周岁、女 50 或 55 周岁以上）、劳动年龄段以内（男 16—60 周岁、女 16—50 或 55 周岁）及劳动年龄段以下（16 周岁以下）的所有被征地对象都纳入了保障范围，体现了社会保障的广泛性、公平性原则。④账户管理的灵活性。浙江省失地农民基本生活保障制度有两种账户模式：一种是个人专项账户，如湖州市、金华市等，将政府补贴、集体缴纳及农民缴纳的资金都进入专项账户统一支配和管理；二是个人账户与社会统筹相结合，如衢州市规定政府补贴资金进入统筹账户，集体和农民缴费进入个人账户，在资金使用时，个人账户优先，不足时再动用统筹账户。⑤资金筹集责任的明确性。浙江省失地农民基本生活保障制度强调了政府、集体和农民的共同责任，并明确规定了各责任主体供款的额度与比例。同时，进一步明确失地农民享受待遇与缴费水平挂钩，体现了权利与义务相一致的原则。

2. 北京市失地农民的社会保障

（1）北京市近郊区失地农民的类型与特征

从调查情况看，北京市建设征地主要涉及以下四类人员：①

一是“农转工人员”。指征地后转为非农业户口（城镇居民户口），且年龄在劳动年龄阶段（男 16—59 周岁、女 16—49 周岁）且身体健康的人员。其特点是：被征地农民直接由政府指定单位（多为征地单位）负责接收安置而成为城镇职工。

二是“农转工自谋职业人员”。指征地后转为非农业户口（城镇居民户口），虽然本身符合农转工条件，但自愿放弃政府给予的就业安置待遇，领取一次性安

① 《城市化与失地农民的就业和社会保障——北京市朝阳区和丰台区个案研究》，http://www.studa.net/nongcun/051230/17135212.html。

置补助费并自主择业的人员。其特点是:被征地农民领取安置补助费后,政府和征地单位对他们不再负有安置就业的责任。

三是“农转居人员”。指征地后转为非农业户口(城镇居民户口)的人员。其特点是:转居不转工,离土不离乡,劳动年龄人口则由其原来所属的乡、村集体经济组织负责安排工作。

四是“超转人员”。指征地后转为非农业户口(城镇居民户口),但年龄已经超过劳动年龄阶段(男年满60周岁、女年满50周岁)以及经检查认定完全丧失劳动能力的人员。其特点是:转居不转工,由民政部门统一管理,享受相应的社会保障待遇。

(2)北京市近郊区失地农民的规模与结构

据媒体报道:自1993年以来,北京市失地农民累计达33万人;[①]其中,上述第一类“农转工人员”和第二类“农转工自谋职业人员”各有10万人左右;由民政部门管理的征地“超转人员”共13097人(其中一般征地超转人员12587人,孤寡病残人员510人);按以上数据推算,“农转居人员”也应该在10万人左右。

2004年7月1日起实施的《北京市建设征地补偿安置办法》(以下简称《办法》),对失地农民的养老、医疗和失业社会保险作了如下规定:

①养老社会保险。《办法》规定:自批准征地之月起,转非劳动力[②]应当按照国家和本市规定参加各项社会保险,并按规定缴纳社会保险费。农村集体经济组织或者村民委员会应当在转非劳动力办理转为非农业户口手续后30日内,到所在区、县社会保险经办机构为其办理参加社会保险手续,补缴社会保险费。转非劳动力补缴的社会保险费,由征地单位从征地补偿费中直接拨付到其所在区、县社会保险经办机构。

转非劳动力达到国家规定的退休年龄时,累计缴纳基本养老保险费满15年及其以上的,享受按月领取基本养老金待遇。基本养老金由基础养老金和个人账户养老金两部分组成。基础养老金按照本人退休时上一年本市职工月平均工

① 韩俊:《聚焦失地农民》,《中国改革》(综合版)2005年第9期。

② 转非劳动力是指征地转为非农业户口且在法定劳动年龄范围内具有劳动能力的人员,不包括16周岁以上正在接受义务教育和学历教育的学生。

资的20%计发;个人账户养老金按照个人账户累计储存额的1/120计发。转非劳动力按月领取的基本养老金低于本市基本养老金最低标准的,按照最低标准发放,并执行基本养老金调整的统一规定。转非劳动力达到国家规定的退休年龄时,累计缴纳基本养老保险费不满15年的,不享受按月领取基本养老金待遇,其个人账户储存额一次性支付给本人,并终止养老保险关系。

依法批准征地时,转非劳动力男年满41周岁、女年满31周岁的补缴1年基本养老保险费;年龄每增加1岁增补1年基本养老保险费,最多补缴15年。补缴基本养老保险费以依法批准征地时上一年本市职工平均工资的60%为基数,按照28%的比例一次性补缴。补缴后,由社会保险经办机构按照11%的比例一次性为其建立基本养老保险个人账户。

②医疗社会保险。转非劳动力达到国家规定的退休年龄时,基本医疗保险累计缴费年限男满25年、女满20年且符合按月领取基本养老金条件的,办理退休手续后按规定享受退休人员基本医疗保险待遇;不符合上述条件的不享受退休人员基本医疗保险待遇,个人账户余额一次性支付给本人。

依法批准征地时,转非劳动力男年满31周岁的补缴1年基本医疗保险费,至年满51周岁前每增加1岁增补1年,最多补缴10年;年满51周岁的补缴11年基本医疗保险费,至退休前每增加1岁增补1年,最多补缴15年。依法批准征地时,转非劳动力女年满26周岁的补缴1年基本医疗保险费,至年满41周岁前每增加1岁增补1年,最多补缴5年;年满41周岁补缴6年基本医疗保险费,至退休前每增加1岁增补1年,最多补缴10年。

补缴基本医疗保险费以依法批准征地时上一年本市职工平均工资的60%为基数,按照12%的比例一次性补缴。补缴后,由社会保险经办机构将其中9%划入统筹基金、1%划入大额医疗互助资金、2%划入个人账户。

转非劳动力规定一次性补缴基本养老保险费的,其补缴基本养老保险费年限视同基本医疗保险缴费年限,但最多视同10年缴费年限。转非劳动力按照规定补缴基本医疗保险费后,在达到国家规定的退休年龄前继续缴纳基本医疗保险费的,享受当期基本医疗保险待遇;不继续缴纳基本医疗保险费的,不享受当期基本医疗保险待遇。

③失业社会保险。依法批准征地时,转非劳动力年满16周岁的补缴1年失

业保险费，至达到国家规定的退休年龄前，每增加1岁增补1年，最多补缴20年。补缴失业保险费以依法批准征地时上一年本市职工平均工资的60%为基数，按照2%的比例一次性补缴。

转非劳动力失业后，按照规定享受失业保险待遇。但其在领取失业保险金期间自谋职业的，不执行一次性领取失业保险金的规定。未领取失业保险金的期限予以保留，与再次失业后应当领取失业保险金的期限合并计算。

3. 上海市失地农民的社会保障

据上海市农委和市社保局的统计资料，截至2005年底，上海市失地农民共计为170.2万人，其中，被征地人员79.2万人，因各类用地而失地的农民约91万人。被征地人员主要集中在近郊的闵行、宝山、嘉定和浦东新区，以及松江、金山等区(县)。

近年来，在沪郊失地农民问题上，各级政府做了大量的工作，特别是把失地农民纳入"镇保"范围，用镇保的办法解决其基本养老、医疗问题。目前，已有70万左右的被征地农民，落实了基本养老、医疗保障以及户籍"农转非"政策。目前尚有约9万被征地时自谋就业出路的人员，因有一定的难度还未落实相应的保障。这部分失地农民的基本养老、医疗等相应保障问题，将随着郊区镇保工作的逐步推进，有望在短期内得到解决。但因各类用地而失地的91万失地农民的保障问题，目前大部分还有待得到进一步解决。

目前对因各类用地而失地的91万失地农民，主要采取以下办法：

①对有条件实施土地"使用改征用"的，通过加紧办理土地征用手续，并按照《上海市小城镇社会保险暂行办法》(以下简称《暂行办法》)的规定，落实其小城镇社会保险。

②对经土地行政管理部门批准的用地，但目前没有条件实施土地"使用改征用"的，由集体经济组织与被用地人员签订协议，按照《暂行办法》的规定，为其一次性缴纳不低于15年的基本养老、医疗保险金，以此纳入小城镇保险轨道。同时，收回其土地承包权，为其办理户籍转性手续。

③对一些采用流转的方式进行市级重大项目非农建设的用地，明确将其改为征地，以相应的征地办法，解决失地农民的基本养老、医疗保险费问题。

根据《暂行办法》以及《上海市被征用农民集体所有土地农业人员就业和社

会保障管理办法》,解决失地农民问题的主要着眼点是把失地农民的保障问题纳入镇保范畴,通过开展镇保,解决失地农民的基本养老、医疗问题;对其就业,则主要采取市场化就业,政府扶持和帮助的办法,即“落实保障、户籍转性、市场就业、政府帮助”。具体地说,对被征地农民,由征地责任单位一次性为被征地农民缴纳15年基本养老、医疗保险金,即加入镇保,并办理农民户籍“农转非”手续。对因新征地而失地的人员,原则上直接进入镇保。失地农民缴满15年养老保险保费,当男性满60岁、女性满55岁退休后,按月领取养老金。养老金按其办理退休手续时上年度全市职工月平均工资的20%计发,缴费年限每增加1年,相应增加上年度全市职工月平均工资的0.5%的养老金,但最高不超过上年度全市职工月平均工资的30%。

通过镇保,解决失地农民的基本养老、医疗保险问题,在一定程度上解决了上海失地农民问题。据市政府信访办的统计数据,2005年,沪郊失地农民到市政府上访的总人数,比2004年同期减少8%,为5000余人。群体性上访比2004年同期减少13%,下降幅度较大。从总体上看,上海市失地农民问题已在一定程度上得到了解决,情况正在向好的方向发展。①

4. 江苏省部分地区失地农民社会保障建设的探索

江苏省一些地方比较早地开展了针对失地农民社会保障的探索。②

(1)苏州市的商业保险与一次性货币补偿安置相结合的保障实践

2001年8月,苏州市被国土资源部确定为首批征地制度改革试点城市,其改革试点的突出特点是,推行以商业保险安置为主要内容的征地制度改革。《苏州市征用土地暂行办法》规定:将征地后需要安置的农业人口划分为三个年龄段,确定为三种安置对象:一是被抚养人,年龄在16周岁以下(不含16周岁);二是剩余劳动力,女性16—35周岁(含35周岁),男性16—45周岁(含45周岁);三是保养人员,女性35周岁以上、男性45周岁以上和残疾人。三种安置对象的数量,按征收土地前被征地单位上述三部分人员各占在册人员总数的比

① 干经天等:《创新上海失地农民制度安排的基本思路》,《上海农业学报》2006年第4期。

② 谭静:《江苏省失地农民基本生活保障立法研究》,南京农业大学公共管理硕士(MPA)学位论文,2007年6月。

例确定。

对需安置的农业人口，根据不同情况采取不同方式安置：①对被抚养人实行货币安置。货币安置的标准为每人6500元，安置补助费由征地服务机构在规定的期限内支付给其监护人，并与监护人签订货币安置协议。②对剩余劳动力实行货币安置。货币安置的标准为每人13000元，对男性40—45周岁、女性30—35周岁年龄段的剩余劳动力，外加每人5000元的医疗保险费。安置补助费由征地服务机构在规定的期限内支付给每个被安置人员，并签订货币安置协议，被安置人员通过多种形式自主择业。医疗保险费由征地服务机构负责向保险公司投保，给予约定的住院医疗保险至60周岁。③对保养人员采用商业保险办法实行保养安置。由负责征地的单位为保养人员统一向保险公司投保，然后由保险公司按月发放保养金，标准为每人每月170元，并享有住院医疗保险。经批准安置的农业人口，办理农转非。

苏州市所辖张家港市大部分地区、太仓市大部分地区和常熟市虞山镇区域范围内的征地补偿安置标准和方式，基本符合《苏州市征用土地暂行办法》的规定，只是保养人员的养老金有的由社会保障部门按月发放；有的由镇财政按月发放；有的按上述三种安置对象安置费用标准计算出征地安置总费用，由镇财政将安置总费用全额支付给被征地村组，村委会再平均或按三种安置人员的比例分配给被征地组的每个农民。

(2)南通经济技术开发区建立基本生活保障制度的做法

2000年上半年，南通开发区在对征地补偿安置深入调查研究的基础上，出台了一系列政策文件，开始用基本生活保障的办法安置被征地农民。具体做法有：

①对被征地农民分档按月发放生活补贴费。被征地农民按年龄分为一档劳动力、二档劳动力和保养劳动力。一档劳动力为男16—45周岁、女16—35周岁从事农业劳动的人员；二档劳动力为男45—60周岁、女35—50周岁人员；保养劳动力为男60周岁以上、女50周岁以上人员。新成长劳动力在开发区内享受城镇待业人员待遇，优先推荐就业。被征地农民每月领取生活补贴费，一档劳动力标准为150元/月，二档劳动力为157元/月，保养劳动力为164元/月。同时，建立生活补贴费正常增长机制，三类人员分别按城市低保调整额的60%、75%、

90%进行增加。

②设立被征地农民养老和生活补贴资金，并实行财政托管。被征地农民养老和生活补贴资金由征收土地中的土地补偿费、安置补助费、财政补贴及利息组成，专款专用，交给财政托管。土地补偿费用于支付养老保险，安置补助费用于支付生活补贴费。从2000年起，将原支付给集体经济组织的土地补偿费全部划至财政专户。土地补偿费和安置补助费不足时，由开发区财政给予全额补贴。

③为被征地农民建立养老和医疗保险。一档劳动力从享受生活补贴费之月起，由开发区为其缴纳15年基本医疗保险，个人应承担部分从每月生活费中代扣，至法定退休年龄时领取养老金。其中2008年6月30日前达到法定退休年龄的缴纳10年基本医疗保险。缴完基本养老保险后，鼓励被征地农民自行缴费，以提高退休后的养老待遇。养老保险缴费基数按南通市当年社会平均工资的60%执行，缴费比例按26%执行。考虑到被征地农民的实际负担，开发区决定养老保险前8年个人承担6%缴费，后7年个人承担8%缴费。为做好新老政策衔接，对未达到退休年龄的老的被征地农民，从征地时起算到法定退休年龄这段时间，凡符合缴费年限且本人自愿的，给予办理一次性补缴养老保险手续。目前，被征地农民中的一档劳动力，已有1/3就业，由企业办理养老保险，其余2/3由开发区办理养老保险；二档和保养劳动力则全部由开发区发放生活补贴费。另外，从2003年7月起，开发区又全面实施农村大病住院医疗保险制度。保险资金年筹集标准为12元，被征地农民个人出8元，财政补贴4元。住院医疗保险待遇实行分级计算、累进补偿，全年累计最高补偿额为2万元。

（3）常熟和吴江的实践

常熟市新港镇规定，从2002年1月1日起，对完全失地的农民不分男女老幼，实行“农转非”，为其一次性缴纳养老保险统筹费，最高年限为15年，对45至60周岁的男性、35至50周岁的女性失地农民，办理农村养老保险手续。到2003年底，全镇共为16073名失地农民办理了终身养老保险。① 吴江市于2004年3月颁布了《关于吴江市已被征地人员基本生活保障的意见（试行）》，从吴江市试点政策来看，被征地人员基本生活保障的适用范围和对象包括1982年1月

① 《苏南农村新鲜事：新港老农今开始领“工资”》，www.xinhuanet.com，2004—1—17。

至2003年12月期间,土地被征用的农民,目前已为112766名失地农民办理了“失地农民养老证”。到2004年底,已有3万名到龄的失地农民足额领取了养老金,累计发放养老资金近8000万元。①

三、失地农民社会保障政策的整合——以江苏省为例

在省内部分地区针对失地农民社会保障实践的基础上,江苏省开展了全省失地农民社会保障建设的有益尝试。省内部分地区在失地农民住房保障和将失地农民纳入城镇社会保障体系的做法有待提升为全省的政策实践。江苏省如果能在全国率先建设包括住房、医疗、养老、就业等在内的,项目齐全、水平较高的失地农民社会保障政策体系,将为全国解决此类问题提供很好的示范作用。

(一)提高对失地农民的征地补偿

随着建设占用农村集体土地的数量越来越大,征地补偿安置问题日益突出。2003年,江苏省政府下发《关于调整征地补偿标准的通知》。2004年,在28个县(市、区)部署开展被征地农民基本生活保障试点。2005年,省政府出台《江苏省征地补偿和被征地农民基本生活保障办法》(以下简称《办法》),省国土资源厅、财政厅、劳动和社会保障厅等有关部门抓紧制定相关配套制度,细化工作措施,先后下发了《江苏省被征地农民基本生活保障资金管理办法》、《江苏省被征地农民基本生活保障资金发放管理工作规程》等文件,建立了一整套基本生活保障资金管理制度。

《办法》第八条规定:征收耕地的土地补偿费,为该耕地被征用前3年平均年产值的10倍。这里规定的耕地前3年平均年产值的最低标准为:

①一类地区每亩1800元;

②二类地区每亩1600元;

③三类地区每亩1400元;

④四类地区每亩1200元。

① 《吴江:失地农民养老无忧实例解读》,《苏州日报》2004年12月28日。

征收其他土地的土地补偿费标准，由各市人民政府按照《江苏省土地管理条例》第二十六条和前款的规定作相应提高。

第九条规定：征地的安置补助费，按照需要安置的被征地农民人数计算。每一个需要安置的被征地农民的安置补助费最低标准，一、二、三、四类地区分别为20000元、17000元、13000元、11000元。需要安置的被征地农民人数，征收耕地的，按照被征收的耕地数除以征地前被征地单位人均耕地数计算；征收其他农用地的，按照该土地补偿费总和的70%除以当地人均安置补助费计算。四类地区的划分见表13－1所示：

表13－1　征地补偿标准地区分类表

类别	地　　区
一类	南京市玄武区、鼓楼区、白下区、秦淮区、建邺区、下关区、栖霞区、雨花台区、江宁区，无锡市崇安区、南长区、北塘区、滨湖区、锡山区、惠山区、江阴市，常州市天宁区、钟楼区、戚墅堰区、武进区、新北区，苏州市平江区、沧浪区、金阊区、虎丘区、吴中区、相城区、常熟市、张家港市、太仓市、昆山市、吴江市
二类	南京市六合区、浦口区，宜兴市，金坛市，溧阳市，南通市崇川区、港闸区，扬州市广陵区、维扬区，镇江市京口区、润州区，泰州市海陵区、高港区
三类	溧水县、高淳县，徐州市云龙区、鼓楼区、泉山区，海安县、如皋市、通州市、如东县、海门市、启东市，连云港市新浦区、海州区，淮安市清河区、清浦区，盐城市亭湖区，扬州市邗江区、宝应县、高邮市、仪征市、江都市，镇江市丹徒区、扬中市、句容市、丹阳市，兴化市、姜堰市、泰兴市、靖江市，宿迁市宿城区
四类	徐州市贾汪区、九里区、邳州市、新沂市、丰县、沛县、铜山县、睢宁县，连云港市连云区、赣榆县、东海县、灌云县、灌南县，淮安市淮阴区、楚州区、涟水县、洪泽县、盱眙县、金湖县，盐城市盐都区、响水县、滨海县、阜宁县、射阳县、建湖县、大丰市、东台市，宿豫县、沭阳县、泗阳县、泗洪县

江苏省政府出台的新的征地补偿标准，按照第四类地区以人均一亩耕地计算，土地补偿费和安置补助费比原来提高了47%，其他三类地区增幅更大。征地补偿标准的提高，使广大被征地农民实实在在地得到了实惠。在省最低标准的基础上，部分有条件的地区根据当地经济社会发展情况，将补偿标准又作了提高。南京、无锡、徐州、苏州、南通等五个市制定的被征地农民基本生活保障《细则》中，征地补偿标准都比省政府制定的标准有所提高，如无锡市的一类地的补偿标准比省政府规定的高出近40%，徐州市对耕地的补偿标准也比省规定的标

准高出近30%。从2005年初至2007年9月底，全省因建设征收农民集体土地涉及被征地农民84.28万人，补偿农民征地补偿经费278.6亿元。①

（二）建立失地农民基本生活保障制度

为了保护被征地农民和农村集体经济组织的合法权益，保障被征地农民的基本生活，加强对征地补偿和基本生活保障安置工作的管理，省政府制定并于2005年9月1日开始执行《江苏省征地补偿和被征地农民基本生活保障办法》（以下简称《办法》）。《办法》规定：根据土地价值和经济社会发展水平，全省划分为四类地区，执行相应的征地补偿和基本生活保障标准。基本生活保障标准应根据当地经济社会发展水平适时调整；依法征收农民集体所有的土地，必须按照规定足额补偿。征地补偿安置费用，包括土地补偿费、安置补助费、地上附着物和青苗补偿费。征收耕地的土地补偿费，为该耕地被征用前3年平均年产值的10倍。《办法》规定：各市、县人民政府应当从土地出让金等土地有偿使用收益中，提取一定数额的资金进入被征地农民基本生活保障资金专户。一、二、三、四类地区提取的数额按照新征收土地面积计算，每亩不低于13000元、10000元、9000元、8000元。基本生活保障资金不足支付的，由同级财政部门负责解决。各级人民政府应当采取积极措施，鼓励和支持被征地农民参加基本生活保障。

《办法》第十六条规定：以征地补偿安置方案批准之日为界限，将被征地农民划分为下列四个年龄段：

①第一年龄段为16周岁以下；

②第二年龄段为女性16周岁以上至45周岁，男性16周岁以上至50周岁；

③第三年龄段为女性45周岁以上至55周岁，男性为50周岁以上至60周岁；

④第四年龄段（养老年龄）为女性55周岁以上，男性60周岁以上。（这里所称“以上”均包含本数）

---

① 李全林：《在全省被征地农民基本生活保障制度工作经验交流会上的讲话》（2007年12月11日）。

第十八条规定:第一年龄段人员按照一、二、三、四类地区,分别一次性领取不低于6000元、5000元、4000元、3000元的生活补助费;该年龄段人员领取一次性生活补助费后,不再纳入本办法规定的基本生活保障。第十九条规定:第二、三、四年龄段人员,可以选择是否参加基本生活保障。各级人民政府应当采取积极措施,鼓励和支持被征地农民参加基本生活保障。

实行基本生活保障的被征地农民根据不同地区、不同年龄段,实行不同的保障标准:

①第二年龄段人员,从实行基本生活保障的当月起,按月领取生活补助费,期限2年,到达养老年龄时,按月领取养老金。

②第三年龄段人员,从实行基本生活保障的当月起,至到达养老年龄时止,按月领取生活补助费;达到养老年龄时,按月领取养老金。

③第四年龄段人员,从实行基本生活保障的当月起,按月领取养老金。各市、县被征地农民的基本生活保障标准不得低于本办法规定的最低标准。具体标准如表13－2所示:

表13－2　被征地农民基本生活保障最低标准表

地区	年龄段	最低保障标准(元/月)	
		养老金	生活补助费
一类	第二年龄段	/	160
	第三年龄段	/	140
	第四年龄段	200	/
二类	第二年龄段	/	140
	第三年龄段	/	120
	第四年龄段	170	/
三类	第二年龄段	/	120
	第三年龄段	/	100
	第四年龄段	140	/
四类	第二年龄段	/	100
	第三年龄段	/	80
	第四年龄段	120	/

《办法》将保障对象划分为不同年龄层次,采取不同的保障办法:对未成年人,实行一次性补偿;对有就业能力的人员,鼓励其就业,给予2年的生活补贴,达到养老年龄再实行养老保障;对于就业困难的人员,给予低于养老金的生活补助,达到养老年龄再实行养老保障;对无劳动能力的人员,直接进入养老保障。

实际上,按照《办法》的规定,经过测算,选择参加基本生活保障累计领取的保障金,比选择一次性领取的货币补偿,平均增加了近1倍,因为参加基本生活保障可以享受政府的补贴。以一类地区16周岁人员为例,计算到75岁,选择一次性领取可得2.96万元,而选择参加基本生活保障累计可得5.64万元。如果帮农民把账算清,宣传到位,大多数被征地农民会参加到基本生活保障中来。① 据初步统计,《办法》自2005年9月1日实施以来,全省征收农民集体土地涉及补偿安置的84.28万人员中,符合参加基本生活保障人员条件的有59.61万人,实际参保49.33万人,占应保人员的82.7%。全省土地补偿费和安置补助费中累计解缴基本生活保障财政专户226.43亿元,其中各级政府从土地出让金等土地有偿收益中提取金额34.11亿元。到2006年底,江苏省已全面建立了被征地农民基本生活保障制度。

(三)江苏省部分地区对失地农民住房的保障措施

据对经济发达、城镇密集、城市化水平较高的江阴、常熟、张家港、昆山、太仓5沿江县(市)的调查,②以及对南京市江宁区的调查,从几个县(市、区)失地农民住房安置的实践来看,都经历了对原来村民房产进行统一评估、统一拆除、统一规划设计以及置换购买的过程。大致有三种基本类型(参照图13-1)。

从总体状况看,A、B型居多,尤其是A型,既有先进的一面,又有合理的一面,易为失地农民接受和认可。A型很可能成为今后一段时间内农村征地住房安置的主要模式。而C型的数量则比较少,且现在也不提倡,但作为农村实施集中居住规划过程中的一种过渡形式,它在某些村镇尚继续存在。

几个县(市、区)的实践经验是:

---

① 《江苏省立法保护被征地农民利益有关人士详解》,《新华日报》2005年8月26日。

② 吴玉兰:《关于失地农民的住房问题》,《中国城市经济》2005年第2期。

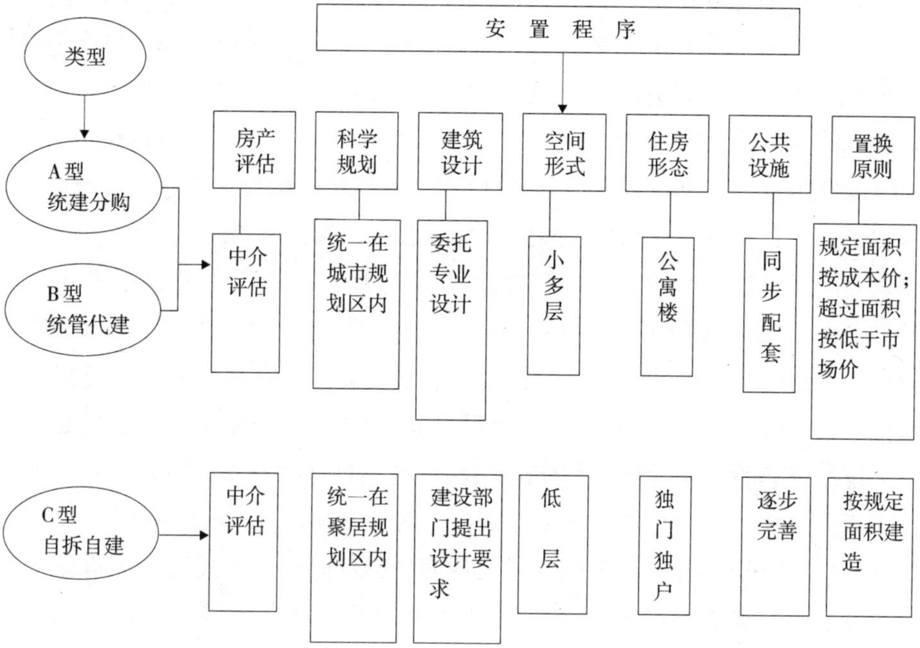

图 13－1　6 县(市、区)失地农民住房安置的三种类型

1. 关于按市场规律合理调整失地农民原房产价值的补偿标准

据了解,一些地方对征地农民的原房产估价按统算简单了事,这样的做法不太合理。应该按市场规律按质论价,要区分房子的装修标准、建造年代、完好程度和区位条件,不可“一刀切”。以江宁科学园为例,其拆迁补偿综合价为 330—520 元/平方米,而公寓新房出让价仅为 300—450 元/平方米,很多农户购房后,将多余的公寓出租,不仅增加了收入,而且开发了“房东”经济。另一方面,还应当考虑该房产土地在区位中反映出来的最大价值。几个县(市)坐落江苏省沿江南部走廊,是全省和沿江区域经济、科技、教育、文化最为发达,农村工业化、农村城镇化水平最高,生活最为富裕的地域,真可谓“寸土寸金”的宝地。所以,征用这里的土地时,应当按市场规律和城市化发展规律来制定和调整补偿政策,提高和加大失地农民在土地收益分配中的比例,用最大的人文关怀去支持和保护这一部分失去生产资料和生活资料的弱势群体。

2. 关于安置房面积的补偿标准

几个县(市、区)安置房的置换原则一般是:规定面积部分按成本价购买,超过面积部分按低于市场价购置。但是,我们面对的对象多种多样,他们的需要也多种多样。例如,对单身老人或老龄夫妇可以提倡"以一还一"的置换方式。这些年,农村的人口老龄化趋势发展较快,苏南农村的老龄化比例属全省最高,已达16%。他们虽然享受医疗、养老保险,但已完全失去工作能力,"以一还一",让老人们可能置换两套住房,一套自己居住,一套出租流转,可辅助解决养老生计。又如,对现有婚龄子女的农民,也应考虑照顾他们子女的婚嫁住房。再如,对独生子女住房还有优惠等。这样一些经验做法,不仅在苏南本区域内可以借鉴推广,而且在全省有条件的地方,也可以适度借鉴与推广。如江宁区征地拆迁是以统拆统建的产权调换方法安置农民,居住房的实际补偿结果是1∶1.8(即拆1平方米补1.8平方米),很多人家拿了两三套住房,住不了就出租当房东。居民(失地农民)们说:"能分到这样又便宜、又好的新房子,我们非常满意。"为了群众的一句满意,江宁开发区2007年就投入了20多亿元。①

经初步了解,江苏南部地区大多数失地农民对政府的居住安置结果是基本认可的。与拆迁之前相比,他们的居住条件和居住环境都得到了显著的提高。关于失地农民的住房保障,最重要的是看政府能否在征地收益中安排出一定比例的资金保证让失地农民"住有所居",甚至能够拥有财产性收入。江苏省部分县(市、区)的实践对全国应有一定的借鉴意义。

(四)失地农民基本生活保障与城镇社会保障的衔接

"失地农民"这一概念应是一个过渡性概念,既然已失去土地,怎么还是农民呢?! 因此,失地农民的社会保障应该逐步与城镇社会保障接轨。这里以江苏省太仓市的一些做法为例,探讨失地农民社会保障发展的方向。

《江苏省征地补偿和被征地农民基本生活保障办法》第二十条规定:有条件的地区,可以按照自愿原则,将被征地农民的基本生活保障纳入城镇社会保障体

① 《江宁开发区:和谐发展的先导区》,http://dj.jndz.gov.cn/new/jndz_xinwen_show.jsp? id=46。

系。具体办法由各市人民政府制定。太仓市的接轨措施如下：

1. 太仓市失地农民养老保险置换

按照《太仓市征地补偿和被征地农民基本生活保障实施办法》，凡2004年以后征地的被征地农民实行“必须置换”和“专款置换”，将被征地农民划分为四个年龄段，并按下列办法实行补偿安置和基本生活保障：①第一年龄段为16周岁以下人员，按每人一次性计发7500元标准生活补助费，不再纳入基本生活保障范围，其就业按新增劳动力进行管理，参加城镇企业职工养老保险。②第二年龄段为女性16周岁以上至35周岁，男性16周岁以上至45周岁人员，经办理相关手续后纳入城镇职工保险体系，实行养老保险置换。按现行的最低标准置换城镇养老保险15年缴费年限，由被征地农民基本生活保障基金专户一次性划拨社会保险经办机构。同时，从征地当月起，享受两年每月180元生活补助费。③第三年龄段为女性36周岁以上至49周岁，男性为46周岁以上至59周岁人员，按照第二年龄段人员置换办法，置换养老保险。从征地当月起，至达到法定退休年龄止，按月领取180元生活补助费。达到法定退休年龄按城镇企业职工养老保险规定享受相关待遇。④第四年龄段为女性50周岁以上，男性60周岁以上人员，置换城镇养老保险15年缴费年限后，从征地当月起，按城镇企业职工养老保险有关规定计发养老金。

同时，对2004年以前的被征地农民（当时参加的是农村养老保险，目前养老水平为每月105元），尽管已经享受了征地补偿，但考虑到他们的保障水平偏低，太仓市坚持政府补贴、鼓励置换的原则，参照上述置换办法，较好地解决了新老政策的衔接问题。实行“土地换保障”后，被征地农民都建立了养老保险个人账户，使全市各年龄段的被征地农民养老保险与现行城镇企业职工养老保险实现成功对接。截至2006年底，全市8.5万被征地农民中，已有7.41万人纳入了城镇企业职工养老保险体系，其中已有3.1万人享受到了目前每月最低439元的养老金待遇。

2. 太仓市失地农民医疗保险实行扶持接轨

太仓市积极鼓励并扶持被征地农民由参加新型农村合作医疗向城镇职工基本医疗保险接轨。对被征地农民以自由职业者身份参加城镇职工基本医疗保险的，市、镇两级财政每年每人给予征缴额20%的补贴，目前享受补贴的有6000

人,年补贴124万元。同时,考虑到被征地农民不同年龄、不同收入状况等情况,于2006年出台了《太仓市被征地农民住院及大病医疗保险暂行办法》,被征地农民住院及大病按照城镇职工医疗保险的同等待遇,即住院报销封顶线20万元,最高可报销18万元,医保基金支付不足部分由市财政托底。在实施中,按照不同年龄层次,实行不同的缴费方式,由市、镇两级财政给予相应补贴:对女60周岁、男65周岁以下的,实行逐年缴费,目前每年每人缴费额为547元,其中个人负担288元,市、镇两级扶持补贴259元;对女60周岁、男65周岁以上的,实行一次性缴费,终身享受,目前一次性缴费额6000元,其中75周岁以下的,个人负担3000元,市、镇两级财政扶持补贴3000元;75周岁以上的,个人负担2000元,市、镇两级财政扶持补贴4000元。通过建立被征地农民住院及大病医疗保险制度,采取政府扶持、鼓励参保的措施,实现了被征地农民医疗保障由新型农村合作医疗向城镇职工基本医疗保险过渡性、渐进式的接轨。截至2006年底,全市16周岁以上7.2万被征地农民中,已有3.8万人参加了城镇职工基本医疗保险,1.4万人参加了住院及大病医疗保险。

3. 太仓市失地农民失业保险实行对应接轨

太仓市建立了被征地农民失业保障政策平台,明确规定被征地农民已就业的与城镇职工一样,由用人单位缴纳失业保险费,失业后享受城镇职工失业保险金同等待遇;对第二年龄段人员,失地以后参照城镇失业人员,由政府发给两年每月180元的失业生活补贴;对第三年龄段人员,考虑到他们受年龄和技能限制,缺少就业机会,缺乏就业稳定性,不论其是否就业,都按每月180元标准发给生活补贴,直至城镇职工养老保险法定退休年龄。截至2006年底,全市累计已有3.5万人享受了上述待遇。①

① 太仓市国土资源局:《统筹城乡发展　构建和谐社会　加速推进被征地农民保障体系建设》,载《全省被征地农民基本生活保障工作经验交流会交流材料汇编》(江苏省国土资源厅2007年12月)。

第 四 篇

农村社会保障改革与发展的典型分析

第十四章　江苏昆山和上海统筹城乡社会保障发展

上海市以及与之相毗邻的江苏省、浙江省属于“长江三角洲”的核心地带，是我国经济社会发展最发达的地区之一。相比国内其他地区，也更有条件进行统筹城乡社会保障发展的改革与探索。本章将着重介绍上海市和紧邻上海的江苏昆山市统筹城乡社会保障的基本做法和成功经验。

一、江苏昆山统筹城乡社会保障发展

昆山是江苏省的一个县级市，地处中国经济最发达的长江三角洲，在全国百强县(市)排名中，自2005年开始就蝉联第一，工业产值在2008年已突破5000亿元，人均地区生产总值达120882元，实现全口径财政收入272.55亿元。城镇居民人均可支配收入24808元，农民人均纯收入13810元。这是昆山社会保障城乡一体化重要的经济基础。

昆山市对城乡社会保障的资源整合、管理制度与体系建设等方面进行改革后，开始有针对性、有步骤地实现城乡一体化。在“城乡有别、相互衔接、逐步一体”的总体思路下，从2002年开始，昆山逐步出台相关政策实现社会保障的城乡统筹(见图14-1)。在2003年、2004年，昆山在全国率先推行农村基本养老保险和农村基本医疗保险。随后，昆山开启了农村基本养老保险向城市社会保障并轨之路，逐步吸纳征地农民和灵活就业人员进入城市社保。2007年，昆山实行农村居民医疗保险改革，凡是昆山城乡居民，只要没有参加城镇职工医疗保险的，都可以加入居民医疗保险，并且大病报销比例也与城镇并轨。

目前,昆山市基本上已经形成基本养老、基本医疗、低保、征地补偿和拆迁补偿为主体的保障体系,社会保险综合覆盖率达99%以上,实现了城乡社会保障制度对接的目标。城乡统筹逐渐建立与健全的上述四道基本保障线,使得农民及外来务工人员享有与城市居民相同的保障权利,共同构筑了城乡逐步一体化的保险体系:居民基本养老保险为第一道保障线,居民基本医疗保险为第二道保障线,最低生活保障为第三道保障线,第四道保障线则为被征地人员基本生活保障,从总体上实现了"低水平、广覆盖、有保障"。

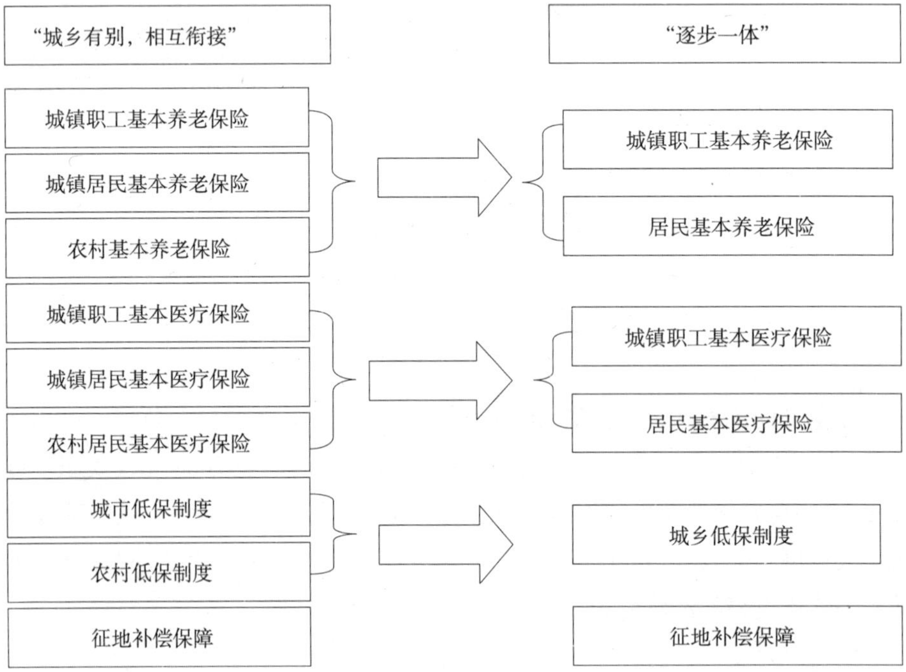

图14-1 昆山市社会保障城乡统筹基本路径与框架

(一)居民基本养老保险:"农保"和"城保"并轨

昆山市从2003年起开始实施新型农村养老保险,以保障农村劳动者年老时基本生活为目的,与城镇居民职工养老保险相配套。通过行政推动、政策引导、鼓励农村居民积极参保等多重举措,终于在2008年实现了"农保"和"城保"并轨。2007年,居民基本养老保险参保覆盖率达99.92%,基金到位率达100%,

养老金发放率达 100%，率先在全国实现了全民参保的目标。

1. 昆山的居民基本养老保险的主要内容

建立一个模式，设置两条通道，实行三个区别。①

首先，建立一个统账结合的保险模式，逐步形成城乡一体化、同城市企业职工养老保险相衔接的保险格局。

其次，设置两条通道，有利于人员流动。两条通道分别为原储蓄积累式的农民养老保险，与现行的农村养老保险同城镇企业职工养老保险有机结合。

最后，实行三个区别。①缴费比例同城镇企业职工养老保险相一致，均为25%，但缴费基数有区别，农民为城镇企业职工的一半，缴费以财政补助为主，个人缴费承担 40%，市、镇两级财政分别补贴 30%；②城镇企业职工参加养老保险的，必须同时参加医疗、生育、失业、工伤等保险，而农村基本保险可由单位或农户自由选择，可以“五险”合一，也可以只参加基本养老保险。③缴费时间和领取养老金的年龄可以同城镇企业职工养老保险有区别。农村基本养老保险农民的缴费时间不受年龄限制，只要未进入领取养老保险年龄都要按规定缴费，缴款方式可以按半年或一年缴，养老金由两个部分组成，即基础养老金和个人账户养老金。

2. 昆山的居民基本养老保险的主要特点

首先，“无门槛”。向老年农民和大龄农民实行倾斜，所有男满 60 周岁、女满 55 周岁以上的老年农民不需缴纳，即可“无门槛”领取基础养老金。2008 年 1 月起，又调整农保女性养老年龄，从原来的 55 周岁提前到 50 周岁，实现与城保的统一；农保养老金逐年增长，领取标准从实施之初的 70 周岁以下人员每人每月 100 元调整到目前的 190 元，同期内，70 周岁以上人员从每人每月 130 元调整到 220 元。大龄农民（男满 50 周岁，女满 40 周岁）不需补缴，从实施起，只要每年按规定缴纳养老保险费，到养老年龄就可以领取基础养老金和个人账户养老金。

其次，“有补贴”。农村基本养老保险基金实行市、镇两级财政补贴。对无

① 吴国华、徐俐音、裴剑：《昆山市全面实施农村基本养老保险的实践与思考》，《社会经纬》2003 年第 12 期。

业农民实行市、镇两级各补贴30%，个人只需负担420元；对在民营企业工作的大年龄农民，实行每年每人市、镇两级各补贴100元；对没有雇工的个体经营户，实行市、镇两级各补贴20%的有差别政策。①

最后，“广覆盖”。就是将不在企事业单位工作的20周岁以上本市户籍的所有农民，以及城镇未参加和享受城保养老金的居民全部纳入参保和享受范围。

昆山的养老保险制度在构建时就为农村养老保险和城镇养老保险的对接做好了准备。昆山市政策文件规定，一是参加农村基本养老保险人员，如具备参加城镇企业职工养老保险条件的，可直接转入城镇企业职工社会养老保险，参保人员个人账户全部按实际转移，缴费年限减半计算，也可补缴，补缴应缴部分及规定利息后，缴费年限按实际年限计算。二是对参加城镇企业职工社会养老保险的人员，由于各种原因不在企业工作的，要继续按城镇企业职工社会养老保险的标准缴纳企业职工养老保险费，可以享受市、镇两级财政对农民的同样补贴，达到养老年龄时，可以享受企业职工的退休养老金。这一转换机制为实现覆盖城乡的社会养老保险制度奠定了坚实的运作基础。

（二）居民医疗保险："全民"医保

昆山自2007年起开始正式实施居民基本医疗保险制度，当年市财政预算7000万元用于医保补贴；2008年1月，对60周岁以上老年参保居民免除个人缴费，由市、镇两级财政各半分担；同时建立与职工医疗保险并轨的大病补充保险，参保居民与职工“医保”的报销比例相同，均为5万元以上、20万元以下。目前，昆山城乡居民的社会医疗保险参保率为99%，全民医保目标在我国县级市当中率先实现。

1. 新型农村基本医疗保险："农保"向"城保"过渡

2004年初，昆山在全市实施农村居民基本医疗保险制度，初步实现自愿型农村合作医疗向统筹型基本医疗保险制度的过渡，并开始实施农村居民与城镇居民基本医疗保险的并轨。其具体措施包括：一是借用城镇职工基本医疗保险的共同缴费机制、统筹基金和个人账户制度及其运行模式和管理经验，实现了事

① 唐乃新等:《昆山推行农村基本养老保险的调查报告》,《江南论坛》2003年第8期。

实上的市场统筹管理机制、费用分担机制和风险平衡机制，构建农村医保与城镇职工医疗保险的并轨管理。二是形成四级定点医疗服务管理体系（基层社区、镇级医院、市级医院和转外地医院），①使卫生资源在城乡之间得以公平分配，增强了农民获得医疗服务的可及性。三是重点凸现政府职能，市、镇、村三级合计补贴占筹资的75%，为今后实现城乡一元化医疗保险体系提供保障。

2. 居民基本医疗保险

首先，覆盖面广。参保对象下至18周岁以下少年儿童，未参加职工医疗保险的所有农村居民，以及未就业的城镇居民，上至60周岁以上未参加职工医疗保险的所有本市户籍的老年居民。将原先体系遗漏的居民统统纳入医疗体系之内，实现了医疗保险全覆盖的目标。其次，筹资财政三级补贴。医疗保险基金筹资标准为每人每年260元，其中，市财政和开发区及镇财政各专项补助90元，村级集体经济组织专项补助20元，参保居民个人缴纳60元。如保险基金当年不足支付的，由市财政统一弥补。由于医疗保险基金主要由公共财政投入，居民个人负担很轻，五保户、低保户还可享受个人免缴费的优惠。再次，政策向老年人倾斜。保险基金建立参保居民个人医疗账户，用于门诊医疗费用支付，其余部分组成社会统筹医疗基金和大病补充医疗保险基金。记入个人医疗账户的，60周岁以下和以上人均分别为每年50元和150元。基金对参保居民医疗费用的报销比例分段确定，医疗费用越高，报销比例也越高，门诊阶段60周岁以上的报销比例高于60周岁以下的参保人员。最后，重点解决城乡居民“大病难”。参保人员医疗费5万元以上进入大病基金报销范围，最高至20万元，可分段报销90%—95%。这一政策可让生大病的参保人员轻松不少，较好地防止了大病返贫的发生。同时，白血病、再生障碍性贫血和尿毒症等病人的门诊费用，也纳入大病基金统筹。

（三）征地补偿保障：“土地换保障”

在“土地换保障”中，推出“369”年薪制和“239”保险制。“369”年薪制是昆

① 金健宏等：《试论昆山市对农民基本医疗保障制度的创新》，《中国农村卫生事业管理》2006年第8期。

山改革征地制度、调整补偿办法的一项重要内容，主要方法是在征用农民土地时，每年按亩均产出效益对农民实行补偿。补偿标准是以每年每亩责任田300元、自留地600元、口粮田900元为基数，将征地补偿金发放到农户，并根据物价上涨指数，3年左右上调一次。补偿标准依据农田产出率由市政府定期公布调整的基数。

与此同时，为加快推进失地农民进入“城保”，昆山市从2005年起开展失地农民进城工作，全面推行土地换保障政策，即“239”保险制，鼓励未到退休年龄的失地农民选择参加城保，征地保养个人账户可按城保的缴费基数和缴费比例，转移折算成相应的城保缴费年限和个人账户，待其达到退休年龄时与正常的城保缴费合并，统一按照城保规定计发养老金。具体出资办法是：个人出40%，市、镇两级政府各补助30%的保险金额；属于低保对象的农村居民个人只出资10%，市、镇两级政府各补助45%。其中，市、镇两级政府的补助资金大部分是按“239”的标准从土地收益中提留出来的。所谓“239”指的是：工业用地提取20%的土地出让金，房地产开发等经营性用地提取30%的土地出让金，土地权属管理费提取90%，全部进入专户，用于农民养老保险。凡昆山市农民，男满60周岁、女满55周岁的，每人每月可领取100元基本养老金；70周岁以上的，每人每月可领取130元基本养老金；被征地农民在此基础上每人每月再增加40元。据相关统计，截至2009年初，昆山全市已实际转移折算进“城保”的失地农民达6.3万人，其中已享受城保养老待遇的有2万人，平均每人每月领取800元左右的城保养老金。与此同时，为了让失地农民更加“保险”，昆山市还构建起灵活就业人员参保平台，彻底清除农民参加城保的障碍。从2005年7月起，对昆山市户籍自由职业、自谋职业、自主就业等灵活就业人群制定专门的参保办法。目前，昆山市拥有通过灵活就业人员加入到城镇社会保险的农民近10万人。

（四）城乡最低生活保障制度

昆山市于1997年正式实施城镇居民最低生活保障制度，1998年正式实施农村居民最低生活保障制度。2008年初，昆山出台《昆山市居民最低生活保障制度实施办法》，对居民最低生活保障进行调整。城乡居民最低生活保障标准由2008年的350元/月，增加至2009年的410元/月，全年达到4920元，远远超过2007年全国农村居民人均纯收入4140元。昆山居民最低生活保障制度实现了城乡一体化，农村居民和城市居民一样，可以享受同等标准的低保金。同时，昆山还特别规定无劳动能力、无生活来源、无法定赡养人（抚养人）的保障对象，其保障标准在最低生活保障标准的基础上增加40%，实行全额享受。

二、上海浦东统筹城乡社会保障发展

上海作为我国经济最发达的城市，农村的发展与全国相比具有独特的优势和鲜明的特征，但上海城乡之间的二元化现象依然十分明显。多年来，上海在打破城乡二元结构、建立覆盖城乡的社会保障制度方面，做了许多有益的探索。

（一）城镇社会保险（简称"城保"）

该制度建立于1993年，适用于上海市范围内城镇各类单位及其从业人员、城镇自由职业者和退休人员。目前，上海市"城保"的基本内容包括养老、医疗、失业、工伤、生育五个险种。

1. 养老保险

由单位和个人共同缴费，单位缴纳22%，职工缴纳8%，个人缴纳的社会保险费全部记入个人账户。养老金计发由基础养老金和个人账户养老金两部分组成。城镇职工养老保险缴纳满15年，且符合其他条件的，基础养老金按本人办理按月领取养老金手续时上年度全市职工月平均工资的20%计发，缴费年限每增加1年，相应增加上年度全市职工月平均工资的0.5%的养老金，月基础养老金最高不超过上年度全市职工月平均工资的30%；个人账户养老金计发办法如下：月养老金=账户积存额÷（平均余额×12）。

2. 医疗保险

其缴费费率为12%（单位10%、个人2%），分别放在个人账户和社会统筹基金里面。其中个人账户主要用于平时小病的支付，而对于门诊大病和家庭病床医疗费用，若为在职职工，由统筹基金支付85%；若为退休人员，则由统筹基金支付92%。其余部分由个人医疗账户历年结余资金支付，不足部分由职工自负。社会统筹所支付的费用上限为上年度市年均工资的4倍。在起付线以下的,由个人账户和个人负担;在起付线以上及最高限额以下的,由社会统筹按比例支付;在最高限以上的,由社会统筹和个人共同支付。

3. 失业保险

由单位缴纳失业保险费基数的2%,在职职工缴纳1%。其领取期限最长为24个月。支付标准为失业人员第1个月至第12个月领取的失业保险金标准,根据其缴纳失业保险费的年限确定;第13个月至第24个月领取的失业保险金标准,为其第1个月至第12个月领取标准的80%。

4. 工伤保险

工伤保险由用人单位缴纳社会保险费,个人不缴费,基础费率统一为缴费基数的0.5%,在此基础上实行浮动费率制。浮动费率根据用人单位工伤保险费使用、工伤事故发生率等情况确定。主要用于支付因工伤、职业病等发生的符合规定的费用支出,支付标准按照《工伤保险条例》所规定的去认定。

5. 生育保险

生育保险由用人单位缴费,个人不缴费,缴费比例为社会保险费基数的0.5%。当生育保险基金不敷使用时,由地方财政补贴。生育保险基金实行全市统筹,专款专用,实行收支两条线管理。

(二)小城镇社会保险(简称“镇保”)

小城镇社会保险始建于2003年,是上海首创的新保障体系,适用于上海市郊区范围内用人单位及其具有本市户籍的从业人员,以及经市政府批准的其他人员。小城镇社会保险由养老、医疗、失业、工伤、生育等五项基本社会保险制度构成。其基本社会保险费全部由单位缴纳,缴费基数为上年度市社会平均工资的60%。其突出的特点是弹性的“25%+X”保险模式。“25%”是基本保险的社会统筹部分,“X”则指个人账户部分,由单位和个人选择参加,实行个人账户制,归个人所有,多缴多得。

“镇保”的保障水平介于“城保”和“农保”之间。对于被征地人员的养老保险待遇,规定他们就业后缴费可与一次性缴纳的15年连续累计计算缴费年数,同时相应增加养老金,其他方面则与郊区范围内用人单位参保人员相同。医疗保险支付的参保人员的医疗费用,首先是对住院所发生的医疗费用设立起付线,第一次起付线为上年度上海市社会平均工资60%的10%，第二次及以上治疗的起付线为上年度上海市社会平均工资60%的5%；其次为住院和门诊治疗设立最高支付限额，其最高支付限额都为上年度上海市社会平均工资60%的4倍。起付线以上最高支付限额以下分别为从业人员和退休人员设立医疗保险金支付标准；住院治疗和门诊治疗时，从业人员自付30%，医疗保险基金负担70%；退休人员自付20%，医疗保险基金负担80%。对于被征地人员的医疗保险待遇，一次性缴纳15年或者缴足的年限内以及退休领取养老金后可以享受，其余年限只有缴费才可以享受。失业保险、工伤保险及生育保险的待遇标准与城镇基本社会保险制度相同。

（三）农村社会养老保险（简称“农保”）

该制度建立于1996年，适用于上海市农村户口的居民。“农保”实行以劳动者自我缴费积累为主，集体补贴和互济为辅，自助与互济相结合，统筹资金现收现付，个人账户资金完全积累的养老保险模式。

2009年1月，上海浦东新区出台《浦东新区农村社会养老保险试行办法》。与原制度相比，新的“农保”制度明确实行区县统筹，并逐步形成多渠道的基金筹措机制和养老金合理稳定的增长机制，不断提高农村社会养老保险水平。主要内容体现为“三个统一、二级投入、一个集中”。即统一养老保险费的征缴基数和比例，统一农保养老金计发办法，统一农保养老金增长机制；建立区、镇两级财政投入机制；实行区一级集中管理农保基金。具体办法为：养老保险费通过缴费卡缴纳，均以上年度全市职工月平均工资的60%为缴费基数，按照3%的比例缴纳养老保险费；基础养老金月标准按其办理申领手续时上年度全市职工月平均工资的10%计发；缴费年限累计超过15年的，在15年的基础上，缴费年限每增加1年，相应增加上年度全市职工月平均工资的0.25%的月基础养老金；个人账户养老金月标准为个人账户储存额除以国家有关部门规定的计发月数。

（四）外来从业人员综合保险（简称“综保”）

“综保”建立于2002年9月，适用于上海市各类单位使用的外来从业人员（其中主要是农民工）。“综保”包括工伤（或者意外伤害）、住院医疗和老年补贴等三项保险待遇，以及门急诊医药费补贴。综合保险缴费由用人单位全额缴纳，缴费率为上年社会平均工资60%的12.5%。并专门定制了上海外来从业人员综合保险卡，向参保人员免费发放。这张卡中每月注入20元的医药费补贴，外来人员可到上海市100多家药房买药。

其中，工伤保险主要是一次性支付。住院医疗保险同时设有起付线和最高线，起付标准为上年度上海市职工年平均工资的10%；起付线以上的部分，综合保险基金承担80%；享受住院医疗保险待遇的最高额依据缴费时限的不同而不同。至于老年补贴待遇，参保的外来从业人员累积缴费满一年的，可以获得一份额度为个人实际缴费基数7%的老年补贴凭证；在男满60周岁、女满50周岁时，可以凭老年补贴凭证在居住地向上海市委托商业保险公司一次性兑现老年补贴。

（五）上海浦东城乡社会保障一体化的构建

2005年，国务院批准浦东新区作为我国首个综合配套改革试点，综合配套改革的"三个着力"之一就是着力消除城乡二元体制和社会结构。浦东在2003年首次提出了到2010年基本消除城郊二元结构的战略目标。其基本要求之一就是实现社会一体化，普遍提高城乡人民生活质量，特别是要形成城乡人民享受同等社会福利与保障的城乡一体化的社会发展格局；全面完善农民社会保障体系，实现城乡社会保障事业同步协调发展。城乡社会保障一体化是指城镇和农村社会保障政策制度一脉相承，保障项目大体一致，保障水平相对合理，基金管理办法原则一体化，以及相互之间可以自由选择与转换，城乡社会保障体系实现整合与衔接。

1. 城乡社会保障一体化需要各种制度相互衔接，相互兼容

统筹农保、镇保、城保和综保必须分阶段进行。第一阶段主要是完善各项保障制度。对于农保和综保，拓展参保人员数量，使每一个农民和农民工都得到社会保障，同时延展领域，工伤保险、失业保险、生育保险、社会救助等逐步实施；对于镇保，扩大其范围；对于城保，则改革探索更合理的制度。第二阶段建立农民市民化社会保障制度，通过构筑一个阶梯，打造城乡社会保障之间相互沟通、相互连接和相互转化的平台，逐步实现农村社会保障向城市社会保障的过渡。按

照浦东新区《国民经济和社会发展第十一个五年规划纲要》规定，近期目标是推进农保、镇保和城保等基本保障制度的完善与衔接，建立城郊统一且有弹性的社会保障制度，力争在2010年社会保险参保率达到95%。第三阶段（2011—2015年）建立所有浦东户籍居民的统一社会保障制度。第四阶段（2016—2020年）建立所有浦东常住居民的统一社会保障制度。①

通过四大支柱的建设，上海浦东将建成覆盖城乡的统一的，由法定基本保障、补充社会保障与自愿储蓄等组成的一体化的社会保障体系。②

①零支柱。基于社会保障的特性，对于终身贫困者可以免除基础社会保险的缴费义务。

②第一支柱。第一支柱的覆盖范围为全体公民，它为公民提供基本的社会保障，属于法定，具有强制性。法定基本保障包括城乡社会福利、城乡社会救助、城乡优抚安置、城乡最低生活保障、城乡基础社会保险等，其中以基础社会保险为核心。基础社会保险又包括基础养老保险、医疗保险、失业保险、工伤保险、生育保险。

③第二支柱。第二支柱为补充社会保障，主要是补充养老保险。在基本养老金制度的基础上，根据收入和需求的差别，建立补充养老金制度，这部分资金可承担养老金的较大部分，一般可承担30%—35%的工资替代率。对于一般劳动者，这也应属于法定强制保险，单位必须为劳动者缴纳，可设定缴费的最低比例，无上限规定。这样能够适应企业设计灵活多样的薪酬和福利激励制度的需求，符合企业多样化和差异化的现状。自由职业者与务农劳动者可以自由缴纳，也可规定一个缴费的最低比率限制。

④第三支柱。这属于多种形式的自愿安排，基本上带有灵活和自由决定的性质，以商业保险或个人其他理财投资手段为主。政府主要是确定对养老等商业保险或者退休储蓄等的优惠政策。该支柱主要是为那些不满足于基本保障和补充保障的经济收入较高的公民提供保障，或者是满足某些风险躲避倾向严重

---

①　桂家友：《探索浦东城乡社会保障一体化建设》，《科学经济社会》2007年第1期。

②　章惠琴：《上海率先实现城乡社会保障一体化的若干思考》，《上海党史与党建》2007年第10期。

者的需求，属于自愿性质。

2. 阶梯式过渡——农民市民化社会保障制度

建立农民市民化社会保障，与原有的农村社会保障和城市社会保障，共同构成城乡社会保障一体化框架下的三种可以流通转化的社会保障体系。该体系内现有保障水平的三个阶梯依次为：农村社会保障水平<农民市民化社会保障水平<城市社会保障水平。由于不同阶梯之间可以流通转化，实际上缩小了原来二元结构的差距，使农村社会保障向城市社会保障的转化成为可能。

在社会保障水平的增长速度上，三个阶梯表现为：农村社会保障水平增长速度<城市社会保障水平增长速度<农民市民化社会保障水平增长速度。其意义在于：农民市民化社会保障将随着城市化和农村经济的发展而快速发展，从而一方面逐步缩小与城市社会保障的差距，实现两者的统一；另一方面将农村社会保障人员经过农民市民化社会保障的阶梯，逐渐引渡到城市社会保障中，最后剩余的少部分农村社会保障人员，政府将有能力采用“托底”方式，一次性转入城市社会保障中，最终实现完全意义上的城乡社会保障一体化。①

（1）农民市民化养老保障制度

农民市民化养老保障的对象是农村居民，包括征地农民工、征地养老安置人员、乡镇企业的职工以及其他市民化的农民。对于征地农民中征地时年龄不满55岁的男性和年龄不满45岁的女性，由于这部分人群具备劳动能力，可纳入“养老保障”范围；对于征地农民中55岁以上的男性和45岁以上的女性纳入“养老安置”范围。其基金来源包括基本筹资和补充筹资两个渠道。其中基本筹资是指由征地单位一次性缴纳的15年的基本养老保险费；补充筹资包括用人单位自愿缴纳的养老费、征地保障费和农村集体补贴三部分。基金纳入城保体系中，集体运转，统一管理，共负盈亏。② 养老金发放标准原则上高于现行农村养老金，低于城市养老金，并高于原有模式下的征地养老保障水平。

① 曹耳东、过剑飞、傅红岩：《城市化进程中的城乡社会保障一体化——浦东新区案例》，《人口与经济》2005年第1期。

② 田文华、王云竹、许非等：《上海浦东城乡社会养老保障体系的一体化思考——阶梯式社会养老保障体系》，《人口与经济》2005年第2期。

(2)农民市民化医疗保障制度

在现有新型农村合作医疗和城市医疗保障之间建立一个“阶梯”,即农民市民化医疗保障,三者共同构成城乡阶梯式医疗保障体系。现阶段主要通过扩大覆盖面、丰富内容、提高水平和完善体制等四个“阶段”,巩固和发展新型农村合作医疗,这四个“阶段”之间呈现一种递进关系。农民市民化医疗保障的对象主要是乡镇企业的职工以及已经市民化的农民。其服务模式以现有乡镇卫生院为基础,改革其内部管理与服务模式,建立以“全科医疗”小组为核心的新型农村社区卫生服务管理模式,由“全科医疗”小组通过签约的方式负责参保人员的卫生服务,推进“六位一体”服务功能,形成以“全科医疗”团队服务为核心,以户籍制服务管理为基础,以家庭健康档案为“抓手”,以市场竞争为运行机制的全新管理服务模式。①

(3)农民市民化最低生活保障制度

建立农民市民化最低生活保障制度,促进农村最低生活保障向城市最低生活保障过渡,形成城乡阶梯式最低生活保障体系。坚持政府救济与家庭赡养扶养、社会互助、个人自立相结合的原则,合理确定保障标准和对象范围,努力做到制度完善、程序明确、操作规范、方法简便,保证公开、公平、公正。建立农村社会救助机构,健全各项规章制度,推进信息化建设,不断提高规范化、制度化、科学化的管理水平。有步骤、有计划地缩小城乡社会救助水平的差异,推进城乡救助一体化。

三、江苏昆山和上海统筹城乡社会保障发展的成功经验

从江苏昆山、上海浦东这两个城乡社会保障一体化典型的实践中,可以看到,城乡社会保障一体化的实施方式有以下几个特征和关键点:

① 田文华、梁鸿、陈琰等:《上海浦东城乡医疗保障体系一体化的发展策略——城乡阶梯式医疗保障体系的构建》,《人口与经济》2005 年第 2 期。

1. 择机推进,城市和农村双向推动

上海市抓住的时机是2005年国务院批准浦东新区作为我国首个综合配套改革试点,综合配套改革的“三个着力”之一就是着力消除城乡二元体制和社会结构。浦东在2003年首次提出了到2010年基本消除城郊二元结构的战略目标。其基本要求之一就是实现社会一体化,普遍提高城乡人民生活质量,特别是要形成城乡人民享受同等社会福利与保障的城乡一体化的社会发展格局。江苏省昆山市则是在城市和农村经济社会全面快速发展,财力迅速增加的情况下,大力推进城乡社会保障一体化。

2. 选择重点,并轨和整合多段完成

昆山市在“城乡有别、相互衔接、逐步一体”的总体思路下,采取“三步走”的方式:首先建立“全覆盖”的城乡有别、相互衔接的独立体系;其次推进“农保”向“城保”的并轨;最后是实现并建立一体化、相同机遇与待遇的社会保障体系。

上海浦东的经验也是通过多阶段来推进城乡社会保障一体化,并轨和整合也是其主要方法。按“四段走”的发展目标:第一阶段主要是完善各项保障制度。对于农保和综保,拓展参保人员数量,使每一个农民和农民工都得到社会保障,同时延展领域,工伤保险、失业保险、生育保险、社会救助等逐步实施;对于镇保,扩大其范围;对于城保,则改革探索更合理的制度。第二阶段建立农民市民化社会保障制度,通过构筑一个阶梯,打造城乡社会保障之间相互沟通、相互连接和相互转化的平台,逐步实现农村社会保障向城市社会保障的过渡,近期目标是推进农保、镇保和城保等基本保障制度的完善与衔接,建立城郊统一且有弹性的社会保障制度。第三阶段建立所有浦东户籍居民的统一社会保障制度。第四阶段建立所有浦东常住居民的统一社会保障制度。其最有特色之处是阶梯式过渡——农民市民化社会保障制度。建立农民市民化社会保障制度,与原有的农村社会保障和城市社会保障,共同构成城乡社会保障一体化框架下的三种可以流通转化的社会保障体系。这是中国特大城市探讨城乡社会保障一体化的新经验。

3. 政府主导,创新和投入齐头并进

城乡社会保障一体化中体系、政策、措施的决策及其运行全过程中,政府都要起主导作用,政府的决策和推动是城乡社会保障一体化的成败之关键。江苏昆山、上海浦东的共同特点都是把统筹城乡社会保障发展、实现城乡社会保障一体化作为本级政府的重要职责和主要工作，列入发展规划，成为发展战略，有实施计划，有具体操作方案；都是能结合各自的发展情况，敢于探索，敢于出新，在不断摸索中前进。当然，江苏昆山、上海浦东之所以在城乡社会保障一体化方面进展顺利，也离不开政府财政投入的有力。从昆山的经验看，主要是明确政府职责，积极发挥公共财政的作用，保证财政转移的力度。昆山在财力许可下稳步推进农保与城保接轨，采取公共财政三级补贴，并保证一定的规范性和稳定性，从而使政府有财政能力解决制度的过渡问题。其中，统筹公共资源在城乡之间的均衡分配，把投入的重点放在农村，不断加大公共产品和公共服务的覆盖面，为农村社会保障提供强大支持，为城乡社会保障的并轨和整合打下了最重要的基础。

第十五章　江苏江阴农村医疗保障制度改革

有一种说法叫做“北有新乡，南有江阴”，很直白地告诉了我们江阴在中国新型农村合作医疗体系中的地位。与新乡相比，“江阴模式”形成时间更早，保障水平也更高。所谓的江阴模式，简单来说就是“政府牵头、行政领导、征管分离、专业化运作和多方监督”，其最大特点是政府搭台并由商业保险公司实施专业化管理。实际上，“江阴模式”在多个方面都是全国县级市的“领头羊”，该市的许多举措都堪称典范。

一项制度、一种模式的确立，总是与当时当地的环境条件密不可分的。“江阴”，顾名思义，地处长江之南，历史文化源远流长。北枕长江，南近太湖，东接常熟、张家港，西连常州，地处苏锡常“金三角”几何中心，交通便捷，历来为大江南北的重要交通枢纽和江海联运、江河换装的天然良港。江阴总人口目前在120万左右。江阴的地区生产总值连年保持高速增长。2004年，其地区生产总值首次超过多年一直处于全国“老大”位置的广东顺德摘得桂冠，此后工业经济在全国百强县中一直保持领跑地位。2009年上半年，江阴完成地区生产总值790亿元，同比增长10.4%；预算内财政收入128.9亿元，同比增长10%，其中一般预算收入53.9亿元，同比增长10%。[①] 到2009年，江阴已在全国县域经济基本竞争力评价中连续七年排名第一。根据江苏省统计局的资料，2008年江阴市农民人均纯收入达11975元，比上年增长12.54%，连续九年名列全省县（市）级第一。[②]

---

① http://www2.jy.js.cn/tongji/sjcx/yxzl/yxzl.HTM，2009—10—5。

② http://www2.jy.js.cn，2009—10—1。

近30多年来,江阴这座千年古城沐浴着改革开放的春风,生机勃发,开拓创新,科学发展,与时俱进,已从一个农业县城迅速成长为一座宜人宜居宜商宜游的现代化港口工业城市。30多年来,江阴相继获得"国家卫生城市"、"中国优秀旅游城市"、"国家环境保护模范城市"、"中国最佳经济活力魅力城市"、"国家生态城市"、"全国绿化模范市"、"国家园林城市"等荣誉。这些荣誉反映了江阴目前取得的巨大成就。这些成就为"江阴模式"的建立和发展提供了坚实的基础。

一、江阴农村医疗制度的历史沿革

新型农村合作医疗的"江阴模式"始于2001年。但是江阴对于农村医疗制度的探索却持续了半个多世纪,从未停止过。从20世纪五六十年代全国统一模式的农村合作医疗,到90年代中期仿照"吴江模式",再到今天太平洋保险公司的全力参与,江阴在农村医疗体系建设之路上不断前行。

1. 传统"老农合"

第一阶段是农村合作医疗,即所谓"老农合"阶段。江阴最初的农村医疗体系建设跟全国多数地区一样,始于20世纪50年代。依托于当时的集体经济,乡亲们看病,每次只出8分钱的挂号费,药费不用付。遇到重大传染病,需要发放预防药物时,乡村医生就到乡(公社)卫生院统一领取,也不用花钱。挂号费积攒起来就成为卫生室运转经费的一部分。几个自然村组成一个生产大队,每个生产大队有一个卫生室,里面有三五个乡村医生,有的还没有这么多。卫生室的药品和医疗器械都是乡卫生院配发的,当然有一个前提就是要生产队出钱。不过生产队也出不了几个钱,主要还是由国家分配医疗耗材。① 当时的农村合作医疗包括"村办村管"型、"村办乡管"型、"乡办乡管"型等多种模式。

由于医疗资源的短缺,当时的农村居民要看病并不容易,如果需要到乡卫生院或县医院就诊,甚至需要生产队的介绍信,这就为医药资源的浪费和滥用埋下

① 刘景峰:《江阴:农村医疗半世纪之阅》,http://www.100md.com/html/DirDu/2006/09/04/19/47/61.htm,2009—10—5。

了隐患。尽管如此,该制度很受老百姓欢迎,直到现在,一些老年人谈及当年的农村合作医疗,还情不自禁地流露出几分怀念。这项制度安排在国际上也曾享有盛誉。

2. 照搬“吴江模式”

第二阶段是照搬“吴江模式”阶段。随着80年代农村承包责任制的推行,乡村公共积累下降,管理不得力,各级卫生行政部门又未能及时加强引导,全国大多数农村地区原有的以集体经济为基础的合作医疗制度遭到解体或停办的厄运,绝大部分村卫生室(合作医疗站)成了乡村医生的私人诊所。农村医疗在经济转型时期的困顿,在江阴也不可避免地发生了。但合作医疗并没有随着时代的发展而与以往的模式完全断裂。卫生室的房子依然是村里公共的,需要修葺的时候,乡村医生就会告诉村长,然后由村长负责安排人工修葺。村民每人每年也缴纳一定的费用,用来维持卫生室的运转。只是大家的经济条件逐渐好起来以后,就医的选择较之以前多了很多,直接到乡卫生院也不再需要生产队的介绍信,很多农民更倾向于选择乡卫生院,村卫生室的职能逐渐萎缩了。与之相对应,一些乡村医生也开始脱离村卫生室这个具有公益性质的组织,另起炉灶为村民提供医疗服务。

1995年,江阴市委、市政府根据当时的经济发展水平和广大农民群众对医疗保健的需求,出台了《江阴市推行农村住院医疗保险制度的实施意见》,由个人缴纳10元,市里补贴每人0.5元,镇里补贴每人1.0元,实行镇办镇管,一次一报,起报点为500元,每年1万元(补偿额)封顶,费用主要由卫生局管理,补偿额6000元以内的由各乡镇报销,6000元以上的由市里审核,这就带来不同镇之间在保障水平上的差异。据统计,当年全市投保率和资金到位率均达到94%。这种仿照江苏省吴江市的做法所推出的农民住院医疗保险制度,存在着很多问题,比如政府投入低、资金管理不规范、起报点太高、封顶线较低等。到2001年,江阴市28个乡镇中,还在维持这种合作医疗的只剩下10个乡镇了。江阴市把仿照吴江的做法习惯地称为“老农医”。

1995年推出农村住院医疗保险完全是政府行为。从调查研究、方案制定,到动员教育、任务布置,均由市委、市政府出面组织,召开全市性的专项工作会议,市委、市政府领导均到会;自始至终体现了市政府抓镇政府、市长抓镇长、镇长抓村领导,一级抓一级,一级对一级负责;同时,各级均相应成立了"医疗保障"领导小组和专门办事机构,配备了专、兼职工作人员。政府包办一方面表明了政府对于农村医疗问题的重视;另一方面也给关系户的"暗箱操作"留下了生存空间,大量的"人情医疗"让农民失去公平获赔的权利,也蛀空了原本就投入很低的基金。与此同时,"老农医"繁琐的报销手续也让农民"望而却步"。"老农医"的种种局限大大影响了农民参保的积极性,看病难、看病贵的问题依然困扰着江阴。

3. 创立"江阴模式"

江阴农村医疗发展的第三阶段就是所谓"江阴模式"。从 2001 年起,江阴市改变农村住院医疗保险的形式,提高筹资额度,实行"政府主管、卫生行政部门监督、太平洋保险(以下简称'太保')公司基金运作"的方式,充分发挥相关部门的职能,实行专业化征缴管理。几年来,太平洋保险公司与当地政府、卫生局、财政局等一起建立了全新的"征、管、监"相分离的运作机制,彻底解决了以往合作医疗由政府直接发起、组织、管理所引发的人情支付、不透明、不公平等问题,从机制上保证了运行的效果。

二、"江阴模式"的内涵与特点

2005 年末,在成为首批江苏省小康达标县(市)以后,江阴市提出了建设"幸福江阴"的新构想。占总人口 55% 的农村居民的医疗体系,顺理成章地成为幸福江阴建设的一个重要方面,"江阴模式"得到了进一步发展。时至今日,"江阴模式"已经颇为全面而深入。

(一)"江阴模式"的最大特色是其独特的监管和运作体制

在该市确立的"行政领导、统一筹集、征管分离、定额补偿、专款专用、收支平衡"的总原则下,商业保险公司采用了定点医院、信息网络、医疗专项"三管齐下"的综合管理模式,为农民提供医疗保险。这一模式由政府牵头、太保基金运作、卫生行政部门监督,市政府将农村住院医疗保险办公室收缴上来的医疗保险基金委托太平洋人寿保险江阴市分公司管理。这样可以同时发挥政府和商业组织两方面的优势。

政府的职能主要表现为:首先,设计一个覆盖所有非城镇居民的制度,实行农民缴费、集体扶持、政府资助的筹资方式,强化政府的财政责任和融资征缴职能,并对贫困人口和重点优抚对象实施财政补贴。这些职能商业组织是无法完成的。政府作为社会管理的主体,有义务、有责任为民众建立健全各种保障制度,其中就包括针对农村人口的医疗制度。第二,政府在农村医疗保险制度建设中具有行政组织优势。农村人口聚居的分散性、前期开办的合作医疗制度的解体、以分散经营为基础的农业经营方式、农民对开办新型农村医疗保险的信任程度等因素,使得农村医疗保险制度的建立面临着巨大的挑战,需要进行广泛的政策宣导和意识启发。政府强大的行政组织资源是启动农村医疗保险制度的关键条件。通过政府行政组织的层层动员,利用市镇两级政府财政补贴的杠杆政策,能够有效地提高农民的参保和缴费意识。① 第三,政府财政补贴是保证新型农村合作医疗制度的有效性和可持续性所必不可少的。缺少政府补助,单靠农民缴费无法建立有效的医疗保险体系。缴费过多,农民将不愿参加;缴费过少,则无法发挥风险共济的功能,制度的抗风险能力也势必薄弱,保障程度也会很低,从而进一步影响农民参保的积极性。现代政府已经认识到,农民的健康状况不仅仅是农民私人的问题,政府有保证公民健康的义务;如果公民身体素质不高,不但会影响他们创造更多的社会财富,甚至会消耗他人创造的财富。江阴市政府调动了政府的组织资源并对农村医疗保险基金给予一定水平的财政补贴,使农村医疗保险基金具有相当的规模,也使农民参保率从启动之初就具有较高的水平,到目前为止,江阴已经连续多年实现了100%的参保率。

商业组织则在专业知识、组织效率、专业管理资源等方面具有独特优势。农村医疗保险的管理涉及到参保人的身份认证、赔案理算、偿付结报、案卷管理、客户服务、定点医院管理等环节,这些环节需要通过信息管理系统进行处理。而这些正是商业保险公司经营管理的范畴和优势所在。商业保险公司已经建立了专业的管理制度,拥有业务信息管理系统,培养了专业的管理队伍,这些专业管理

① 《从"江阴模式"看新型农村医疗保险制度的创建》,http://www.drcnet.com.cn,2009—10—1。

资源能够直接应用于农村医疗保险的管理之中。由商业组织来操作，还可以在很大程度上保证制度运作的公平性和透明性。

江阴模式在运作和监管体系上的创新，可以在最大限度上提高新型农村合作医疗体系的运作效率。从目前的情况来看，江阴模式是一种最为有效的制度。

（二）"江阴模式"的重要内容是其具体的医疗制度设计

江阴市新型农村合作医疗涵盖六大方面内容：住院补偿、门诊补偿、门诊特殊病种救助（大病救助）、健康体检、社区卫生服务站建设和社区责任医生，以及对于部分疾病的限额结算制度等。①

1. 住院补偿

这是"新农合"制度所重点关注的方面，因此包括江阴在内的全国各地在这方面都进行了详尽的规定。按照《江阴市 2009 年新型农村合作医疗实施细则》的规定，在住院机构的选择方面，一般要求参合人员在市内定点医疗机构诊治，在外市诊治则有相应的限制性规定，违反规定可能导致不能享受制度补偿。确定补偿比例的标准，第一是根据就诊花费总额，总额越高，补偿比例越高。全年累计最高补偿为 100000 元。第二是根据就诊机构的类别，非学生在本市一级医疗机构诊治的，按最高标准补偿；在本市二级医疗机构诊治的，按最高标准的 80% 补偿；在本市以外的二级以上医疗机构诊治的，按最高标准的 60% 补偿；因急诊、抢救在外市一级医疗机构诊治的，按最高标准的 80% 补偿；非整户参合的参合人员，必须把家庭未参合人员历年应缴保费补全后才能按标准的 70% 补偿。全年累计最高补偿额仍为 100000 元。

2. 门诊补偿

江阴从 2009 年开始实行门诊全市统筹。门诊补偿实行处方限额，参合人员在社区卫生服务中心（乡镇卫生院）门诊、急诊时，处方限额为 70 元，进入结报的费用按 40% 结报补偿。参合人员在社区卫生服务站门诊、急诊时，处方限额为 40 元，进入结报的费用按 45% 结报补偿。门诊结报补偿每日限报一次。年

① 《关于印发江阴市 2009 年新型农村合作医疗实施细则的通知》，http://www.jyxnh.com/NewsShow.asp? ID=159，2009—10—1。

度门诊最高补偿封顶额度为300元;参合人员在保险年度内达到门诊最高补偿额度后,再次在本市门诊定点医疗机构门诊刷卡(市民卡或新农合就诊卡)医疗费用(新农合规定的门诊可报支费用)超过2000元以上的部分,年底视基金使用情况给予门诊大病救助。这一补偿标准在全国是位居前茅的。

3. 门诊特殊病种补偿(大病救助)

主要针对的是慢性尿毒症(肾透析)、器官(限肝脏、肾脏、肺脏)移植、精神病、红斑狼疮、恶性肿瘤(放疗或化疗)、再生障碍性贫血、血友病等七种重大疾病。最初,根据规定,慢性尿毒症(肾透析)病人,其每三个月的门诊透析费用按一次住院标准纳入住院结报;其余病种按照年度内单病种门诊医疗总费用的一定比例,根据各种疾病的不同费用,分别给予最高限额为1000—5000元的救助。从2009年6月开始,该规定有所调整,对于罹患恶性肿瘤的参合人员,对其在门诊发生的放疗、化疗以及相关的检查等医疗费用进行救助,救助标准是其每三个月的门诊化疗或放疗等相关费用按一次住院标准予以结报补偿,不再享受年底门诊特殊病种一次性补助。

4. 健康体检

2006年,江阴市全面启动"幸福江阴·免费健康体检"行动,为全市参加新型农村合作医疗保险的群众实行免费健康体检,并以家庭为单位,建立健康档案。到2007年底,参检群众的健康档案建档率达到90.05%。2008年,又进行了一次免费健康体检。按照计划,此活动两年举行一次。①

5. 社区卫生服务站和社区责任医生

社区卫生服务站在整个新型农村合作医疗体系中占有重要地位。2007年,江阴市专门出台文件加强社区卫生服务站的建设和管理。社会卫生服务站的主要任务是全面落实预防、保健、健康教育、计划生育技术指导、医疗和康复等"六位一体"的综合卫生服务功能。具体而言包括:

(1)发挥疾病防控的前哨作用。开展传染病预防与控制工作,协助社区卫生服务中心做好计划免疫、传染病病人登记管理、终末消毒和疫点处理工作;收

① 朱民阳:《幸福江阴——科学发展观在江阴的实践与探索》,江苏人民出版社2008年版,第211页。

集辖区内居民卫生信息，建立居民家庭健康档案，实行计算机动态管理，协助社区管理部门实施健康促进，开展慢性病危险因素干预以及对慢性病进行规范化管理。

（2）发挥居民家庭保健功能。走进社区、走进家庭，积极开展妇女保健、儿童保健、老年人保健、精神保健等各项家庭保健服务，定期为签约辖区居民提供上门咨询保健服务。

（3）发挥健康教育的主阵地作用。利用社区主阵地，通过设立宣传橱窗、发放健康教育处方、健康知识宣讲等形式多样的宣教活动，普及卫生保健常识，帮助居民逐步形成有利于维护和增进健康的行为方式。

（4）发挥计划生育技术指导和服务作用。积极开展计划生育公益性宣传，强化育龄群众避孕节育和生殖保健知识的宣传教育。做好避孕节育、优生优育和生殖保健咨询指导服务。配合镇计生服务站做好避孕方法的知情选择工作，并负责发放可供选择的避孕药具。按规范要求做好产后访视。积极参与“避孕节育、优生优育和生殖保健服务系列工程”的实施，协助做好宣传和组织发动工作。

（5）发挥基本医疗保障作用。开展一般常见病、多发病的诊疗及提供院前急救；负责对已明确的慢性病进行规范化管理。做好巡诊和转诊服务。

（6）发挥病后康复指导作用。为社区居民病患康复期提供康复指导服务，同时了解辖区残疾人的基本情况和康复需求，提供康复治疗和咨询服务。

社区卫生服务站对于正式医疗机构来说是不可或缺的补充。江阴市对社区责任医生也作了专门规定，要求社区责任医生在现有社区卫生服务机构内部按服务人群300—500户配置一名；社区责任医生必须具有良好的职业道德和敬业精神，并同时具备两个条件：①具有执业助理医师及以上资质的人员或具有乡村医生资格的人员；②经全科医学知识培训合格。社区责任医生由社区卫生服务中心统一聘用和管理，每年签订聘用协议。

6. 部分疾病的限额结算

江阴市确定了10种限额结算病种，分别是：阑尾炎、胆囊结石、子宫肌瘤、腹股沟疝、剖宫产、肺炎、急性肾小球肾炎、正常分娩、甲状腺良性肿瘤、白内障。病种价格原则上分别以本市一级、二级医疗机构近三年实际平均费用水平的90%

为标准。如参合病人实际医疗费用低于限额价格,则参合病人按实际医疗费用和规定的个人分担比例支付,基金管理部门根据基金承担的最高限额与医疗机构结算;如参合病人实际医疗费用高于限额价格,则参合病人、基金管理部门均按限额价格和费用分担比例与医院结算,超出限额价格标准部分的医疗费用由医疗机构承担。江阴市试图通过该制度来约束医疗资源的浪费和医疗费用的虚高。按病种结算源于美国耶鲁大学卫生研究中心一个名为"按疾病诊断相关分组——预付制度"的研究课题,是目前世界上控制医疗费用合理增长的最有效方法之一,已在多国实行。具体做法是根据疾病治疗流程,测算某一病种住院治疗所需的手术费、药费、护理费、检查费等,进行整体"打包",实行"统一价"。政策出台后,效果非常明显。①

(三)"江阴模式"的绩效

概言之,"江阴模式"在绩效方面有以下一些突出的特点:

1. 全面覆盖

2001 年开始实施新型农村合作医疗保险制度以来,江阴市就将除参加城镇职工医疗保险以外的江阴籍城乡居民全部纳入参保对象范围,实现了医疗保障的全覆盖。到目前为止,该市新型农村合作医疗保险的参合人数已连续多年达到 100%,远高出江苏全省平均水平。与此相对应的,是高达 80% 以上的受益面。近年来,随着政府财力的不断注入,江阴逐步提高医疗保障水平,新型农村合作医疗基金总盘子增加到了 2.3 亿元,除全面推行住院费用限额结算、门诊特殊病种补助等制度外,2009 年 4 月起,江阴还对门诊补偿政策进行了调整,结报限额和补偿比例都有所提高。据统计,2009 年 1—7 月,江阴共有 61 万多人次得到了新型农村合作医疗结报补偿,人均住院结报费用 2083 元,群众受益面达到 87.7%。②

2. 筹资水平较高

按照中央的统一部署,2009 年全国新农合筹资水平达到每人每年 100 元;

---

① 《单病种限价让参合群众少掏了近一半腰包》,摘自《江阴日报》2008 年 4 月 4 日。

② http://news.thmz.com/col58/2009/09/2009—09—01581667.html,2009—10—1。

2010年开始，全国新农合筹资水平提高到每人每年150元。同样作为新农合典型代表的河南新乡，按照规划，2010年新型农村合作医疗的农民个人缴费标准将由20元增加到30元，参合农民的补助标准也由每人每年80元提高到120元。

江阴在2009年人均筹资就已达到330元，其中：市财政按全市参合人员总数110元/人·年的标准补贴，镇（街道、办事处）财政按各镇（街道、办事处）参合人员总数100元/人·年的标准补贴，个人自负120元/人·年（学生个人自负80/人·年）。个人自负部分中，贫困人口（指民政局核定的最低生活保障对象、五保户及总工会认定的城镇低保职工）和重点优抚对象个人自负部分由市、镇（街道、办事处）两级财政各半承担（市财政补贴60元/人·年，镇财政补贴60元/人·年），充分考虑到了这部分人的承受能力薄弱。通过上述对比，可以发现，江阴市新农合的筹资水平远远超过全国平均水平和新乡。这对于提高新型农村合作医疗的补助水平和抗风险能力、增强制度的效能和可持续性，都至关重要。

3. 医疗救助制度完善而有效

除了上述对于罹患特定重病的参合人员进行救助之外，对于农村最低生活保障对象、农村五保户、民政重点优抚对象（以民政局核定人员为准）及总工会认定的城镇低保职工，也有专门的救助规定。按照规定，农村最低生活保障对象、农村五保户、民政重点优抚对象及总工会认定的城镇低保职工参加新型农村合作医疗，可免缴个人应承担的资金，享受新型农村合作医疗；农村最低生活保障对象、农村五保户、民政重点优抚对象及总工会认定的城镇低保职工，患病住院后发生的医疗费用除按规定的标准予以结报补偿外，再给予可结报补偿部分30%的结报补助。①

4. 住院补偿标准高

对于非学生的参合人员，住院费用在301—5000元的，补偿标准在2007年从50%提高到75%，2009年又进一步提高到78%；住院费用在5001—10000元

① 《关于印发江阴市农村医疗救助实施办法的通知》，http://www.jyxnh.com/NewsShow.asp?ID=160，2009—10—1。

的，补偿标准在2007年从60%提高到80%，2009年又进一步提高到83%；住院费用在10001—30000元的，补偿标准在2007年从70%提高到85%，2009年又进一步提高到88%；住院费用在30000元以上的，补偿标准在2007年从80%提高到90%，2009年又进一步提高到93%。对于患精神疾病的参合人员，则取消住院补偿起付线。恶性肿瘤患者在保险期内第一次住院补偿设置起付线，年度内再次住院时取消起付线。2007年，江阴全市住院补偿总额达1.2亿元，住院补偿率达40%，比2006年提高近8个百分点，人均结报1500元。

5. 门诊补偿制度合理有效

跟全国多数地区一样，江阴市在制度设计初期实行的是“家庭账户加住院统筹”的方式。这突出了“保大病”的保障理念，照顾到了患急重病而住院的农民，因而推广迅速。但在实践中，家庭账户的弊端却逐渐暴露。按照这一补偿模式，只有农民生病住院后才能得到补偿，看门诊如果使用门诊家庭账户的钱，人均不过几元，并且没有其他补偿。这无疑影响了农民看小病。此外，由于许多地方把农民的个人缴费全部或大部分划入家庭账户，农民认为看病仍然是花自己的钱，相当多地表现出“节约”的意愿，碰到小病依然是拖延不去治疗。2007年，江阴市规定，门诊补偿以家庭为单位统计，补偿最高限额为家庭成员个人出资额(60元/人·年)的总和，门诊补偿实行家庭成员互济，家庭成员可以分人分次使用，也可个人一次性使用。所有家庭成员最高补偿额的总和使用完毕，则其家庭所有成员再次发生的门诊医疗费用不再予以补偿。2008年，该制度进行了修改，规定门诊补偿以家庭为单位统计，采取家庭账户和全市统筹相结合的补偿政策，门诊补偿额为80元/人·年，全市统筹的部分主要用于特殊病种的门诊补偿。到2009年，该制度又进行了重大修改，彻底取消了家庭账户制度，规定了门诊补偿的全市统筹。这一修改意义重大，虽然真正的效果还需要时间来检验，但是至少，参合群众不会再担心得不到补偿而延误小病的诊治，这对于保证群众身体健康、减少大病医疗支出将发挥重要作用。

三、对“江阴模式”的反思

“江阴模式”在管理体制、筹资水平、保障程度等方面的确堪称全国典范，尤其给人印象深刻的是其高比例的补偿水平和高覆盖的收益面。因此，国家各部委、多个地方政府到江阴市调研，以期本地新农合制度能从中获益。不过，这种模式到底有多大的可能性在较大范围内推广，还有两个问题需要进一步思考。

第一，高效的“江阴模式”以远高出其他地区的缴费水平为基础。而缴费水平既与当地农民的收入相关，也与地方政府的财力相关。江阴经济的高速发展带来了民间的普遍富裕，使农民既有能力也愿意缴费，也使江阴市各级政府有能力对新农合给予较多的补贴。目前多数地区个人参加新型农村合作医疗的缴费是 20 元/年，看起来不多，但是对于许多贫困地区的农民而言，仍是一笔不小的开支。再加上这项制度执行时间不长，对于制度的意义许多农民尚未真正理解，这也导致他们对于参加新农合有所疑虑。江阴则是全国最富裕的地区之一，农村人均年收入超过 1 万元，2008 年江阴市农民人均纯收入达到 11975 元。因此虽然江阴市新农合的缴费每人每年高达 120 元（学生为 80 元/年），对于多数农民而言压力并不大。通过政府的有效动员，在认识了这项制度的意义之后，多数农民都愿意参与。但即使是在江阴地区，仍有部分农民有能力而不愿意参与，还有部分农民则无能力缴费。当然符合一定标准的贫困农民的个人自负部分由市、镇（街道、办事处）两级财政各承担一半。为了完成任务，许多村干部只好为这部分有能力而不愿意缴、或是无能力缴但又未达到可免除个人自负部分的村民垫付缴费。而由地方财政补贴的部分，如果其他地区也都按照江阴的水平来补贴，无疑是一个不小的负担。因此，“江阴模式”的意义对于其他多数地区的农民而言，更多地还是象征性的。

江阴高度发达的经济对于防止“逆向选择”问题也至关重要。经济压力是产生“逆向选择”的重要诱因，因此在经济承受能力较高的地区，这个问题就相对容易解决，再加上地方政府的有效动员，制度的有效性可以得到保证。在经济落后地区，如果多数农民都无力承担缴费义务的话，单单像江阴这样由村干部来垫付，制度的可持续性是不可能的。

第二，商业保险公司在“江阴模式”中发挥了重要作用。2001 年开始，太平洋寿险公司江阴支公司与江阴市地方政府合作，在全国开创了商业保险公司参与农村医疗保险的先河。太平洋寿险公司江阴支公司因此也名利双收，2009 年获“全国保险系统先进集体”称号，是无锡地区保险行业中唯一的一家。他们参与江阴新型农村合作医疗的经验受到中央的高度重视。从经济上看,太保公司自身也受益良多。虽然看起来直接从新农合中的受益不多,但实际上太保公司最初关注的就不是新农合本身的收益。在他们看来,农民的住院医疗保险,是苏南地区或者说是经济较发达农村地区现存的一块尚未开发的大市场。他们的目的是,先协助政府建立最基本的农村合作医疗保险的管理和服务平台,在这个基础上采取各种途径,让一些有条件、有愿望的农民参加补充性的商业性住院医疗保险,与政府的基本住院医疗保险结合起来。就短期来看,太保江阴支公司已经得到了"回报":2002 年该公司的商业保险收入不过 8000 万元,2003 年已增长到 2 个亿,这与太保参与农村合作医疗保险不无关系。

所以,保险公司参与新型农村合作医疗制度并不是为了公益,而主要是为了商业利益。但这仍然是与江阴地区高度发达的经济密不可分。在经济实力较弱的其他地区,商业保险公司想要通过参与新农合的方式来搞好与地方政府的关系,进而为他们开辟农村补充保险市场开拓道路,这样的打算肯定要落空。这些市场虽然未被开发,但在农民的腰包鼓起来之前,开发难度相当大。现实情况就是如此。据保监会统计,2006 年,共有中国人寿、太平洋、平安、新华、中华联合、人保财险等 6 家保险公司在江苏、广东、河南、福建、浙江、山东、山西、新疆等 8 省(区)的 66 个县(市、区)参与了新农合试点工作,参合农民 2136 万人,共筹集合作医疗资金 11 亿元,为 736 万人次提供医疗补偿服务,补偿金额 9.65 亿元。截至 2007 年 6 月底,江苏全省共有太平洋、中国人寿等 4 家保险公司参与了 23 个县(市、区)的新农合管理,占全省开展新农合县数的 23.96%,覆盖农村人口 1052.19 万人,占全省农村居民的 28.98%,实际参合人数 997.14 万人,参合率达到 94.77%。① 可见,保险公司参与的开展新农合的县数,江苏省占到了全国的 1/3。

从整体来看,从事新农合经办的保险公司并不多,覆盖面也不广。2006 年,全国新农合新增试点 755 个县(市、区),而保险公司参与的只有 3 家,占比呈现下降趋势。保险公司参与经办的 66 个县(市、区)也基本上没有挣钱,而是在亏损。其原因除了上面提及的多数地区经济发展水平远不及江阴之外,还有其他

① 马燕:《江苏保险业参与新农合》,《扬子晚报》2007 年 8 月 23 日。

的因素，如保险公司在这些地区网点建设的落后、地方政府为了解决编制问题而抵制商业保险公司的参与等。因此，商业保险公司在新型农村医疗保险体系中的参与目前仍困难重重。

总之，江阴在农村医疗保险制度的建设方面为全国树立了榜样。虽然目前“江阴模式”中的许多要素在其他多数地区还无法复制，但却为我们进一步的改革和发展提供了一个可资借鉴的方向。

第十六章　江苏镇江农村社会养老保险

随着我国人口老龄化进程的不断加快,农村的养老保障问题已经进入了预警期。江苏省作为全国经济较为发达、人口老龄化程度相对严重的地区,农村社会养老保险的改革探索曾走过了两个阶段:一是由民政部在1992年负责实施,由农民自愿参与、集体资助的农村社会养老保险,俗称"老农保"。广大农民的养老保障意识被激发,但由于制度设计上的一些缺陷,农民参保积极性并不高,加上1998年国务院机构改革和各部委职能的调整,"老农保"在1999年后基本处于停滞状态。二是进入新世纪后,在苏南尤其是苏州市、无锡市等实行的所有农民按规定参与、政府财政给予较大支持的新型农村社会养老保险,俗称"新农保"。自2007年起,所有省辖市都进行了新农保试点。本章通过对新型农村社会养老保险工作在镇江试点的调查研究,分析总结镇江农村养老保险的基本内容和主要特征,概括其成功的经验,揭示其存在的问题,以期对发展和完善农村社会养老保险制度提出借鉴性的意见和建议。

一、镇江农村社会养老保险试点的背景

镇江市通过试点,建立新型农村社会养老保险制度的背景主要包括以下四个方面:

(一)扎实的经济基础

镇江市位于中国经济最发达、最具发展潜力的长江三角洲,是一座经历3500多年沧桑的历史文化名城,又是一座集港口、工贸、旅游于一体的新兴工

贸、旅游城市。下辖丹徒区、京口区、润州区、镇江新区以及丹阳、扬中、句容三个县级市，人口约300万。近年来，镇江市农民的年收入一直呈现稳定上涨的势头，这一方面得益于政府对农民增收的重视以及农民税费负担的减轻；另一方面则由于私营经济和个体经济发展对农民增收的拉动。2007年，镇江市城镇居民人均可支配收入为16750元，比2002年翻了一番；同期，农民人均纯收入也从4452元增加到8007元。全市累计新增城镇就业17.4万人，下岗失业人员再就业10.5万人，转移农村劳动力24.9万人。城镇登记失业率稳定在较低水平，2007年为2.62%。① 经济的快速发展为新型农村社会养老保险的试点和推行提供了坚实的经济基础。

（二）良好的群众基础

近年来，镇江市城乡居民生活水平普遍提高，民生得到进一步改善。全市城镇养老、医疗、失业保险覆盖面均超过95%；新型农村合作医疗人口参合率达98.8%，在全省率先全部建成“江苏省初级卫生保健先进县（市）”；城乡居民低保标准进一步提高，基本实现应保尽保；城镇家庭廉租住房保障制度全面建立；成立了市慈善总会，救助困难群众2.3万人次。各项社会事业也取得长足进步，市财政用于教育、卫生、文化、社会保障、优抚等公共支出年均增长20%，高于地方一般预算支出年均增长率1个百分点。

从2004年7月起，镇江市逐步在各区、县（市）实施了旨在减轻农民看病负担、提高农民医疗保障水平的新型农村合作医疗保险，这种医保年缴费额每人不超过65元，并由市、区、县（市）财政为每位参保农民补助20元，补助标准是省内最高的。在实际执行过程中，各区、县（市）财政从当地经济发展的实际出发，不同程度地提高了补贴额度；医保报销补偿标准也随之提高。例如，丹阳市延陵镇新型农村合作医疗封顶报销额原先是2万元，2006年上调到4万元；因为有稳定的旅游收入，该镇九里村适当增加了对本村参加新型合作医疗的补贴，让农民分享发展成果，使农民真正体会到政府是在为自己办实事。这不仅

---

① 刘捍东：《镇江市2008年政府工作报告》，人民网，http://jszj.people.com.cn/GB/66429/66934/8700338.html。

改善了政府在农民心目中的形象，而且为政策的执行奠定了良好的群众基础。[①]此外，20世纪90年代，镇江市和江西省九江市就曾被国家列为城镇居民医疗保险改革的试点，它们所创造的"两江模式"载誉全国。所有这些，对于新型农村社会养老保险试点的顺利开展和相应政策制度的设计、执行，都起到了很好的推动作用。

（三）家庭养老功能的弱化

镇江市农村社会养老保险的试点与推广，不仅具有上述扎实的经济基础和良好的群众基础，而且由于传统的家庭养老功能和土地养老功能的弱化而显得相当紧迫。

首先，计划生育政策弱化了家庭的养老功能。计划生育政策的执行导致家庭规模小型化，一些青年夫妇"重幼轻老"，将有限的精力和财力都向独生子女倾斜；过分的关爱客观上易造成独生子女在心理和行为上的以自我为中心、缺乏爱心，若干年后，这种以自我为中心又会集中表现为孝敬、赡养父母观念的不断淡化。几千年遗留下来的"养儿防老"的家庭保障体系已难以适应社会发展的需要。

其次，"空巢"现象弱化了家庭的养老功能。据镇江市劳动与保障部门的资料统计，截至2007年9月末，全市累计转移农村劳动力76.21万人，占农村劳动力总数的78.33%，其中就地转移58.78万人，异地输出17.43万人。[②]大量农村年轻人进城打工，一方面提高了农民的经济收入，但另一方面由于无暇顾及在农村的父母，造成农村"空巢"老人逐年增多。子女虽然履行了对父母的经济赡养义务，但无法给予老人必要的生活照料和精神慰藉，传统的农村家庭养老模式逐渐失去优势。许多农村老年人对自己未来的经济来源和生活照料表示了担忧，被采访者中有84%以上的农民表示，未来的养老主要靠自己和政府。[③]

① 孟芳等：《镇江市新型农村社会养老保险试点的调查研究》，《江苏科技大学学报（社会科学版）》2008年第4期。

② 转引自孟芳等：《镇江市新型农村社会养老保险试点的调查研究》，《江苏科技大学学报（社会科学版）》2008年第4期。

③ 同上。

（四）土地养老功能的弱化

自古以来，土地一直是农民劳作和生活的重要场所和生存基础。对农民而言，土地具有养老保障功能：自己有耕种能力的农民可以通过耕种土地获得养老收入，丧失了耕种能力的农民则可以通过家庭其他成员耕种收入为其养老。在集体经济时期，土地也具有养老保障功能：一是为少数孤寡老人实行集体养老，这笔支出主要来源于农村集体土地的收入；二是对众多一般老人实行家庭养老，这笔支出也主要来源于土地。但有资料显示，我国农民人均耕地从 1952 年的 0.188 公顷下降到 2003 年的 0.078 公顷。由于农业基础设施脆弱，农业成本不断上升，绝大多数以农业为主要收入来源的农户（占农村总户数的 77.5%），其人均纯收入实际上处于负增长。加之土地收入在农户家庭收入中的比重逐年下降，因而土地作为生产资料实际承担的养老保障功能在不断弱化。虽然近年来镇江市进一步加大了国土资源执法监察力度，对土地实施动态管理，但由于经济发展的客观需要，耕地总量仍在不断减少，土地的养老保障功能在不断弱化。①

二、镇江农村社会养老保险的基本内容和特征

在借鉴了周边经济发达地区在农村养老保险实施上的一些成功经验，并结合镇江地区农村经济发展的现状（农民收入有了一定的剩余，农村非劳动力的比例大幅度增加），镇江市委市政府组织了相关职能部门拟订了镇江地区农村社会养老保险的总体实施意见，在丹阳和扬中两个地区先行试点，以后再逐步在其他地区全面推广。

（一）镇江农村社会养老保险制度的基本内容

1. 扬中市的农村社会养老保险

2006 年，镇江市所辖的扬中市被江苏省确立为首批 12 个新型农村社会养

① 孟芳等：《镇江市新型农村社会养老保险试点的调查研究》，《江苏科技大学学报（社会科学版）》2008 年第 4 期。

老保险试点城市之一。为建立健全农村社会保障体系,保障农村劳动者年老时的基本生活,促进城乡统筹与和谐发展,维护社会稳定,扬中市政府结合当地的实际,先后制定了《扬中市农村基本养老保险试行办法》及其“实施细则”。其具体内容如下:

第一,保障对象。该“试行办法”适用于本市行政区域内暂不具备条件参加城镇企业职工基本养老保险的农村各类企业及与之形成劳动关系的劳动者、农村个体工商户、自由职业者和农业劳动者。规定符合下列条件之一的应当参加农村基本养老保险:①暂不具备条件参加城镇企业职工基本养老保险的镇村企业职工;②非镇村企业农村居民,男年满 18 周岁(全日制学校学生除外)、未满 60 周岁,女年满 18 周岁(全日制学校学生除外)、未满 55 周岁;③全市各类企业中的外地农民工。参加农村基本养老保险的各类企业,原则上在 3—5 年内要逐步过渡到参加城镇企业职工基本养老保险;个体工商户具备条件的,也可转为城镇企业职工基本养老保险。

第二,缴费和补贴。农村基本养老保险费按规定的缴费基数和缴费比例缴纳。缴费基数为上一年度本市农民人均纯收入,缴费比例暂定为 12%。其中,镇村企业农民工由用人单位缴纳 6%,个人缴纳 5.4%,市、镇两级财政各补贴 0.3%;非镇村企业农村居民个人缴纳 11.1%,市、镇两级财政各补贴 0.45%。农村基本养老保险费按年缴纳。镇村企业的农民工以企业为单位,非镇村企业农村居民以村、社区为单位,于每年 9 月 30 日前缴清当年的农村基本养老保险费,逾期不缴的需承担相应的利息。

鼓励镇村企业农民工参加城镇企业职工基本养老保险,参加城镇企业职工基本养老保险的镇村企业农民工,由市、镇两级财政各按上年度农民人均纯收入的 0.36% 予以补贴。积极鼓励集体经济条件较好的村、社区对参保的农村居民予以补贴。市、镇财政补贴资金列入同级财政预算。村、社区集体经济组织补贴资金在集体公益金中列支。各类企业按规定缴纳的养老保险费在税前列支。各类企业参保的外地农民工不属于财政补贴范围。市、镇财政补贴统一由市财政局划转,对参保对象的补贴资金于当年 12 月底前划转到市社会保险经办机构农保基金专户。镇村企业养老保险费由社会保险经办机构委托银行托收,职工个人养老保险费由用人单位代为扣缴,对不按规定缴纳基本养老保险费的人员,市、镇财政不予补贴。

第三,社会统筹和个人账户相结合。一方面,做实个人账户,个人账户按缴费基数的6%建立。个人账户储存额根据到账时间按“月积数法”不间断计息,计息利率按城乡居民一年期定期利率确定。个人账户储存额只能用于支付个人账户养老金,不得提前支取。另一方面,缴费基数的其余6%部分纳入社会统筹基金;社会统筹基金和个人账户基金分别管理。社会统筹基金不得占用个人账户基金。

第四,养老保险待遇实行按月发放。按月领取基本养老金必须同时具备下列条件:①按规定参保并连续不间断足额缴纳养老保险费;②男年满60周岁,女年满55周岁;③缴费年限满15年。参保人员从到龄次月起停止缴费,由企业或村、社区负责办理领取养老金相关手续,经镇劳动保障所审核后,由市社会保险经办机构核发《农村基本养老保险领取证》,自到龄次月起按月发给基本养老金。

农村基本养老金由基础养老金和个人账户养老金两部分组成,计发办法如下:①基础养老金按本人开始领取基本养老金时本市上一年度农民月均纯收入的10%计发。缴费年限连续满15年的,15年以上的年限每满1年计发比例另增加0.4个百分点。②个人账户养老金按照本人开始领取基本养老保险金时个人账户全部储存额除以120计发。参保人员的基础养老金根据全市经济发展水平和农民生活费用价格指数变动情况适时调整。

第五,养老保险基金的管理与监督。农村基本养老保险基金实行收支两条线管理,单独建账和核算,专款专用。市财政局、审计局负责加强对农村基本养老保险基金的检查和监督。市社会保险经办机构负责全市农村基本养老保险基金管理、个人账户管理、养老待遇结算和发放等工作。基本养老金由市劳动和社会保障局实行社会化发放。市社会保险经办机构负责建立健全参保人员资格和领取基本养老保险待遇资格审核制度。市社会保险基金监督委员会对农村基本养老保险政策执行情况和基金使用、管理、运行情况进行监督。同时,建立健全农村基本养老保险信息服务网络。农村基本养老保险人员参保、基金缴纳、业务核算、待遇支付、查询服务等全部纳入计算机管理系统,实行全市联网、实时互通、规范管理。①

---

① 参见“关于印发《〈扬中市农村基本养老保险试行办法〉实施细则》的通知”。

2. 丹阳市的农村社会养老保险

继扬中市开展农村养老保险实践之后，2007 年 5 月，丹阳市为适应建设社会主义新农村的要求，建立健全农村社会保障体系，保障农村居民年老后的基本生活，促进城乡统筹与和谐发展，全面建设小康社会，丹阳市政府根据国务院、江苏省政府和镇江市政府对开展农村社会养老保险工作的有关文件精神，结合丹阳市的实际情况，制定了《丹阳市农村社会养老保险暂行办法》。

该项新政策具有五大特点：①体现了政策接口的互换性，采用成熟的企业职工养老保险的政策模式，企保、农保之间可相互转换，并与被征地农民的保障有机结合；②实现了基本保障、覆盖广泛，既适应农村经济发展水平和农民的承受能力，也能够解决农民的基本养老问题；③加大了财政补贴力度，根据不同年龄层人群，分别给予不同的财政补贴，最多的补贴缴费的 50%；④统筹兼顾了大龄人员的参保，为满足按月领取养老金的基本条件，大龄人员参保时可采用“前补后延”的办法，可以“即保即领”；⑤突出了保险与保障相结合，目前超过参保年龄的人员，只要其有赡养关系的子女及配偶参加了社会养老保险，从 2010 年起，可以享受政府的社会养老补贴。其具体内容如下：

第一，保障对象。为丹阳市行政区域内年满 18 周岁（全日制在校学生除外）以上，男未满 60 周岁、女未满 55 周岁，具有本市户籍，在农村的从业人员（农村各类企业参加企业职工基本养老保险）。

第二，缴费基数和缴费比例。农村社会养老保险缴费基数按上年度全省在岗职工平均工资的 15% 确定，缴费基数一年一定。缴费比例为缴费基数的 20%。村个体工商户业主应为本人及其雇工投保农村社会养老保险。业主的缴费比例为 20%；雇工的缴费比例由农村个体工商户业主承担 10%、雇工个人承担 10%。农村社会养老保险费的缴费基数、缴费比例和财政补贴比例随本市农民收入和财政收入的增加逐步调整，调整方案经市人民政府确定后，由市劳动和社会保障部门向社会公布。

第三，养老保险费的财政补贴。对纯农户的人员参保实行个人缴费与财政补贴相结合的办法。①参保人员凡男年龄在 45 周岁以上不满 60 周岁、女年龄在 40 周岁以上不满 55 周岁，按规定每年正常缴费的，个人承担缴费基数的 10%，市财政按缴费基数的 10% 进行补贴。②参保人员凡男年龄在 18 周岁以上不满45周岁、女年龄在18周岁以上不满40周岁，按规定每年正常缴费的，个人承担缴费基数的15%，市财政按缴费基数的5%进行补贴。③被列入农村最低生活保障对象参保的，先由镇村两级按缴费基数的10%进行缴纳后，再由市财政按缴费基数的10%进行补贴。镇村两级负担比例由各镇政府确定。④截至2007年6月30日，凡男年满45周岁、女年满40周岁以上的参保人员，在2009年12月31日前补缴的，市财政给予补贴，补缴年限以本人达到领取养老金年龄时，满足缴费年限15年。⑤享受市财政补贴的参保人员，每年需在所在村公示后，报各镇政府审核，市劳动保障部门复核批准。公示情况由村登记造册，建立长期档案予以保存。⑥有条件的村集体经济组织可以对本村村民参保个人缴费部分给予一定的补贴，补贴资金在集体公积金和土地征用补偿费村组留存部分中列支。

第四，养老保险个人账户。参保人员所缴纳的养老保险费按缴费基数的8%记入个人账户，个人账户累计储存额每年结息一次，计入个人账户，年利率为同期人民银行发布的一年期定期利率。经办机构按照参保人居民身份证号码，为其建立农村社会养老保险个人账户，核发《丹阳市农村社会养老保险手册》，建立农村社会养老保险档案。

第五，养老保险待遇按月发放。享受按月领取养老金待遇的人员，应当同时具备以下条件：①参保人员男年满60周岁、女年满55周岁（或经批准后延年龄）；②按规定缴纳养老保险费；③缴费年限累计满15年以上。符合以上条件的人员，从办理领取养老金手续之次月起，按月发给养老金，养老金由基础养老金和个人账户养老金组成。参保人员的养老金，根据全市经济发展水平和农民生活费用价格指数变动进行适时调整，经市人民政府确定后，由市劳动和社会保障部门公布。

第六，养老保险基金的使用和监督管理。养老保险基金实行专户储存、专账管理、专款专用。任何单位和个人不得平调、挪用、截留和侵占保险基金，不得使用保险基金直接投资、放贷、抵押或进行其他形式的担保。经办机构根据国家和省规定建立健全养老保险基金的财务、会计、统计和审计管理制度。按实编制、报送养老保险基金的财务、会计和业务统计表，并接受市劳动保障、财政、审计部门的监督、检查。经办机构负责建立健全农村社会养老保险信息服务网络。参加农村社会养老保险的人员参保时间、基金缴纳、业务核算、待遇支付等查询服务全部纳入计算机系统，实行全市联网、实时互通、规范管理。①

（二）镇江农村社会养老保险制度的特征

截至2008年6月底，镇江市下辖的扬中和丹阳两市已全面推行新型农村社会养老保险制度，取得了显著的成效，得到了省有关部门的肯定，并作为全省的试点进行推广。2008年12月，镇江市政府公布《关于建立镇江市新型农村社会养老保险制度的指导意见》，在全市范围内实施新型农村社会养老保险，使该市农村社会保障水平有了大幅提高，在全省处于领先地位。综合扬中、丹阳以及镇江全市的农村社会养老保险制度，主要呈现以下特点：

首先，覆盖面广，基本覆盖了所有农村居民，做到了应保尽保。如扬中市规定本市行政区域内暂不具备条件参加城镇企业职工基本养老保险的农村各类企业及与之形成劳动关系的劳动者、农村个体工商户、自由职业者和农业劳动者，均可参加新型农村社会养老保险，以往这部分人群则常常被排除在制度之外。镇江市的新型农村养老保险制度则针对不同的困难群体采用了灵活的政策帮助，包括对低保户实行全额减免政策；对退伍军人实行优惠政策；对特殊参保群体实行“前补后延”②的特殊政策等。丹阳市从2007年7月开始实施新型农村社会养老保险，由于政策的惠民性和宣传工作的广泛深入，不到两个月，就有17万农民参加“新农保”，征缴保险费3.3亿元；③当年底，“新农保”的参保人数就已超过30万，覆盖面达90%以上。参保速度之快、人数之多，在全国尚属首例，充分体现了制度覆盖面之广。

其次，参保农民缴费低，政府补贴力度大，政策吸引力强。新农保制度根据

① 参见《关于印发〈丹阳市农村社会养老保险暂行办法〉的通知》。

② 注：“前补后延”是指参保人员达到领取养老保险金年龄（男60周岁、女55周岁）时，缴费年限达不到15年，不符合按月领取养老金条件而采取的一种使其符合按月领取养老金条件的处理办法。“前补”是指经本人申请，市社保中心同意，可以采取补缴费的方式，使其达到领取养老金年龄时缴费年限满15年。也可以在参保时办理延期领取养老金手续，后延年限不限。

③ 《江苏丹阳：16万农民参加新型农村社会养老保险》，网易新闻中心，http://news.163.com/07/0818/08/3M5R3E3P000120GU.html。

本地经济发展水平、财政的承受能力和农民的承受能力来制定缴费标准，体现了低水平、广覆盖的原则，农民愿意接受，参保的积极性比较高。同时，新农保制度突破了“个人储蓄积累”的旧模式，加大了财政补贴力度。如丹阳市农村社会养老保险缴费基数按上年度全省在岗职工平均工资的15%确定，2007年计算下来的结果是3144元，养老保险缴费标准为630元（缴费基数3144元×缴费比例20%），市财政补贴315元（缴费基数3144元×缴费比例10%），参保农民大多只需缴纳315元（缴费基数3144元×缴费比例10%），这个缴费数额对经济较为发达的丹阳市农村居民来说是完全有能力承受的。又如2008年扬中市经过多方努力，将纯农户参保补贴比例由缴费基数的0.9%提高到2.4%；丹阳市规定纯农户参保年龄越大补贴越多，大龄参保人员最高可以补贴缴费的50%。据统计，丹阳市目前新农保参保财政补贴近1.45亿元，2010年以后每年的正常缴费补贴和老年人生活补贴支出将超过1.6亿元。新政策的优惠性充分体现了政府为农民办实事的宗旨，因而得到广大农民的欢迎。

再次，管理较为科学化和规范化。本着对政府、对农民高度负责的态度，劳动与社会保障部门加强对基层经办人员的业务培训和指导，加强个人信息资料采集工作，切实抓好参保办理、保费征缴、证件发放等环节，做到资料齐全、台账到位、信息准确。为规范业务操作，各地实行市、镇、村三级网络管理，劳动保障部门专门设计了相关的电脑软件，为农民提供优质服务。尤其是资金管理更显规范化，实行收支两条线管理，单独建账和核算，专款专用。如丹阳市新农保所征收的保险费统一存入由市财政局开设的指定银行账户，资金只进不出，由劳动社会保障部门和财政部门共同与银行协商，享受银行的优惠利率，确保基金的安全稳定。①

最后，制度灵活，政策科学化和人性化。镇江市的新型农村社会养老保险制度对不同群体采取不同的政策措施，尤其增加了对弱势困难群体的关怀。扬中、丹阳明确规定，参保人员的养老金发放标准根据经济发展水平和农民生活费用价格指数变动进行适时调整，这样有利于保障参保居民较高的生活水准，体现了

① 茅惠芳：《镇江市农村社会养老保险现状及理性思考》，中国知网中国优秀硕士学位论文全文数据库，http://dlib3. cnki. net/kns50/detail. aspx? QueryID = 17&CurRec = 1。

制度以人为本、科学发展的政策理念。

三、镇江农村社会养老保险存在的问题与思考

(一)镇江农村社会养老保险制度存在的问题

镇江市新型农村社会养老保险制度推广两年多来,形成了自己的特色,取得了很大成就,但也不可避免地出现了一些问题。

第一,由于全市没有统一、权威的制度设计,因此地区之间差异较大,在实施上各自为政,各地对新农保政策的理解与执行存在分歧。各地政府在确定了试点之后,对有关经办人员也进行了培训,但各地在政策的理解上仍存在很大的差异,如对“定销户”(20世纪60年代的产物,既不属农村户口,也不是城市户口)能否参加“新农保”问题的处理,同一个县级市的不同乡镇却有着不同的规定。“定销户”受旧体制影响,被隔离于这项政府惠民政策之外,无法享受其应享受的权益,政策执行人员对政策理解不透彻是这一现象产生的重要原因。

目前,镇江市所辖4区3市中,只有丹阳和扬中两市新农保制度推行的效果较为理想,区域之间发展很不平衡,离“人人老有所养”还相差甚远。而且丹阳和扬中两市的新农保也存在较大的差异:首先是个人缴费标准有差距。丹阳市缴费基数按上年度全省在岗职工平均工资的15%确定,参保农民大多只需缴纳315元(缴费基数3144元×缴费比例10%);而扬中市是按2006年农民人均收入6900元测算,参保农民需缴纳765.9元(6900元×11.1%)。其次是财政补贴力度有差距。虽然扬中市经过多方努力,已将纯农户参保补贴比例由缴费基数的0.9%提高到2.4%,但纯农户所享受的财政补贴最高只有165.6元(6900元×2.4%);而丹阳市纯农户所享受的财政补贴最高可达315元(缴费基数3144元×缴费比例10%)。再次是享受的养老金待遇有差距。虽然两市均对农民的养老金待遇标准进行了适时调整,但丹阳市农民享受的养老金与扬中市相比还是低了近80元。①

① 茅惠芳:《镇江市农村社会养老保险现状及理性思考》,中国知网中国优秀硕士学位论文全文数据库,http://dlib3.cnki.net/kns50/detail.aspx? QueryID=17&CurRec=1。

第二，由于过分强调公平性，使得参保居民的保障水平很低，保障功能较弱。由于受地方财政承受能力和农村经济发展水平的限制，加之以广覆盖为基本原则，致使参保农民多而领取的养老金数额很少，就当下的消费水平而言，不能从根本上解决农民的养老问题，消除不了农民的后顾之忧。

第三，养老基金的运营方式较为单一、保守，虽然保证了基金的安全性，但增值压力很大。目前，镇江的农村养老基金运行管理欠科学性，处于各市、区分散管理状态，这种小规模的资金难以进行多样化的投资。资金大多用于购买国债或直接存入银行，如丹阳市新农保所征收的保险费统一存入由市财政局开设的指定银行账户，资金只进不出，由劳动社会保障部门和财政部门共同与银行协商，享受银行的优惠利率。这样做在一定程度上增强了基金的安全性和稳定性，但收益率太低可能导致养老金的负增长，使得基金很难增值。

第四，农村社会养老保险政策较为独立，与新农合等其他农村社会保障制度的衔接性较弱，与周边地区的新型农村养老政策的对接性也较弱。建设社会主义新农村，不仅要加强农村的养老保险制度建设，还要将其与近年来实行的新型农村合作医疗制度相结合，这样才能有效地保证农村居民的生活质量。而镇江市现行的农村社会养老保险制度是一个独立的政策设计，缺乏制度间的衔接性。同时，早在 2003 年苏南地区就开始探索新型农村社会养老保险制度，各地不同的经济实力以及政府不同的具体政策使得各地的农村养老保险制度发展水平参差不齐，制度之间的互济性、对接性都很差，每项制度的抗风险能力也较小。加之具体政策执行推广过程中的偏差和变动，周边地区之间的接纳和对接就失去了基础和条件。

（二）关于镇江新型农村社会养老保险制度建设的思考

通过对镇江市农村社会养老保险制度的考察与分析，我们认为，要想让新型农村社会养老保险体系取得突破性的进展，必须从以下几方面进行完善：

首先，建立统一管理、规范运作的农村社会养老保险体系。就全国来讲，地区之间的发展差异太大，最好是建立全省统一的规范的农村社会养老保险制度。目前，各县（市、区）在制度的实践中存在许多困惑，在制定本地农村社会养老保险办法时找不到权威依据，只好各自为政，把办法确定为“暂行办法”，大大降低了地方法规的规范性、长期性和稳定性。为了积极稳妥地推进新型农村社会养老保险制度的建设，省劳动保障、财政等有关部门可协调进行专项的调查研究，进一步明确农村社会养老保险制度发展的方向、目标和基本原则，研究制定具体的实施办法和相关政策。在总结各地试点经验和存在问题的基础上，对“新农保”的筹资原则、覆盖对象、参保机制、基金积累模式、待遇标准、工作经费的来源和工作人员的待遇等内容，尽快出台全省的规范性指导意见，以消除地区间过大的差异，推动“新农保”制度建设的深入和健康发展。

第二，加大财政投入，为农村社会养老保险制度提供财力支撑。通过政府财政补贴发挥政府在资金筹集中的支持和利益诱导作用，是加快建立农村社会养老保险制度的支点之所在。目前，镇江市的农村社会养老保险由于过分注重广覆盖的公平性而牺牲了参保农民的保障水平。鉴于已经实施新农保的苏州、无锡、泰州以及包括镇江在内的部分试点地区的成功经验，应加大政府的财政投入，并随着今后经济的持续发展逐步提高政府的财政补助额度。

第三，建立严格、科学的基金运营管理制度，切实增强统筹互济和抗风险能力。建议政府应有针对性地制定专项基金政策，保证农村社会养老保险基金增值率达到略高于一般银行存款利率的目标。如随着商业银行体制的改革，统一规定将农村社会养老保险基金存入政策性的农村发展银行，并规定对其实行特殊政策；或者专门发行略高于一般国债利率的农村社会养老保险特种债券；在保证基金流动性的前提下，逐步减少农村社会养老保险基金的银行存款比例，适当提高国债的购买比例；今后随着投资工具的增加再逐步减少养老基金购买和持有国债的比例，避免由于通货膨胀等因素引起的基金贬值。

第四，将“新农保”的建设与“新农合”等制度进行衔接，逐步构筑完善的农村社会保障体系。农村地区要实行农村社会养老保险与土地保障、家庭养老相结合，与农村居民最低生活保障、商业保险等相关制度相衔接的政策，同时，统筹规划未来在更大范围内形成农村社会养老保险、城镇居民基本养老保险、企业职工养老保险以及机关事业单位人员养老保险“四位一体”的社会养老保障综合体系。在今后的发展完善过程中，要改变目前农村养老保险“各地为政、地方统筹、分散管理”的基本格局，在镇江市范围内出台一项规范性的基本政策，更好地整合各地资源，均衡财政补贴的力度，扩大养老保险基金的覆盖范围，提高养老保险基金的抗风险能力。要充分借鉴企业职工养老保险的一些成熟做法，这样有利于农村社会养老保险政策的长远发展。要切实为农民开辟绿色通道，对有能力、经济条件成熟的农民群体，可以鼓励他们自主选择参加城镇居民基本养老保险或是企业职工养老保险。要鼓励和提倡农民在有能力时在国家和集体的帮助下多点自我积累，这既有利于改善自己的晚年生活，又有利于减轻国家负担。① 通过建立和完善"农保"、"居保"、"企保"和机关事业单位人员保险的综合体系，使得社会保险覆盖范围不断扩大，有效地提升社会养老的整体水平和质量。镇江地处"苏南板块"，要借鉴经济发达地区的农村养老保障的一些做法，放眼未来，高起点地去着手建立一个较为完备的农村社会养老保障综合体系。要充分认识广大农民特别是困难家庭老人的保障需求，要把广大农民特别是困难家庭老人的保障作为工作的重点。在实施老年人的基本经济保障以后，逐步创造条件，增强农村敬老院的辐射和服务功能，建立社会化的养老服务体系，以应对老年人特别是高龄老人逐渐增多的社会服务需求。

① 景天魁:《城乡统筹的社会保障:思路与对策》,《思想战线》2004 年第 1 期。

第十七章　浙江省农村最低生活保障制度

浙江省是我国经济发达地区，也是农村经济相对发达的地区。全省共有人口4687.85万，其中农业人口3292.37万，①约占70%。2008年，浙江省农民人均纯收入达9258元，②处于全国领先地位。浙江省不存在国家扶贫开发工作重点县，仅有省定的25个欠发达地区；浙江省农村贫困人口的人均纯收入也远远高于全国农村贫困人口人均纯收入水平。1995年，浙江省农村最低生活保障工作开始在全省分步实施，并提出要建立"城乡联动一体化"的低保方针。在全国刚刚开始尝试建立城镇居民最低生活保障制度的背景下，这种模式属于一个大胆的突破性尝试。

一、浙江省农村最低生活保障制度的建立及发展

1995年，浙江省选择经济发展不同类型的绍兴县、东阳市、常山县等三个县（市）作为民政社会保障试验区，进行农村最低生活保障的试点探索；1996年，扩大至11个地级市的郊区和小康县市，农村低保对象增至35076人，年投入保障金1548万元；1998年，在全省实现了全面城乡低保制度全覆盖。此后，保障人数平均每年递增22.2%。③

经过几年的制度实践，2001年10月，浙江省政府出台并颁布实施《浙江省

① 浙江省统计局：《浙江统计年鉴2009》，中国统计出版社2009年版。

② 同上书。

③ 张晓芽：《浙江：低保普惠农民》，《中国妇女报》2003年2月26日。

最低生活保障办法》。这是全国第一部保障农民享有低保的政府规章，浙江贫困农民从过去接受解急济困式的关怀变成了享有法制保障。至此，无论是居民还是村民，只要拥有浙江省户籍的家庭就可享受"低保"；低收入家庭的申请一经当地民政部门核准，政府就要承担保障义务；只要符合低保条件的都能随时进入低保，不再有人数限制，在全国率先实现了困难群众"应保尽保"。另一方面，贫困农民如果基本生活失去保障，他们可以以"不作为"或"侵权"为由，依法申请行政复议直至提起行政诉讼，农村低保真正成了政府责任。此后，浙江省还先后出台《浙江省最低生活保障金管理暂行办法》、《关于明确最低生活保障制度若干政策的通知》，对最低生活保障制度从各个环节进行全面的规范。

2005 年 12 月，浙江省政府下发《关于进一步完善新型社会救助体系的通知》，明确了全省最低生活保障标准，其中城镇居民最低生活保障标准一般按当地最低工资标准的 40% 确定；农村居民最低生活保障标准原则上按城镇居民最低生活保障标准的 60% 确定。

截至 2008 年底，浙江农村贫困地区基本做到应保尽保，应补尽补，全省农村低保对象为 60. 8 万人，全省全年支出农村最低生活保障金 7. 95 亿元，[①]低保救助水平列全国第三位，仅次于北京、上海。2007 年，浙江省农村低保平均保障标

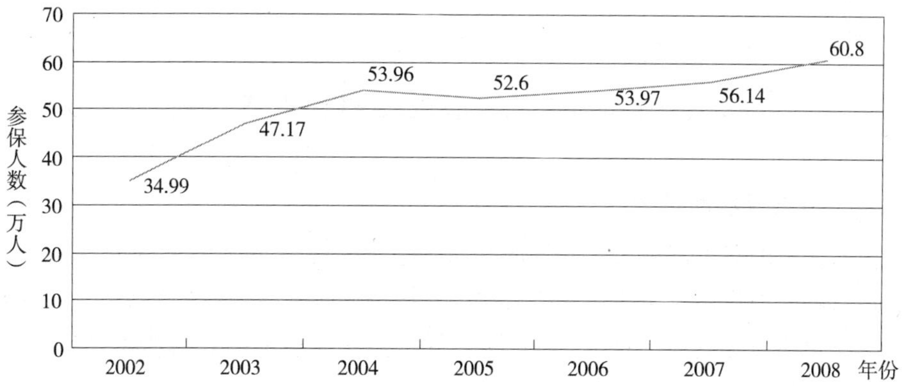

图 17－1　浙江省农村最低生活保障参保人数变化情况（2002—2008）

资料来源：浙江省统计局：《浙江统计年鉴 2009》，中国统计出版社 2009 年版。

① 浙江省统计局：《浙江统计年鉴 2009》，中国统计出版社 2009 年版。

准已达到167.29元/人·月,平均补差为94.66元/人·月。① 几年来,浙江省农村最低生活保障参保人数逐年上升(见图17－1),保障资金持续上涨(见图17－2),困难群众基本生活得到较好保障。浙江省在农村低保方面成为全国的"先行者",也成为全国推进城乡社会救助体系的典型。

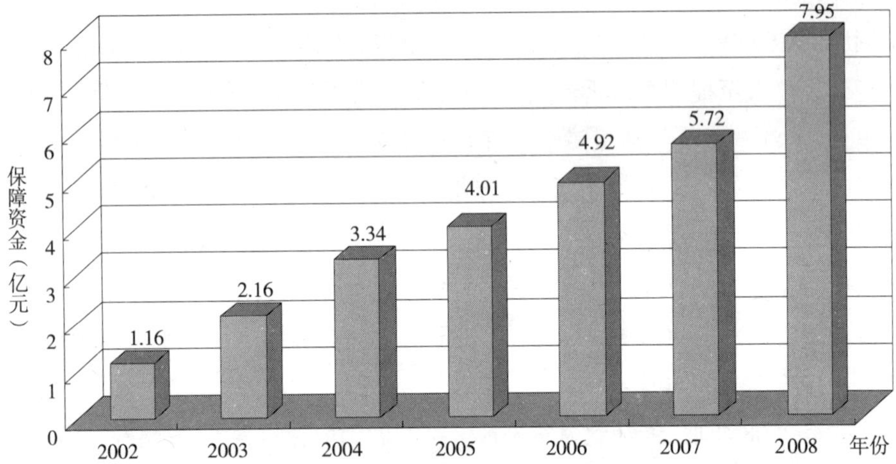

图17－2　浙江省农村最低生活保障资金变化情况(2002—2008)

资料来源:浙江省统计局:《浙江统计年鉴2009》,中国统计出版社2009年版。

二、浙江省农村最低生活保障制度分析

(一)低保救助对象

低保救助对象的确定是通过家庭收入调查,对照政府设立的最低保障标准来进行。一般规定凡常年居住在当地且具有当地户口,上年度家庭年人均纯收入低于户籍所在县(市、区)当年农村最低生活保障标准的农村居民,均纳入当地农村低保救助范围。②

① 民政部办公厅:《浙江省2007年低保工作成效显著》,民政部网站(http://www.mca.gov.cn/article/zwgk/dfxx/200802/20080200011769.shtml)。

② 贺大姣:《农村低保制度的操作程序及组织机构探析》,《求实》2008年第2期。

2007 年 7 月,国务院《关于在全国建立农村最低生活保障制度的通知》明确规定,农村最低生活保障对象是家庭年人均纯收入低于当地最低生活保障标准的农村居民,主要是因病残、年老体弱、丧失劳动能力以及生存条件恶劣等原因造成生活常年困难的农村居民。具体包括:家庭成员均无劳动能力或基本丧失劳动能力的无劳力户;家庭主要成员在劳动能力年龄段,但因严重残疾丧失劳动能力,家庭保障确有困难者;家庭成员虽在劳动能力年龄段,但因常年有病基本或大部分丧失劳动能力,家庭保障确有困难者;家庭主要成员因病、因灾死亡,其子女均不到劳动能力年龄段,生活特别困难者。

有关调查数据显示,浙江省农村低保救助对象中老年人和未成年人等非劳动年龄段的人占有相当大的比例,约为 48.11%;长期患病或残疾导致劳动能力低下或丧失劳动能力是造成生活贫困的重要原因,在农村低保对象中因病、因残致贫的占有相当的比例,约占 70.13%;初中以下的受教育程度者占有较大比例,约占 87.43%。①

根据《浙江省最低生活保障办法》规定,农村低保救助对象为:家庭人均收入低于其户籍所在的县(市)或设区的市的最低生活保障标准的居民、村民。按照规定,农村居民申请最低生活保障的,按其申请前 12 个月内的家庭收入总和计算家庭收入。

浙江省在家庭收入核查方面有着较为详细的操作细则。最低保障对象收入的计算范围指存在法定赡养、扶养、抚养关系并共同生活的家庭成员的全部货币收入和实物收入。2007 年,《浙江省最低生活保障家庭收入核定办法(试行)》出台,对"计入家庭收入的范围"进行了详细规定,共计有 14 项条款,包括:"个人因任职或者受雇而取得的工资、薪金、年终加薪、劳动分红、津贴、补贴以及与任职或者受雇有关的其他所得;个体工商户从事生产、经营及有偿服务活动所得;个人承包经营、承租经营以及转包、转租所得;劳务报酬所得;从事种植业、养殖业、捕捞业生产所得;利息、股息、红利所得;财产租赁所得;财产转让所得;赡养费、扶养费、抚养费;离退休金、失业保险金、基本生活费及各类养老保险金;精

① 陈广胜、马斌:《农村低保家庭劳动力就业的政策选择——以浙江省 8 个乡镇 2355 个农村低保对象为样本的调查分析》,《浙江社会科学》2007 年第 5 期。

减职工定期生活困难补助、遗属生活补助、人身伤害赔偿中的生活补助；继承性所得、赠与所得；偶然所得以及经省民政厅确认的其他应计入的收入”。同时，该办法列出了“不计入家庭收入的范围”，共计也有14项条款，包括：“优抚对象及政府给予特殊照顾的其他人员所享受的优抚、特殊照顾待遇；政府、政府部门及有关单位对工作、学习优秀者颁发的非报酬性奖励；建国前入党的农村老党员、老游击队员、老交通员的定期补助；因劳动合同终止（包括解除），职工依照国家和本省规定所获得的经济补偿金、生活补助费或一次性安置费；丧葬费、抚恤金；人身伤害赔偿中生活补助费以外的部分；因病、因灾、因学困难而得到政府救济款和社会捐赠款中用于治病支出、住房修复、学业开支部分；计划生育夫妇奖励扶助金及困难老人定期补助费；重度残疾人的定期补助；按最低缴费标准，由单位统一扣缴的社会保险费、住房公积金及个人自行缴纳的社会保险费；低保对象参加社区（村）组织的公益性服务劳动所得的奖励；低保对象首次就业或再就业，其一定期间内所取得的收入；水库移民后期扶持资金以及经省民政厅确认的其他特殊收入”。

上述办法较为详细地规定了计入家庭收入的范围，形成了全省统一的、操作规范的家庭收入核定办法，部分解决了过去低保家庭收入计算标准不统一导致的“应保未保”等问题。

（二）低保救助标准

国务院《关于在全国建立农村最低生活保障制度的通知》中明确规定，农村最低生活保障标准由县级以上地方人民政府按照能够维持当地农村居民全年基本生活所必需的吃饭、穿衣、用水、用电等费用确定，并报上一级地方人民政府备案后公布执行。农村最低生活保障标准要随着当地生活必需品价格变化和人民生活水平提高适时进行调整。

1. 浙江省农村最低生活保障标准分析

依据《浙江省最低生活保障办法》的规定，最低生活保障标准按照当地维持居民、村民基本生活所必需的费用确定。当地人民政府可以根据城乡差别，分别确定、执行不同的最低生活保障标准，同时，应当根据经济、社会的发展，对最低生活保障标准作适时的调整。凡是家庭收入低于标准的，可以申请享受低保。

2005 年底,浙江省规定:城镇低保标准按当地最低工资标准的 40% 确定,农村低保标准按城镇低保标准的 60% 确定,各地最低工资标准不同,低保标准也不同(见表 17－1)。从整体上看,浙江省农村最低生活保障标准明显高于国家平均水平(见表 17－2)。

表 17－1 浙江省主要城市农村最低生活保障标准及城镇(市区)最低工资比较

地区	2007 年农村低保标准(元/人·月)	2007 年城镇(市区)最低工资水平(元/月)	2008 年农村低保标准(元/人·月)	2008 年城镇(市区)最低工资水平(元/月)	2009 年农村低保标准(元/人·月)	2009 年城镇(市区)最低工资水平(元/月)
杭州	——	750	219	850	216	960
温州	—	750	174	850	201	960
湖州	—	—	168	——	191	—
嘉兴	—	670	185	750	212	—
绍兴	—	—	210	—	224	850
金华	135—170	—	173	—	190	850
台州	170	—	184	—	203	—
衢州	—	—	168	700	171	780
丽水	—	—	157	620—700	174	690—780
宁波	—	—	210	—	196	—
舟山	150	—	178	—	208	—

资料来源:民政部规划财务司:统计数据(http://cws. mca. gov. cn/article/tjsj/bzbz/)。

表 17－2 浙江省及全国农村最低生活保障标准比较

	2005 年	2006 年	2007 年	2008 年	2009 年
全国平均标准	—	—	70 元/人·月	82.3 元/人·月	95.7 元/人·月
浙江省平均标准	128 元/人·月	149.65/人·月	167.29 元/人·月	185.26 元/人·月	200.34 元/人·月

资料来源:民政部规划财务司:统计数据(http://cws. mca. gov. cn/article/tjsj/bzbz/)。

2. 浙江省农村最低生活保障标准的调整与管理

浙江省实施低保标准动态调整机制,根据经济、社会的发展,对最低生活保障标准作适时的调整。各地的调整标准文件要在当年第一季度出台,新标准最迟要在当年第二季度起执行。与此同时,浙江省实行动态价格补贴制度。在物价上涨年份,各级民政部门将结合本地实际,积极应对基本生活消费品价格上涨现象,及时足额地将物价补贴发放到低保对象手中。

(三)低保救助形式

对农村贫困居民实行救助一般有三种:一是发给最低生活保障金;二是资金和实物相结合,例如以粮款结合的方式,即以粮抵款,差额部分发给现金;三是提供服务,通过减免税费、提供工作机会等方式促使贫困农民走上自立的道路。①

浙江省农村最低生活保障对没有任何收入来源的农村保吃、保穿、保住、保医、保葬(保学)"五保"对象实行全额补助;对有收入来源、但低于低保标准的实行差额补助,即用保障线标准减去去年家庭人均收入,得出保障对象救助标准,并按季度于季初发放,其救助形式一般是现金救助。个别地方(主要是城郊)采用实物救助,并以超市消费卡形式发放;也有少数地方采取粮款结合的方式,首先满足人均口粮的救助,以粮抵款,差额部分发给现金。在低保发放形式上,省、县(市、区)、乡(镇)三级财政资金,一并汇总到乡镇,由乡镇救灾科室按照财政管理的有关规定和程序,委托当地信用社直接打入低保户专户,对于个别年老体弱、身体残疾、行动不便的低保户,则采取发放现金或代理发放现金的办法。②

除了定期定量救助外,浙江省还出台了一系列配套政策,如住房、就业、医疗、子女教育、税收、水电等优惠扶持政策。这些优惠政策实际上是农村低保制度的附带福利,主要存在于经济较为发达的地方。如杭州、温州、嘉兴等市对低保家庭进行危房改造;德清、桐庐等县市对困难家庭子女发放"教育券";杭州低保家庭免交农村合作医疗个人出资费;各地慈善机构对低保家庭实施大病援助等。除此以外,各级政府还通过行业帮助、单位扶助、社会互助、节日慰问等形式,多管齐下,全方位协调解决低保人员的家庭困难,积极帮助这些家庭脱困、致强、致富。③

---

① 刘娟:《农村最低生活保障法律制度研究》,广西大学2008年硕士学位论文,第21页。

② 朱明芬:《浙江省农村最低生活保障制度的现状分析与思考》,《中共杭州市委党校学报》2005年第4期。

③ 朱明芬:《浙江省农村最低生活保障制度的现状分析与思考》,《中共杭州市委党校学报》2005年第4期。

（四）低保资金筹集

《浙江省最低生活保障办法》规定：最低生活保障所需资金，由各级人民政府列入年度财政预算，纳入社会救济专项资金支出项目，专项管理，专款专用，实行财政专户管理。如果年内低保支出超过预算（由于一些不可预见性因素如自然灾害发生、流行病爆发、物价超常增长等引起低保户数量增加或低保标准提高），财政必须适时保证。从而防止了由于省、市、县、镇职责不明确而互相推诿，许多地方难以保证按时、足额支付的现象。

在低保资金承担上，各级政府是农村最低生活保障制度的组织者和资金的提供者，其中又以基层地方政府为主要承担者。浙江省农村低保试点工作开展初期，一般由县（市）、乡（镇）、村三级根据一定比例（如1997年浙江龙游市的分配比例为60：20：20）来分担低保资金支出，随着农村税费改革的实施以及取消农业税政策的出台，基层财力被大大削弱，浙江省取消了原村集体承担的部分，同时调整了乡镇的承担部分，低保资金支出主要由县（市）、乡（镇）财政来承担，后来省一级政府根据实际情况对困难县予以相应的资金补助，乡（镇）一级负担得到进一步减轻，县（市）一级财政承担了大部分的资金支出职责。①

以2004年为例，浙江省各级财政共出资4.147亿元，其中省级财政占16.5%，市地（配套）约10%，其余73.5%由县（市、区）、乡（镇）两级财政分摊，县、乡分摊比例根据各地财政收付体制、基层财政状况等多种因素协商决定，因此县、乡财政对低保资金的分摊比例各色各样，有的5：5，有的4：6，有的3：7，也有的为1：0。对于确有财政支付困难的县（市、区），省级财政酌情提供补助。②

（五）低保救助管理体制

1. 申领、审批程序

农村居民要享受最低生活保障待遇的权利，需要经过相应的程序。《浙江

① 财政部财政科学研究所“农村低保制度研究”课题组：《农村低保制度研究》，《经济研究参考》2007年第15期。

② 朱明芬：《浙江省农村最低生活保障制度的现状分析与思考》，《中共杭州市委党校学报》2005年第4期。

省最低生活保障办法》规定:"申请最低生活保障,应当由户主向其户籍地的镇(乡)人民政府书面提出。镇(乡)人民政府收到最低生活保障申请后,应当对申请人的家庭经济状况和实际生活水平进行核查,并委托申请人所在村民委员会公布申请人名单,征求群众意见。申请人名单的公布期不得少于7日。镇(乡)人民政府应当在12个工作日内完成核查工作,并将申请人名单、核查意见和材料以及有关群众意见报县(市、区)民政部门审批。县(市、区)民政部门应当在收到报送材料后7个工作日内完成审批。对家庭人均收入低于当地最低生活保障标准的家庭,应当批准给予最低生活保障。县(市、区)民政部门应当将审批结果函告镇(乡)人民政府,由镇(乡)人民政府书面通知申请人,并委托村民委员会公布准予救助的家庭(救助对象)名单。"

《浙江省最低生活保障办法》将最低生活保障申请、调查、审批、反馈的所有程序置于透明的公众监督之下,期望以此来防范徇私舞弊现象的发生,以体现公开、公正、公平的原则。同时,除了关注农民家庭收入的调查、完善最低保障金申请程序外,还规定救助对象有采取虚报、隐瞒、伪造等手段,骗取享受最低生活保障金的;或家庭人均收入增加,应当办理停发、减发最低生活保障金手续,但不按规定申报收入变化情况,继续享受原定最低生活保障金的,由县级人民政府民政部门给予批评教育或警告,并追回其冒领的最低生活保障金;情节恶劣的,处冒领金额1倍以上3倍以下的罚款。

2. 组织管理

在组织管理方面,各地一般都成立农村低保工作领导小组,民政局下设社会救助工作管理局专管各类社会救助工作,各乡镇民政所一般都配备了专职低保员,各村委会也配备了兼职低保干事(大多由村支书或村主任兼任),形成了一支农村低保工作人员队伍。许多地方每年还由市或县社会救助工作管理局对低保工作人员进行定期培训。①

1996年,浙江省在全面建立城乡低保制度的同时,成立了最低生活保障领导小组,办公室设在民政厅,各级政府相应建立了领导协调机构。各级民政部门作为最低生活保障制度工作的主管部门,负责本地区最低生活保障制度一体化

① 贺大姣:《农村低保制度的操作程序及组织机构探析》,《求实》2008年第2期。

管理工作。民政部门努力建设乡镇、街道劳动保障和社会救助综合管理服务机构,对落实救助政策、便利困难群众办事发挥了重要作用。

目前,浙江省在农村低保救助的组织管理上,尝试实行资源整合机制。以湖州市为例,充分整合行政资源,建立了21个市级部门联系机制,构建社会救助统一平台,全面实施救助资源、救助政策、救助载体三大整合,形成了各部门共同参与、齐抓共管的格局。同时积极向下延伸机构,专门建立乡镇、街道劳动保障和社会救助服务工作站,使各部门和社会各类救助资源集中到乡镇、街道救助机构,实现低保工作系统化,为低保退出机制的运行提供了保障。①

三、浙江省农村最低生活保障制度存在的问题

浙江省农村最低生活保障制度的建立与实施,起步早,操作规范,运行沉稳,改变了原有的农村救助办法,保障了部分农村困难群众的基本生存权,促进了农村社会的稳定。但该制度尚存在一些不完善的地方,需要进一步加以改进。

(一)需要加大人力和物力的投入

农村最低生活保障是一项长期的社会救助制度,涉及范围广,需要掌握人数众多的家庭收入及其变动情况,接受低保申请和咨询,进行情况核实和审批,因而,要求有专门的机构、信息化的管理手段和高素质的管理人员来实施管理。但是,目前的情况是人力、物力和财力的投入还不够,部分市、县(区)、乡(镇)民政部门新设立了劳动保障与社会救助综合管理办公室,一般县(市、区)都是由民政部门下属的社会救助科室兼管,缺乏专门的管理机构;在管理手段上,大量的信息统计还是手工进行。随着城乡低保工作的扩面、升级,低保管理人手不足、管理人员素质低下、信息化手段滞后的矛盾日益突出。②

① 民政部办公厅:《浙江省湖州市创新低保对象动态管理五个机制》,民政部网站(http://www.mca.gov.cn/article/zwgk/dfxx/200807/20080700018798.shtml)。

② 朱明芬:《浙江省农村最低生活保障制度的现状分析与思考》,《中共杭州市委党校学报》2005年第4期。

（二）资金筹集来源单一

浙江省农村最低生活保障资金来源于财政资金，各级政府为筹资主体。虽然这种筹资方式体现了政府为社会成员提供基本生活保障的责任与义务，但低保资金筹集存在来源单一的缺点。目前，我国没有相关的社会团体或企业对最低生活保障资金进行赞助，一部分企业或个人的捐赠也被归口到慈善机构后分散使用。另一方面，慈善机构通常对农村居民只是提供一些临时的救济，对定期定量补助的最低生活保障对象并没有给予相应的支持。虽然各地都在采取措施，加大社会参与力度，鼓励社会和个人为农村最低生活保障提供捐赠资助，以筹措农村最低生活保障资金，但到目前为止，收效不是太大。

（三）城乡低保差距较大

虽然浙江省从一开始就强调“城乡联动一体化”的低保方针，强调城乡居民平等的救助权利，但不论是在低保的覆盖面上还是救助水平上，农村居民都与城市居民有着较大的差距。统计数据显示，2008 年，浙江省城镇居民人均可支配收入达 22727 元，比上年增长 10.5%，人均消费 15158 元；农民人均纯收入为 9258 元，比上年增加 10.6%，人均消费 10246 元。农村低保人数为 60.8 万人，农村社会救济支出 7.95 亿元；城市居民最低生活保障资金支出 2.73 亿元，而低保人数仅为 9.28 万人。农村每人每年平均的低保金额为 1307.6 元，而城市每人每年平均的低保金额达到了 2941.8 元。①

可见，虽然浙江农村居民的收入水平与城市居民相比有很大差距，消费水平却异常接近，但城市居民享受的低保金额远大于农村低保户。农村低保人数为城市低保人数的 6 倍多，但是人均低保金数额却不足城市人均低保金数额的二分之一。另外，城市低保户往往有食品补贴、交通水电补贴、住房补贴等福利补贴，这些附带福利使得城市低保救助显得“含金量”高；而大部分农村地区的低保救助缺乏相应的附带福利，农村低保户享受的救助待遇明显低于城市居民，城乡低保存在着巨大的差距。

① 浙江省统计局：《浙江统计年鉴 2009》，中国统计出版社 2009 年版。

(四)退出机制不健全

由于各项因素的不断变化,农村低保的标准确定难度较大,同时,低保户家庭收入的动态监测较为困难。因此,一些农村低保户当其人均收入超出低保标准线后不能及时被退出或不愿退出低保,这样就可能导致应该享受低保的农村居民没有资格和机会享受低保,而已不符合低保资格的村民占用了有限的低保资源。浙江省农村低保进入机制和资金保障机制近几年来都有了较快的发展,但农村低保退出机制发展则相对缓慢,许多地区出现了"进入容易、退出难"的问题。

四、完善浙江省农村最低生活保障制度的对策与建议

(一)拓展渠道,实现低保资金的多方筹集

1. 建立混合筹资机制

当前,有必要改变农村最低生活保障所需资金原则上全部由各级政府财政负担的状况,实行低保资金的多方筹措。在确保公共财政对社会救助的投入每年都有较大幅度增加的前提下,充分调动民间的积极性,广泛筹集社会资金。可以从以下几方面着手:第一,把社会捐助作为农村最低生活保障筹资的重要渠道。通过落实国家有关税收照顾政策、授予各种荣誉等方式,鼓励非公有制经济、个体工商户、其他高收入阶层、第三部门及社会各界向农村最低生活保障制度捐款,使捐款者获得一定的社会回报。第二,发行福利彩票,进一步扩大资金的筹集渠道。当然,在丰富筹资渠道的同时,必须建立规范的农村最低生活保障基金,并严格管理和运作,避免捐助资金的滥用。

2. 加强资金管理,提高资金利用效率,实现周转增值

农村最低生活保障金是用于保障对象基本生活的专项资金,各级财政、民政部门应当采取措施,强化资金的管理监督工作,对各地实施的具体情况定期进行抽查,确保资金专项管理、专账核算、专款专用,任何单位和个人均不得截留、挤占和挪用。

如果最低生活保障资金有盈余,可以将其投入经营活动,如存入银行或购买

债券,投资开办经济实体,委托投资公司进行投资等。由于农村最低生活保障资金是专项基金,资金的投资只能在保证专款专用的前提下,充分发挥资金的时间价值,使资金通过各种渠道进行周转得到增值。①

(二)尽快建立信息化服务网络,规范操作体系

农村低保工作涉及的地域面积广,低保对象居住分散,管理人手紧缺,尤其是随着城乡低保"应保尽保"、"扩面、升级"工作的不断深入,低保工作量还将越来越大。网络信息化管理是提高低保服务效率的必要手段。因此,各级政府在确保低保经费的同时,还应加大城乡低保信息化的网络设施和人员配备经费的投入,形成省、县(市)、乡、村四级低保信息网络,保证农村低保基本做到网上申请、网上审批、网上公示以及网内资源共享,大力加快信息化进程,努力提高低保服务效率。此外,要改变目前劳动保障与社会救助综合管理由县(市、区)民政部门下属的社会救助科室兼管的情况,建立起覆盖全省各地区的劳动保障与社会救助综合管理办公室,使农村低保有专门的管理机构进行综合管理。

(三)建立健全低保退出机制

建立健全低保退出机制的重点在于做好以下三方面的工作:一是客观、科学、及时地监测农村贫困人群家庭收入的变化情况,一旦受助家庭人均收入超过低保线或超过低保线规定的标准,则自动取消其低保资格。如《浙江省最低生活保障办法》中就规定:家庭有就业能力的成员无正当理由拒绝就业,不自食其力的;家庭拥有闲置的生产性设施或除住房等基本生活必需品外的非生产性设施、物品,按变现后计算,人均值为当地最低生活保障标准6倍以上的:家庭实际生活水平明显高于当地最低生活保障标准的,不予批准享受农村最低生活保障。二是实行人性化管理,让农村贫困人口感受到进入低保不受歧视,退出低保光荣。三是拓宽就业渠道,实施救助渐退政策。对有劳动能力而无劳动意愿的低保人员,基层组织以介绍二次工作为限。一次介绍后,若因劳动者故意而丧失工作机会,则在随后的半年内对其本人享受的低保金进行逐月抵扣;二次介绍工作

① 肖云、李亮:《农村最低生活保障制度筹资研究》,《合作经济与科技》2009年第8期。

又因自身过错而失业，则取消其本人的低保资格。与此同时，对就业者实施就业奖励，即当地最低工资标准与低保标准的差额不计入家庭收入。若扣除就业奖励后，家庭收入超过当地低保标准的，则实行救助渐退政策。此项工作旨在让有劳动能力和就业愿望的人员重新就业，帮助零就业家庭成员至少一人实现就业或再就业。从而实现低保制度在保证困难群众基本生活的同时，又能促进困难群体积极就业，逐渐形成低保渐退的机制。①

（四）坚持以“城乡一体化”为目标

城乡社会保障制度应该是统一的，城乡居民都应平等地纳入社会保障的总体框架中。政府应坚持城乡一体化的政策导向，改变重城市、轻农村的社会保障政策，逐步缩小城乡社会保障水平的差距。一方面，应逐步削减政府在城镇的福利开支，取消或降低城镇居民的福利补贴，如食品补贴、交通水电补贴、住房补贴等；同时，按照权利与义务对等的原则，完善城镇社会保障制度。另一方面，应改变长期以来实行的重城轻乡的政策，加大对农村社会保障的投入力度，提高农村已有的社会保障水平。国家应当在政策和资金上向农村、农民倾斜，加大对农村基础设施、基础教育的投入力度，以加快农村经济的发展，为农村社会保障体系的发展奠定坚实的经济基础。②

---

① 《计时华委员代表民革浙江省委会的发言——加强动态管理，进一步落实完善最低生活保障制度》，浙江省政协网站（http://www.zjzx.gov.cn/Item/9022.aspx）。

② 曾云燕：《农村最低生活保障的现状分析与政策建议》，《郑州轻工业学院学报》2009 年第 3 期。

第十八章　浙江省嘉兴市失地农民社会保障

嘉兴地处杭嘉湖平原，历史上以农业生产为主，拥有大量的农业人口。随着经济建设和工业化、城市化进程的加快，征用农地日益增多。大量土地被征用，失地农民越来越多，如何安置失地农民，成为一个十分棘手的问题。为此，嘉兴市从1993年开始进行大胆探索，逐步形成了“以土地换社保”为核心的失地农民安置政策框架，较好地解决了工业化、城市化过程中因征地引起的一系列矛盾和问题，维护了社会稳定。

一、“以土地换社保”政策的提出

嘉兴人多地少，人地矛盾一向比较突出。1993年以前，对被征地农民的安置主要采取以下两种做法：(1)企事业单位用地的，征地单位招农民进单位工作；(2)对农民进行一次性补偿。但是随着改革的深化，就业方式逐步转变，上述办法的弊端在实践中日益显现，难以维系。随着国有、集体企业改革的不断深化，企业用工制度逐步市场化；在实施公务员制度后，事业单位用工也越来越多地采取公开招考、择优录用方式。因而政府对失地农民就业安置的渠道越来越少，以土地工方式安置已不合时宜。以货币一次性补偿安置虽然简便易行，但这种方法往往无法发挥长久的保障功能，一旦补偿费用完，农民生活无着，必然引发新的社会矛盾，政府还是要出面解决。

工业化、城市化的目的是促进包括农民在内的全体人民群众的福利，是为了缩小城乡差别，而不是扩大社会分配不公和产生新的贫困。1993年，嘉兴率先在市区进行征地制度改革试验，出台《嘉兴市区土地征用工安置暂行规定》，并于1998年出台《嘉兴市区土地征用人员分流办法》。这一政策的基本内容是“以土地换社保”，即土地被征用以后，失地农民“农转非”，并进入社会养老保险体系，按月领取养老金。通过这一办法，失地农民的基本生活将得到长期保障。为确保这一政策贯彻执行，嘉兴市还先后制定了失地农民就业扶持和就业培训等配套措施。经过多年的探索和实践，形成了一整套关于土地征用、补偿和安置的政策措施，走出了一条“以养老保险安置为主要方式，与就业市场化相适应”的失地农民社会保障新路。

二、失地农民社会保障的主要做法①

1. 统一征地补偿标准，保障农民合法权益

主要做法是，除水利建设外，不论市政项目和非市政项目用地，均统一征地补偿标准。目前，劳力安置费为4.3万元/人，土地补偿费为7400元/亩。

2. 建立以养老保险为主的被征地农民基本生活保障制度

保障对象为被征地时的在册农业人口，保障的重点是劳动年龄段内和劳动年龄段以上人员。具体保障措施主要有：①投保标准：缴纳年限以征地时在农村的劳动年限计算，最低从年满16周岁起算，每满1年为其缴纳1年的社会保险统筹费，最高为15年。市社保处为征地人员设立个人账户。缴费标准的计算公式为：上一年全省职工平均工资×85%×17%（缴费比例）×15年。②享受待遇：对男满60周岁、女满50周岁人员，在签订征地协议后次月，开始每月发放养老金398元（相当于城镇企业职工的最低退休养老金）；对男45—60周岁、女35—50周岁人员，每月发150元生活补助费和10元医疗包干费，达到退休年龄后享受相应养老待遇；对男16—45周岁、女16—35周岁人员，一次性发给自谋职业费8000元，达到退休年龄后按照实际缴费情况享受相应养老待遇；对16周岁以下人员目前采取一次性农转非，并采取逐步补偿的方法，直至补偿满8000元。③资金来源：一是征地安置补助费，不直接支付给村集体和农民，而是划入劳动

① 曹小明：《“以土地换社保”——嘉兴市失地农民社会保障体系建设的思考》，《四川经济管理学院学报》2004年第3期。

保障部门设立的“安置费”专户，其中缴费比例中7%作为个人账户资金；二是部分土地补偿费，有条件的村可将集体资产用于提高本集体经济组织成员的养老保险待遇；三是政府财政“托盘”。

3. 建立就业援助和失业保险机制

就业援助政策主要有四项：一是推出小额贷款担保、税费减免等优惠政策；二是鼓励发展就业容量大的劳动密集型产业；三是积极开发社区服务、家政协理等就业岗位，不断拓宽就业渠道；四是开展择业辅导和就业培训，采取社保补贴、岗位补贴等办法，帮助失地失业人员解决就业困难。

失业保险机制。对男16—45周岁、女16—35周岁的被征地人员，分流方式可选择：①自谋职业+养老保险，一次性发给自谋职业费8000元/人，并按征地时在农村劳动年限（最低从年满16周岁起算），每满1年为其缴纳1年的养老保险统筹费，最高为15年；两年后没有职业的，可申领失业证。②自主择业，征地时发给《征地人员手册》，直接进入劳动力市场，并按征地时在农村劳动年限，每满2年为其缴纳1年的养老保险统筹费，最高为15年；对未就业者每月发放生活补助费和医疗包干费160元，最高不超过两年。③对征地时16周岁以上被征地人员，自愿办理自谋职业手续的，一次性发给自谋职业费12000元/人；两年后没有职业的，可申领《失业证》。对在征地时未满16周岁的被征地人员或在校学生，当其进入劳动年龄或学习毕业后，发给《失业证》，进入劳动力市场。

4. 推行社区股份合作制改革

按第一轮土地承包面积和对集体经济贡献的大小，将集体资产股份量化到人，成立股份经济合作社，资产的最终所有权属于个人。

5. 建立征地调节资金

征地调节资金主要用于统一垫付征地补偿费用、被征地农民参加养老基本生活保障的补助以及被征地农民劳动技能培训的经费补助。征地调节资金开始是由政府财政资金“托盘”。根据嘉兴市政府的规定，为解决被征地农民养老基本生活保障资金的缺口，2004年1月1日起，从市本级经营性土地出让金中提取一定比例建立征地调节金，补充养老基本生活保障资金。

6. 与原征地政策相衔接

1993年以前实行就业安置，又由于非个人原因而失业的被征地人员实行后续政策，除企业在解除劳动合同时按每 1 年工龄补助 1 个月的工资外，再按“（征地后参加企业工作时的年龄-16 岁）÷2×每月工资”追加补助，同时参照城镇集体企业下岗职工享受 500 元的职业培训和 50 元的免费择业指导。实行股份合作制改革的村，还从村集体净资产中提出 5% 用于补助 1993 年以前的失地农民；按人均 300 元标准提给新的居委会，用于补助养老保险、合作医疗和就业。

三、实践中存在的问题和不足

以“土地换社保”为基本内容的保障制度，较为有效地保障了失地农民的长期利益，使他们在失去土地后，仍能维持基本生活。这对于维护社会稳定，加快城乡一体化进程发挥了重要作用。但这一政策推行之初只在一定程度上解决了失地农民的基本生存问题，而诸如医疗、失业保障等关系到被征地农民切身利益的重大问题，并未列入“土地换社保”的范畴，更不用说今后如何致富奔小康了。由于上述机制对长远性、可靠性、法律性和可操作性等安全因素的考虑尚欠完备，不少问题很快就显现出来。

1. 基本生活面临压力

养老保险只解决了退休年龄阶段失地农民的基本生活保障，其他年龄段失地农民基本生活仍面临压力。据统计，从 1993 年至 2003 年 8 月 30 日，嘉兴市区规划区内失地农民为 3.43 万人，通过“土地换社保”参加养老保险者为 19683 人，已开始领取养老金人数仅为 6212 人。尽管对失地未就业农民规定有 150 元/人·月生活补助费和 10 元/人·月的医疗包干费，但远不能满足基本生活需求，何况最多也只能领取 24 个月。由此可见，被征地农民中不少人生活压力还是很大的。

2. 失地农民收入下降，生活保障安全性不强

一方面，征地补偿费用偏低，难以保证农民在失地后获得与从事经营土地相当的收入，从而难以保证和延续目前的生活水平和消费水平；另一方面，由于现有的养老保险缺乏正常的增资机制，总体收入反而有所下降。

3. 长期性保障，尤其是医疗保障不可靠

首先，土地征用后的安置补助费和土地补偿费本来就属于农民所有，政府用

这笔钱替农民建立社会保障，本质上仍是农民自费买保险，土地补偿费并未真正到手；其次，由于现行补偿标准偏低，许多农民在拆迁重置商品房后已所剩无几；再次，对失地农民的医疗问题规定不明确，虽然参加城乡合作医疗保险为失地农民起到了消除因病致贫的作用，但整体保障水平低。

4. 土地的财富观念没有得到体现，农民无法靠土地致富

农民拥有和使用的土地是以极低的、非市场化的价格被征用的，而征用后的土地是以市场价格进行交换的。由政府垄断土地级差收益为重要特征的“土地换社保”方式，并没有充分尊重农民对土地财产的所有权及其使用、收益和处分权，也剥夺了农民子孙后代对土地的继承权，失地农民后代的生活、教育和就业等无法得到有力保障。

5. 长效保障操作难度高

失地农民就业困难，失业率高，岗位不稳定，重新就业更难，长效保障操作难度高。农民直接从土地走向城市，生活环境变化加上自身文化、技能素质方面的不足，成为就业大军中最主要的“弱势群体”，特别是中老年农民。失地农民就业难、失业率高，已成为失地农民保障过程中最难以解决的棘手问题之一。

四、在城乡一体化中发展失地农民社会保障

社会保障制度是一个社会文明和进步的重要标志。嘉兴从本地实际出发，对失地农民社会保障制度进行了大胆的探索和实践，形成了比较适合当地实际情况的政策措施，在维护农民根本利益的同时，也优化了当地的投资环境，具有一定的首创性和借鉴意义。但面对日益增多的失地农民，政府的目标不应仅停留在基本生活的保障上，而是应该保障其实现小康和富裕。因此，必须进一步发展和完善目前“土地换社保”的保障机制，通过多种渠道，建立和完善失地农民社会保障制度。

（一）失地农民最低生活保障

农民作为一个社会弱势群体，其最低的生活保障权利往往被以各种原因所忽视。如 1999 年，国务院颁布的《城市居民最低生活保障条例》，其适用的范围

就仅限于城市居民,而将广大农民排除在保障范围之外。失地农民既有别于农民,又不同于城市居民,成为一个边缘群体。他们既不同农民一样享有土地保障,也不享有同城市居民一样的社会保障。最低生活保障是国民应享有的基本权利,必须重视失地农民最低生活保障的建立。2001 年正式实施的《浙江省最低生活保障办法》规定了城乡一体化的最低生活保障制度,这为建立失地农民最低生活保障提供了政策法规上的支持。①

(二)失地农民养老保险

随着《嘉兴市区土地征用工安置暂行规定》、《嘉兴市区土地征用人员分流办法》、《关于市区土地征用人员分流办法补充意见的请示》、《关于贯彻浙政发〔2003〕26 号文件〈浙江省人民政府关于加快建立被征地农民社会保障制度〉的若干意见的通知》等文件的实施,嘉兴市被征地农民基本生活保障制度日渐完善,近 30 万被征地农民实现"应保尽保",其中有 7. 6 万人开始领取养老金。政府还确立了基本生活保障金随物价上涨而进行增长的机制。2006 年,嘉兴市劳动和社会保障局发布《关于调整被征地农民基本生活保障金的通知》规定:市本级从 2005 年 7 月 1 日起调整被征地农民养老基本生活保障金标准,由每月 423 元调整为 425 元,从 2006 年 7 月 1 日起由每月 425 元调整为 464 元。另据嘉兴市政府办公室规定,市区 1993 年前部分被征地农民养老生活补助标准,自 2006 年 7 月起从每月 150 元、210 元分别调整到 164 元、229 元。截至 2008 年底,嘉善县共分流安置被征地农民 69766 人,其中参加养老生活统筹的为 49018 人,目前已有 25761 人享受到了养老生活补助待遇,人均每月领取养老生活补助 325 元。②

2007 年 4 月初,人民日报社记者到嘉兴市余新镇余北村 16 组采访,听到 68 岁的农民项玉宝笑着说:"做梦也没想到,我这个农村老头如今也像城里人一样,每月可以领取养老金了。"2002 年,嘉兴市开始实行农村被征地农民养老保险后,项玉宝和老伴每月可以领到 900 多元的养老金,这让他们老两口没了后顾

① 鲍海君、吴次芳:《论失地农民社会保障体系建设》,《管理世界》2002 年第 10 期。

② 朱土根:《关于如何完善被征地农民的社会保障的思考》,《嘉兴日报》2009 年 1 月 15 日。

之忧。作为较早实施被征地农民基本生活保障和就业安置的省份,2002 年浙江就出台了《关于加强和改进土地征用工作的通知》,对现有征用制度进行改革,加大被征地农民就业工作力度,建立健全被征地农民基本生活保障制度。通过实施"土地换社保"的制度,浙江被征地农民有了基本生活保障。①

2007 年 9 月,嘉兴市政府为完善社会养老保险体系,保障城乡居民年老后的基本生活,统筹城乡发展,构建和谐社会,又出台了《嘉兴市城乡居民社会养老保险暂行办法》。《办法》规定:本市行政区域内,凡年满 16 周岁至 60 周岁,职工基本养老保险或现有各类社会养老保障对象之外的城乡居民(不含在校学生),均可参加城乡居民社会养老保险。城乡居民社会养老保险制度,坚持以参保人员个人缴费为主、地方财政给予补贴、集体经济适当补助,以及权利与义务相统一的原则。实行个人账户与社会统筹相结合的办法。城乡居民社会养老保险费按规定的缴费基数和比例缴纳,采取按年缴费的方式。缴费基数分别为市统计局核定、市劳动保障局公布的上上年度全市农村居民人均纯收入、城镇居民人均可支配收入或两者之平均数,个人缴费比例为 8%(今后随着经济发展和城乡居民收入的提高,个人缴费的比例逐步提高到 10%)。农村居民可任选其中一个基数缴费,城镇居民可选择后两个中的一个基数缴费。城乡居民参保缴费时,统筹地财政分别按当期缴费基数的 5% 给予补贴(农村居民统一以全市农村居民人均纯收入为基数,按 5% 比例补贴),其中 3% 用于建立参保人员补贴账户,2% 用于建立城乡居民社会养老保险统筹基金。市本级由市、区两级财政分别按 2.5% 的比例承担;各县(市)由县(市)、镇(乡、街道)两级财政分别承担。

可见,嘉兴市随着经济社会的发展,社会养老保险已经将承包了土地和失去了土地的农民都覆盖了,为未来城乡发展构建了和谐的社会环境。

(三)失地农民医疗保障

嘉兴市出台《关于做好市本级 2008 年城乡居民合作医疗保险工作的意见》,对参保对象、筹资办法和补偿办法等做了规定。

---

① 《长三角改善民生报道:为农民织一张民生保障网》,《人民日报》2007 年 4 月 10 日。

1. 参保对象

参保对象包括：本地户籍的农村居民；本地户籍的、非城镇职工基本医疗保险对象的城镇居民（包括老年人、未成年人、丧失劳动能力的残疾人以及其他城镇非从业人员）；非本地户籍的、在本地就业或就学并办理居住证的企业中非城镇职工基本医疗保险对象和中小学生。城乡居民合作医疗保险对象只能选择一个区级统筹单位参保。凡已参加各种城镇职工基本医疗保险者，不得再参加城乡居民合作医疗保险。根据政策，失地农民被包括在参保对象中了。

2. 筹资办法和标准

根据嘉兴市有关文件精神以及国务院关于建立城镇居民基本医疗保障制度的有关要求，2008 年市本级城乡居民参加合作医疗保险人均总筹资额为 200 元，个人出资标准为 80 元/人·年，镇（街道）财政按不低于 30 元/人·年的标准资助，区财政按不低于 35 元/人·年的标准资助，市财政按不低于 43 元/人·年的标准资助，省财政按 10 元/人·年的标准资助，中央财政按 2 元/人·年的标准资助。人均筹资总额 200 元中，统筹基金不低于 140 元/人·年，个人账户基金以户为单位建立，不低于 60 元/人·年。

3. 补偿办法

（1）城乡居民合作医疗保险统筹基金设住院费用起付线，乡镇（街道）卫生院（社区卫生服务中心）和区级医院为 300 元，市级医院为 500 元，省级医院和市外医疗机构为 1000 元。

（2）年度住院费用最高补偿额为 70000 元，学生为 120000 元。

（3）住院费用补助比例为列报费用的 60%，未成年人为 70%。

（4）普通门诊费用补偿主要在乡镇（街道）卫生院（社区卫生服务机构）实行。普通门诊费用补偿先由个人账户（家庭账户）支付；个人账户（家庭账户）用完后，其一般门诊费的医药费部分按列报费用的 20% 补偿，由统筹基金支付。个人账户（家庭账户）当年未用完的可转至下一年使用。

（5）为鼓励参加合作医疗保险的城乡居民就近就医，凡转市级医疗单位住院者，补偿标准下降 10 个百分点；凡转省级以上和市外医疗单位住院者，补偿标准下降 15 个百分点。

（6）特殊门诊费用补偿。对恶性肿瘤、糖尿病、精神病、风湿性心脏病、器官移植后的后续治疗等慢性疾病，当年未享受住院补偿的，其门诊费用可列入合作医疗保险统筹基金补偿，全年累计4000元以上（含4000元）部分补偿30%，每人每年最高补偿额为4000元。

嘉善县在鼓励和引导有条件的被征地农民参加基本医疗保险的同时，研究建立被征地农民住院和大病专项医疗保险办法，具体政策参照“低费率、小账户、保大病”的医疗保险办法；并研究与农村合作医疗“管理并轨、政策接轨”，促使已参加农村合作医疗的被征地农民转入专项医疗保险，提高医疗保障水平。随着这一政策的实施，包括失地农民在内的广大农民的医疗保障水平大为提高。

（四）为失地农民提供受教育和培训的机会

社会保障制度在历史上随社会经济和科学技术而不断发展，是社会进步的重要标志。但长期以来存在这样一种误解，即认为社会保障只包括人们的生老病死等问题，而把教育和职业培训排除在外。实际上，现代社会保障制度的内容十分广泛，不仅包括人们的物质生活方面，而且还包括人们的精神生活方面。失地农民不仅有生存权的问题，而且也有发展权的问题。

美国、日本等国家都非常重视教育和职业培训在社会保障中的作用，以发挥非物质性的社会保障对现代化的重要作用。在美国一些地方，如果申请救济，经办人员会首先问你愿不愿意接受某种职业的培训。从20世纪60年代开始，美国颁布了许多关于职业培训和职业教育的法令。通过职业培训，提高了劳动者素质，有利于劳动者就业，在一定程度上缓解了失业问题。

长期以来，我国农民（包括失地农民）由于缺少受教育和培训的机会，文化素质和知识技能低下。农民失去土地后，他们在社会上的竞争能力十分有限，面临着极大的风险。为了让失地农民过上更好的生活，维护社会稳定，我们无法想象大批失地农民靠最低生活保障而生活。为失地农民提供受教育和培训的机会，既可以提高农民素质，增强技能，又可以减少保障基金的支出，增加就业岗位。

嘉兴市政府《关于贯彻浙政发〔2003〕26号文件〈浙江省人民政府关于加快建立被征地农民社会保障制度〉的若干意见的通知》规定：积极促进劳动年龄段内的被征地农民实现就业。就业管理服务机构要向劳动年龄段内被征地农民发放《嘉兴市征地劳动力手册》，并按有关规定核发《嘉兴市再就业优惠证》。征地时要依托乡镇（街道）社会事业所（站）的工作网络，对被征地农民组织一次职业指导培训。三年内减免一次职业技能培训费，给予免费职业介绍。探索和创新培训方式，实行订单式培训和定向培训。鼓励被征地农民自谋职业、自主创业，从事个体工商经营、家庭手工业和从事农村土地承包经营。相关部门要简化手续，给予城镇集体企业失业人员同等政策优惠。

五、进一步的思考

嘉兴市乃至整个浙江省的失地农民社会保障工作做得已经比较好了，当然，从保障农民和失地农民根本利益的角度来看，针对失地农民的社会保障工作还应注意以下问题。

1. 坚持市场化方向，逐步提高土地征用补偿费标准

包括：(1)建立合理的利益补偿机制。土地征用补偿应充分考虑农村经济发展和农民收入增长的实际情况，提高标准应不低于农民征地补偿费全部进入社保后能领到的城市居民最低生活保障金，而且能根据物价和生活费用的实际变化逐步调高。(2)建立合理的利益分享机制。对除纯公益性项目用地以外的征地项目，应逐步引入谈判机制，让集体经济组织作为市场主体一方，代表农民同征地主体平等协商谈判，让农民分享征地的增值收益或土地直接参与市场交易的收益。

2. 搞好"留地安置"，增强集体经济实力

"留地安置"是一种快速、实惠、有效的解决部分失地农民就业问题的好办法。因此，在征地过程中应注意预留或置换部分土地，由集体经济组织严格按照城市规划要求，兴办第二、三产业，发展集体经济，解决部分失地农民的就业和生活困难，并为以后农村社区向城镇社区过渡创造条件。

3. 积极发展地方经济，创造更多就业机会

发展地方经济，创造更多就业机会，以发展促就业，是解决失地农民就业难的根本途径。(1)加大招商引资力度，吸引更多内资、外资企业投资兴业，创造就业岗位，为失地农民提供更多就业机会。(2)在积极发展高新技术产业的同

时，重视发展适度规模的劳动密集型产业，增加就业岗位。(3)加快第三产业发展速度，努力提高第三产业比重。一方面，第三产业属劳动密集型产业，提供就业机会较多；另一方面，第三产业中的不少岗位对劳动者素质的要求不高，较适合失地农民就业。(4)进一步调动民间投资主体积极性，努力扩大个体、私营、民营等大量非公有制经济的规模总量和比重，扩大就业容量。

4. 为失地农民提供法律援助

如前所述，失地农民是一个社会弱势群体，当他们的权利受到侵害时，他们往往没有能力支付因启动并进而运用行政救济途径所需的各种成本（包括金钱、时间、精力、相关法律知识等）。"法律面前人人平等"的宪法原则，首先要求所有公民一律平等地站在法律面前，即公民接近法律的能力不应受到其他条件尤其是经济状况的影响。"物质财富的拥有，可以有先后之分；司法正义的获得，不能有先后之别！"这就要求建立社会保障体系时必须为失地农民提供法律援助。法律援助是社会弱者接近法律、实现其行政救济权的重要保障。它可以通过提供法律帮助的形式，以确保失地农民在其合法权益遭到侵害时具有平等的接近法律、寻求保护的能力。

参考书目

“福建省农村社保模式及其方案研究”课题组:《农村社会养老保险制度创新》,经济管理出版社 2004 年版。

“建立新型农村社会保障制度研究”课题组:《建立新型农村社会保障制度研究》,安徽大学出版社 2008 年版。

安东尼·哈尔、詹姆斯·梅志里:《发展型社会政策》,罗敏等译,社会科学文献出版社 2006 年版。

布·布坎南:《宪政经济学》,冯克利等译,中国社会科学出版社 2004 年版。

蔡昉、万广华:《中国转型时期收入差距与贫困》,社会科学文献出版社 2006 年版。

陈良瑾:《社会救助与社会福利》,中国劳动社会保障出版社 2009 年版。

陈群林、靳尔刚:《国外社会福利制度精选》,中国社会出版社 2005 年版。

程晓明:《卫生经济学》,人民卫生出版社 2007 年版。

成新轩:《国际社会保障制度概论》,经济管理出版社 2008 年版。

崔乃夫:《当代中国的民政》(下),当代中国出版社 1994 年版。

邓大松、刘昌平:《新农村社会保障体系研究》,人民出版社 2007 年版。

邓大松、向运华:《社会保障问题研究——和谐社会构建与社会保障国际论坛》,人民出版社 2009 年版。

邓微等:《中国转型期农村社会保障问题研究》,湖南人民出版社 2006 年版。

多吉才让:《中国最低生活保障制度研究与实践》,人民出版社 2001 年版。

方金祥:《发展我国农村社会福利事业》,社会科学出版社 2001 年版。

方青:《解组与重构——二元社会结构下的农村社会保障》,安徽人民出版社2006年版。

高鉴国、展敏:《资产建设与社会发展》,社会科学文献出版社2005年版。

高灵芝:《农村社会保障概论》,中国海洋大学出版社2007年版。

公维才:《中国农民养老保障论》,社会科学文献出版社2007年版。

国务院研究室课题组:《农村合作医疗保健制度研究》,北京医科大学、中国协和医科大学联合出版社1994年版。

韩俊江:《社会保障制度国际借鉴研究》,东北师范大学出版社2007年版。

何·皮特:《谁是中国土地的拥有者?——制度变迁、产权和社会冲突》,林韵然译,社会科学文献出版社2008年版。

洪堡:《论国家的作用》,林荣远等译,中国社会科学出版社1998年版。

洪大用:《转型时期中国社会救助》,辽宁教育出版社2004年版。

侯海涛、李波:《最新社会保险工作实务全书》,企业管理出版社1997年版。

胡务:《社会福利概论》,西南财经大学出版社2008年版。

贾楠:《中国社会救助报告》,中国时代经济出版社2009年版。

李本公、姜力:《救灾救济》,中国社会出版社1996年版。

李淑梅:《失地农民社会保障制度研究》,中国经济出版社2007年版。

林闽钢:《社会保障国际比较》,科学出版社2007年版。

林闽钢:《社会政策——全球本地化视角的研究》,中国劳动社会保障出版社2007年版。

林义:《农村社会保障的国际比较及启示研究》,中国劳动社会保障出版社2006年版。

刘坚:《新世纪扶贫开发的成就与挑战——中国农村扶贫开发纲要(2001—2010年)中期评估报告》,中国财政经济出版社2006年版。

刘子操:《中国社会保障制度研究》,中国金融出版社2006年版。

柳拯:《社会管理与社会救助论:政策与实务的视角》,中国劳动社会保障出版社2008年版。

陆学艺:《“三农论”——当代中国农业、农村、农民研究》,社会科学文献出版社2002年版。

吕学静:《社会保障国际比较》,首都经济贸易大学出版社 2002 年版。

毛育刚:《中国农业演变之探索》,社会科学文献出版社 2001 年版。

孟醒:《统筹城乡社会保障——理论·机制·实践》,经济科学出版社 2005 年版。

米红、杨翠迎:《农村社会养老保障制度基础理论框架研究》,光明日报出版社 2008 年版。

穆怀中:《国际社会保障制度教程》,中国人民大学出版社 2009 年版。

穆怀中:《社会保障国际比较》,中国劳动社会保障出版社 2007 年版。

钱亚仙:《农村社会保障制度理论与实践》,中共中央党校出版社 2007 年版。

世界银行:《1993 年世界发展报告:投资于健康》,中国财政经济出版社 1993 年版。

史探径:《社会保障法研究》,法律出版社 2000 年版。

石秀和:《中国农村社会保障问题研究》,人民出版社 2006 年版。

宋士云:《中国农村社会保障制度结构与变迁(1949—2002)》,人民出版社 2006 年版。

田雪原:《全面建设小康社会人口与可持续发展报告》,中国人口出版社 2004 年版。

童星:《社会保障与管理》,南京大学出版社 2002 年版。

童星:《社会转型与社会保障》,中国劳动社会保障出版社 2007 年版。

庹国柱、王国军、朱俊生等:《制度建设与政府责任——中国农村社会保障问题研究》,首都经济贸易大学出版社 2009 年版。

王东进:《社会保障制度的改革与发展》,法律出版社 2001 年版。

王洪春、汪雷:《中国农村社会保障新的机遇与挑战》,中国科学技术大学出版社 2006 年版。

王虎峰:《解读中国医改》,中国劳动社会保障出版社 2008 年版。

王小章:《中国发达地区社会保障——来自浙江的报告》,浙江大学出版社 2007 年版。

威廉姆·H. 怀特科、罗纳德·C. 费德里科:《当今世界的社会福利》,法律出版社 2003 年版。

西奥多·舒尔茨:《穷人的经济学——诺贝尔经济学奖获奖者演说文集》,上海人民出版社 1998 年版。

薛宝生:《公共管理视野中的发展与贫困免除》,中国经济出版社 2006 年版。

严新明:《失地农民的就业和社会保障研究》,中国劳动社会保障出版社 2008 年版。

杨翠迎:《农村基本养老保险制度理论与政策研究》,浙江大学出版社 2007 年版。

易松国:《社会福利社会化的理论与实践》,中国社会科学出版社 2006 年版。

于洪:《社会保障筹资机制研究》,上海人民出版社 2008 年版。

袁金辉:《冲突与参与:中国乡村治理改革 30 年》,郑州大学出版社 2008 年版。

张波:《中国城市成长管理研究》,新华出版社 2004 年版。

张桂琳、彭润金:《七国社会保障制度研究——兼论我国社会保障制度建设》,中国政法大学出版社 2005 年版。

张敬一、赵新亚:《农村养老保障政策研究》,上海交通大学出版社 2007 年版。

张磊:《中国扶贫开发政策演变:1949—2005》,中国财政经济出版社 2007 年版。

张奇林、杨红燕:《中国医疗保障制度改革研究——以美国为借鉴》,武汉大学出版社 2007 年版。

张彦、陈红霞:《社会保障概论》,南京大学出版社 1999 年版。

张左己:《领导干部社会保障知识读本》,中国劳动社会保障出版社 2002 年版。

章晓懿:《社会保障:制度比较》,上海交通大学出版社 2004 年版。

赵庆国、孔令文:《农村五保供养机构的建设与管理》,中国农业出版社、农村读物出版社 2008 年版。

郑功成:《建设有中国特色的社会保障道路》,武汉大学出版社 1997 年版。

郑功成:《社会保障学》,中国劳动社会保障出版社 2005 年版。

郑功成:《社会保障学——理念、制度、实践与思辨》,商务印书馆 2000 年版。

郑功成:《中国社会保障改革与发展战略——理念、目标与行动方案》,人民出版社 2008 年版。

郑功成:《中国社会保障制度变迁与评估》,中国人民大学出版社 2002 年版。

周弘:《国外社会福利制度》,中国社会出版社 2002 年版。

周良才:《中国社会福利》,北京大学出版社 2008 年版。

庄孔韶:《银翅》,生活·读书·新知三联书店 2000 年版。

后　记

2006年底，我中标了教育部人文社会科学重点研究基地——武汉大学社会保障研究中心的重大项目“中国社会主义新农村建设时期的社会保障制度研究”（2006JDXM185）。

三年来，我带领南京大学政府管理学院劳动人事和社会保障系的教师、博士研究生，共同承担本课题的研究，发表了一系列的阶段性研究成果。现在这本著作则是本课题研究的最终成果。

本书各章的撰写人员为：第一章，张丽；第二章，季璐；第三章，周庆刚；第四章，白维军；第五章，周庆刚；第六章，高传胜、冯玉龙；第七章，任正臣、李瑾、袁妹妹；第八章，顾海；第九章，祝建华；第十章，周沛、彭向荣；第十一章，战建华；第十二章，陶鹏；第十三章，严新明；第十四章，吴小芳、郭燕；第十五章，周辉；第十六章，任正臣、袁妹妹、李瑾；第十七章，祝建华；第十八章，严新明。

第二章、第三章、第五章、第六章、第九章、第十一章、第十二章、第十四章、第十七章由林闽钢负责修订，其余各章由童星负责修订。最后全书由童星统稿。

由于近年来我国农村社会保障变化很快，发展势头迅猛；加之作者的研究视野和水平有限，书中一定有不少缺憾和不足，敬请读者批评指正。

童　星

南京大学

2010年7月

责任编辑:王亚男

图书在版编目(CIP)数据

中国农村社会保障/童　星　林闽钢 主编. -北京:人民出版社,2011.1
ISBN 978-7-01-009510-3

Ⅰ.①中…　Ⅱ.①童…②林…　Ⅲ.①农村-社会保障-研究-中国
Ⅳ.①F323.89

中国版本图书馆 CIP 数据核字(2010)第 244431 号

中国农村社会保障

ZHONGGUO NONGCUN SHEHUI BAOZHANG

童　星　林闽钢　主编

人民出版社 出版发行
(100706　北京朝阳门内大街 166 号)

北京集惠印刷有限责任公司印刷　新华书店经销

2011 年 1 月第 1 版　2011 年 1 月北京第 1 次印刷
开本:710 毫米×1000 毫米 1/16　印张:25.5
字数:398 千字　印数:0,001-3,000 册

ISBN 978-7-01-009510-3　定价:48.00 元

邮购地址 100706　北京朝阳门内大街 166 号
人民东方图书销售中心　电话 (010)65250042　65289539